최신 아동복지론

최신

아동복지론

조미숙 저

Latest Child Welfare

동문사

머리말

오늘날 가족이 아동을 보살피는 노력은 과거에 비해 약화된 반면, 성장하면서 성인의 보살핌을 필요로 하는 아동의 욕구는 오히려 복잡하고 다양해졌다. 복잡하고 다양해진 사회적 조건으로부터 아동을 보호함으로써 모든 아동이 건전하게 성장할 수 있도록 하는 예방적 차원의 아동복지정책이 더욱 중요해지고 있는 것이다.

과거의 아동복지는 시설 위주의 서비스에 중점을 두어 왔지만 전 세계적으로 사회변동 추이에 따라 지역사회를 기반으로 하는 재가복지서비스, 혹은 탈시설화 그리고 지역사회중심의 아동돌봄이 추진되고 있는 상황이다. 이렇게 아동복지의 실현을 위한 접근은 복지국가적 접근으로 모든 보편적인 서비스를 제공해야 한다는 의무를 강조하고 있다. 즉 모든 아동은 이러한 서비스를 제공받을 권리를 가지고 있으며, 공적 자원에서의 서비스가 더욱 우선되어야 함을 강조하고 있다는 점이다. 이때 국가가 서비스의 제공자이어야 한다는 점과 이 서비스 혜택을 누구나 받을 수 있어야 한다는 점을 의미하며 국가 주도의 자원 관리와 공적 책임성이 강조된다는 점이다. 그러나 최선의 아동복지는 최선의 가족복지를 통해서 이루어질 수 있다는 점이 아동복지서비스의 기본원칙이므로, 모든 아동은 영구적인 가정에서 성장할 수 있는 복지서비스가 진행되어야 한다는 점을 잊지 말아야 할 것이다.

최근 아동복지정책의 위상을 정립하기 위하여 아동복지 패러다임(paradigm)을 명확히 설정해야 하는데 이를 위해 아동복지의 기본적인 인식, 가치, 존재에 대한 새로운 관점이 필요한 시점이다. 이러한 시점에서 본서에서는 아동복지가 계속해서 과학적이고 역동적으로 수용될 수 있다는 개념과 준거 틀을 찾고자 시도하였으며, 좀 더 과학적이 되기 위해 아동복지와 권리에 대한 가설을 검증하려 노력하고 있다는 점에 기반을 두고 출발하였다.

본서는 총 14장으로 구성되어 있다. 1장 아동과 아동복지의 기초에 대한 이해, 2장 아동의 욕구와 환경의 역할, 3장 아동의 권리, 4장 아동복지의 역사, 5장 아동복지 실천원리와 방법, 6장 아동복지의 실천과정과 기술, 7장 아동복지정책과 전달체계, 8장 아동학대와 아동보호, 9장 아동보육, 10장 위기아동과 지역사회보호, 11장 가정위탁과 입양, 12장 시설보호, 13장 아동실종과 아동안전, 14장 아동복지의 과제와 전망으로 구성되어 있다. 이와 같은 총 14장의 구성을 통하여 본서는 모든 아동의 삶의 질을 항상 시킬 수 있는 제도, 문화, 물질적 조건을 갖춤으로써 생활에서 만족감을 누릴 수 있고, 삶의 질이 향상될 수 있다는 근거에 기반한 자료를 토대로 제시하였다. 그리고 이를 위한 사회적 노력으로 아동권리에 관한 국제협약 및 국제적 기준에 합당한 아동복지를 실천하는 것에 대한 이해를 짜임새 있게 설명하였다.

따라서 독자들은 “최신 아동복지론”이라는 제목에서도 알 수 있듯이 보호를 필요로 하는 선별된 아동에게 제공되는 서비스에서 전체 아동에게 제공되는 포괄적인 서비스로 발전하고 있다는 점, 그리고 보호를 필요로 하는 아동에게 시설보호 위주의 서비스에서 지역사회를 기반으로 하는 가정 중심, 지역사회 중심의 커뮤니티 돌봄 서비스 등을 매우 쉽게 총망라하였으며, 재조직되었다는 점을 체감하게 될 것이다.

이상과 같은 내용으로 본서는 다양한 교육과정에서 활용될 수 있을 것이며, 아동복지 실천현장에서도 유용하게 쓰일 수 있을 것으로 기대된다. 그러나 본서를 발간하는 시점에서 이것이 완성본이라고 절대로 생각하지 않는다. 앞으로 다양한 연구를 통하여 부족한 부분을 계속 보완해가면서 이 분야에 조금이나마 실질적인 기여를 할 수 있는 전공서로 발전시켜 나아가겠다는 약속을 드린다.

마지막으로 이 책이 나오기까지 적극적인 지원을 아끼지 않으신 동문사의 이중수 사장님과 유재영 상무님, 멋진 책이 나올 수 있도록 시종일관 배려와 세심함으로 함께 해주신 직원 여러분께 진심으로 감사드린다.

2022년 12월

조 미 숙

차례

■ 머리말 / 4

Chapter 01 아동복지의 기초에 대한 이해

1. 아동복지와 사회복지 13
2. 아동복지의 이념과 가치 21

Chapter 02 아동의 욕구와 환경의 역할

1. 아동의 발달적 욕구와 특징 29
2. 아동발달 이론 35
3. 행동주의이론 46
4. 피아제의 인지발달이론 52
5. 콜버그의 도덕발달이론 59
6. 생태체계관점과 아동의 주요환경 61

Chapter 03 아동의 권리

1. 아동의 권리와 아동복지 77
2. 유엔 아동권리협약 85
3. 한국의 아동인권과 과제 92

Chapter 04 아동복지의 역사

1. 외국의 아동복지 발달과정 105
2. 한국의 아동복지 발달과정 115

Chapter 05 아동복지의 실천원리와 방법

1. 아동복지의 기본요소 127
2. 아동복지의 실천원칙 134
3. 아동복지서비스의 유형 138
4. 아동복지서비스의 실천방법 145

Chapter 06 아동복지의 실천과정과 기술

1. 클라이언트로서 아동의 특성 151
2. 아동을 돕는 사회복지사 156
3. 아동복지에서의 원조관계 157
4. 아동대상의 개별상담 160
5. 아동대상의 집단상담 178
6. 아동대상의 가족상담 188
7. 아동대상의 위기개입 190
8. 아동대상의 지역사회 연계 191

Chapter 07 아동복지정책과 전달체계

1. 아동복지정책과 제도 195
2. 아동복지서비스 전달체계 200
3. 아동복지 관련 법률 209
4. 아동복지 프로그램 현황 219

Chapter 08 아동학대와 아동보호

1. 아동학대의 정의 및 유형 225
2. 아동학대의 발생원인 및 개입절차 242
3. 아동보호서비스 250
4. 아동학대 예방지원 264

Chapter 09 아동보육

1. 아동보육의 개념 273
2. 보육사업의 발전과정 279
3. 보육시설 289
4. 아동보육의 쟁점 296
5. 보육서비스의 과제 305

Chapter 10 위기아동과 지역사회보호

1. 빈곤아동 313
2. 한부모가족 아동 326
3. 이혼가정 아동 331
4. 장애아동 338
5. 장애아동 복지증진을 위한 정책과제 357

Chapter 11 가정위탁과 입양

1. 가정위탁 보호아동 365
2. 입양아동 382

Chapter 12 시설보호

1. 시설보호아동의 개념 및 유형 405
2. 시설보호아동의 특성 411
3. 선진국 시설보호의 동향 412
4. 시설보호아동의 지원 서비스 415
5. 아동시설보호의 문제 420
6. 시설보호아동을 위한 복지정책 및 실천 421
7. 시설보호서비스의 과제 427

Chapter 13 아동실종과 아동안전

1. 아동안전사고 435
2. 아동실종 438
3. 실종아동의 보호 및 지원 439
4. 실종아동의 발생 현황 442
5. 아동실종 후 파생문제 443
6. 아동안전보호 444
7. 아동안전보호를 위한 노력 446
8. 실종아동정책 449
9. 독일의 안전교육 사례 464

Chapter 14 아동복지의 과제와 전망

1. 빈곤아동아동복지의 과제 475
2. 아동복지의 전망 487
3. 아동복지의 발전방향 488

■ 참고문헌 / 493

Chapter

01

아동복지의 기초에 대한 이해

1. 아동복지와 사회복지
2. 아동복지의 이념과 가치

Chapter
01

아동복지의 기초에 대한 이해

1. 아동복지와 사회복지

1) 아동의 연령

과거 아동은 성인의 소유물이나 축소물로 인식되었으나 20세기에 이르러 아동은 고유한 욕구와 존엄성을 가진 독립된 인격체로서 인식되었다. 그러나 지난 1세기에 걸쳐 아동을 둘러싼 환경의 변화와 더불어 아동의 사회적·법적 지위의 향상 및 복지사회에 대한 관심이 증가되기 시작하였다.

따라서 아동의 기본적인 욕구를 보장하고 그들의 잠재능력을 최대한 발휘할 수 있도록 하며, 건전한 성장과 발달을 이룰 수 있도록 하는 아동복지의 실체로서 아동복지의 대상 연령에 대하여 알아보자.

오늘날 현대사회에서 인간이 생명체로 태어나 미성숙한 단계에서 하나의 독립된 인간으로서 성숙되기까지는 신체적으로 20년, 정신적·사회적으로는 25년의 세월이 필요하다. 아동을 보는 관점에 따라 어른의 작은 형태, 꾸밈없는 천진난만한 존재 또는 생리적 충동과 욕구가 강한 존재로 다양하게 표현되고 있지만, 아동에 관하여 사회적으로 합의된 일반적인 개념을 살펴보면, 신체적·정신적으로 성장하는 과정에 있는 사람을 "아동"이라고 부를 수 있다(정익중·오정수, 2021).

한편, 아동의 연령 구분에 있어 기준이 되는 법률적 규정에 의한 아동의 정의는 법률에 따라 다소 차이가 있다. 먼저, 우리나라 아동복지의 기초가 되는 「아동복지법」에서 "아동이라 함은 18세 미만의 자"라고 규정하고 있으며, 특수 상황에 있는 아동에게 교육이나 보호가 계속 필요할 때는 20세까지 계속 서비스를 받을 수 있는 권리가 부여되기도 한다.

「입양특례법」에서도 아동이란 "18세 미만의 자"를 말한다고 규정하고 있다. 또한 「영유아보육법」에서는 "6세 미만의 취학 전 아동"을 영유아라고 정의하고 있다. 「민법」에서는 "만 20세 미만의 자"를 미성년이라 하고 있고, 「소년법」에서는 "19세 미만의 자를 소년"이라고 규정하고 있으며, 「근로기준법」에서는 "18세 미만의 자"는 도덕상 또는 보건상 위험한 사업에 사용치 못한다고 규정되어 있다. 그리고 「청소년기본법」에서는 청소년을 "9세 이상 24세 이하의 자"로 「청소년보호법」에서는 "만 19세 미만의 자"를 말한다고 규정하고 있다.

이와 같이 「아동복지법」이나 「영유아보육법」, 「민법」상의 아동의 연령, 「청소년기본법」과 「청소년보호법」상의 청소년의 연령은 대부분의 연령 기간이 중복되어 있을 뿐만 아니라, 아동과 청소년의 요구와 문제도 공통성을 갖고 있는 부분이 많아 사회복지 차원에서는 동질적인 접근과 대책이 요구되고 있는 실정이다.

따라서 본서에서는 아동복지 대상의 연령을 "18세 미만의 사람"으로 유엔 아동권리협약과 「아동복지법」의 정의를 근거로 하여 사용하고자 한다.

2) 아동복지의 정의

아동복지의 개념을 이해하기 위해서는 아동복지가 사회복지의 한 분야로서 그 대상이 아동에게 초점을 둔다는 점에서 출발해야 한다. 다시 말해 아동복지에 대한 정의는 각 국가나 사회적 상황의 이념에 따라 차이가 있으며, 사회적 변화에 따라 아동복지의 정의가 다소 변화하기도 한다. 잔여적 개념과 제도적 개념은 이러한 상황과 이념의 차이를 반영한다. 따라서 아동복지 문헌에 나타난 아동복지에 관한 정의는 매우 다양하며 각 정의는 그 강조점이 조금씩 다르다.

먼저, 프리드랜더(Friedlander, 1974)는 "아동복지란 단지 빈곤, 방치, 유기, 질병, 결손 등을 지닌 아동으로 환경에 적응하지 못하는 비행아동에만 관심을 두는 것이 아니라 모든 아동이 신체적 · 지적 · 정서적 발달에 있어서 안전하고 행복할 수 있도록 위험으로부터 보호하기 위하여 공적 · 사적 제반 기관에서 실시하는 사회적 · 경제적 · 보건적인 모든 활동을 포함한다."라고 정의하고 있다 (Friedlander, 1974).

한편, 미국의 아동복지학자 카두신(Kadushin)은 그의 저서 『아동복지서비스(Child Welfare Services)』(1974)에서 아동복지를 잔여적 의미의 사회적 서비스의 한 형태로 정의하고 있다. 복지에 대한 개인과 가족의 책임을 강조하는 미국 사회의 가치관이 반영된 정의이다.

> "아동복지는 부모가 아동양육의 책임을 충족시킬 수 없거나 또는 그 지역사회가 아동과 가족이 요구하는 보호와 자원을 제공할 수 없을 때, 아동이나 청소년에 대하여 제공되는 사회적 서비스와 관련되어 있다. 따라서 아동복지서비스는 부모들이 그 역할수행에 어려움을 겪고 있는 기능들을 지지, 보조 혹은 대리하거나, 현존의 사회제도를 수정하거나 새로운 제도를 조직함으로써 아동과 그 가족의 조건을 향상시키는 것을 목표로 한다." (Kadushin, 1974)

그러나 메이어(Meyer)는 『아동복지 핸드북(Handbook of Child Welfare)』(1985)에서 아동복지를 사회체계의 한 부분이면서 사회제도이며, 사회복지 전문직의 한 분야로 정의하고 있다.

> "아동복지는 지속적인 사회체계의 하나로서, 아동의 복지를 증진시키기 위한 사회제도이며, 하나의 전문직으로서 사회사업의 한 분야이다."(Meyer, 1985)

이상의 정의들을 살펴보면 아동복지는 협의의 개념과 광의의 개념으로 나누어 볼 수 있다. 협의의 개념은 아동이 특별한 장애가 있거나 가족이 아동을 보호하고 양육하는 기능을 제대로 이행하지 못할 때 특수 욕구를 가진 아동과 가족을 위해서 전문기관이 행하는 조직적인 활동을 말한다. 광의의 개념은 모든 아동이 건전하게 성장하고 발달할 수 있도록 아동과 관련된 경제, 교육, 보건, 노동 등의 여러 분야에 걸쳐 국가와 사회단체 및 개인에 의해서 이루어지는 입법, 프로그램, 서비스 등을 포함한 모든 노력을 말한다.

지금까지 아동복지의 상위 개념으로서 사회복지의 개념은 고착된 개념으로 존재한 것이 아니라 시대적 상황이나 사회이념에 따라 변화해왔다. 특히 산업화 이후의 사회복지는 가족이나 시장기구의 역할에 부수적인 잔여적 개념이 아니라 다른 사회제도와 동등한 위치의 독립된 사회제도적 의미로 받아들이는 것이 일반적인 추세가 되었다. 따라서 아동복지의 정의는 잔여적 의미보다는 제도적 의미로 받아들이는 것이 오늘날 사회복지 개념의 일반적인 발전과 일치한다고 볼 수 있다.

3) 아동의 특성과 욕구

(1) 아동의 특성

아동은 온전한 인간으로서 성장과 발달이 이루어지는데 아동의 중요한 특성은 의존성, 성숙, 욕구, 민감성 그리고 적응성으로 설명할 수 있다(장인협 · 오정수, 2002).

첫째, 아동은 생명의 유지와 신체적 · 지적 · 사회적 발달을 위하여 부모를 비롯한 보호자의 사랑과 관심에 의존하게 된다.

둘째, 아동은 미성숙한 단계에서 성숙한 단계로 나아가며, 발달단계에 적절하게 자신의 생활상황을 대처해 가면서 필요한 이해력과 신체적 · 정신적 기능과 능력을 발전시켜 나간다.

셋째, 아동은 생명을 유지하기 위한 인간본능의 생리적 욕구와 정신적 · 심리적 욕구가 동시에 충족되어야 한다. 아동은 가정에서 사랑을 받고, 또래아동과 어울리고 인정받고 싶어 하며, 새로운 경험을 하고자 하는 욕구가 있다.

넷째, 아동의 감정과 정서는 매우 예민하여 욕구나 열망에 대한 즉각적인 만족을 원하며, 가족이나 친구와의 관계에서도 민감하다.

다섯째, 아동은 가정으로부터 점차 또래집단, 학교, 지역사회, 직업집단과 같은 사회공동체에 속하여 사회적 인간으로서 성장해 가며, 아동의 성장을 위해서는 이러한 집단에의 적응을 절대적으로 필요로 한다.

(2) 아동의 욕구

아동의 욕구를 올바르게 이해하는 것은 아동복지를 실현하기 위한 필수적인 요건이다. 아동의 세계는 유아기로부터 사춘기에 이르는 아동발달단계에 따른 독특한 욕구를 갖는다. 따라서 아동의 욕구를 파악하기 위해서는 아동의 발달단계 욕구, 부모의 양육능력에 관련된 욕구, 가족과 환경 요인에 관련된 욕구를 이해하는 것이 필요하다.

첫째, 발달단계의 욕구: 아동기에는 여러 가지 차원의 욕구가 동시에 충족되어 발달이 일어난다. 각 발달단계별 욕구(developmental needs)가 성공적으로 충족될 때 아동복지의 적정한 발달과업이 성취될 수 있다. 아동발달의 주요 과업은 정서 및 행동발달, 보건, 교육, 자아정체감, 가족 및 사회적 관계, 사회적 표현, 자기 돌봄 기술 등을 포함한다.

둘째, 부모의 양육능력: 아동의 욕구를 사정하는 기준에는 아동의 개별적인 발달단계의 욕구 외에도 부모의 양육능력(parenting capacity)에 대한 고려가 필요하다. 아동의 욕구에 반응하는 부모의 양육능력에는 기본적 돌봄, 안전의 보장, 정서적 따뜻함, 자극, 지도, 안정성 등이 포함된다. 이러한 부모의 양육능력은 아동의 발달단계에 따라 차별적으로 적용된다.

셋째, 가족과 환경 요인: 아동을 둘러싼 가족과 환경 요인(family & environmental factor)은 가족 기능 및 가족력, 확대가족의 범위, 주거, 고용, 소득, 가족의 통합성, 지역사회자원 등을 포함한다.

4) 아동복지 프로그램과 서비스 개념

아동복지란 아동을 위한 이념적 목표인 아동의 복지증진과 그것을 향한 실천적 활동을 포함하는 개념으로 사용된다. 미국에서 발간된 사회사업사전에 의하면, 아동복지(child welfare)란 개념은 다음과 같은 의미를 내포하고 있다.

첫째, 아동의 건전한 발달과 보호를 향한 이념(ideology), 둘째, 아동들에게 혜택을 주기 위한 사회복지 프로그램(program), 셋째, 아동을 위해 제공되는 인간서비스(human service)의 한 부분을 의미한다. 따라서 아동복지란 아동들의 복지라는 이념을 함축하고 있으며, 아동을 위한 프로그램이나 서비스의 실천적 활동까지를 포함하는 개념으로서 그 의미를 갖고 있다(Barker, 1987: 24).

아동의 복지를 위한 사회적 실천활동이라는 맥락에서 프리드랜더와 앱트(Friedlander & Apte)도 그들의 저서 『사회복지 입문(Introduction to Social Welfare)』(1980)에서 아동복지를 다음과 같이 정의하고 있다.

> "아동복지는 빈곤, 방임, 유기, 질병, 결함 등을 지닌 아동 혹은 환경에 적응하지 못하는 비행아동들에만 관심을 두는 것이 아니며 모든 아동이 신체적 · 지적 · 정서적 발달에 있어서 안전하고 행복할 수 있도록 위험으로부터 지키고 보호하기 위하여 공공과 민간기관에서 실시하는 사회적 · 경제적 · 보건적 제반 활동이다." (Friedlander & Apte, 1980)

이상과 같이 아동복지를 아동의 복지증진을 위한 사회제도로서 이해할 때, 아동복지와 관련된 다양한 개념이 아동복지의 하위개념으로 사용되고 있음을 알 수 있다(정익중 외, 2021).

(1) 아동복지서비스

서구에서는 아동서비스(child service)로 보편화되어 있지만, 우리나라에서는 대체로 아동복지서비스(child welfare service)로 번역되어 사용하고 있다. 아동복지서비스 또는 아동서비스는 아동복지 관련 문헌에서 가장 보편적으로 사용되는 용어로서 아동의 복지를 증진시키기 위한 다양한 서비스를 포함한다. 아동보호서비스, 보육서비스, 방과 후 서비스, 위탁보호서비스, 입양서비스, 시설보호서비스, 학대아동보호서비스 등은 이러한 아동복지서비스의 다양한 형태이며, 아동복지 전문가에 의한 개입과 접근이 이루어지는 인간서비스(Human Services)로서의 특징을 가지고 있다.

(2) 아동수당

아동수당은 아동지원(child support)의 의미로 아동양육비 지원으로 번역된다. 그러나 이 개념에는 근본적으로 다른 두 가지 의미가 있다.

첫째, 아동양육비지원은 한 부모와 생활하고 있는 아동의 양육을 위하여 지원되는 현금소득의 이전을 의미한다. 이러한 아동양육비지원이 이루어지는 상황은 부모의 이혼, 별거, 혼외 출생 등으로 발생하며, 법원의 판결에 따라 아동과 함께 거주하지 않는 부모 중 한편에 의하여 사적으로 소득이전(income transfer)이 이루어지거나 정부가 공적으로 아동양육비 지원을 행하기도 한다(NASW, 1995: 417).

둘째, 정부에 의하여 공적으로 모든 국민이나 저소득가정을 대상으로 아동에 대한 소득지원이 이루어지는 경우에는 사회보장의 한 형태로 소득지원이 이루어지기 때문에 부모의 이혼 등의 요인에 의하여 아동양육비 지원이 이루어지는 조건과는 근본적으로 다른 개념이다. 이 경우에는 아동수당(child benefit) 또는 가족수당(family allowance)이라는 개념으로 보편적인 개념의 아동지원(child support)을 의미한다.

(3) 아동돌봄

아동돌봄(child care)의 개념은 아동의 발달과 생명을 유지하기 위하여 필요한 일상적인 욕구를 충족시키는 돌봄 형태의 양육과 관리를 의미한다. 일반적인 의미의 아동돌봄은 가정에서 부모나 보호자에 의한 모든 양육활동이 포함되지만, 아동돌봄은 집단형태의 생활단위나 시설에서 아동의 신체적 보호, 치료적 보호, 생활습관 관리와 교육, 응급조치, 시설의 관리 등을 포함하는 활동(Barker, 1987: 2)으로 사용되기도 한다. 즉, 아동돌봄은 가정과 다양한 형태의 아동시설에서 이루어지는 전반적인 아동돌봄의 활동이다.

2. 아동복지의 이념과 가치

1) 아동에 대한 인식의 틀

가정에서 태어나 부모의 돌봄과 사랑을 받으면서 한 사람의 사회구성원으로 성장해 나가는 아동의 삶에서 가정은 매우 중요한 삶의 터전이다.

아동에 대한 이해는 인간의 존엄성과 가정의 중요성에 대한 이해에서부터 출발한다. 남녀의 결혼과 가정을 통한 자녀의 출산은 인류사회의 가장 근본이 되는 질서이다. 인간은 최초의 사회제도라고 할 수 있는 가정을 이루고 자녀를 출산하고 양육함으로써 세대를 이어 지속적으로 생명과 삶을 살아갈 수 있게 되었다. 나아가 아동이 갖는 천부적 인권의 존엄성과 가정에서 누리는 미래세대의 계승자로서 아동을 건전하게 양육함으로써 아동에게 인간으로서 삶의 가치를 궁극적으로 실현하려는 목적의식을 갖게 한다.

이와 같은 아동에 대한 이해는 아동은 다음과 같은 인식의 틀에서 이루어질 수 있다(정익중 외, 2021).

첫째, "아동은 누구인가?"라는 기본적인 물음이다. 즉, 아동은 천부적 인권과 존엄성을 기반으로 부모를 비롯한 가족구성원과 주변 사람들의 사랑과 보호, 상호 교제를 필요로 하는 관계적인 존재임을 확인해야 한다. 아동과 주변 사람들의 상호작용은 이들이 속해 있는 사회의 가치관과 행동 규범을 전수하고 받아들이는 과정인 사회화의 기능을 수행하며, 아동의 성장과 발달단계에 따라 그 상호작용의 범위가 확대된다. 아동의 건전한 성장과 발달은 건강한 가정과 사회적 관계를 기반으로 이루어지며, 건강한 사회를 유지하는 근본이 된다.

둘째, "아동에게 무엇이 잘못되어 있는가?"라는 물음이다. 즉, 아동의 빈곤과 박탈, 억압을 비롯한 여러 가지 아동문제가 사회악이고, 잘못된 것이며, 인간존재와 삶의 목적에 반하는 것임을 확인해야 한다. 인간의 이기심과 악은 아동을 문제상황에 몰아넣고 방치시키며, 인간의 존엄성과 고귀한 가치로부터 분리시킨다. 현대사회에서 발생하고 있는 아동의 빈곤, 아동학대, 가족해체로 인한 양육문제, 경쟁적 학습, 학교폭력, 부적응과 비행의 문제 등 아동이 경험하는 고통과 문제는 이러한 관점에서 이해될 수 있다.

셋째, "아동을 위한 문제해결책은 무엇인가?"라는 물음이다. 즉, 아동문제의 해결책은 아동을 향한 다음의 목적을 받아들이는 것에서 출발한다. 인간 존재와 삶의 목적은 선하며, 아동을 사회의 악으로부터 구하고 치유하며, 온전한 존엄성을 지닌 인간으로 성장하게 하여 인권과 삶의 가치를 실현하는 것이다.

이러한 아동에 관한 세계관은 아동복지를 실천하는 실천가에게 매우 중요한 준거 틀이 될 수 있으며, 아동을 이해하고, 아동문제를 해석하고 아동복지서비스를 제공하는 실천과정에서 창의적으로 적용되어야 한다. 아동에 대한 바른 이해와 관점은 아동에 대한 잘못된 인식, 태도와 사회적 관습과 제도를 개선하고 건강한 아동양육과 사회발전을 위한 기초가 되기 때문이다.

2) 아동복지의 관점

아동의 개념은 아동과 청소년의 연령을 포함하는 "18세 미만의 사람"으로서 유엔 아동권리협약과 「아동복지법」의 정의에 나타난 포괄적인 의미로 사용하고자 하며, 다음과 같은 네 가지 관점에서 그 목적을 찾아볼 수 있다.

(1) 아동의 기본적 생활의 보장

인간이 자립하여 사회적 인간으로서 생활하기까지에는 장기간에 걸친 보호와 양육을 필요로 한다. 출생에서 2세 정도까지의 영아기에는 가장 기본적인 음식물 섭취와 배설물의 통제를 혼자 힘으로 하기 어려워 타인의 도움 없이는 생존이 불가능하다. 유아기와 학령기에는 이런 기초적인 생활은 가능하지만 외부의 위험에서 벗어날 수 없고 노동력도 없어서 의존적일 수밖에 없다. 아동은 신체적・지적 발달이나 심리적으로 불안정하고 사회적으로 책임 있는 역할을 기대하기에는 아직 미성숙하여 사회의 보호와 지도가 여전히 필요하다.

이와 같이 모든 아동이 그가 처한 환경에 상관없이 건강하게 성장하고 발달할 수 있도록 사회적 체계를 마련하여 아동의 기본적 생활을 보장하는 것이 무엇보다 중요하다. 따라서 부모나 가족이 어떤 사유로 아동보호와 양육의 책임을 다하지 못할 때 그 부모와 가족을 도와서 아동이 기본적인 생활을 영위할 수 있도록 사회가 보장하는 것이 아동복지의 의의이다.

(2) 국가의 미래 인력 보호와 육성

아동은 한 국가의 미래를 결정한다. 그러므로 이들을 어떻게 보호하고 양육하는가는 우리 사회의 장래와 밀접한 관련이 있다.

오늘날 우리 사회는 출산율이 급격히 줄어들고 있어서 앞으로 증가하는 노령인구를 고려하면 수적으로도 미래의 인적 자원이 부족할 수 있는 상황에 놓여 있다. 뿐만 아니라 산업화와 도시화가 심화되는 현대사회의 특성은 아동의 건강한 발달에 결코 우호적이지 만은 않다. 특히 빈곤으로 인해 교육, 의료, 문화 등에서 박탈을 경험하는 아동은 국가의 적절한 복지 대책이 없이는 인적 자원의 질이 향상되기 어렵다. 한 예로, 1996년부터 미국에서 추진되었던 헤드스타트(Head Start)운동은 문화 실조를 경험하고 있는 빈곤가정의 아동들에게 미국정부가 교육 혜택을 제도적으로 보장함으로써 구조적인 빈곤의 악순환 고리를 끊고 미래 인력의 질을 향상시킨 모범적인 아동복지 정책으로 알려져 있다. 그 이후 스타트(Start)운동은 전 세계적으로 빈곤층 아동 지원사업의 대명사가 되었으며, 우리나라도 2004년 위스타트(We Start)운동을 전개해 민간단체와 협력하고 있다. 따라서 우리나라에서 경제적 어려움을 겪고 있는 아동에 대한 공적 부조나 영유아에 대한 보호와 교육에 관한 제도는 아동을 미래사회의 주역으로 인식하고,

이들을 보호 육성하려는 노력의 일환이라고 볼 수 있다. 따라서 아동복지는 아동을 유능한 사회성원으로 성장하도록 하는 사회제도로서의 의의가 크다.

(3) 사회문제의 예방

아동의 욕구 좌절로 인한 어려움은 아동기에만 끝나는 것이 아니라 성인기에 이르기까지 영향을 미치는 것으로 알려져 있다. 아동기의 경험이 성인기의 정신건강에도 영향을 줄 뿐만 아니라 욕구 좌절로 인한 부정적인 행동의 반복은 성인으로서 사회에 적응할 수 있는 기회를 제한하고 이는 또 다른 문제를 발생시키게 한다. 따라서 아동의 욕구를 충족시키려는 사회적 노력이 아동이 야기할 수 있는 사회문제를 미연에 방지하기 위해서 필요하며, 또한 중요하다.

(4) 가정과 국가의 책임

전통적으로 아동에 대한 친족부양의 책임을 강조해온 사회에서 아동의 양육을 위하여 국가나 사회의 개입이 요청되는 특별한 상황을 제외하고는 아동양육은 가족이 일차적인 책임을 지며, 국가가 아동양육의 문제에 개입하지 않는 것이 일반적이었다. 그러나 새로운 사회환경의 변화로 인하여 국가가 가족의 문제에 개입하는 것이 필요하다는 사회적 인식과 관점의 변화가 나타났다(Downs et al., 2004: 17).

첫째, 가족의 역기능이 심화되어 사회를 유지하는 기본적인 사회적 단위인 가족이 붕괴되고 있다는 사회적 인식이 확대되면 이러한 인식의 변화가 나타난다. 아동양육에서 부모의 책임과 역할이 제대로 수행되지 못하는 경우 불가피하게 국가의 책임과 역할이 강화되어야 하며, 이러한 인식이 국가의 책임과 역할을 강화하는 사회정책에 반영된다. 보다 능동적인 가족 정책의 도입을 주장하는 입장은 자녀에 대한 부모의 사랑과 책임, 부모-자녀관계의 중요성을 약화시키지 않으면서도 아동과 가족복지를 실현하는데 국가의 능동적인 책임과 역할을 강조하게 된다.

둘째, 모든 국가의 정책이 가족의 삶에 직접적으로 또는 간접적으로 영향을 미치게 된다는 점을 인식하게 됨으로써 국가개입을 위한 관점의 변화가 나타나게 된다. 국가와 가족 간의 관계에 대한 포괄적인 인식은 모든 법률과 제도를 실행하는 국가정책의 실행에 앞서 가족의 삶에 미치는 정책 영향 평가의 중요성에 관심을 갖게 한다. 국가는 가족의 삶에 미치는 정책의 영향을 사전에 평가함으로써 사회의 기본 단위로서 가족의 안정성을 향상시킬 수 있다.

셋째, 아동복지에 대한 국가와 가족의 책임에서 균형을 찾는 작업은 모든 분야의 사회정책에서 이루어지며, 사회이념과 정책환경의 변화가 영향을 미친다. 20세기 후반에는 사회정책의 분야에서 대체로 국가의 책임이 확대되어 왔으나 이러한 경향은 사회적 환경과 이념의 변화라는 새로운 방향으로 전환되기도 한다. 신자유주의 이념의 배경 가운데 진행된 1996년 미국의 복지개혁에서 저소득가정의 부양아동에 대한 지원프로그램이 부모의 노동과 가족의 책임을 강조하는 방향으로 전환된 것은 빈곤의 원인에 대하여 개인의 책임을 강조하는 가치와 이념의 영향이 반영된 것이다.

Chapter 02

아동의 욕구와 환경의 역할

1. 아동의 발달적 욕구 특징
2. 아동발달 이론
3. 행동주의이론
4. 피아제의 인지발달이론
5. 콜버그의 도덕발달이론
6. 생태체계관점과 아동의 주요환경

Chapter 02

아동의 욕구와 환경의 역할

1. 아동의 발달적 욕구와 특징

아동발달은 매우 복잡한 과정이지만 무작위로 일어나는 과정이 아니라 일정한 규칙에 따라 질서정연하게 진행된다. 아동발달의 이러한 특성은 모든 아동에게 적용되는 일반적 규칙이며, 이는 신체뿐만 아니라 인지, 성격 및 사회적 발달에까지 적용된다(정익중 · 오정수, 2021).

그러나 아동복지를 실천하는 데 있어서 가장 어려운 과제 중의 하나는 아동에게 어떤 것이 정상이고 어떤 것이 정상이 아닌지를 구별해 내는 일이다. 아동의 발달 상태는 같은 연령대의 아이들과 비교하였을 때도 개인차가 크게 나타날 수 있고, 개인 내에서도 차이가 나타날 수 있다. 개인 내에서 발달의 차이가 난다는 것은 신체적・인지적・정서적・사회적 영역에서의 발달속도가 다르다는 것을 의미한다(Neubauer, 1996).

물론 환경적 요인과 유전적 요인이 이러한 개인차에 영향을 준다. 사회복지사들은 정상범주의 행동과 사고반응뿐만 아니라 정상범주에서 벗어난 행동, 사고반응에 대해서 다음과 같은 아동발달의 특징을 염두에 두고 세밀하게 접근해야 한다(Neubauer, 1996).

아동의 전체 발달수준은 아동의 생물학적・심리적・문화적・외부적 결정요인들의 탐색을 통해 평가되며, 이는 아동의 행동, 인지, 정서, 언어, 행동수준, 행동유형, 욕구에 대한 기대에 중대한 영향을 미친다. 아동의 발달단계와 발달과업에 대한 지식은 아동의 행동, 감정, 인지, 언어, 자기발달이 발달적으로 예상되었는지 퇴행이나 고착되었는지를 평가하도록 돕는다(김춘경, 2009).

1) 유전과 환경의 상호작용

아동발달이 유전에 기인하는 것인지, 환경에 의한 것인지에 대해 끊임없는 논쟁이 있었지만 오늘날에는 부모에게 받은 유전과 외부에서 받은 환경작용에 의해 발달하는 것으로 밝혀졌다. 유전적 소질이 잠재해 있더라도 환경 자극이 없다면 발달하지 못하며, 이와 반대로 유전적 준비가 되어있지 않고 환경 자극만 주어져도 발달하지 못한다. 즉 정상적인 발성기관을 갖고 태어난 인간이라 할지라도 인간과의 접촉이 없다면 말을 못 하게 되며, 아무리 인간과 접촉을 하더라도 유전적 결함을 갖고 있다면 말을 할 수 없다는 것이다. 이와 같이 발달은 유전과 환경의 상호작용 결과로써 이루어진다.

2) 연속성과 다양성

아동발달은 그 속도가 일정치 않아 느릴 수도, 빠를 수도 있지만, 도중에 멈추지 않고 연속적으로 이루어진다. 그러므로 발달이 매우 느리고 혹은 정지한 것처럼 보이는 동안에도 다음 단계의 발달을 위한 준비가 진행되고 있는 것이다. 일반적으로 발달속도는 출생 초기에 빠르다가 후기에 접어들면 점점 느려진다. 또한, 신체 각 부분의 발달속도도 각기 다르다. 두뇌는 2세에 80% 정도까지 급속한 발달을 보이나 그 이후에는 거의 변화를 보이지 않는다. 반면, 생식기관은 다른 기관과 달리 생의 초반부에는 거의 변화가 없다가 청소년기에 들어서 급격하게 발달한다.

3) 방향성

아동발달의 속도는 아동마다 다를 수 있지만 발달의 순서는 일정하다. 첫째, 상부에서 하부로 진행된다. 즉, 머리 부분이 팔다리 부분보다 먼저 발달한다. 운동능력도 이 순서로 발달되는데, 아기는 먼저 머리와 목의 근육을 조절한 후 그다음 팔과 복부를 움직이고, 제일 나중에 다리로 걸을 수 있는 것이다. 둘째, 중추에서 말초로 진행된다. 아동은 신체의 중심에 가까운 팔을 움직이다가 차차 손목, 손가락을 움직일 수 있게 된다.

4) 적기성

아동발달은 어느 시기에나 가능한 것은 아니다. 가장 쉽게 이루어지는 최적의 시기가 있는데 이러한 시기를 결정적 시기(critical period)라고 한다. 이 시기를 놓치게 되면 어떤 발달이든지 정상적인 수준을 유지하기 힘들다. 인간의 발달에는 최적기가 있다고 밝혀지고 있으며, 이 최적기는 신체발달, 인지발달, 성격발달, 도덕 및 사회성 발달 등 모든 측면의 발달에서 제각기 서로 다르다고 보고되고 있다. 이를테면, 언어 발달의 최적기는 생후 4년 정도라고 보고 있다. 그런데 이 시기에 아기에게 언어자극이 부족하거나 왜곡된 언어자극이 제공되는 환경에 있게 되면, 언어 발달의 지체를 경험하게 되고, 이후 언어와 관련된 사회화에 막대한 지장을 초래하게 된다.

피아제(Piaget)는 인간의 인지발달과정에서 0~2세 시기는 아기가 풍부한 감각자극과 동작의 발달로써 지적 경험을 하는 첫 단계라고 보았다. 그러므로 이 시기의 아기에겐 색깔이나 소리, 모양 등 시각 또는 촉각과 같은 다양한 감각적 경험과 여러 가지 신체적 동작경험을 제공하는 것이 효과적인 발달을 돕는 것이라고 하였다. 따라서 만약 이 시기에 이런 경험을 제공받지 못한 아기가 그 이후의 시기에 이런 경험을 제공받으면 인지발달에 있어서 지연현상을 보일 수도 있다. 반면에 부모가 성급하게 0~2세의 영아에게 수의 개념이나 글자 읽기나 쓰기 등을 가르친다면 이 역시 발달을 촉진하기보다는 역효과를 초래하게 된다.

5) 개별성

각각의 아동은 독특하며 똑같은 아동은 없다. 발달의 순서는 일정하지만 최종적으로 이루어진 발달의 정도, 발달의 속도 그리고 종결 시기는 개인마다 다르다. 신체적으로나 정신적으로나 출생에서부터 빠른 속도로 성장하는 아동이 있는 반면, 그 속도가 느린 아동들도 있다. 따라서 각 아동을 정확하고 완전하게 묘사하기 위해서는 수백만 가지의 다른 설명이 필요하다. 그러나 아동 개개인을 독립시켜 설명할 필요는 없다. 왜냐하면, 각 아동은 독특하면서도 많은 유사점을 가지고 있기 때문이다.

6) 분화와 통합과정

아동발달은 일반적인 것에서 특수한 것으로 분화되고, 분화된 단순한 특수행동은 다시 통합되어 새롭고 한층 복잡한 형태로 진행된다. 예를 들어, 세분화된 운동이 나타나기 전에는 몸 전체를 움직여야만 잡을 수 있지만, 조금 자라게 되면 팔과 손을 사용하여 잡게 된다. 이런 발달의 방향은 신체뿐만 아니라 정서, 인지 등에도 적용된다. 예를 들면, 아동은 행복하다는 것을 처음에는 몸 전체로 표현하지만 점차 얼굴의 미소로 표현하게 된다.

7) 상호관련성

아동발달의 여러 측면은 서로 밀접하게 관련되어 있다. 한 측면의 문제는 다른 측면에 영향을 준다. 지적 발달이 뛰어나면 건강, 체격, 사회성 등에서도 뛰어난 것이 일반적 경향이다. 이러한 각 측면의 상호의존 관계를 발달의 전체성이라고 한다. 신체, 인지, 사회성, 정서, 언어 등 각 발달의 측면은 배타적이거나 독립적으로 발달하는 것이 아니라 서로 밀접한 관계가 있다.

8) 기초성

아동기는 성인기의 기초가 형성되는 기간이다. 아동발달에서 겪게 되는 모든 경험은 성인기 행동의 여러 특성을 결정하는 원인이 된다. 우리 속담에 "세 살 버릇이 여든까지 간다."라는 말은 곧 서너 살 때의 모든 경험이 일생을 특징지을 수 있을 정도로 강력할 뿐만 아니라 인생의 말기로 보는 팔순까지의 기초를 형성한다는 뜻으로 해석될 수 있다. 예를 들면, 출생 시부터 약 4세까지는 지능의 50%, 약 8세까지는 약 80% 정도가 발달하고, 만 6세까지는 인간성격의 기틀이 거의 형성된다는 학설은 아동발달을 촉진하거나 저해하는 초기 환경의 중요성을 강조하는 근거가 된다. 이 기초성 때문에 어릴 때 강하게 박힌 인식을 후에 만회하거나 고치는 것이 매우 어려운 것이다. 그러나 세 살 버릇도 노력만 하면 여든이 되기 전에 고칠 수 있다. 아동의 발전 가능성을 믿자. 아동은 자신의 습관을 고칠 수 있는 시간을 충분히 갖고 있다. 이러한 성인의 믿음이 뒷받침될 때 아동은 실제로 변화할 수 있는 것이다.

9) 누적성

인간의 성장발달에 어떤 결손이 생기면 그 결손은 다음 시기의 발달에 부정적인 영향을 미치며, 적절한 개입을 하지 않으면 이 결손이 계속 누적되어 보다 심각한 결손으로 나타날 수 있다. 이를 누적성이라고 한다. 예컨대, 수유기에는 기본적 신뢰감이나 불신감이 형성되는데, 이 시기에 어머니와 아기 사이에 불신감이 형성되면 이후 대부분의 인간관계에 계속적으로 그 영향이 파급된다. 다시 말해 모자 관계의 불신감은 부모, 형제 등 가족관계나 또래 및 이웃관계 그리고 직장사회에서의 상사와 동료와의 관계에까지도 확산될 정도로 파급효과가 크다. 또한 아동기의 학교학습에서 어떠한 학습결손이 생기면 이 결손에 의해 학습동기가 저하되고, 계속적으로 반복되면 마치 눈덩이처럼 누적되는 것이다. 이러한 누적성은 신체적 · 지적 · 사회적 · 정서적인 모든 발달영역에 적용된다.

10) 불가역성

인간의 특성은 주로 인간의 초기인 아동기에 그 기초가 형성되고, 또한 급속한 발달이 이루어진다. 그러므로 어떤 특정한 인간특성이 급속히 발달하는 시기를 놓치게 되면 그 시기 이후에 이를 보완하거나 교정하기가 매우 힘들게 된다. 이렇게 최적기를 놓쳐서 거의 회복 불가능한 기제를 발달의 불가역성이라고 한다. 예를 들면, 인간의 지능은 4세 정도까지 약 50%가 발달되는 것으로 밝혀져 있다. 그러나 어떤 이유로 4세까지 적절한 지적 자극이 부족한 환경에서 성장하게 되는 아동은 지적 발달이 지체되기 쉽다. 그리고 그 이후에 아무리 풍요한 지적 환경을 제공한다고 해도 완전한 회복이 어렵다는 발달의 성격이 곧 불가역성이다. 이런 불가역성은 지적 발달뿐만 아니라 신체적 · 정서적 · 성격적 발달 및 기타 여러 발달영역에서도 나타난다. 누적성으로 인해 한 단계에서 잘한 것 또는 잘못한 것이 다음 단계에 영향을 미치지만, 불가역성 때문에 후 단계에 잘한다고 해서 그것이 전 단계의 잘못에 영향을 주거나 이를 교정 · 보충하는 데는 한계가 있다는 것이다. 예컨대, 0~6세 동안 영양 불충분으로 체격이 빈약해졌을 경우, 그 후 7~17세 동안 잘 먹여도 체중은 보충하기 쉬우나 신장은 보충하기 어렵다. 신장은 체중보다 불가역성이 심하다(정익중 · 오정수, 2021).

2. 아동발달 이론

아동의 발달단계는 연령에 따라 영아기(0~2세), 걸음마기(만 2~4세), 학령전기(만 4~6세), 학령기(만 6~12세), 청소년기(만 12~18세)로 구분할 수 있다. 특히 아동기가 시작되는 연령층은 초등학교 1학년부터 초등학교를 졸업하는 나이로 시기를 정할 수 있으며 약 12세까지를 말한다. 이 시기에 아동의 생활중심은 가정에서 학교 및 이웃으로 옮겨져 활동범위가 넓어지게 된다. 아동의 환경 범위의 확대로 가족에서 친구, 이웃, 책과 매스미디어와 같은 간접 경험의 폭도 넓어지게 된다. 그리하여 이 시기를 아동기, 학령기 또는 학동기라고 말한다.

아동기의 발달에는 신체적 발달, 사회적 또는 정서적 발달, 인지발달과 도덕성 발달로 나누어서 살펴볼 수 있다. 이 시기에 많은 간접 경험을 통하여 사회적 · 도덕적 발달이 두드러지게 차이가 나며, 정서적으로도 새로운 지식을 습득하는데, 무엇이든지 주저하지 않고 알려고 하는 지적 활동을 왕성하게 하게 된다. 사회적으로도 사회가 중요시하는 기술을 습득하고 활용하고자 하며, 획득한 지식을 보다 넓은 의미에서 지역사회에서 쓰일 수 있도록 노력하게 된다.

따라서, 아동의 문제를 그 아동이 문제인 것으로 이해하여 문제아동으로 단정하게 되면 그 아동을 부정적인 시각으로 바라보게 되고, 이 때문에 아동의 문제가 오히려 악화되는 위험성이 있다. 그러므로 아동의 어떠한 행동이나 태도에 대해서도 그 아동의 특성을 긍정적인 관점에서 바라보면서 아동의 적응 유연성을 향상시키도록 도와주어야 한다.

1) 프로이트의 정신분석이론

프로이트(Freud)에 따르면 아동은 태어나면서부터 다섯 살까지 약 5년 동안 구분이 뚜렷한 일련의 단계를 거치며, 이때가 성격형성에 결정적인 시기라고 주장한다. 프로이트는 성격이 세 가지 구조 원초아(id), 자아(ego), 초자아(superego)로 구성된다고 보았다. 원초아(id)는 성격의 무의식적인 부분으로 본능과 충동의 원천으로 기본 욕구의 저장고이고 성격의 기초가 된다. 내적 또는 외적 자극에 의해 이 부분의 에너지가 증가하게 되면 긴장이 유발된다. 이때 원초아는 즉각적인 긴장 감소를 추구하게 되며 현실성이나 도덕성을 전혀 고려하지 않고 즉각적인 자기만족을 추구하게 된다. 이러한 경향성을 쾌락의 원리(pleasure principle)라 한다. 프로이트는 원초아의 충동을 주로 성적 본능(libido)과 공격적인 본능으로 보았다.

자아(ego)는 원초아로부터 분화된 것으로서 외부세계에 바람직하지 않은 결과를 초래하지 않으면서 동시에 원초아의 충동을 만족시키는 행동을 선택하는 역할을 한다. 즉, 자아는 원초아와 초자아를 동시에 부분적으로 만족시키려는 현실의 원리(reality principle)에 의해서 작용한다.

초자아(superego)는 성격의 도덕적 측면이다. 초자아는 쾌락보다는 자기통제의 형태로 완벽을 지향하고, 현실보다는 이상을 강조한다. 초자아는 도덕과 가치관을 포함하는데 일반적으로 양심으로 생각할 수 있다. 초자아의 일부는 사회의 도덕률이나 금기로 구성되고 일부는 부모에게서 받은 도덕교육을 토대로 형성된 사회의 도덕관념에 기반한다. 즉, 초자아는 외부세계의 대변자이다. 따라서 초자아는 사회적 원리(social principle)를 따른다고 볼 수 있다.

원초아, 자아, 초자아 세 구조의 에너지 보유량에 따라 성격의 특질이 결정된다. 원초아가 에너지를 장악하는 사람은 성격이 충동적이기 쉽고, 초자아가 에너지를 장악하는 사람은 이상적・도덕적 측면이 강하다. 프로이트는 원초아와 초자아가 언제나 끊임없는 갈등상태에 있으며 자아는 이것을 조정하려 한다고 가정한다. 원초아, 자아, 초자아의 균형이 성격발달에 중요하다.

태어나서부터 5세까지의 결정적인 시기를 어떻게 보내느냐에 따라 긴장 발산을 추구하는 원초아와 이 충동을 억제하는 초자아 간의 상호작용과 자아의 갈등 조정 능력이 달라진다. 프로이트의 발달단계는 각각 신체의 특정한 부분의 반응형태에 따라 정의될 수 있다. 갓 태어나서 1세까지의 첫 단계는 입이 주요 부분이 되는 구순기이며, 이 시기가 지나면 배변훈련을 하는 시기로 이른바 항문기라는 시기가 3세까지 지속된다. 그 다음은 성기관이 주요 기관이 되는 남근기가 시작되는데, 이와 같은 구순기, 항문기, 남근기를 가리켜 생식전기, 성기전기라고 한다. 그리고 그다음은 12세까지 고요한 시기로서의 잠재기이고, 12세 이후 생식기로 넘어간다.

(1) 구순기

구순기(출생~1세)는 입으로부터 생겨나는 쾌락을 추구하는 단계로, 먹고, 빨고, 삼키고, 내뱉고, 씹고, 깨무는 모든 것을 말한다. 이 시기에 주로 나타나는 의존성은 나중에 자아가 발달해도 일생을 통해 지속되는 경향이 있으며, 불안을 느낄 때마다 그 모습을 드러내는 경우가 많다. 의존현상의 극단적 형태는 자궁으로 되돌아가고 싶어 하는 것이라고 한다. 그러나 구순기 후반에 이유(젖을 떼는 것)로 인한 욕구불만 때문에 어머니에게 애정과 우호적인 태도를 갖는 동시에 적대적이고 파괴적인 태도를 갖게 된다. 이때 유아는 최초로 양가감정을 경험하게 된다.

(2) 항문기

항문기(1~3세)의 대소변 훈련을 통해 아동은 처음으로 본능적 충동이 외부의 규제를 받는 것을 경험하게 된다. 대소변 훈련 시 유아는 즉각적인 만족을 구할 것인지 혹은 만족을 늦출 것인지를 갈등한다. 주로 아동은 항문의 긴장을 풀어서 생기는 쾌감을 뒤로 미루는 법을 배워야 한다. 이 경우 부모가 너무 강압적으로 대소변 훈련을 시키게 되면 아동의 개성이나 가치를 형성하는 데 역효과를 가져오게 될 수 있다. 아동이 원하지 않을 때 억압된 상태에서 변을 보게 하면 고집이 세고 인색하게 될 것이다. 반대로 부모가 아동에게 칭찬을 통해 훈련을 시킨다면 그 아동은 변을 보는 행위가 중요한 행위라는 생각을 갖게 되며, 이러한 생각은 창조력과 생산력의 밑바탕이 된다.

(3) 남근기

남근기(3~5세) 동안 성적 충동과 공격성이 성기의 기능과 더불어 중시된다. 이 시기의 아동은 이성의 부모에게 성적 관심을 갖게 되면서 동성의 부모에게 성적 동일시를 하므로 남자아이는 남자답게 굴고 여자아이는 여자답게 행동하려고 애쓴다.

3~5세 아동의 행동은 대부분 오이디푸스 콤플렉스(Oedipus complex)의 작용에 의해 특징지어진다. 오이디푸스 콤플렉스는 이성인 부모에 대한 사랑과 동성인

부모에 대한 적대시라고 할 수 있다. 오이디푸스 콤플렉스는 남자아이에게 분명하게 드러나게 되는데, 특히 어머니의 애정을 독차지하려는 열망과 아버지에 대한 원망은 아버지와의 갈등을 초래하게 된다. 남자아이는 그의 강력한 경쟁자인 아버지가 그를 해치려고 한다는 생각에 두려움에 싸인다. 그의 두려움의 초점은 성기에 집중되는데 그것은 성기가 성적 쾌락 감정의 원천이 되기 때문이다. 그는 아버지가 자기의 성기를 제거시킬까 봐 두려워한다. 이러한 거세에 대한 두려움을 거세불안(castration anxiety)이라고 한다. 이 거세불안은 어머니에 대한 성적 욕망과 아버지에 대한 적개심을 억제시킨다. 이러한 오이디푸스 콤플렉스의 억제는 초자아를 발달시키는 요인이 된다. 전 단계인 항문기에서는 외적인 금지에 대항하여 자신을 방어했지만 남근기에는 내적인 금지에 대항하여 자신을 방어한다.

한편, 여자아이가 아버지를 좋아하고 어머니를 싫어하는 경향을 엘렉트라 콤플렉스(Electra complex)라고 부른다. 여자아이의 경우에는 남근선망(penis envy)으로 이 시기의 발달을 설명하나 남자아이에 비해 그 설명이 불분명하다. 남근선망이란 여아가 자신의 성기에 대해 만족하지 못하고 남근에 대해 적극적인 소망을 갖는 것을 말한다. 이러한 거세불안과 남근선망과의 차이가 양성 간의 여러 가지 심리적 차이의 기본이 되는 것으로 알려져 있다.

(4) 잠재기

구순기, 항문기, 남근기를 가리켜 생식전기, 성기전기라고 한다. 그리고 그다음은 12세까지 고요한 시기로서의 잠재기이고, 12세 이후 생식기로 넘어간다. 잠재기에는 원초아가 약해지고 자아와 초자아는 강력해진다. 이 시기 리비도의 지향 대상은 친구, 특히 동성의 친구에게로 향하고 동일시의 대상도 주로 친구가 된다. 잠재기 아동의 에너지는 지적인 활동, 운동, 친구와의 우정 등에 집중된다.

(5) 생식기

각 개인이 자기 몸에 자극을 주거나 조종함으로써 만족을 얻기 때문에 생식전기는 자기애의 특성이 강하다. 그러나 사춘기(생식기) 동안 이러한 자기애의 일부는 대상이 바뀌어 애타적인 동기로 다른 사람들을 사랑하기 시작한다. 이러한 과정을 통해 인간은 쾌락을 추구하는 자기애적 유아에서 사회화된 현실적인 성인으로 변천해 나가게 된다. 이러한 생식기의 가장 중요한 생리학적 기능은 재생산의 기능이다.

프로이트는 성격의 성장단계를 다섯 단계로 구분하였지만, 한 단계에서 다른 단계로 넘어갈 때 뚜렷한 어떤 분기점이 있다거나 과도기를 거치게 되는 것은 아니다. 성격은 앞에서 말한 다섯 단계를 바탕으로 하여 최종적으로 형성된다. 만약 어느 한 단계에서의 만족이 지나치게 부족하거나 과도하면 아동은 그 단계에 고착되고 다음 단계로의 발달적 이행이 어려워진다(정익중 · 오정수, 2021).

2) 에릭슨의 심리사회이론

에릭슨(Erikson)은 일생 동안 인간이 여러 단계의 심리사회적 위기를 경험하게 되는데 그 위기의 결과로 성격이 발달하는 것으로 보았다. 다시 말해, 에릭슨의 이론은 사회가 개인에 미치는 영향과 개인이 심리사회적 위기를 극복하면서 "나는 누구인가?", "내가 무엇을 해야 하는가?"에 대한 답을 발견하는 과정에 초점을 두고 있다. 따라서 그의 이론은 자아기능을 강조하는 반면, 무의식에는 거의 관심이 없었다.

에릭슨은 스스로를 정신분석적 사고의 주류라고 주장하지만, 그의 심리사회이론은 세 가지 측면에서 근본적으로 프로이트의 정신분석학과 구분된다(서봉연, 2007).

첫째, 인간의 행동과 기능의 기초로 원초아보다 자아를 강조하였다. 둘째, 가족상황 속에서 개인과 그 부모의 관계뿐만 아니라 그 가족이 위치한 역사적・문화적 상황 속의 사회적 관계에 관심을 가졌다. 개인의 성장에 문화가 기여하는 것에 주목하였다. 사회가 양육의 패턴을 전수하고 교육기회를 제공하며 성욕, 친밀, 일에 대한 가치와 태도를 전달한다고 보았다. 셋째, 삶의 심리적 위험을 극복할 수 있는 인간능력에 관심을 기울였다. 프로이트는 충동을 극복하는 초자아의 능력을 중시하였지만 에릭슨은 모든 개인적・사회적 위기가 성장을 이끄는 요소를 제공한다고 보았다.

프로이트의 단계이론은 신체부위에 지나치게 초점을 맞추고 있다. 그러나 에릭슨은 중요한 것은 신체부위가 아니라 외부세계와 상호작용하는 신체의 양식임을 지적하며 프로이트의 단계보다 더 일반성을 부여하였다. 에릭슨은 프로이트의 구순기가 구강 부위가 아니라 외부세계와 상호작용하는 구강 양식임을 보여 주었다. 첫 번째의 우세한 양식은 함입인데, 이는 입뿐만 아니라 다른 모든 감각기관을 통해서 받아들이려는 경향을 포함한다. 항문이 아니라 보유와 배설, 성기가 아니라 진입-타인의 공간으로의 진입, 호기심에 의해 미지의 세계로의 진입 등이라는 것이다.

아동의 발달에는 보편적이고 일반적인 발달 원리가 있다. 물론 문화에 따른 예외가 있다. 우선 발달은 순서적이고 누적적으로 이루어진다. 즉, 에릭슨(Erickson)의 점성원리에 따르면 인간의 발달은 8단계의 단계별 성격이 앞서 전개된 발달단계의 결과를 통하여 발달한다고 말한다. 예를 들면, 장미꽃 봉오리와 각 꽃잎이 일정한 시간과 일정한 순서에 따라 그 유전적 특질에 따른 본질이 정해놓은 대로 피어나는 것과 같다. 그러므로 각 단계 또는 일정한 시기(Optimal Time)에 아동을 성인기로 재촉하려는 노력은 필요가 없다. 또한, 아동을 삶의 요구사항들로부터 보호하거나 그 속도를 늦춰서도 안 된다.

발달이 순서적이라는 의미는 논리적이며 보다 체계적으로 질서 정연한 순서로 변화하는 것을 말하며, 처음 단계에서 다음 단계로 나가는 데 있어서도 이전에 이루어졌던 내용에 기초하여 이루어진다는 것을 말한다. 누적적이라는 의미는 처음의 단계에서 다음 단계로 나아가는 데 있어서 이전의 행동 내용과 함께 또 다른 새로운 내용을 포함한다는 것을 의미한다. 예를 들면, 영아는 6주 정도에는 모음만으로 이루어진 소리를 내지만 6개월경의 아동은 자음을 덧붙여 옹알이를 할 수 있으며, 1년경에는 단어를 사용할 수 있는 능력이 발달된다. 이후 18개월 아동의 경우 한 단어 이상의 문장을 만들 수 있으며, 3세가 되면 단수 복수형이나 시제를 자유자재로 응용할 수 있을 만큼 발달하게 된다. 이는 아동의 언어발달에 있어서 일정한 순서로 논리적·체계적으로 질서 정연하게 변화하며, 기존의 발달에서 새로운 내용이 새로운 형태로 변형되면서 나아간다는 것을 알 수 있다.

에릭슨은 각각의 발달단계에서 그 나름의 중심적인 과제가 존재하기 때문에 다음 단계로 잘 진행되기 위해서는 적어도 그러한 과제가 단계마다 잘 해결되어야 한다고 보고 있다. 심리사회적 갈등은 개인이 단계마다 사회환경의 요구에 적응하기 위해 심리적 노력을 해야 하기 때문에 일어난다. 각 단계에서 내포하는 심리사회적 위기는 긍정적 요소와 부정적 요소를 모두 다 포함한다. 즉, 각 단계의 갈등은 심리기능의 연속선상에서 존재하는 것이다. 사실상 연속선의 양 극단은 비현실적이다. 예를 들어, 어떤 아동도 완전한 신뢰감 또는 완전한 불신감을 갖고 있지는 않다. 유아기의 갈등이 만족스럽게 해결되면 기본적으로 신뢰감 같은 긍정적 요소가 자아에 반영되어, 보다 건전한 발달이 보장된다. 반대로 유아기의 갈등이 불만스럽게 해결되면, 자아발달은 손상을 받게 되고 불신 같은 부정적 요소가 자아에 크게 반영된다. 여기서는 아동기에 해당하는 에릭슨의 발달단계의 여덟 단계 중 네 단계를 살펴보고자 한다.

(1) 영아기(출생~2세): 신뢰감 대 불신감

건강한 성격의 가장 기본적 요소 중의 하나가 신뢰감인데, 자신과 다른 사람에 대한 신뢰감은 생후 1년 동안 발달한다. 출생 후 1년 동안 영아는 생을 신뢰할지 혹은 불신할지 결정짓는 위기를 겪는다. 그 위기의 해결책은 부모, 특히 어머니에게 크게 의존한다. 신뢰감을 갖게 해주는 상황은 다양하지만 대개 적절한 시각에 음식물을 제공받는 것과 같은 생리적 욕구의 만족, 돌보는 사람으로부터 보호와 사랑을 받고 있음을 느끼게 되는 심리적 안정, 그리고 자신의 신체가 뜻대로 움직여진다는 신체적 만족 등에서 비롯된다고 할 수 있다. 불신감은 어머니의 행동이 전혀 예측할 수 없고 믿을 수 없으며 필요할 때 어머니가 옆에 없을 것이라는 느낌에서 싹튼다. 다시 말해 자녀를 양육하는데 다양한 양육방식을 시도하는 부모, 부모역할에 자신감이 부족한 부모, 지배적 문화와 갈등을 일으키는 가치관을 가진 부모는 그 모호성이 자녀에게도 감지되기 때문에 영아에게 불신감을 준다. 신뢰감은 심리적으로 건강한 사람을 만들며 다른 사람과의 유대감과 애착을 형성하는 데 필수적이다. 그러나 건전한 성장이 전적으로 신뢰감만으로 이루어지지는 않는다. 에릭슨은 건전한 성장발달이 신뢰와 불신의 적절한 비율로부터 온다고 하였다. 실제로 어느 정도의 불신은 누구나 무엇이나 믿어서는 안 되는 험한 현실세계에 적응하는 데 유용한 도움을 줄 수 있다.

(2) 유아기(2~4세): 자율성 대 수치심과 의심

생후 1년간 신뢰감이 확고히 형성된 이후 유아의 많은 에너지가 자기 스스로의 마음과 의지를 지닌 인간임을 확인하는 데 집중된다. 따라서 이 시기의 가장 중심적인 과제는 자율성의 문제로서, 이는 바로 독자적 인간으로서의 의식인 동시에 다른 사람들의 도움과 지도를 활용할 수 있다는 의식이기도 하다.

제 발로 서고 손을 사용하는 능력이 발달하면서 유아는 스스로 외부세계를 탐색하기 시작하고 자율성을 획득하게 되며, 이에 따라 부모와 아동 간의 통제를 둘러싼 갈등이 치열해진다. 유아는 '나'와 '너'를 구분하며, '내가', '내 것'과 같은 자기세계를 분명히 한다. 강하고 고집스러운 '아니야'의 반복이 시작된다. 부모가 아동의 의사를 묵살하지 않으면서 사회적으로 기대되는 행동을 배우게 하면, 아동은 자율성을 상실하지 않으면서도 사회적 규제에 잘 적응하게 된다. 이 단계에서 내리는 통제는 꼭 필요한 경우에 한해야 하고 일관성이 있어야 하며, 외부의 통제는 확고하게 확신을 주는 것이어야 한다. 이 확고함은 배변훈련에서 보유할 것인지 배설할 것인지를 모르는 혼란으로부터 유아를 분별 있게 보호해준다. 그러나 유아가 미성숙한 상태에서 외부통제가 너무 빨리 또는 너무 엄격하게 가해져서 아동에게서 자유 선택으로 배변과 다른 기능을 스스로 통제할 기회를 박탈하면, 유아는 자신의 통제 능력이 미약하고 외부의 압력자를 통제할 수 없다는 무력감으로 수치심과 의심을 갖게 되고, 전 단계로 퇴행할 수 있다. 유아를 현명하게 지도하기 위해서는 분별없이 수치심을 자극해서는 안 되며, 유아의 반항적 행동을 완전히 묵살하거나 스스로 행동하려는 노력을 조롱해서는 안 된다. 또한, 유아가 스스로 근본적으로 가치 있는 존재임을 의심하게 해서는 안 된다.

(3) 학령전기(4~6세): 주도성 대 죄책감

이 시기 발달적 위기의 결과는 아동의 놀이나 탐구, 시도 및 실패, 장난감을 사용한 연습 등과 관련된다. 부모가 아동 스스로 환경을 탐색하고 스스로 행동할 수 있도록 격려하면 아동은 자기주도성을 형성하게 된다. 그러나 아동 스스로 어떠한 일을 완수하도록 기회를 주지 않고 꾸지람을 하게 되면 죄책감을 갖게 되어 다른 사람이 자신의 결정을 대신해 주길 기대하게 된다. 이 시기의 위기를 성공적으로 극복하게 되면, 아동은 목적의식을 발전시킬 수 있지만, 그렇지 않을 경우 목표달성에 대한 의지와 용기가 부족하고, 생각과 표현의 자유를 방해하는 금지의 감정 혹은 억제하려는 경향이 강하게 나타난다.

이 단계를 성공적으로 극복한 성인은 세계의 다양한 측면에 열정을 갖고 관여하는 반면, 죄책감이 깊은 성인은 소극적 성향을 나타내거나, 성적 무기력 등의 정신병리를 유발하게 된다.

(4) 학령기(6~12세): 근면성 대 열등감

이 단계는 6세에서 12세까지로 모든 문화에서 이 단계의 아동은 체계적인 교육을 받는다. 이 시기에 아동은 세상을 살아가는 데 필요한 인지적·사회적 기술을 학습한다. 따라서 사회의 생산적인 성원이 되기 위한 근면성이 발달하는데, 아동의 주변 환경이 지지적이면 근면성이 발달하기 쉽다. 이 단계의 위험은 부적절감과 열등감의 발달이다. 만일 아동이 공부와 기술 혹은 동료들 사이에서의 자기 위치에 절망한다면 공부에 대한 동일시와 동료에 대한 동일시가 방해받는다. 주로 학습에 실패한다든지 과제를 수행할 능력이 없을 때 열등감이 생긴다. 때로는 전 단계의 오이디푸스적 갈등을 제대로 해결하지 못해 아버지와 자신을 비교하거나 어머니와 자신을 비교하여 그 비교가 열등감을 일으키기 때문에 자신감이 없을 수 있다. 열등감은 아동이 자신의 무능력이나 하찮음을 지각하면서 생기지만 열등감을 조장하는 사회적·문화적 요소들도 근면성 발달을 방해한다. 아동은 그의 사회적 가치를 결정하는 것이 자신의 능력이나 의지보다 부모의 배경, 사는 지역, 의복의 가격이라고 느끼기 시작하면 상처를 받아서 열등감이 생기기 쉽다.

근면성은 다른 사람들과 함께 일하는 것을 의미하기 때문에 이 단계는 사회적으로 가장 결정적인 단계가 된다. 이 단계를 성공적으로 극복하면 개인적으로나 사회적으로나 의미 있는 목표를 추구하면서 자신감을 갖는 반면, 이 단계의 실패는 무력감을 낳는다.

3. 행동주의이론

파블로프(Pavlov), 스키너(Skinner), 반두라(Bandura) 및 시어즈(Sears) 등은 행동주의 이론을 통해 인간의 행동 현상과 발달을 설명하고 있다. 같은 행동주의 이론에 입각해 있으면서도 보는 맥락에 따라 차이가 있으므로 그 내용을 고찰해 보기로 하자(장인협 · 오정수, 2002).

1) 고전적 조건형성

(1) 파블로프의 고전적 조건형성

러시아의 생리학자 파블로프(1849~1936)는 개의 위액이나 타액 등 소화관에 관한 생리학 연구를 하던 중에 고전적 조건형성 또는 반응적 조건형성(respondent conditioning)의 현상을 발견하였다. 그는 개의 입속에 산성의 용액을 주입하는 데에 시험관을 사용하였는데, 개는 시험관만 보고도 타액을 흘리는 것을 관찰할 수 있었다. 맛이 신 산성 용액을 입속에 넣으면 타액이 나오는 것은 당연한 것으로 생각되지만, 시험관만 보고서도 타액을 흘린다는 것은 이상한 일이었다. 더욱이 시험관뿐만 아니라 개에게 매일 먹이를 주고 돌보아 주는 사육자의 발소리만 들어도 타액을 흘리는 것을 볼 수 있었다. 파블로프는 이처럼 개의 조건형성에 의한 타액분비의 양을 정확히 측정하는 장치를 고안해 내어 일정한 속도로 메트로놈(metronome)을 울리며 그와 동시에 개의 입에 음식을 주는 실험을 수차 반복하였다. 그렇게 하였더니 개는 메트로놈의 소리만 들어도 타액을 흘리게 되었다. 음식을 개의 입속에 넣으면(무조건자극) 타액이 나온다(무조건반사)는 것은 당연한 생리적 반응이다. 이에 반해 메트로놈의 소리는 원래 타액과는 전혀 관계가 없는 것(중립자극)이다. 그런데 이 메트로놈의 음(音)과 음식을 시간적으로 접근케 하여 거의 동시에 개에게 주는 것을 반복하면, 타액과는 전혀 관계가 없는 메트로놈의 음으로 타액이 나오게 된다(조건반응). 이런 경우 메트로놈의 음(조건자극)이 시간적인 접근으로써 타액을 흘리게 하는 자극이 된다.

(2) 고전적 조건형성의 실제

고전적 조건형성이란 일정한 자극에 의해 선천적으로 유발되는 반사를 처음에는 그것과 아무런 관계가 없던 중립자극과 연합시킴으로써 이 중립자극이 선천적인 반사반응을 유발하게 되는 것이라고 하겠다.

고전적 조건형성의 원리를 유아에게 적용시켜 연구한 사람이 왓슨(Watson)이다. 처음에는 흰쥐에 대해서 아무런 공포도 느끼지 않던 유아에게 흰쥐를 보여주는 동시에 큰 소리를 냈더니, 이런 경험을 몇 번 하고 난 유아는 흰쥐만 보아도 놀라 울면서 피하려고 애를 썼다고 한다. 이것은 곧 중립자극이던 흰쥐에 대해서 놀라는 반응(즉, 조건반응)이 결부됨으로써 조건형성이 된 것을 의미하는 것이다. 이와 같은 방법을 역으로 이용하면, 흰쥐에 대해서 공포를 느끼던 유아에게 공포를 느끼지 않도록 할 수 있다. 왓슨의 견해에 따르면, 아동이 성장함에 따라 그들의 정서적 반응은 고전적 조건형성을 통하여 많이 습득된다고 한다.

2) 스키너의 조작적 조건형성

(1) 조작적 조건형성의 의의

인간의 행동 중에는 반사반응으로서 자동적으로 일어나거나 본인의 의지와는 관계없이 일어나는 반응적 행동도 있지만, 일상생활 중에는 행동 후에 어떤 일이 일어났느냐라는 결과에 의해서 영향을 받는 조작적(operant) 행동의 경우가 훨씬 더 많다. 즉, 파블로프와 왓슨이 반사적 행동의 조건형성을 연구한 데 반하여, 스키너를 비롯한 일부 학습이론가들은 반사적 반응이 아닌 유기체 스스로가 조작하는 행동으로 이루어지는 조건형성을 연구하였다. 이것이 유명한 스키너의 조작적 조건형성(operant conditioning)의 원리인 것이다.

스키너는 자신이 고안한 조그만 상자에 흰쥐를 넣어, 그 안에서는 쥐가 마음대로 돌아다닐 수 있도록 하였다. 상자의 한쪽 벽에는 지렛대를 장치하여, 만약 쥐가 이것을 누르게 되면 자동으로 먹이가 나오도록 하였다. 처음에는 쥐가 이리저리 움직이다가 우연히 지렛대를 누르게 되고, 그러면 먹이가 나오도록 장치를 해두었더니 이러한 시행을 거듭하면서 쥐가 지렛대를 누르는 횟수가 증가하게 되었다. 이와 같은 실험에서 볼 때, 유기체는 스스로 어떤 반응을 하게 되며, 그 반응이 긍정적인 결과, 즉 보상을 가져오게 되면 나중에도 그와 같이 반응할 확률이 높아진다.

그러나 실제 고전적(respondent) 그리고 조작적(operant) 조건형성을 간단하게 구별하기에는 어려운 점이 많다. 어떠한 행동이 고전적 조건형성에 의해 일어나더라도 그 행동의 유지는 조작적 조건형성에 의해 이루어지고 있기 때문이다. 그러나 이들 양자 간의 가장 큰 차이는 고전적 조건형성에서는 반응이 일어나기 전의 자극이 문제인 데 대해서 조작적 조건형성은 행동이 일어난 후의 결과를 중요시한다는 점이다.

(2) 조작적 조건형성의 실제

어떤 유치원에서 언제나 선생님에게 매달려 같은 또래의 아이들과 잘 놀지 않는 원아가 있다. 이 유치원에 나오는 보육 전공의 선생님이 관찰하였더니 1시간 중에서 다른 또래들과 접촉하는 시간은 모두 합쳐도 겨우 5분 정도였다. 이를 교정하기 위하여 이 원아가 다른 아이들과 가까이 있거나 함께 있을 때, 선생님이 그에게 다가가서 칭찬하며 방긋이 웃어 주고 어깨나 머리를 쓰다듬어 주면서 관심을 표명하였다. 반면에 선생님이나 실습생의 곁에 왔을 때는 무관심하였다. 그랬더니 이 원아가 선생님과 접촉하는 횟수는 줄어들었으며 그날의 끝 무렵에 가서는 1시간 중 25분 정도를 다른 또래들과 놀게 되었다. 그리고 3일째에는 그 원아가 다른 또래들과 놀고 있을 때만 칭찬하거나 관심을 보였다. 마침내는 1시간 중 40분 정도로 다른 또래들과 함께 놀았다. 즉, 이 원아의 경우, 말로 착하다고 하거나 선생님이 가까이하는 등의 신체적인 접촉에 의한 관심을 통해서 또래들과 함께하는 일이 많아지고 선생님과 함께 지내는 시간을 줄였다. 이와 같은 접근법을 조작적 조건형성이라고 하며 '조작적'이라는 것은 그 사람이 환경에 대해 스스로의 의지대로 작용함을 말한다. 즉, 이러한 이론은 행동 형성조건을 이해할 뿐만 아니라 문제행동을 수정하는데도 크게 기여하고 있는 것이다.

이처럼 스키너는 대부분의 인간행동이 내적 충동보다 외적 자극에 의해 동기화된다고 보았다. 즉, 인간행동이 그 결과에 의해 보상과 처벌을 통하여 유지된다고 본다. 스키너의 관점에서 인간은 기계적 존재라고 할 수 있고 모든 인간행동은 법칙적으로 결정되고 예측 가능하며 통제될 수 있다. 스키너는 인간의 인지적 기능을 전혀 고려하지 않았으며 무의식, 자아, 내면적 동기 등으로 인간행동을 설명하는 것을 거부해 행동에 대한 과학적 분석을 위해서는 경험적 실증이 불가능한 것들을 연구할 필요가 없다고 주장하였다. 그는 또한 어떤 행동이 유전적 소인에 의한 것이라 해도 이것이 행동의 예측에는 유용하나 조작이 불가능하므로 실험적 분석이나 통제에는 무가치하기 때문에 유전적 설명은 쓸모없다고 주장하였다. 따라서 스키너의 학문적 관심은 인간행동 중 조작이 가능한 행동에 한정되었다.

행동주의적 학습이론은 신체적・심리적 발달에서 아동의 환경이 얼마나 중요한지에 관한 사회복지 부문의 지식기반이 되었다. 행동수정 요법처럼 사회복지의 목표 중 하나가 바람직한 행동을 증가시키고 바람직하지 않은 행동을 완화 혹은 소멸시켜서 사람들이 적절하게 행동하도록 원조하는 것이라 할 때 행동주의 학습이론의 사회복지실천 면에서의 기여는 상당하다.

3) 반두라의 사회학습이론

앞의 두 가지 학습이론은 유기체가 직접 행동함으로써 학습이 이루어진다고 주장하는 반면, 반두라(Bandura)나 시어스(Sears) 등은 사회적 상황에서 타인들의 행동을 관찰함으로써 그러한 행동을 본받는 학습이 이루어진다고 주장하였다.

우리는 누군가가 하는 일을 단지 바라보기만 해도 어느새 그 행동이 몸에 배기 쉽다. 어린이들이 TV를 보기만 해도 그 속에 나오는 여러 행동을 쉽게 재연하는 것을 얼마든지 볼 수 있다. 어른들의 흉내를 잘 낸다고 하는 것은 바로 이런 관찰학습의 결과로 볼 수 있다. 즉, 어떤 표본을 보기만 해도 새로운 행동을 몸에 익힐 뿐만 아니라 지금까지 배워 익힌 행동을 바꿀 수도 있는 것이다. 그러나 여기서 뚜렷이 구별해야 할 점은 보고 배운다고 하는 것과 그 배운 것을 실행에 옮긴다는 것은 별개의 문제라는 것이다. 관찰학습이 필요한 것은 어떤 행동을 보고 이해하고 인지한다는 점 때문이다. 그러나 그것을 다시 행동에 옮기는 것은 그 행동의 결과가 어떠해야 할 것인가 하는 주위의 관심 여하에 따라 결정될 수 있다.

반두라는 두 집단의 행동들을 선정하여, 한 집단에는 다른 사람이 사람 모양의 인형에게 공격적인 행동을 하는 영상을 보여 주고, 다른 집단에게는 공격적인 행동이 없는 중립적인 영상을 보여 주었다. 그 결과, 공격적인 장면을 본 집단의 아동들은 그것을 보지 않은 집단의 아동들에 비하여 훨씬 더 공격적인 행동을 많이 하는 것을 발견할 수 있었다. 이와 같은 결과를 놓고 반두라는 인간의 학습과정은 직접적인 강화(reinforcement)에 의한 경험을 통하여 학습되는 행동도 있지만, 타인의 행동을 관찰하고 이를 모방함으로써 새로운 행동을 학습할 수 있다고 주장하였다. 이러한 학습은 일상적인 사회학습에서 이루어지기 때문에 이를 사회학습이론이라고 한다.

반두라는 외부자극이 대부분의 인간행동을 통제한다는 스키너의 가정을 비판하면서 스키너의 행동주의 이론이 스스로 계기를 만들고 자기강화를 가능하게 하는 인간의 능력인 인지능력을 고려하지 않은 점에 대한 반론을 제기하였다. 반두라는 강화가 많은 인간행동을 통제할 수는 있으나 절대적으로 통제하지 못하며, 강화의 효과는 행동과 그 결과 간의 관계에 대한 인간의 의식, 인지능력에 의해 좌우된다고 주장하였다. 사회학습은 기본적으로 역시 강화이론에 토대를 두고 있지만 아동이 자신의 행동에 대해 직접적인 강화를 받지 않더라도 다른 아동이 보상이나 처벌을 받는 것을 관찰함으로써 간접적으로 강화를 받기 때문에 학습이 이루어지는 것이라고 설명한다. 그래서 이러한 관찰학습(observational learning)을 대리학습이라 하기도 한다.

반두라는 관찰학습을 효과적으로 활용하기 위해 다음의 다섯 가지 원칙을 들고 있다.

- 바람직한 행동을 여러 사람에게 가능한 한 몇 번씩 모범을 보인다.
- 모방하는 내용은 쉬운 것, 간단한 것부터 시작하여 점차 어려운 것, 복잡한 것으로 옮겨간다.
- 각각의 단계에 따라서 말로써 설명하고 지도함이 중요하다.
- 가르치는 내용에 따라서 시각화를 통하여 가르칠 뿐만 아니라 문자 그대로 손발을 움직이면서 가르치는 것이 효과적이다.
- 단계별로 잘하면 칭찬해 주는 일을 잊어서는 안 된다.

4. 피아제의 인지발달이론

피아제의 이론이 인지발달 연구에 기여한 공헌은 크게 두 가지로 요약될 수 있다.

첫째, 피아제가 처음으로 아동을 능동적인 학습자로 규정했다는 점이다. 기존의 전통적인 학습이론에서는 아동을 피동적인 존재로 보았으며, 발달이란 환경에 대한 수동적인 반응이나 점진적인 축적으로 간주되어 왔다. 그러나 피아제는 매우 대조적으로 아동을 끊임없이 정보를 저장하고, 선택하고, 해석하는 자로 묘사하고 있다.

둘째, 예리하고 독특한 통찰력으로 면밀한 관찰을 통해 인지구조의 발생과 그 발달과정을 처음으로 설득력 있게 설명했다는 점이다. 피아제는 지금 우리가 가지고 있는 인지발달의 여러 측면의 지식들에 대해 기본적인 이해의 기반을 제공해 주었다.

피아제는 지능을 기능적인 측면과 구조적인 측면으로 분리하여 설명하고 있다(장인협 · 오정수, 2002). 따라서 피아제가 말하는 인지발달은 기능적인 면과 구조적인 면의 발달이라는 두 가지 측면을 동시에 의미한다. 기능적 측면에서의 인지발달이란 유기체가 환경과의 상호작용에서 이루어 가는 적응과정이며, 이 과정은 다시 인지적 동화와 인지적 조절이라는 하위과정을 통해서 이루어진다. 먼저 인지적 동화란 아동이 자신이 가지고 있는 이해의 틀에 맞추어 대상을 해석하고 받아들이는 것을 말한다. 예를 들어, 아동이 '네 발 달리고 침 흘리는 짐승은 개'라고 하는 나름대로의 이해의 틀을 가지고 있다고 하자. 이 아동은 네 발 달리고 침 흘리는 짐승만 보면 자신의 이해의 틀에 맞추어 개라고 인지한다. 그러나 새로이 직면한 대상물이 기존의 이해의 틀로서는 해석되지 않을 때, 이 이해의 틀은 변용되어야 한다. '네 발 달리고 침 흘리지만 뿔이 있고 덩치가 훨씬 크면 소'라고 바꾸어 인지해야 한다. 이와 같이 이해의 틀을 변용해 가는 과정을 인지적 조절이라고 한다.

피아제는 인지발달의 구조적인 면도 설명하였다. 아동이 가지고 있는 반응의 틀을 도식이나 구조라고 표현하는데, 이것은 아동이 생래적으로 갖고 태어나는 것이 아니라 환경과의 접촉을 통해 반복되는 행동과 경험에서 생성되는 것이라고 한다. 예를 들면, 빨기 반사라든지, 잡기 반사 등을 반복하는 가운데 빨기 도식 또는 잡기 도식 등을 형성하게 된다. 이 도식은 반복되는 행동을 통해 점차 분화되고 또 다른 도식들과 통합되어 수많은 도식과 복합적인 고차원의 도식이 획득된다. 도식의 사용은 아동이 성장함에 따라 감각운동적 차원을 넘어 개념적 차원까지 확대되어 간다. 피아제는 인지발달이 질적 차이에 의해 단계가 구분된다고 주장하면서 네 단계, 즉 감각운동기, 전조작기, 구체적 조작기, 형식적 조작기로 나누어 설명하였다.

1) 감각운동기

감각운동기(sensorimotor stage)는 출생 후 약 2세에 이르는 시기로서, 이 단계에서는 반사활동을 통하여 외부세계와 접촉하면서 감각운동적 지능을 발달시킨다. 이 기간 동안 아동은 점진적으로 자신의 감각과 지각을 신체동작과 협응시키는 능력을 발달시킨다. 출생 직후 1개월 정도는 단순하고 선천적인 반사활동에 국한되어 있으나 반사활동을 반복하는 가운데 감각운동적 도식을 형성하게 된다. 그리하여 첫돌쯤 되면 반사활동이 보다 더 쉽게 의도적으로 통제되고 조절되며, 1세 반경에는 시행착오를 통해서 문제를 해결한다. 그러다가 이 단계가 끝날 무렵에는 아주 초보적이나마 개념적 사고가 시작된다. 감각운동기의 아동은 자신이 직면하는 외부의 대상과 자신을 구별하지 못한다. 따라서 이 단계의 중요한 발달과업은 대상의 획득이다. 이 단계를 잘 넘기게 되면 모델 없는 모방도 가능해지며 자신과 대상을 분리할 수 있게 된다. 그리고 어떤 대상이 시야에서 사라지더라도 그 대상이 자기와는 독립적으로 계속 존재한다는 '대상영속성'(object permanence) 개념이 획득된다.

2) 전조작기

약 2세에서 7세에 걸치는 전조작기(preoperational stage)의 특징은 언어의 획득, 상징 사용의 증가, 그리고 제한된 논리적 사고 등이다. 이 단계의 중요한 발달과업은 상징의 획득이고, 이 단계에서 가장 중요한 것은 언어를 사용하기 시작하고 언어능력이 발달하는 것이다. 2세경부터 아동은 사물 대신에 상징으로 사물을 표상하는 단어를 사용하기 시작하며, 이때 아동의 말은 대부분 한 단어로 이루어진 것이다. 점점 그 능력이 확대되어 4세의 전형적인 아동은 언어활동에 자신을 갖게 된다. 이때는 대부분의 문법을 쓸 수 있으며, 남의 말을 듣고 이해할 수 있다. 이렇게 빠른 상징적 표상(언어)의 발달은 이 단계에 이루어질 개념형성이 빨리 이루어지도록 도와주는 기능을 한다. 이 단계에서 언어와 사고의 관계는 매우 중요하며, 피아제에 의하면 지적 활동의 기초는 언어의 발달보다 앞서 진화한다고 설명한다. 언어는 사물과 사건에 대한 표상의 한 형태이므로, 언어를 포함하는 사고는 감각운동적 사고의 직접적인 활동한계로부터 벗어난다. 이로 말미암아 인지활동은 속도와 범위에서 빠르게 발달하게 된다.

아동은 성인들처럼 이야기하기 시작하지만 성인처럼 사고하지는 않는다. 이 단계 사고의 특성은 아동의 발달에는 필수적이지만 논리적인 발달에는 장애가 되는데, 이러한 특성으로는 자기중심성(egocentrism), 변환(transformation), 중심화(centuration), 가역성(reversibility), 비보존 등이 있다(장인협 · 오정수, 2000).

(1) 자기중심성

피아제는 전조작기 아동의 행동과 사고를 자기중심성(egocentrism)이라고 특징지었는데, 자기중심성은 타인의 관점이나 지각이 자신의 것과 다르다는 것을 평가하는 데 실패하는 것을 말한다. 예를 들어, 이 시기의 아동은 자신에게 재미있는 어린이 프로그램이 왜 어른들에게는 재미없는지를 이해하지 못한다. 혹은 자신의 눈을 가리면 타인이 자신을 볼 수 없다고 주장한다. 아동은 모두 자신과 같은 방법으로 생각하고 행동하는 줄로 안다. 아동의 이러한 자기중심적 사고는 어떤 의도를 지닌 것은 아니며, 따라서 그것을 해결하려고 하지 않으며 문제 삼지도 않는다. 그의 언어활동도 타인과의 정보교환이 아닌 비사회적 성격을 띠게 된다. 이러한 사고는 전조작기에 반드시 나타나지만, 이는 이 동안의 인지적 구조의 발달을 제한하는 작용을 한다. 아동은 자신의 사고와 행위에 대해 의문을 갖지 못하기 때문에 조절을 통한 도식의 변화는 일어나기 힘들다.

(2) 변환

이 단계의 또 다른 특징은 변환에 유의할 능력이 없다는 점이다. 다시 말해, 원래의 상태에서 결과적인 나중의 상태로 옮아가는 변환의 과정에 주의를 집중하는 것이 아니라 변환이 일어나는 순간적인 상태에만 주의를 모은다. 아동은 '특수한 지각적 사실'에서 또 다른 '특수한 지각적 사실'로 옮겨 가지만, 일련의 사실들을 처음과 끝의 관계로 통합하지는 못한다. 따라서 아동의 사고는 연역적도 귀납적도 아닌 비약적이다.

(3) 중심화

중심화란 아동에게 시각적 자극이 있을 때 그것의 한정된 지각 측면에 주의를 고정시키는 것을 의미한다. 아동은 아직 자극의 모든 측면을 탐색할 수 없으며,

대체로 시각적 평가를 중심으로 인지적 평가를 행하는 경향을 나타낸다. 6~7세가 넘으면 사고에서 지각과 인지는 중심화 경향에서 차츰 벗어나게 된다.

(4) 가역성

가역성이란 사고가 최초로 출발한 곳으로 되돌아가는 현상을 의미한다. 이 단계의 아동이 지니는 사고는 비가역적이다. 8개의 동전으로 같은 길이로 이은 두 줄을 만들어 보인다면 그는 어느 줄이나 같은 수의 동전이 꿰어 있다는 것을 인정할 것이다. 그러나 다음으로 어느 한 줄을 길게 늘이면, 아동은 "어느 줄이나 동전이 똑같다."라고 하지 않을 것이다. 여기서 아동은 길이를 늘이는 활동을 가역할 수 없다는 사실을 발견할 수 있다.

(5) 비보존

보존(conservation)이란 물질의 양이 형태나 위치의 변화와 관계없이 똑같다는 도식화다. 전형적인 실험을 예로 들면, 처음 두 개의 같은 컵에 각각 같은 양의 물을 채운다. 그런 다음 그중 한 개의 컵에든 물을 길이가 더 길고 가느다란 컵에 모두 옮겨 붓는다. 이때 전조작기의 아동은 수면이 높은 쪽의 물이 더 많다고 대답한다.

이것은 이 단계의 아동이 시각적 인상에만 의존하여 사고하기 때문에 컵의 모양이 달라져도 그 속의 물의 양은 변함이 없다는 사실, 양의 보존개념을 가지고 있지 않다는 사실을 보여 주는 것이다.

3) 구체적 조작기

구체적 조작기(concrete operational stage)는 7~11세까지 지속되며, 이 단계에 접어들면 양, 무게, 부피 등의 보존개념을 이해하게 되고 자아중심성을 탈피하여

타인의 관점을 이해할 수 있게 된다. 구체적 조작기의 목표는 현실의 획득, 가정과 사실을 구분하는 능력의 획득이다. 이 단계의 아동은 특정한 조작들을 수행할 수 있다. 이 단계를 구체적이라 하는 이유는 조작의 대부분을 직접적 경험을 통해 획득하기 때문이다. 이전에 나타나던 일면적 사고에서 다면적 사고로 이행되어가고, 다소 체계적인 사고가 가능하게 되지만 이는 아직 구체적인 대상에만 국한된다. 다시 말하면, 구체적인 대상이 없는 추상적인 문제에 관해서는 체계적인 사고를 전개하지 못한다.

(1) 자기중심성과 사회화

구체적 조작기의 아동은 전조작기와는 달리 자기중심성을 탈피하게 되는데, 아동은 사람마다 다른 결론을 내릴 수 있다는 것을 알게 되며, 따라서 자신의 사고에 대해 타당성을 추구하게 된다. 또한, 이 시기에는 아동의 언어도 자기중심성을 벗어나며, 대화를 통해서 정보를 교환하고 다른 사람의 입장에서 말하는 것을 배운다. 비로소 자기중심적인 경향에서 벗어나 사회적 존재로서의 기능을 하게 된다.

(2) 중심화의 변환

전조작기 아동의 사고와는 달리, 이 시기에는 아동의 사고가 어떠한 곳에 집착하는 중심화 경향에서 벗어난다. 이때 아동의 사고는 사물이 지닌 여러 가지 특성을 고려하게 된다. 또한, 전조작기의 아동은 변환의 연속적인 단계에 주의를 기울일 줄 몰라 변환문제에 실패한다. 그러나 구체적 조작기의 아동은 변환의 기능적 이해력을 갖게 된다. 따라서 아동은 변환에 관한 문제를 해결할 수도 있고, 연속적인 단계들 사이의 관계를 의식하고 이해할 수도 있다.

(3) 가역성과 보존

전조작적 사고기에서 아동은 가역성이 없었는데 비하여, 구체적 조작기에서는 가역성을 지니게 된다. 이와 함께 보존 기능의 발달을 돕는 능력, 즉 탈중심화와 변환 추구와 조작의 가역 등이 나타난다. 따라서 7~8세가 되면 수 보존을, 9~10세경에는 질량 보존을, 11~12세경에는 부피 보존을 이해할 수 있게 된다.

이 시기는 보존개념을 획득하였기 때문에 동일성, 보상성, 역조작의 사고가 가능하다. 더 붓거나 덜지 않았으므로 액체의 양은 같다고 대답하는 것이 동일성의 논리다. "이 컵은 긴 반면, 저 컵은 넓다. 따라서 액체의 양은 같다."라고 말하는 것은 보상성의 논리다. 이것을 전의 컵에다 그대로 다시 부을 수 있기 때문에 두 컵의 액체 양은 같다고 말하는 것은 역조작의 논리다. 또한, 이 시기의 아동은 사물을 일정한 속성에 따라 분류하고, 일련의 사물들을 크기, 부피, 무게 등으로 서열화하는 능력을 갖고 있다.

4) 형식적 조작기

11세 이후의 시기가 형식적 조작기(formal operational stage)에 속한다. 형식적 조작기의 목표는 사고의 획득이다. 이 단계는 세 가지 점에서 전 단계와 구분된다.

첫째, 가설적이고 연역적인 추리를 한다. 연역적 사고는 그 출발점이 현실성보다는 가능성에서 시작한다. 이 전 단계에서는 경험적이고 귀납적인 추리를 한다. 구체적 조작기의 아동은 단지 하나의 명제와 그 명제가 지칭하는 경험적인 현실 간의 사실적 관계에만 주목하는 데 비해 형식적 조작기의 아동은 그와 병행해서 혹은 그 대신에 하나의 명제와 다른 명제 간의 논리적 관계에 대해서도 주목할 수 있게 된다.

둘째, 종합적 · 조합적 분석능력을 가지고 있다. 구체적 조작기의 아동처럼 시행착오적 접근방법이 아니라 체계적으로 가능한 조합을 차례로 시도하는 것이다.

셋째, 추상적 사고를 한다. 삶의 의미를 음미하고 사회적인 규범과 가치관을 이해하며, 예술품이 상징하는 것을 안다.

따라서 이 기간에 아동의 인지구조는 성숙한 수준에 이른다. 사실상 이 뒤로는 인지구조의 구조적 개선이 거의 일어나지 않으며, 따라서 이 단계에서 비로소 성인과 비슷한 사고를 할 수 있게 된다. 동화와 조절은 여전히 생활과정에서 계속 일어나면서 도식의 변화를 가져온다. 하지만 이 기간이 지난 뒤에 일어나는 사고능력의 변화는 논리적 조작과 구조에 대해 질적인 것이 아닌 양적인 것이다. 이후에는 사고방식이 개선되지 않는 반면, 사고의 내용과 기능은 끊임없이 개선된다.

5. 콜버그의 도덕발달이론

아동을 대상으로 한 사회복지실천의 경우 아동의 인지 수준에 맞는 도덕적 사고와 윤리의식이 적용되어야 한다. 특히 비행 아동·청소년의 경우, 사회적 규범을 중요시여기는 것보다는 또래집단의 소속감이나 공동행위 같은 관계중심적 태도가 더 우선시되어 감정이나 욕구에 의해 우발적이고 충동적인 행동이 나타난다고 보는 것이 중요하다. 그러므로 아동·청소년들의 자아중심적 사고에서 먼저 도덕적 판단과 윤리의식을 강화해야 하며, 아동의 문제행동 배경과 환경들 간의 상호작용하는 역동성을 통합적으로 다룰 수 있어야 한다.

콜버그의 도덕성 발달단계는 전인습적 수준, 인습적 수준, 후인습적 수준에서 총 6개의 단계로 구분된다(조미숙, 2021).

첫째, 전인습적 수준은 외부 환경을 통해 주어진 규칙에 따라 벌을 피하거나 보상을 받기 위해 행동한다. 주로 4~9세 정도의 연령대에서 발견된다. 이 수준은 1단계 타율적 도덕성과 2단계 개인적 · 도구적 도덕성으로 구분된다.

둘째, 인습적 수준은 다른 사람이 수용하는가, 사회 질서 유지에 도움이 되는가를 생각해 규칙과 규범을 따른다. 도덕적 행동은 단순히 처벌과 보상이 아닌 사회적 수용이나, 비난을 고려한 동기를 통해 나타난다. 10세 이상의 아동이나 청소년, 대다수의 사람에게서 발견된다. 이 수준은 3단계 개인 상호 간의 규준에 근거한 도덕성과 4단계 사회체계 지향의 도덕성으로 구분된다.

셋째, 후인습적 수준은 형식적 조작과 조작적 사고가 가능한 정도의 인지능력 수준과 관련되어 정의의 원리를 적용해 판단하는 수준이다. 옳고 그름에 있어 항상 동일한 기준을 적용하기 어렵고, 법에 준한다 하더라도 그 법이 반드시 타당하다고 보기 어렵다는 것을 알게 되면서 보다 자율적이고 독립적인 생각과 판단을 하게 된다. 콜버그는 후인습적 수준은 20세 이상의 소수의 사람만이 도달한다고 했으며 그 비율이 10% 미만이라고 하였다. 이 수준에서는 5단계 민주적이며 인권을 기반으로 한 도덕성과 6단계 보편적 원리 지향의 도덕성으로 구분된다.

이러한 콜버그의 도덕성 발달이론의 배경과 특징을 정리하면 다음과 같다.

첫째, 콜버그는 도덕적 딜레마의 가상적 상황(하인츠 이야기)을 연구하여, 피아제가 제시한 전조작기와 구체적 조작기의 도덕성 발달에 관한 내용을 청소년기와 성인기까지 확장하여 3개 수준 6단계로 제시하였다.

둘째, 콜버그의 이론은 도덕성 발달에 있어 판단의 결과보다는 판단의 과정 그리고 논리의 유사성을 근거로 도덕성 발달수준을 구분하였다.

셋째, 콜버그의 이론은 피아제의 이론과 같이 10세 정도까지는 전인습적 수준에 머물다가, 이후 점차 타인의 의견과 행위에 대한 상황 파악을 고려해 판단하기 시작하여 13세경에는 인습적 수준으로까지 발달하게 된다.

넷째, 피아제의 형식적 조작기에 속한 인간은 추상적 사고의 발달과 더불어 후인습적 수준으로까지 도덕성이 발달하게 된다. 즉, 보다 차원이 높은 윤리적 관점에서 행동의 정당함을 판단할 수 있게 된다.

다섯째, 콜버그의 이론에서 도덕성 발달에는 인지능력의 발달이 뒤따라야 한다는 것을 전제로 하고 있지만, 인간의 도덕성 발달수준은 상대적이면서도 개인차가 많아 단계별 연령기준을 명확히 제시하기는 어렵다.

6. 생태체계관점과 아동의 주요환경

아동은 상당한 기간 동안 독립적으로 활동할 수 있는 능력을 갖추지 못한다. 일차적으로 부모를 포함한 다른 가족구성원들에게 장기간 의존하는 존재이다. 특히 인간의 발달단계 동안 아동기는 많은 변화가 일어나는 시기이다. 그러므로 양육 환경, 특히 아동을 둘러싼 가정 및 사회환경이 아동에게 긍정적 또는 부정적으로 영향을 미칠 수 있다.

1) 가족 및 가정환경

많은 환경 중에서도 특히 가족의 영향력이 중요한 역할을 하는데, 부모는 일차적 보호 체계로서 아동이 훌륭하게 사회에 적응하고 충족된 사회인으로 성장할 수 있도록 지대한 애정과 사랑으로 돌보며 아동을 사회화시키는 책임감을 가져야 한다.

아동은 부모로부터 생물학적 특성을 물려받지만, 개인적인 경험과 그가 살아가고 있는 외부환경으로부터 중요한 요소들을 배우게 된다. 아동에게 있어서 부모를 포함한 가족과 그를 둘러싼 사회환경은 아동의 지위 변화에 영향을 미치게 된다. 그러므로 아동을 둘러싸고 있는 부모를 포함한 환경은 아동의 건강한 성장을 위하여 기본 환경과 자원이 될 수 있는 중요한 원동력이라 할 수 있다. 따라서 가정환경은 아동이 잠재적으로 갖고 있는 문제의 원인이나 촉매자 역할을 할 수 있다.

최근 우리나라뿐만 아니라 세계적인 추세로서 가족의 변화 속도와 변화 양상이 다양화되고 있다. 이는 기대되었던 가족의 기능에 장애가 있을 뿐만 아니라 아동의 삶에도 많은 영향을 미치고 있다. 가족 문제는 포괄적으로 볼 때 사회문제의 일부분이라고 할 수 있다. 즉, 사회문제는 곧 닥쳐올 미래사회를 예견하여 대비할 준비 작업과도 같다. 그러므로 사회문제 중 하나인 가족문제를 파악함으로써 미래사회의 아동을 위한 복지 방향이 어떻게 나아갈 것인지, 또 아동문제의 새로운 치료 방법 및 대안은 어떠한 것이 있는지 등의 구체적인 내용들을 생각해 보아야 한다.

아동에게는 정신적·육체적으로 건강하고 그들이 잘 지낼 수 있는 생활 조건이 갖추어져야 할 필요가 있으며, 성숙의 모든 단계를 자유롭게 발달할 수 있는 조건이 주어져야 한다는 의미에서 아동복지에 많은 의미를 두고 있다. 아동의 문제는 단순히 한 아동을 대상으로만 한 문제라고 볼 수 없다. 한 아동만을 대상으로 하는 것은 아동의 문제 해결에 도움이 되지 못한다. 즉, 아동의 문제는 아동을 둘러싼 가정과 사회 환경과 연관성이 있다. 예를 들어, 가정에서 부모로서 아동에 대한 부모의 역할이 상실되었거나 무능력해졌거나 역할의 수행이 어려워졌을 경우, 아동에게 부정적으로 영향을 미칠 수 있다. 또한, 가정의 사소한 문제들이 사회의 문제가 되었을 때 아동에게도 긍정적 또는 부정적으로 영향을 미칠 수 있다. 저출산과 노령, 결혼과 가족에 대한 가치관 변화에 따른 가족 해체, 양성 평등의 문제 등이 아동들에게도 영향을 주고 있다. 그러므로 아동에게 부모와 가정 그리고 가족구성원의 역할이 매우 중요하다고 할 수 있다.

이러한 관점에서 아동복지와 가족복지는 분리될 수 없는 분야라 할 수 있다. 그러므로 미시적으로 가정의 문제가 해결되어야 하고, 거시적으로 사회의 문제가 해결되어야 아동의 문제도 궁극적으로 해결될 수 있다.

2) 지역사회와 거시적 환경 변화 그리고 아동권리

아동을 돕기 위해서는 아동 개인과 그의 가족, 그가 속해 있는 학교 및 지역사회를 포함한 근접 환경까지도 살펴보아야 한다. 즉, 사회와 문화를 포함한 거시적인 환경에 대한 이해가 필요하다. 따라서 거시적 환경에 대한 이해에 초점을 맞추어 급변하는 사회에 따른 아동복지의 중요성을 인식하고 아동복지의 기본이념을 중심으로 아동복지의 발전과제를 제시하고자 한다.

아동을 이해하고 바르게 지도하기 위해서는 아동이 처해있는 환경적 요인을 먼저 살펴보아야 한다. 아동 개인과 아동을 둘러싸고 있는 가족 및 환경적 요인이 다른 문제가 없다는 것만으로 아동복지를 논할 수는 없다. 인간은 타고난 기질과 개인적인 경험 그리고 문화적 요인들의 다양하고 복합적인 산물이기 때문이다.

브론펜브레너(Bronfenbrenner, 1986)는 아동과 환경 간의 관계를 생태학적 관점으로 설명하였다. 즉, 인간은 인간이 이미 가지고 태어난 특질과 생리학적 요소와 사회 환경과의 복합적이고 갈등적인 요소들 간의 상호작용에 의하여 교류하며, 사회적 교환의 역학에 종속되어 있다고 보고 있다. 아동의 생태계는 상호의존적인 다양한 수준의 체계, 즉 '미시체계–중간체계-거시체계'로 개념화된다. 아동은 가족이라는 체계 내에서 살고 있고, 가족은 지역사회에 기반을 두고 있다. 그러므로 아동들은 성장하면서 학교 체계와 관련되고 지역사회에서 사회로 나가게 된다. 이들 각각이 하나의 큰 체계로서 조직화된 집합체라고 할 수 있다.

사회적 · 경제적 · 정치적 · 체제의 변화는 아동과 가족의 관계에 재정립을 가져왔다. 아동의 자율적이고 독립적인 인격성을 인정하고 그에 따른 아동의 권리에 대한 논의는 제네바 아동권리협약에서 1989년 각국의 가입을 계기로 이전보다 구체적이고 체계적인 수준의 아동복지제도로 발전하였다. 그러나 아동복지제도는 시대적 영향을 받는다. 즉, 그 사회의 정치적・경제적 지향과 지배적 가치에 영향을 받으면서 발전하게 되며, 그에 따라서 각 나라들의 체계에 맞게 구축되어 졌다. 여기에 아동권리협약은 각 나라들마다 아동복지가 아동의 권리라는 공통적 가치에 기반을 두어 발달할 수 있도록 여건을 제공하였다.

이와 더불어 현재 대부분의 산업화된 국가들은 정보화에 따른 여러 가지 사회변화를 겪고 있다. 아동의 지위와 복지 상태에 가장 큰 기본적 변화를 가져온 것은 기혼여성의 노동 시장 참여 증가와 더불어 전통적인 가족 기능의 약화를 들 수 있다. 또한, 가족 기능의 약화에 따른 이혼율의 증가와 혼인율의 약화, 출산율 감소 등의 가족과 관련된 현상 등을 들 수 있다. 이러한 사회적 변화가 아동들에게 어떻게 영향을 미치는지 살펴보면 다음과 같다.

3) 가족구조의 변화

(1) 핵가족화

아동의 삶에 영향을 미치는 주요한 사회적 요인 중 하나는 핵가족화의 경향이다. 20세기 후반 산업화가 진전됨에 따라 많은 젊은이는 토지 중심의 대가족 생활양식에서 벗어나 부모-자녀 중심의 핵가족으로 이행할 수밖에 없었다. 부모와 미혼 자녀로 구성된 가구를 핵가족이라 할 때, 전체 가구 구성 중 핵가족의 비율은 지속적으로 증가하였다. 게다가 정부의 출산억제정책에 따른 성공적 가족계획사업 실시로 가족규모가 크게 축소되어 우리나라 가구의 평균가구원 수는 1975년 5.0명에서 1990년 3.7명, 2000년 3.12명, 2010년 2.69명, 2015년 2.53명, 2019년 2.39명으로 감소하였다(통계청, 2020).

우리나라 인구정책의 변천 과정을 살펴보면, 1961년에서 1990년대 초반은 출산 억제정책 기로서 경제개발 5개년 계획 수립과정에서 인구증가 억제정책을 추진하고 '적게 낳아 잘 기르자.'(1960년대), '딸 아들 구별 말고 둘만 낳아 잘 기르자.'(1970년대), '잘 기른 딸 하나 열 아들 안 부럽다.'(1980년대) 등의 슬로건으로 가족계획을 추진하는 범국민운동을 전개하였다. 1990년대 후반 이후는 인구자질향상정책기로서 종전의 인구증가억제정책을 인구자질 및 복지증진정책으로 전환하였다. 21세기에 진입한 현재는 심각한 저출산 현상에 대응하여 출산력을 복원하는 새로운 인구정책으로 나아가고 있다.

핵가족화의 경향은 가족 내 육아기능을 약화시키고 있다. 특히 1인 가구의 비중은 2000년의 15.5%에서 2019년 30.2%로 증가하였다(통계청, 2020). 이러한 가구구조의 변화와 가족원 수와 자녀 수의 감소로 형제자매 간 상호 돌봄을 제공하는 정서가 결여되고, 조부모나 친척 등이 손자녀를 돌볼 수 있는 경우도 드물게 되었다. 핵가족에서 형제자매나 조부모와의 다양한 관계를 경험하지 못하고 부모만의 양육과 지도를 받고 자라는 아동은 대가족에서의 아동보다 정서적으로 미성숙하고 사회성 발달이 낮을 가능성이 크다. 이러한 관점에서 핵가족화의 진행은 가족의 아동양육 기능의 약화를 초래하게 되며 아동문제의 원천이 될 수도 있다.

(2) 이혼과 가족해체

아동문제를 초래하는 또 하나의 요인은 이혼으로 인한 가족해체의 증가이다. 한국인의 결혼 건수에 대한 이혼 건수의 비율은 1970년의 4.4%에서 1980년에는 5.9%, 1990년 11.4%, 2000년 35.9%, 2010년 35.8%, 2019년 46.3%에 달하여 계속적으로 증가하는 추세이다. 이혼의 원인으로는 결혼에 대한 가치관의 변화, 여성의 경제활동 증대, 도덕과 윤리적 기준의 완화, 보다 관대해진 이혼법, 배우자의 부정, 경제적 어려움 등이 있다. 부모의 이혼이 아동에게 미치는 영향은 아동

양육의 책임과 역할에 혼란을 초래하며, 이러한 상황에서 안정된 가정에서의 건강한 아동발달이 어려워진다. 이혼은 부부 당사자들의 정신건강과 안정된 가정생활을 위협할 뿐만 아니라 자녀들에게도 불안, 갈등, 상실감 등 정신적인 스트레스와 생활상의 어려움을 겪게 한다. 아동이 부모의 불화나 이혼에서 받은 마음의 상처와 고통은 아동의 성격 형성과 자아상에 부정적인 영향을 미치게 된다.

(3) 다양한 가족형태의 출현

최근 우리 사회에 나타난 가족구조 변화에서 또 하나의 현상은 다양한 가족형태의 출현이다. 2019년 인구주택총조사결과(통계청, 2020)에 의하면, 평균가구원 수가 감소하는 가운데 1인 가구, 2인 가구, 여성가구 수의 증가가 최근에 높게 나타나고 있다. 이러한 현상은 가족의 해체나 위기로 보기보다는 새로운 가족형태의 출현으로 보는 것이 타당하다. 배우자의 사별이나 이혼으로 인한 한부모가족, 조손가족, 동거가족, 공동생활가족 등 다양한 가족형태가 출현함으로써 전통적인 가족의 개념에 변화가 나타나고 있다. 또한, 2019년도 혼혈인 자녀, 외국인 배우자 등 다문화 가구원이 있는 가구의 비율도 전체 가구의 1.7%, 가구원은 총인구의 2.1%로 나타나고 있다(통계청, 2020).

2004년도에 제정된 「건강가정기본법」에서는 혼인, 혈연, 입양에 의한 사회의 기본단위를 가족으로 규정하고 있어서 우리 사회에 존재하는 새로운 형태의 다양한 가족유형에 대하여 '비건강가족'이라는 부정적인 인식을 가져올 수 있다는 비판도 제기되고 있다. 따라서 새롭게 출현하고 있는 다양한 가족형태에 적합한 지원과 서비스를 제공하기 위하여 가족의 개념에 대한 검토와 건강한 가정을 위한 지원을 확대할 필요가 있다.

다양한 가족형태와 관련하여 아동의 삶에 심각한 영향을 미치는 가족은 한부모가족이다. 모자가족의 경우 과거에는 경제적으로 자녀양육이 어려운 빈곤문제가 일차적 지원의 대상이었으나 현재는 어머니의 취업과 사회활동으로 인한 아동양육이 일차적인 문제가 되고 있다. 모자가족의 어머니는 가사나 육아의 기능수행 외에 경제적 부양책임이 가중됨으로써 정신적 압박과 스트레스에 노출되기 쉽다. 이러한 역할의 과부담은 긴장의 연속으로 나타나 아동에게 매우 부정적으로 영향을 미칠 수 있다. 특히 정서적 불안과 상실감, 자녀의 양육과 교육문제, 자녀들이 동일시할 대상 상실 등 여러 가지 문제들이 나타날 수 있다. 또한, 최근에는 이혼으로 인한 모의 가출, 사망 등으로 부자가족의 문제도 다수 발생하고 있다. 부자가족은 아동의 양육에 더 심각한 문제가 발생할 가능성을 내포하고 있다. 최근에 증가하고 있는 아동방임과 학대는 이러한 다양한 가족형태의 출현과 깊은 관련이 있는 것으로 분석되고 있어서 이와 같은 새로운 형태의 가족을 위한 아동보호의 예방적 체계 구축과 아동양육의 적극적인 대책이 필요하게 되었다.

4) 초저출산 초고령화 사회

(1) 초저출산의 진행

우리나라의 저출산고령화 현상은 매우 급속하게 진행되어 왔다. 적정한 인구규모 유지에 필요한 대체출산율(2.1명)을 감안할 때, 1983년에 이미 합계출산율(2.08)이 인구대체 수준 이하로 하락하였고, 지난 2000년 이후 20여 년간 저출산 현상이 지속되었다. 특히 외환위기를 경험한 이후 2001년부터는 초저출산 사회로 진입하였고, 2005년도에 합계출산율이 1.08명으로 최저점에 이른 이후 2010년 1.22명, 2015년 1.24명으로 약간 회복하는 추세에 있었으나 2018년 0.98명, 2020년 0.92명, 2021년 0.81명, 2022년 0.78명으로 하락하였다.

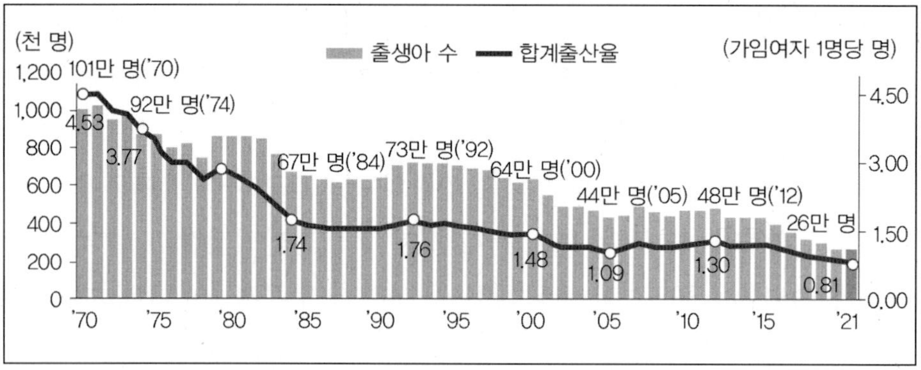

-합계출산율: 가임여성(14~49세) 1명이 평생 출산하는 평균자녀 수
-초 저출산 사회: 합계출산율이 1.3명 이하인 사회

[그림 2-1] 출생아 수 및 합계출산율 추이, 1970~2021

출처: 통계청(2022).

'2021년 출생 통계'에 따르면 지난해 출생아 수는 26만600명으로 1년 전보다 1만1천800명(-4.3%) 감소했다. 연간 출생아 수는 통계 작성이 시작된 1970년까지만 해도 100만 명대였으나 2001년 50만 명대, 2002년 40만 명대로 줄어들었다. 이후 2017년 30만 명대로 내려앉은 뒤 불과 3년 만인 2020년부터 20만 명대까지 추락했다. 인구 1천 명당 출생아 수도 5.1명에 그치며 최저치를 기록했다. 여성 1명이 평생 낳을 것으로 예상되는 평균 출생아 수인 합계출산율은 0.81명으로 전년 대비 0.03명(-3.4%) 감소했다.

역시 통계 작성 이래 역대 최저치로, 경제협력개발기구(OECD) 38개 회원국 가운데 합계출산율이 1명에 못 미치는 나라는 우리나라뿐이었다.

참고 40대 초반 출산율 역대 최고…평균 출산 연령 33.4세 〈연합뉴스 2022.8.24.〉

연령별 출산율을 보면 20대 후반 여성의 출산율(27.5명)이 3.1명 감소해 가장 큰 폭으로 줄었다. 전체 연령 가운데 출산율이 가장 높은 30대 초반 여성(76.1명)도 1년 새 출산율이 2.9명 감소했다. 반면 30대 후반(1.2명), 40대 초반(0.5명) 등 35세 이상 여성 출산율은 오히려 늘었다. 특히 40대 초반 여성의 출산율은 7.6명으로 관련 통계 집계가 시작된 1993년 이후 역대 최고치를 기록했다. 산모의 평균 출산 연령도 33.4세로 올라가 통계 작성 이래 가장 높았다.

부부가 결혼 이후 첫째 아이를 출산하기까지 걸리는 기간은 평균 2.5년으로, 10년 전(1.8년)과 비교하면 0.7년 늘었다. 결혼 후 2년 안에 첫 아이를 갖는 경우도 절반(51.7%) 정도에 그쳤다.

통계청 관계자는 "최근 결혼·출산 자체가 늦어지면서 고령 산모 출산율이 늘었지만, 20대 후반이나 30대 초반 출산율이 줄면서 전체 출산율 감소가 이어지고 있다"고 설명했다.

이와 함께 자녀가 많은 '다둥이' 가정 역시 줄어드는 추세다.

2021년, 셋째 이상으로 태어난 아이는 2만1천 명에 그치며 전년 대비 5.9% 감소했다.

셋째 이상 출생아가 차지하는 비중은 역대 최저치인 8.2%로 떨어졌다.

여자아이 100명당 남자아이 수를 뜻하는 출생 성비는 105.1명으로 전년보다 0.3명 증가했다.

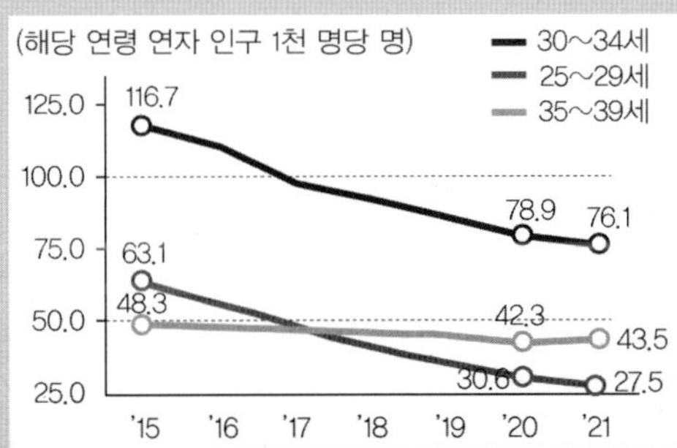

연령별 출산율

출처: 통계청(2022).

저출산의 원인은 사회적 환경과 가치관의 변화에 따라 청년층의 결혼연령이 상승하고, 자녀출산을 기피하기 때문이다. 특히 결혼연령의 상승과 출산자녀 수의 감소는 ① 소득 및 고용의 불안정, ② 일과 가정의 양립 곤란, ③ 자녀양육비 부담 증가 등 복합적 요인에 기인한 것으로 분석되고 있다(통계청, 2020).

첫째, 25~34세의 청년층이 처한 불안정한 고용여건은 결혼과 출산의 연기로 이어져 저출산의 문제를 더욱 심화시키는 요인이 되고 있다. 경제적 불안정의 심화는 교육과 취업준비기간의 연장을 가져오는 사회적 요인과 맞물려 초혼연령을 상승시켰다. 우리나라 여성의 초혼연령은 1990년에 24.9세에서 2010년에는 28.9세, 2019년 30.6세로 상승하였고, 2019년 첫째아 출산연령도 32.2세로 나타났다.

둘째, 여성 취업에 대한 가정, 기업, 사회의 인식과 고용환경이 미흡하여 많은 여성이 일과 결혼 또는 일과 출산 중 하나를 선택해야 하는 상황에서 자아성취 욕구가 큰 청년층 여성들이 결혼을 연기하거나 출산을 중단하게 되는 것이다.

셋째, 보육시설 등 육아지원 인프라가 부족하고 서비스의 질적 수준이 기대에 미치지 못하며, 보육비용과 함께 사교육비 등 자녀양육 비용부담이 증가하는 것도 저출산의 중요한 원인이 되고 있다.

동시에 평균수명의 연장으로 인구고령화가 빠르게 진행되어 통계청(2010)의 장래인구특별추계에 의하면, 65세 이상의 노인인구는 2010년도 전체인구의 11.3%를 차지하였고, 인구고령화율은 2015년에 12.9%에서 2030년에는 24.1%에 이를 것으로 추계되고 있다.

이와 같은 저출산고령사회의 도래가 가져오는 사회경제적 파급효과는 생산가능 인구의 감소, 평균근로연령의 상승, 저축소비투자의 위축 등에 따른 경제활력의 저하와 국가경쟁력 약화를 초래할 전망이어서 이에 대비한 적극적인 국가대책이 요구되고 있다.

한국사회의 성장잠재력과 국가발전의 동력은 우수한 인적 자원에 기반을 두고 있다는 점을 감안할 때, 미래사회에서 높은 수준의 인적 자원을 유지하고 개발하기 위해서는 가임여성의 출산력 회복을 통한 적정한 아동인구의 유지와 국가발전의 동력을 확보하는 인구의 잠재능력 계발이 무엇보다도 중요하다. 특히 아동정책과 아동복지서비스는 이러한 인구대책과 국가발전전략 차원에서 강화되어야 할 것이다. 따라서 저출산고령사회의 진행에 대응하여 아동인구를 보다 효율적으로 육성하기 위한 다양한 지원과 대책은 향후 한국사회의 매우 중요한 국가적 과제가 되고 있다.

(2) 여성취업의 증가

최근 한국사회의 가장 현저한 변화로는 여성취업 인력의 급속한 증가를 들 수 있다. 한국여성의 경제활동 참가율은 1960년의 26.8%에서 1980년 42.8%, 1990년 47.0%, 2000년 48.8%, 2005년 50.1%, 2010년 49.6%, 2015년 51.9%, 2019년 53.5%로서 지속해서 증가하였으며(통계청, 2020), 21세기에도 계속 증가하는 추세에 있다. 자녀를 둔 어머니가 취업하는 모성취업의 경향은 세계적인 추세이며, 우리나라에서도 일반적인 생활양식으로 되어 가고 있다. 특히 기혼여성은 노동시장에서 빠르게 성장하는 집단이기도 하다. 이러한 변화의 원인에는 가족의 생계를 유지하고 소득수준을 향상시키고자 하는 경제적 동기와 아울러 여성의 일과 사회진출에 대한 의식의 변화가 반영되어 있다. 또한, 양성평등을 지향하는 여성운동의 활발한 전개도 취업에 대한 성차별을 철폐하고 여성에게 새로운 직업과 사회참여 기회를 갖도록 격려함으로써 여성취업을 증대시키고 있다.

그러나 여성의 취업과 사회진출은 사회변화의 불가피한 현상이기도 하지만, 가정에서 모성의 빈자리가 아동양육과 아동발달상에 결함을 가져오기도 한다는 점에서 여성의 취업으로 인하여 초래되는 건전한 아동양육의 문제는 미래사회에 주어진 커다란 과제로 대두하고 있다. 따라서 여성의 일과 가정을 양립할 수 있는 사회적 환경을 조성하는 것이 국가의 주요 정책과제가 되었으며, 이를 위하여 일·생활 균형지역추진단, 육아휴직급여지원, 출산육아기 고용지원금, 출산육아기 대체인력지원금, 직장어린이집 활성화 등 다양한 지원정책을 시행하고 있다(고용노동부, 2020).

(3) 사회양극화와 위기가정의 아동

① 사회양극화

1997년 말 외환위기와 IMF 관리체제를 경험한 이후 우리 사회에서 발생한 경제 사회적 위기는 새로운 사회문제와 함께 아동복지에 대한 사회적 요구를 발생시키고 있다. 대량실업과 절대빈곤의 증가, 빈곤과 실직으로 인한 가정불화와 가정해체 등의 사회문제들이 폭발적으로 증가하게 되었다. 이러한 경제사회적 위기는 1960년대 이후부터 2000년에 이르기까지 한국의 지속적인 경제성장 시기에는 경험하지 못하였던 것으로서 커다란 사회적 충격이 되었다. 그러나 이러한 위기는 글로벌 경제(global economy)와 자본주의 경제구조에 의하여 사회양극화라는 현상으로 고착되어 가고 있다. 외환위기 이후 한국 사회는 노동시장구조의 양극화가 진행되고 있고, 이는 고용구조와 소득분배의 양극화로 나타나고 있다. 소득의 양극화는 단순한 빈곤층의 증가에 그치지 않고 빈곤의 세대 간 이전과 저소득층의 경제적·사회적·문화적 고립이라는 사회적 배제(social exclusion)를 강화하는 위험을 안고 있다.

사회양극화의 문제는 동시에 위기가정의 양산을 가져오며, 위기가정은 아동양육의 문제를 안고 있다. 경제사회적 위기의 국면에서 가장 어려움을 당하는 계층은 사회적 취약계층이며, 특히 아동이 취약한 위치에 있게 된다. 실직과 저소득, 이에 따라 발생되는 가족문제, 가정해체로 인하여 아동이 가정으로부터 적절한 보호를 받지 못하고 사회적 위험에 노출되고 방치되거나 일부 아동은 가정에서 분리되어 아동복지시설에 입소하게 된다. 경제위기 이후에 나타난 실업과 저성장, 사회양극화의 새로운 사회변화 속에서 발생하는 가족문제와 아동문제는 이에 대한 적극적인 사회적 대응을 요청하고 있다.

② 위기가정의 아동

최근 들어 부모의 사망, 부 사망 후 모의 가출 또는 부모의 행방불명, 이혼 등으로 부모 없는 아동들만으로 구성된 가구세대가 출현하고 있다. 부모가 없는 소년소녀가정세대는 매년 조금씩 증가해 왔으며, 정부는 이들 소년소녀가정세대에 대하여 생활보호 차원의 경제적 지원을 하고, 어린이재단 등 민간단체에서도 후원결연사업 등 여러 가지 사업을 통해 이들을 지원하고 있다. 아동은 가정에서 적절한 양육과 보호를 받아야 한다는 관점에서 볼 때 보호자가 없는 소년소녀가정세대를 사회적으로 방치하는 것은 적절하지 못하다는 관점에서 소년소녀가정은 2006년 이후 가정위탁으로 전환되어 정부의 지원을 받고 있다. 부모로부터 정상적인 양육을 받지 못하는 아동의 보호는 아동양육의 사회보장체계의 구축을 비롯한 아동복지의 주요 과제이다.

미혼모와 그 자녀의 문제도 위기가정 아동의 관점에서 중요한 대상이다. 미혼모는 사회적 은닉성이란 특성으로 인하여 그 실태를 정확하게 파악하기가 어려운 실정이다. 미혼모의 발생은 미혼모 자신뿐만 아니라 가정, 사회, 국가에 심각한 부정적인 영향을 미치게 된다. 미혼모는 아이와 관련하여 그의 모성 역할에 현실적 어려움을 경험하게 된다. 특히 아동 양육을 위한 재정적 지원, 즉 생활비, 의료비, 주거 장소 및 법적 보호 등이 필요하다. 미혼모의 자녀에 대한 적절한 사회적 서비스는 물론 미혼모가 가정과 학업에 복귀하거나 직장에 취업하여 안정적인 사회생활을 할 수 있도록 사회적 인식을 전환하고 사회복지적 개입과 제도적 대책이 제공되어야 할 것이다. 또한, 재난에 의하여 가족의 부양·양육·보호·교육 등 가족 기능이 현저하게 저하된 경우 원활한 가족 기능을 수행하는 데에 긴급하게 필요한 범위에서 「건강가정기본법」에 의하여 위기가족 긴급지원이 이루어지고 있다.

이와 같은 사회환경의 변화 외에도 아동의 삶에 영향을 미치는 사회현상은 아동 양육에 관한 사회적 가치관의 변화를 들 수 있다. 부모의 자녀에 대한 책임과 역할에 있어 과거에는 부모가 자녀의 보다 나은 삶과 지위 향상을 위하여 자신의 삶을 희생하고 헌신하였으나 오늘날에는 지난 세대에 비하여 부모의 태도가 덜 희생적이며 자녀지향적 가치보다는 부부 또는 자기지향적인 가치가 지배적인 경향이 되어가고 있다. 또한, 이혼 등 여러 가지 원인으로 인한 가족해체의 위기상황에서 아동이 부모로부터 적절한 양육을 받지 못하고 방치되는 사례가 다수 발생하고 있다. 이러한 새로운 가치관과 태도는 아동양육에 대한 국가 또는 사회적 차원의 보호와 책임을 증대시키고 있다.

Chapter

03

아동의 권리

1. 아동의 권리와 아동복지
2. 유엔 아동권리협약
3. 한국의 아동인권과 이행과제

Chapter 03

아동의 권리

1. 아동의 권리와 아동복지

1) 아동권리의 발달

역사적으로 볼 때, 근대사회에 이르기까지 아동의 권리는 보호를 받지 못하거나 매우 소극적으로 보호되어 왔다. 즉 모든 아동을 온전한 인격적 존엄성과 권리를 지닌 존재로서 가치를 보호하지 못하였다. 아동은 오랜 세월 동안 인구조절정책이나 그 가치를 식량수급정책의 수단으로 간주되어 왔던 것이다. 아동이 존엄성 있는 한 인간으로서 간주되고, 권리의 주체로서 인식되기 시작한 것은 최근의 일이나, 그 수준에 있어서는 매우 초보적인 단계에 머물러 있다. 근대사회 이후 인권사상이 발전한 서구 사회에서도 아동의 권리사상은 20세기에 들어와 확립되었으며, 비로소 아동복지의 이념과 실천의 기초로서 강조되고 있는 실정이다.

현대사회는 빠른 산업화와 도시화로 인하여 핵가족화가 정착되었으며, 경제발전과 적은 수의 아동 출산으로 인하여 지나치게 아동을 과보호하는 경향을 우려하며, 오히려 아동의 권리와 관련하여 부정적인 견해를 나타내는 경우도 종종 있었다. 아동은 물질적 풍요와 넉넉한 사랑으로 보호해야 하는 대상으로만 간주하고 독립적인 인격체로서 자기결정권과 같은 권리의 주체로 인식되지 못하고 있는 것도 사실이다.

우리나라에서 아동은 기본적으로 보호의 대상이지만 상당 부분 가정에서는 아동학대의 대상으로, 학교에서는 체벌의 대상으로 그리고 사회에서는 각종 규제의 대상으로만 간주 될 뿐 권리의 주체로서 자신들의 중요한 일에 대한 결정에 참여하고 현재와 미래를 선택할 수 있는 주체적 삶에 관한 보장이나 기회가 거의 주어지지 않고 있다.

따라서 아동의 권리보장은 아동복지실현의 전제가 되는 핵심과제이며, 인권으로서 아동권리의 인식과 아동복지의 실현은 밀접한 상호관계를 갖고 있다. 아동은 수동적인 보호의 대상에서 능동적인 권리의 주체라는 사상으로 발전하게 되었으며, 자선이나 박애에 의한 소극적인 보호에서 권리와 책임에 의한 적극적인 아동복지가 요청된 것이다.

2) 아동권리의 기본요소와 원칙

아동복지를 실천하기 위해서는 먼저 아동권리의 기본요소에 대한 충분한 인식이 필요하다. 아동의 권리는 자연법에 의한 보편적 인권이며, 세계인권선언에 기초하고 있다. 유엔 아동권리협약과 각국의 아동복지법령에는 아동권리의 기본요소가 명시적으로 표현되고 있다. 또한, 이를 실현하기 위한 정책과 실천활동의 일반원칙으로서 무차별의 원칙, 아동이익 최우선의 원칙, 아동생명, 생존과 발달보장의 원칙, 아동의사존중의 원칙이 유엔 아동권리협약에 반영되어 있다.

(1) 인권으로서 아동권리

아동권리는 인간의 보편적 권리로서 인권의 개념에 기반을 두고 있다. 1948년 12월 10일 유엔이 채택한 세계인권선언(Universal Declaration of Human Rights)에 의하면, 전문과 제1, 2조는 인간의 존엄성, 제3조~제19조까지 시민적 권리, 제20조~제26조까지 정치적·사회적·경제적 권리, 제27조~제28조까지 공동체적 유대를 언급하고 있다. 세계인권선언이 추구하는 가치는 생명, 자유, 평등, 정의, 연대책임, 사회적 책임, 점진적 변화와 평화, 인류와 자연의 관계를 포함한다(이혜원, 2006). 이러한 세계인권선언의 정신과 가치는 이후 1966년에 유엔이 제정한 경제적·사회적·문화적 권리에 관한 협약(International Covenant on Economic Social and Cultural Rights: A협약 또는 사회권협약)과 시민적·정치적 권리에 관한 협약(International Covenant on Civil and Political Rights: B협약 또는 자유권협약)으로 세계인권선언에 법적 강제력을 부여하기 위한 협약으로 구체화되었고, 이 협약들은 아동, 국제난민, 장애인 등 다양한 인구대상을 위한 개별 권리협약의 기초가 되었다. 유엔 아동권리협약도 이러한 세계인권선언과 국제협약의 정신을 구체적으로 구현하는 국제법적인 제도적 장치이다.

(2) 아동권리의 기본요소

① 수동적 권리와 능동적 권리

아동권리는 아동의 특성을 고려하여 수동적 권리와 능동적 권리의 두 가지 특성을 동시에 갖는다(이혜원, 2006: 142-145).

첫째, 수동적 권리: 아동은 기본적으로 천부의 보편적 인권을 누릴 수 있는 존재이며, 성인과 동일한 인권을 가진다. 그러나 아동은 성인의 보호를 필요로 하는 의존적인 존재이므로 부모와 가족, 사회, 국가의 보호와 양육에 의하여 성장하고 발달한다. 그러므로 아동의 권리는 보호와 양육을 제공하는 주체의 의식과 행동에 따라 수동적으로 보호되는 특성을 가지고 있다.
둘째, 능동적 권리: 아동권리는 수동적 권리의 특성을 가지면서도 동시에 인권은 인간의 자율적 판단과 참여를 기초로 한다는 점에서 아동권리도 능동적 권리로서의 요소를 갖는다. 능동적 권리로서 아동권리는 아동이 권리의 주체로서 자신의 삶에 영향을 미치는 사안에 대하여 자신의 의견을 표현하고 주장하고, 결정하며, 참여할 수 있는 권리를 갖는다는 특성을 가지고 있다.

② 생존, 보호, 발달, 참여의 권리

아동권리의 기본요소에는 생존권, 보호권, 발달권, 참여권의 네 가지 요소가 있으며 간략히 설명하면 다음과 같다.

첫째, 생존권(Right to Survival): 적절한 생활수준을 누릴 권리, 안전한 주거지에서 살아갈 권리, 충분한 영양을 섭취하고 기본적인 보건서비스를 받을 권리 등 기본적인 삶을 누리는 데 필요한 권리

둘째, 보호권(Right to Protection): 모든 형태의 학대와 방임, 차별, 폭력, 고문, 징집, 부당한 형사처벌, 과도한 노동, 약물과 성폭력 등 이린이에게 유해한 것으로부터 보호받을 권리

셋째, 발달권(Right to Development): 잠재능력을 최대한 발휘하는 데 필요한 권리. 교육받을 권리, 여가를 즐길 권리, 문화생활을 하고 정보를 얻을 권리, 생각과 양심과 종교의 자유를 누릴 수 있는 권리

넷째, 참여권(Right to Participation): 자신의 생활에 영향을 주는 일에 대해 의견을 말하고 존중받을 권리. 표현의 자유, 양심과 종교의 자유, 평화로운 방법으로 모임을 자유롭게 열 수 있는 권리, 사생활을 보호받을 권리, 유익한 정보를 얻을 권리

③ 아동권리의 3P 개념

이상의 아동권리의 내용은 3P의 개념으로 설명할 수 있다.

첫째, 제공(provision)의 개념: 아동이 필요로 하는 욕구의 충족, 인적・물적 자원의 제공과 이것을 사용할 권리다. 아동권리란 아동의 욕구와 관심을 인정하고 충족해 주고자 하는 사회적 의지의 표명이다. 아동권리협약은 아동의 기본적 욕구를 체계적으로 서술하고 이의 충족을 보장한 것이다. 일반아동에 대한 성명, 국적 등 시민적 권리와 자유의 제공, 건전한 가정환경, 기초보건과 복지, 교육, 여가, 문화활동의 기회제공과 보호가 필요한 아동에 대한 대안의 양육체계와 특별보호조치의 제공 등이 이 개념에 포함된다.

둘째, 보호(protection)의 개념: 특별히 보호를 받아야 하는 아동의 보호 개념은 난민아동, 무력분쟁상의 아동을 포함하여 법적분쟁상황이나 착취상황으로부터 보호를 받아야 한다는 것이다. 법적분쟁상의 아동은 범죄행위로 인하여 소년형사소송 중의 아동이나 자유가 박탈된 아동에 대한 보호와 지원이 이루어져야 하며, 착취상황의 아동은 법적으로 금지된 노동으로 인한 경제적 착취, 육체적・정신적 학대와 성적 착취로부터 보호받을 권리가 있다.

셋째, 참여(participation)의 개념: 아동이 자신의 삶에 중요한 영향을 미치는 결정에 대하여 알고 능동적으로 참여할 수 있는 권리이다. 아동의 동의가 필요한 의사결정에는 친권 상실, 이혼, 입양 등에 아동의 의사가 존중되어야 하며, 정보접근권도 이에 포함된다.

3) 권리선언에 나타난 아동권리

(1) 제네바선언

아동권리선언의 모체는 1922년 영국의 국제아동기금단체연합이 발표한 세계아동헌장이었다.

1922년 아동복리회의 창설자인 젭(Eglantyne Jebb)은 아동권리선언(Declaration of the Rights of the Child)을 성문화하였다. 이 선언은 '인류는 아동들에게 주어야 할 최선의 것을 돌려주어야 한다'는 주장을 담고 있으며, 1924년 9월 26일 국제연맹에 의하여 아동권리에 관한 제네바선언으로 발전하였다. 이 선언은 최초의 세계적 아동권리선언이라 할 수 있으며, 그 내용은 다음과 같다.

제네바 아동권리선언(1924년 국제연맹)

1. 어린이는 신체적으로 정신적으로 정상적인 발달을 위해 요구되는 모든 수단을 강구해야 한다.
2. 굶주린 어린이에게 먹을 것을, 병든 어린이에게 치료의 혜택을, 지능발달이 뒤늦은 어린이에게 도움을, 불량한 어린이에게는 감화를, 고아와 부랑아에게는 주거를 마련하여 보호해 주어야 한다.
3. 위기에 직면하였을 때 최우선으로 어린이를 구해야 한다.
4. 어린이이게 장래 설계를 세울 수 있는 지위로 이끌며, 모든 종류의 착취에서 보호를 받을 수 있어야 한다.
5. 어린이에게 자기의 능력은 인류 동포에게 봉사하기 위한 것이라는 자각을 주며 교육을 해야 한다.

이상의 5개 항에서 제1항은 아동의 생존권 보장, 제2항은 아동보호의 접근방법, 제3항은 아동보호의 최우선 원칙, 제4항은 자립과 착취에서의 보호, 제5항은 아동육성의 궁극적 목표를 제시하고 있다.

1948년 국제연합에서 차별받지 않을 권리와 가정환경에서 보호받을 권리를 추가하여 아동권리선언을 채택하였다.

제네바 아동권리선언(1948년 국제연합의 아동권리선언)

1. 어린이는 인종, 국적 및 종교적 신조의 문제를 초월하여 보호되어야 한다.
2. 어린이는 하나의 실체로서의 가정을 존중하며 보호를 받아야 한다.
3. 어린이는 물질적, 도덕적, 정신적으로 정상적인 발달을 위해 필요한 조건이 충족되어야 한다.
4. 굶주린 어린이는 먹여야 하며, 병든 어린이는 간호를 받아야 하고 신체적으로 정신적으로 장애가 있는 어린이는 도움을 받아야 하며, 부적응 어린이는 재교육을 받아야 하며, 고아나 부랑아는 수용·보호되어야 한다.
5. 어린이는 위험을 당했을 때 제일 먼저 구조되어야 한다.
6. 어린이는 사회복지나 사회보장의 혜택을 받아야 하며 적절한 시기에 생계를 세울 수 있는 훈련을 받아야 하며 모든 형태의 착취로부터 보호를 받아야 한다.
7. 어린이는 그의 능력을 동포를 위해 봉사해야 한다는 지각 속에서 양육되어야 한다.

출처: 이소희 외(2020 재인용).

(2) 유엔 아동권리선언

1959년 11월 20일, 국제연합 제14차 총회에서는 아동의 최선의 이익을 보장하기 위해 '유엔 아동권리선언(UN Declaration of the Rights of the Child)'을 만장일치로 채택하였다. 이 선언은 전문 6개 단락과 본문 10개 조로 이루어져 있다.

전문에서는 유엔 헌장의 기본원칙(제1단락), 세계인권선언의 정신확인(제2단락), 신체적, 정신적으로 미숙한 아동의 법률상 특별 보호(제3단락), 특별보호는 국제적인 선언과 국제기구 규약으로 인정(제4단락), 아동에 대한 최선의 의무(제5단락), 모든 개인과 집단은 아동의 권리의 인식과 준수를 위한 의무(제6단락), 모든 개인과 집단은 아동권리의 인식과 준수를 위한 노력(제6단락) 등의 내용을 담고 있다.

본문은 아동의 차별 금지(제1조), 아동의 최선의 이익(제2조), 성명과 국적을 가질 권리(제3조), 사회보장의 혜택을 받을 권리(제4조), 장애아동의 특별한 치료, 교육 보호(제5조), 가정 보호와 가정이 없는 아동의 특별 보호(제6조), 교육을 받을 권리(제7조), 우선적으로 보호와 제재를 받을 권리(제8조), 모든 형태의 학대와 연소자 고용의 금지(제9조), 평화롭게 살 권리(제10조) 등을 규정하고 있다.

(3) 세계인권선언

세계인권선언을 국제연합이 제2차 세계대전의 참혹상에서 인류의 공존과 평화의 이상을 실현하기 위해 1948년에 채택한 것으로 인권에 관하여 온 세계에 천명한 최초의 것이다. 이 선언은 추상적이고 일반적인 내용을 구체화하여 평범한 인권의 국제적 보장을 위한 보편적 규범을 명시하고 있으며, 전문과 본문 30개 조로 되어 있다.

전문에서는 인간의 존엄과 권리를 강조하고 있으며, 본문 30개 조에서는 자유권적 인권 조항 21개와 사회권적 조항 9개를 다루고 있다. 세계인권선언에서 아동의 권리에 관한 직접적인 조항은 제25조와 제26조이다.

제25조는 생활보호 모자 보호에 관한 규정으로 모든 사람은 '자기와 가족의 건강과 복지에 충분한 생활수준을 보장할 권리'(제1항)를 가진다는 것과 '불가항력에 의하여 생활능력이 없는 경우에는 보장받을 권리가 있다'고 선언하였고, '어머니와 아동은 특별한 보호와 원조를 받을 권리를 가진다. 모든 아동은 적자 출신이건 아니건 가리지 않고 같은 사회적 보호를 받는다'(제2항)고 권고하여 복지권을 뒷받침하고 있다.

제26조는 교육에 관한 권리를 규정하고 있다. 제1항에서는 모든 사람은 교육을 받을 권리를 가진다는 규정과 교육은 적어도 초등과 기초 단계에서는 무상으로 해야 한다는 것, 고등교육은 능력에 따라 모든 사람에게 균등하게 개방되어야 한다는 등의 규정을 하고 있다. 제2항에서는 교육은 인격의 완전한 발전과 아울러 인권과 기본적 자유의 존중을 강화하는 것을 목적으로 명시하고 있으며,

제3항에서는 부모는 아동에게 제공할 교육의 종류를 선택할 우선적인 권리를 가진다고 규정하고 있다.

(4) 비엔나 인권선언

비엔나 인권선언은 1953년 6월 14일부터 6월 25일까지 비엔나에서 열린 세계인권선언회의에서 채택되었다. 전문 39개 조로 구성된 인권선언의 구체적인 내용은 일체의 차별 행위에 대하여 모든 국가가 져야 할 책임과 의무를 권고하고 있다. 또한, 모든 민족의 자결권을 강조함으로써 모든 민족의 정치적 위치와 경제・사회・문화적 발전을 추구할 권리를 천명하고 있다.

비엔나 인권선언에서 가장 중요한 것은 발달권의 강조라고 할 수 있다. 이 발달권은 보편적이고 양도할 수 없는 권리이며 권리의 가장 핵심임을 강조하고 있다. 발달권의 강조는 인간이 발달의 주체임과 동시에 발달이 인권의 향유를 촉진시켜야 함을 강조하고 있다. 또한, 비엔나 인권선언은 권리의 침해에 열악한 위치에 놓여 있는 여성과 아동의 권리를 강조하고 있다. 여성이 가지고 있는 권리는 남성의 그것과 마찬가지로 양도분할할 수 없는 보편적 권리임을 강조한 것이다. 이 선언은 아동권리협약과 여성 차별 철폐협약의 내용을 선언적 차원에서 보강하고 있다고 볼 수 있다.

2. 유엔 아동권리협약

1) 유엔 아동권리협약의 구성

유엔 아동권리협약은 아동의 정의, 일반원칙, 자유권적 권리, 사회권적 권리,

협약의 이행방법 등의 내용으로 구성되어 있다.

2) 유엔 아동권리협약의 일반원칙

유엔 아동권리협약에 반영되어 있는 일반원칙은 무차별의 원칙, 아동 이익최우선의 원칙, 아동생명, 생존과 발달보장의 원칙, 아동 의사존중의 원칙이며, 이러한 원칙을 다음과 같이 규정하였다.

(1) 무차별의 원칙

(국제협약 제2조) 당사국은 아동을 인종, 피부색, 성별, 언어, 종교, 정치적 의견, 민족적・인종적 또는 사회적 출신, 재산, 무능력, 출생 또는 기타의 신분에 관계없이 그리고 어떠한 종류의 차별함 없이 협약에 규정된 권리를 존중하고 각 아동에게 보장하여야 한다. 국가는 모든 형태의 차별이나 처벌로부터 아동이 보호되도록 보장하는 모든 적절한 조치를 취하여야 한다.

(2) 아동이익 최우선의 원칙

(국제협약 제3조) 공공 또는 민간 사회복지기관, 법원, 행정당국 또는 입법기관 등에 의하여 실시되는 아동에 관한 모든 활동에 있어서 아동의 최상의 이익이 최우선적으로 고려되어야 한다. 국가는 아동복지에 필요한 보호와 배려를 아동에게 보장하고 이를 위하여 모든 적절한 입법적・행정적 조치를 취하여야 한다.

(3) 아동 생명, 생존과 발달 보장의 원칙

(국제협약 제6조) 당사국은 모든 아동이 생명에 관한 고유의 권리를 가지고 있음을 인정하며, 가능한 한 최대한도로 아동의 생존과 발달을 보장하여야 한다.

(4) 아동의 의사존중과 참여의 원칙

(국제협약 제12조) 당사국은 자신의 견해를 형성할 능력이 있는 아동에 대하여 본인에게 영향을 미치는 모든 문제에 있어서 자신의 견해를 자연스럽게 표시할 권리를 보장하며, 아동의 견해에 대하여는 아동의 연령과 성숙도에 따라 정당한 비중이 부여되어야 한다.

3) 자유권적 권리와 사회권적 권리

유엔 아동권리협약의 내용에는 아동권리협약의 일반원칙에 기초하여 자유권적 권리와 사회권적 권리의 보장이 다음과 같이 제시되어있다. 자유권적 권리는 시민적 권리와 자유에 관한 내용을 포함하고 있으며, 사회권적 권리는 가정환경과 대안양육, 기초보건과 복지, 교육, 여가, 문화활동, 특별보호조치 등 아동의 삶의 질을 보장하는 구체적인 내용을 포함하고 있다. 이러한 자유권적 권리와 사회권적 권리는 1966년에 유엔이 채택한 자유권협약(B협약)과 사회권협약(A협약)의 권리를 반영한 것이다. 아동권리협약의 자유권적 권리는 자유권협약의 정신을, 사회권적 권리는 사회권협약의 정신을 구현한 것으로 평가된다.

(1) 자유권적 권리의 보장

① 성명권과 국적취득권, 부모로부터 양육 받을 권리

(국제협약 제7조) 아동은 출생 후 즉시 신고되어야 하며, 출생 시부터 성명권과 국적취득권을 가지며, 가능한 한 자신의 부모를 알고 부모에 의하여 양육 받을 권리를 가진다.

② 신분 보존의 권리

(국제협약 제8조) 당사국은 위법한 간섭을 받지 아니하고 국적, 성명 및 가족관계를 포함하여 법률에서 인정한 신분을 보존할 수 있는 아동의 권리를

존중한다.

③ 표현의 자유

(국제협약 제13조) 아동은 표현의 자유를 가진다. 이 권리는 구두, 필기 또는 인쇄, 예술의 형태 또는 아동이 선택하는 기타의 매체를 통하여 모든 종류의 정보와 사상을 국경에 관계없이 추구하고 접수하며 전달하는 자유를 포함한다.

④ 사상, 양심, 종교의 자유

(국제협약 제14조) 당사국은 아동의 사상, 양심 및 종교의 자유에 대한 권리를 존중하여야 한다.

⑤ 결사와 집회의 자유

(국제협약 제15조) 당사국은 아동의 결사의 자유와 평화적 집회의 자유에 대한 권리를 인정한다.

⑥ 사생활의 보호

(국제협약 제16조) 어떠한 아동도 사생활, 가족, 가정 또는 통신에 대하여 자의적이거나 위법적인 간섭을 받지 아니하며 또한 명예나 신망에 대한 위법적인 공격을 받지 아니한다.

⑦ 정보접근권

(국제협약 제17조) 당사국은 대중매체가 수행하는 중요한 기능을 인정하며, 아동이 다양한 국내적 및 국제적 정보원으로부터 정보와 자료, 특히 아동의 사회적・정신적・도덕적 복지와 신체적・정신적 건강의 향상을 목적으로 하는 정보와 자료에 대한 접근권을 가지도록 보장하여야 한다.

(2) 사회권적 권리의 보장

① 정상적 가정생활을 누릴 수 있는 권리

(국제협약 제9조) 당사국은 아동이 그의 의사에 반하여 그의 부모로부터

분리되지 않도록 보장해야 한다고 규정하고 있다. 단, 책임 있는 해당 기관이, 아동이 그의 부모와 떨어져 있는 것이 그 아동의 최적의 생존을 보장한다고 판단하였을 때 합법적인 절차에 따른 사법심사를 거쳐 이를 실행할 수 있다. 그러나 이러한 경우에도 정상적인 환경하에서 그들의 부모와의 개인적인 관계 및 접촉을 할 수 있도록 아동의 권리를 존중해야 한다.

② 사회보장 혜택의 권리

(국제협약 제26조) 당사국은 모든 아동에 대해 사회보험을 포함한 사회보장제도의 혜택을 누릴 권리를 인정하고 국법에 위배되지 않는 범위 내에서 이 권리의 충분한 실행을 위해 필요한 방법을 강구해야 한다. 경제적 불안정으로 아동의 최소한의 욕구가 충족되지 않을 경우 아동의 신체적・지적・정서적 발달에 장애를 초래하게 된다. 사회보장은 돌발적인 경제적 불안에 대한 대비책으로 제도적 장치를 마련하여 아동의 권리를 보장하는 것이다.

③ 보건과 의료적 서비스를 받을 권리

(국제협약 제24조) 당사국은 아동이 최상의 건강상태를 향유할 수 있는 권리 및 질병치료나 건강회복을 촉진할 수 있는 권리를 인정해야 하며, 의료보호제도를 누릴 수 있는 권리를 보장하여야 함을 규정하고 있다. 이러한 권리가 보장됨으로써 아동의 사망률을 감소시킬 수 있으며 알맞은 영양식과 깨끗한 물과 공기를 제공하여 질병과 영양실조를 예방할 수 있다. 그리고 임산부에 대한 적절한 출산 전후의 건강보호를 제공해야 한다.

④ 교육을 받을 권리

(국제협약 제28조) 당사국은 아동의 교육받을 권리를 인정하며, 기회균등의 기초 위에서 이 권리를 달성하기 위하여 무료의 초등교육, 일반교육과 직업교육을 포함한 다양한 형태의 중등교육, 고등교육을 장려하는 조치를 취하여야 한다.

⑤ 적절한 여가, 오락 및 문화적 생활을 누릴 수 있는 권리

(국제협약 제31조) 당사국은 아동이 각자의 연령에 적합한 오락활동이나 놀이에 참여하여 문화생활이나 예술활동에 자유롭게 참여할 수 있는 아동의 권리를 인정하며, 아동에게 문화, 예술, 오락 및 여가활동을 위한 적절하고 균등한 기회의 제공을 장려하여야 한다.

⑥ 방임이나 학대 및 착취로부터 보호받을 권리

(국제협약 제32조) 당사국은 경제적 착취 및 아동의 교육에 방해되거나 아동의 건강이나 신체적·정신적·도덕적·사회적 발달에 유해한 어떠한 노동이라도 그 수행으로부터 보호받아야 하는 아동의 권리를 인정하고, 이의 실행을 위한 입법적·행정적·사회적·교육적 조치를 포함한 모든 조치를 취하여야 한다. 또한, 제33조는 마약과 향정신성 물질의 불법적 사용으로부터 아동을 보호해야 하며, 제34조는 모든 형태의 성적 착취와 성적 학대로부터 아동을 보호해야 함을 규정하고 있다.

⑦ 장애아동이 특별한 보호를 받을 권리

(국제협약 제23조) 정신적 또는 신체적 장애아동에게도 인간적인 존엄성을 보장하여 자립을 촉진하며 적극적 사회참여를 조장하는 여건 속에서 충분히 품위 있는 생활을 누려야 함을 인정하고, 당사국은 장애아동이 특별한 보호를 받을 권리를 인정하며, 당사국은 아동의 여건과 부모나 다른 아동양육자의 사정에 적합한 지원이 활용 가능한 재원의 범위 안에서 이를 받을 만한 아동과 그의 양육 책임자에게 제공될 것을 장려하고 보장하여야 한다.

4) 유엔 아동권리협약의 의의

유엔 아동권리협약은 각 국가의 아동복지 법령, 정책, 서비스와의 관계에서도 그 의의와 영향력이 지대하며, 그중 몇 가지 의의를 살펴보면 다음과 같다(장인

협·오정수, 2002).

첫째, 권리협약의 내용이 과거의 어떠한 선언이나 헌장보다도 포괄적이며 구체적이라는 점이다. 즉, 권리협약은 전문과 54개 조로 이루어져 있으며, 일반원칙, 자유권적 권리, 사회권적 권리, 협약의 이행방법을 구체적으로 명시하고 있다.

둘째, 권리협약은 아동권리에 대한 선언의 단계에서 이행의 구속력을 갖는 국가 간 협약의 단계로 도약하는 발전의 계기를 만들어 주었다. 국제협약은 선언을 보충하는 국가 간의 합의된 약속으로서 아동권리의 구체적인 실천 대책을 촉구하고 있어서 의의가 매우 크다. 특히 1966년 유엔이 제정한 사회권협약과 자유권협약의 정신을 아동권리에 대하여 구체적으로 적용한 개별 협약이다.

셋째, 각 국가의 아동과 관련된 제반 법률 또는 아동정책과 사회복지서비스에 관한 내용들을 개선하고 보완할 수 있는 준거 틀을 마련해주었다. 유엔 아동권리협약은 유엔 아동권리위원회가 각 국가의 정기적인 국가보고서에 대한 권고사항을 채택함으로써 각 국가의 아동정책과 제도, 서비스 발전의 이정표가 되고 있다.

넷째, 국제협약은 지구공동체 의식의 조성에 기여하고 있다. 즉, 국제협약은 평화, 자유 그리고 복지라는 인류공동의 목표추구의 일환이라는 점에서 그 의의가 매우 크다. 변화와 발전의 궁극적인 목표는 인류에 대한 복지 실현에 있는 것이다. 아동권리의 존중과 보장을 위한 활동에는 부모와 가족, 사회, 국가의 공동 노력과 적극적인 참여가 요구되며, 이는 나아가 아름답고 평화로운 지구공동체 형성에 기여하는 길이다.

3. 한국의 아동인권과 과제

1) 2003년 유엔 아동권리위원회 권고사항과 이행성과

2003년 유엔 아동권리위원회의 한국 정부에 대한 권고가 전달된 이후 한국 정부의 이행성과는 다음과 같이 진행되었다.

(1) 아동의 부모 면접교섭권 등 아동권리협약 유보조항 철회

1991년 협약 비준 시 국내법 저촉으로 유보한 아동면접권 등 유보조항의 철회를 위하여 주무 부처인 법무부 등과 협의하여 부에게만 인정되던 면접교섭권을 부모-자녀에게 상호 인정될 수 있도록 「민법」 개정(2007)이 이루어졌다.

(2) 「민법」상 혼인적령의 남녀 차이 지적 및 시정 권고

「민법」상 남녀 혼인 가능연령을 남자 18세, 여자 16세로 달리 규정하고 있어서, 남녀차별 시정 및 아동이익 최우선의 원칙에 의거하여 남녀 모두 약혼 및 혼인 연령을 18세로 일치되도록 「민법」을 개정(2007)하였다.

(3) 아동정책 조정과 협약 모니터링을 위한 상설 중앙기구 설치

거시적 정책 비전 없이 각 부처에서 산발적으로 추진되던 아동정책의 효율적 추진을 위해 별도의 아동정책 조정기구로서 국무총리소속 아동정책조정위원회를 신설하여 각 부처 아동정책을 총괄하고 아동권리협약 이행상황 모니터링 업무를 수행하였다. 그리고 2006년에 한국보건사회연구원에 아동권리 모니터링센터를 설치하였으며, 2012년부터는 독립된 민간기관으로 한국아동권리모니터링센터를 운영하고 있다.

(4) 아동견해 존중을 위한 입법조치 및 협약에 대한 정보 제공

아동이 의견을 피력할 수 있는 제도적 장치 미흡 및 부모, 교육자, 판사, 일반인 등에 대한 아동권리협약 교육프로그램 개발이나 홍보가 미흡하였다. 아동에 대한 보호조치를 취할 때 아동의 의견을 물을 수 있도록 「아동복지법」을 개정하였고(2004), 아동권리협약 모니터링 및 홍보를 강화하였다.

(5) 가정, 학교 등에서의 체벌 금지

아동체벌을 원칙적으로 금지하고 있으나 아동체벌에 대한 사회적 인식부족으로 교육적 목적의 체벌이 일부 허용되고 있는 상황이다. 교육청과 아동보호전문기관 간에 업무협약 체결, 교사 대상 아동권리교육 확대 등 학교 내 아동권리 침해사례에 대한 모니터링을 강화하였다. 교사, 학부모 등을 대상으로 하는 아동권리 캠페인 등을 통해 체벌금지에 대한 사회적 공감대를 형성하였다.

(6) 저소득 아동 대상 무료이용 등 공공보건의료기능 강화

취약한 공공보건의료 기반을 강화하기 위하여 6세 미만 아동의 본인부담금을 면제하고 의료급여특례아동을 확대하는 등 아동에 대한 국가의료지원 규모를 확대하였다.

(7) 18세 미만 아동의 권리지표 개발 및 통계 수집 확보

통계체계가 아동권리협약 전 항목에 걸쳐 수집되지 못하고 있다. '아동백서'를 발간하여 40개 주요 아동지표(Key Indicators) 마련 및 아동발달단계별 조기개입, 양육프로그램 개발 등 중장기 아동정책을 추진하였다.

참고 **국내법에 나타난 아동권리**

(1) 헌법

우리나라 「헌법」은 국가 최고의 법으로서 권리보장에 포괄적인 선언을 담고 있다. 현행 「헌법」 제10조는 "모든 국민은 인간으로서의 존엄과 가치를 가지며, 행복을 추구할 권리를 가진다. 국가는 개인이 가지는 불가침의 기본적인 인권을 확인하고 이를 보장할 의무를 진다."라고 규정하고 있다. 이 조항은 인간으로서의 존엄과 가치를 핵심으로 하고 있다.

또한 「헌법」 제10조는 모든 기본권 보장의 종국적인 목적이라고 할 수 있는 인간의 본질이며 고유한 가치인 개인의 인격권을 보장하고 있다. 동법 제34조는 "모든 국민은 인간다운 생활을 할 권리를 가진다."라고 규정되어 있으며, 개별적 기본권 각각의 조항들은 "모든 국민은"과 "누구든지"로 시작하는 문언을 규정하고, 개개인의 국민 모두는 헌법이 보장하는 기본적인 인권의 주체가 됨을 명백하게 밝히고 있다. 「헌법」상 기본적 인권의 주체인 국민의 개념 속에는 아동도 포함되는 것은 당연하다. 따라서 원칙적으로 한국 국적을 가지고 우리나라 초등학교에 다니고 있는 아동들은 한국 「헌법」상 기본적인 권리의 주체성이 인정되는 것이다. 동법 제11조 제1항은 "모든 국민은 법 앞으로 평등하다. 누구든지 성별, 종교, 또는 사회적 신분에 의하여 정치적 · 경제적 · 사회적 · 문화적 생활의 모든 영역에서 차별을 받지 아니한다."라고 천명하고 있다.

(2) 아동복지법

현재 국내법 중에서 아동 인권과 가장 규정을 많이 두고 있는 법이 「아동복지법」이다. 주요 내용은 다음과 같다.

① 목적(제1조)

아동이 건강하게 출생하여 행복하고 안전하게 자라나도록 그 복지를 보장함을 목적으로 한다.

② 기본 이념(제3조)

아동은 자신 또는 부모의 성별, 연령, 종교, 사회적 신분, 재산, 장애 유무, 출생 지역, 인종 등에 따른 어떠한 종류의 차별도 받지 아니하고 자라나야 한다. 아동은 완전하고 조화로운 인격발달을 위하여 안정된 가정환경에서 행복하게 자라나야 한다. 아동에 관한 모든 활동에 있어서 아동의 이익이 최우선적으로 고려되어야 한다.

③ 책임(제4조)

국가와 지방자치단체는 아동의 건강과 복지증진에 노력하여야 하며 이를 위한 시책을 시행하여야 한다. 아동의 보호자는 아동을 가정 안에서 그의 성장 시기에 맞추어 건강하고 안전하게 양육하여야 한다. 모든 국민은 아동의 권익과 안전을 존중하여야 하며, 아동을 건강하게 양육하여야 한다. 국가와 지방자치단체는 장애아동의 권익을 보호하기 위하여 필요한 시책을 강구하여야 한다. 국가와 지방자치단체는 아동이 자신 또는 부모의 성별, 연령, 종교, 사회적 신분, 재산, 장애 유무, 출생 지역 또는 인종 등에 따른 어떠한 종류의 차별도 받지 아니하도록 필요한 시책을 강구하여야 한다.

이와 같이 우리나라의 아동의 복지, 안전 및 권리 증진을 위하여 유엔 아동권리협약 비준국으로서의 책임 사항을 담고 있다. 특히 아동을 위하여 제정된 법으로 아동의 권리 보호 및 증진 차원에서 국가가 공식적으로 개입하는 보호 체계가 마련되었다는데 큰 의미를 지닌다.

(3) 아동의 권리공약 3장

우리나라의 아동의 권리공약 3장은 1923년 발표되었다. 당시 우리나라는 일제강점기 시절이었지만, 민족의 새싹인 어린이를 사랑하고 씩씩하게 키우기 위하여 ‘어린이날’을 제정하였다. 같은 해 5월 1일 어린이날 기념식장에서 소년운동협회가 소년운동선언에서 아동의 권리공약 3장을 선포하였다. 아동의 권리공약 3장은 다음과 같다.

① 어린이를 재래의 윤리적 압박으로부터 해방하여 그들에 대한 완전한 인격적 예우를 허하라.
② 어린이를 재래의 경제적 압박으로부터 해방하여 만 14세 이하의 그들에 대한 무상 또는 유상의 노동을 폐하라.
③ 어린이에게 그들이 고요히 배우고 즐거이 놀 만한 각양의 가정 또는 사회적 시설을 행하라.

(4) 대한민국 어린이헌장

대한민국 어린이헌장은 어린이나라의 참뜻을 바탕으로 하여, 모든 어린이가 차별 없이 인간으로서의 존엄성을 지니고 나라의 앞날을 이어나갈 새사람으로 존중되며 바르고 아름답고 씩씩하게 자라나가도록 함을 길잡이로 삼는다.

① 어린이는 건전하게 태어나 따뜻한 가정에서 길러져야 하며, 가정이 없는 어린이에게는 이를 대신할 수 있는 적절한 환경에서 길러져야 한다.
② 어린이는 몸과 마음이 튼튼하게 자라도록 필요한 영양을 공급하고 질병의 예방과 치료를 받으며 공해 없는 깨끗한 환경에서 길러져야 한다.
③ 어린이는 누구나 존중을 받을 수 있어야 하고 어린이를 위한 교육시설이 우선적으로 마련되어야 하며, 개인의 능력과 소질에 따라 교육이 이루어져야 한다.
④ 어린이는 빛나는 우리 문화를 이어받아 미래를 가꾸는 새로운 문화를 발전시키도록 이끌어야 한다.
⑤ 어린이는 즐겁고 유익한 놀이와 오락을 위한 시설과 환경을 제공받아야 한다.
⑥ 어린이는 예절과 질서를 지키며 스스로 책임을 다하는 민주시민으로 길러져야 한다.
⑦ 어린이는 자연과 예술을 사랑하고 과학을 탐구하는 마음과 태도를 길러야 한다.
⑧ 어린이는 위협으로부터 먼저 보호되어야 하고 안전을 지킬 수 있는 훈련을 받아야 한다.
⑨ 어린이는 학대를 받거나 버림을 받아서는 안 되고 나쁜 일과 힘겨운 노동에 이용되지 말아야 한다.
⑩ 몸이나 마음의 장애를 가진 어린이는 재활되어야 하고 빗나간 어린이는 선도되어야 한다.
⑪ 어린이는 우리의 내일이며 희망이다. 한겨레의 앞날을 짊어질 한국인으로 또한 인류의 평화에 이바지할 수 있는 세계인으로 키워야 한다.

2) 2011년 유엔 아동권리위원회 권고사항과 이행성과

한국 정부가 제출한 제3, 4차 국가보고서에 대하여 유엔 아동권리위원회가 채택한 권고사항(2011년)의 주요 내용은 다음과 같다(보건복지부, 각 연도).

위원회의 권고안은 대한민국의 법적·제도적 조치를 평가하면서 「입양특례법」과 「민법」의 개정, 「초중등교육법 시행령」 개정, 「자살예방 및 생명존중문화 조성을 위한 법률」 제정, 「가사소송법」 개정, 「장애아동복지지원법」 제정, 「아동복지법」 개정, 「다문화가족지원법」 개정 등의 조치를 환영하였다. 동시에 권고안은 한국의 발전수준과 국제적 지위의 향상에 따라 과거에 비하여 광범위하고 높은 수준의 아동권리 실현을 촉구하고 있다.

(1) 일반이행 조치

- 대한민국이 이행하지 않은 이전의 권고사항, 특히 국가인권위원회 내 아동권리 분과위원회의 설립, 체벌의 전면적인 금지, 아동이 겪는 스트레스를 줄이기 위한 교육정책의 검토와 관련된 사항을 처리하기 위한 조치를 취할 것을 촉구하였다.
- 입양이 주무 당국의 소관이며 아동이익 최우선의 원칙을 최대한 고려하도록 보장한다는 협약 제21조 (a)항에 대한 유보의 철회, 즉 국가에 의한 입양허가제의 시행을 권고하였다. 권고에 따라 2017년 「아동복지법」의 개정으로 입양허가제가 도입되었다.
- 정부 부처 간 정책조정의 개선을 위하여 아동정책조정위원회를 강화하거나, 필요한 권한과 충분한 인적·기술적·재정적 자원을 확보한 적절한 관련 기구를 수립할 것을 권고하였다.
- 협약의 전 부분을 다루는 아동 관련 국가행동계획을 채택하고 이를 위해 충분한 인적·기술적·재정적 자원 및 감시체계를 제공할 것을 권고하였다. 이에 따라 2015년부터 제1차 아동정책기본계획(2015~2019), 제2차 아동정책기본계획(2020~2024)이 수립되었다.
- 대한민국의 높은 경제발전 정도 및 OECD 수준에 걸맞도록 협약이행을 위해 배정된 재원 수준을 증가하고, 아동을 위한 재원의 배분 및 사용을 추적하는 체제를 도입하여 아동을 위한 투자의 가시성을 제공하도록 권고하였다.

(2) 일반원칙

아동권리에 관한 일반원칙의 준수를 다음과 같이 권고하였다.

- 무차별의 원칙: 「차별금지법」을 신속히 제정하고, 취약계층 및 소수집단 아동에 대한 차별적 태도의 근절과 예방, 청소년 미혼모에 대한 충분한 지원을 제공해야 한다.
- 아동이익 최우선의 원칙: 아동에게 영향을 미치는 법률, 행정, 사법절차 및 모든 정책, 프로그램 및 사업에 있어 아동이익 최우선의 원칙이 적절히 통합되도록 노력을 강화해야 한다.
- 아동 생명, 생존과 발달보장의 원칙: 아동의 가정 내에서 그리고 교육제도하에서 아동의 자살위험 요인에 관한 연구를 실시하고, 연구결과는 구체적인 정책 및 제도적·행정적 방안 이행을 이끌어 가는 것이어야 한다.
- 아동 의사존중의 원칙: 아동이 자신의 견해를 표출할 권리를 보장하고 아동에게 영향을 주는 모든 결정 과정에 그들의 의견이 고려되도록 법 개정을 고려해야 한다.

(3) 시민권과 자유

- 부모의 법적 지위 또는 출신에 관계없이 모든 아동의 출생이 신고되도록 조치할 것을 촉구하고, 출생신고에 아동의 생물학적 부모가 정확히 명시되도록 보장할 것을 촉구하였다.
- 가정, 학교 및 모든 기관에서 체벌을 명백히 금지하도록 관련 법률과 규정을 개정하라는 국가인권위원회의 권고를 이행하라고 촉구하였다.

(4) 사회권과 보건, 복지, 문화활동

- 대안양육시설 내 아동학대 관련 진정접수, 조사 및 기소제도의 보장, 학대피해자의 진정절차, 상담, 진료, 회복지원서비스를 이용할 수 있도록 하고, 아동이 부모를 찾거나 연락을 유지할 수 있도록 충분히 지원할 것을 권고하였다.
- 해외입양제도가 협약 제21조를 포함한 협약의 원칙과 조항에 완전히 합치될 수 있도록 법안을 개정하고, 해외입양제도를 포함한 모든 입양이 사법적 감독과 규제를 담당할 중앙기구의 허가에 따라 이루어지도록 촉구하였다. 입양과정에서 나이와 성숙도를 고려하여 아동의 견해에 적절한 중요성을 부과하며 아동이익 최우선의 원칙이 중요한 고려사항이 되도록 하라고 권고하였다. 청소년 미혼모의 동의가 있어야만 그들의 자녀를 입양 보낼 수 있도록 할 것을 권고하였다.
- 모든 장애아동에 대한 적절한 지원, 장애아동의 교육욕구를 충분히 충족시킬 수 있도록 교육여건을 개선하고 통합교육을 받을 수 있도록 하라고 권고하였다.
- 저소득가정이 무상으로 의료체계에 접근할 수 있도록 공공의료시설체계를 구축하라고 권고하였다.
- 아동우울증 및 자살의 근본 원인에 대한 철저한 조사에 기반하여 아동정신건강관리정책을 개발하도록 권고하였다.
- 담배, 알코올, 인터넷 중독이 야기할 수 있는 건강상의 위험에 대한 인식을 제기하기 위하여 언론 등을 통해 정보 및 교육캠페인을 늘릴 것을 권고하였다.
- 현 교육 및 관련 시험 제도에 대한 평가, 사교육에 대한 의존과 불평등을 해결할 수 있도록 공교육의 강화, 여가, 문화 및 오락 활동에 대한 아동권리의 보장을 권고하였다.
- 망명, 난민 희망자를 포함하여 대한민국에서 태어난 모든 아동의 등록과 이들

에 대한 사회적 지원, 교육에 대한 접근을 보장할 것을 촉구하였다.

- 불법체류자 자녀를 포함하여 이주아동의 교육에 대한 접근, 실질적 교육을 보장하는 정책과 전략을 개발하고 채택할 것을 권고하였다.
- 아동성폭력 예방을 위한 조치, 여성과 아동에 대한 인신매매의 예방억제 및 처벌을 위한 의정서의 비준을 촉구하였다.

(5) 국제인권조약의 비준

대한민국이 아동권리의 실현을 더욱 강화하도록, 모든 이주노동자와 그 가족의 권리보호에 관한 국제협약과 강제 실종으로부터 모든 사람을 보호하기 위한 국제협약 등 주요 인권조약에 가입할 것을 권고하였다.

3) 유엔 아동권리위원회 권고사항과 이행과제

대한민국 정부는 2011년 이후 국내 아동권리 분야의 성과와 한계 등을 담은 제5・6차 국가보고서를 2017년 12월 유엔 아동권리위원회에 제출하였다. 이후 2019년 9월 18~19일 보건복지부・교육부・외교부・법무부 등 관계부처로 구성된 정부대표단이 스위스 제네바에서 열린 유엔 아동권리위원회에 참석해 위원들로부터 제5・6차 국가보고서에 대한 심의를 받았다. 유엔 아동권리위원회는 2019년 10월 심의에 대한 최종 견해를 통해 우리나라가 거둔 의미 있는 아동 관련 정책 성과들을 확인하면서도 개선이 필요한 여러 사항에 대해 권고 등의 형태로 의견을 제시하였다.

유엔 아동권리위원회는 「난민법」 제정(2012), 「아동학대처벌법」 제정(2014) 및 학대방지 예산의 확대, 입양허가제 도입 등에 따른 관련 유보조항 철회(2017), 아동수당 도입(2018), 아동정책 영향평가체계 수립(2019), 아동 성범죄의 처벌 강화, 남성육아휴직 및 한부모 가정 지원 확대 등에 대해 매우 고무적이라고 하는 등 그간 우리나라의 정책적 노력에 대해 긍정적으로 평가하였다.

반면, 유엔 아동권리위원회는 다음의 사항에 대한 우려의 의견을 제시하였다.

- 아동 관련 예산 규모가 국내총생산(GDP)에 비해 여전히 낮은 점
- 경제적으로 소외된 아동, 장애아동・이주아동 등이 차별을 경험하고 있는 점
- 높은 아동 자살률과 가정 내 아동학대 발생률
- 지나치게 경쟁을 부추기는 교육 환경
- 형사 미성년자 연령을 만 13세 미만으로 낮추려는 제안

그리고 유엔 아동권리위원회는 아동 관련 예산의 증액, 아동자살의 근본 원인을 제거하기 위한 노력 강화, 모든 체벌의 명시적 금지, 교육 시스템 경쟁완화, 형사 미성년자 연령의 만 14세 미만 유지 등을 주문했다. 그 외에 가습기 살균제 피해자들을 위한 충분한 구제・배상, 보편적 아동등록제의 도입, 베이비박스 금지와 그 대안으로 익명 출산제의 검토, 성매매 연관 아동에 대한 보호 처분 폐지 및 피해자 대우 아동의 이민자 수용소 구금 금지, 이주아동에 대한 자료수집 및 지원 강화 등을 권고하였다.

이번 최종견해에 대한 우리나라의 후속조치 등을 담은 제7차 국가보고서는 2024년 12월까지 유엔 아동권리위원회에 제출해야 한다.

아동권리의 국제적 기준에 비추어보면, 우리나라의 아동복지 현실에는 개선되어야 할 과제가 많이 남아 있다. 특히 경쟁적 교육환경 속에서 아동이 경험하는 스트레스 방지와 자살예방을 위한 교육정책의 개혁, 사교육에 대한 의존과 불평등을 해결할 수 있도록 공교육의 강화, 한국의 높은 경제발전 정도 및 OECD 수준에 걸맞도록 아동에 대한 국가 재정투자 확대 등의 정책과제를 남겨두고 있다.

Chapter 04

아동복지의 역사

1. 외국의 아동복지 발달과정
2. 한국의 아동복지 발달과정

Chapter 04

아동복지의 역사

1. 외국의 아동복지 발달과정

산업화 이전의 고대사회와 중세사회에서는 아동복지와 관련하여 일차적인 책임은 부모에게 있었으며, 요보호아동은 대부분 종교단체를 통하여 보호되었다. 그러나 산업화 이후 국가 또는 사회가 개입함으로써 부모 및 민간단체의 한계성을 극복하게 되었다. 1930~1940년대 유럽에서는 아동보호 차원에서 가족에 대한 국가의 지원이 사회복지정책의 주요한 흐름으로 발전되면서 아동을 보호, 양육하고 있는 가족에 대한 관심이 정책으로 나타나기 시작하였다. 아동양육에 소요되는 비용을 지원하거나 감소시켰고, 가구의 소득 증대 측면에서 여성의 노동시장 참여를 확대시켰다(Kaufmann, 1997). 이러한 내용을 기초로 먼저 산업사회 이전인 고대사회와 중세사회의 아동복지를 살펴보고, 다음으로 산업화 이후의 근대 산업사회와 현대 산업사회의 아동복지 변천 과정을 살펴보고, 아동복지의 발달에 있어 주요한 함의를 가지는 영국과 미국의 아동복지 발달에 대해 알아보고자 한다.

1) 산업화 이전의 아동복지

고대사회에서 아동은 인격적인 존재가 아닌 종족이나 부족의 생존과 보호에 기여할 수 있는 존재 여부에 따라 인정받았으며, 아동의 생명은 종족 보존의 수단적 가치로만 인정되었다. 따라서 허약하거나 질병 또는 장애를 가진 아동은 희생을 당할 수밖에 없었다. 중세사회는 종교의 사회적 영향이 강했던 시대로 교회를 중심으로 한 종교단체에서 아동을 보호하였다. 즉, 기독교적 관점에서 자선사업의 일환으로 아동복지가 전개되었으며, 부모가 없는 아동과 유기된 아동들을 보호하는 일을 주로 담당하였다. 또한, 엄격한 신분사회로서 부모의 지위에 따라 보호의 차원이 달랐기 때문에 계급이 낮은 아동은 노동력을 착취당하는 경우가 많았으며, 심한 경우 유해한 환경으로 인해 생명을 잃는 일이 발생하기도 하였다. 따라서 중세사회의 아동복지는 종교단체를 중심으로 자선사업이 이루어졌으나, 궁극적으로 아동의 권리나 욕구 및 아동 자체의 존엄성에 입각한 서비스는 발달되지 않았다.

2) 산업화 이후의 아동복지

산업혁명의 시작과 함께 농노제도와 장원제도로 대표되던 중세 봉건제도가 붕괴되면서 대부분의 농노는 공장의 노동자가 되었고, 아동들 역시 산업현장의 노동자로서 중요한 자원이 될 수밖에 없었다. 이는 자본가 계층과 노동자 계층이 새롭게 형성되어 또 다른 계층 현상을 만들게 되었다.

그 결과 산업화 이전의 사회구조에서 찾아보기 힘들었던 빈곤, 실업, 노사 문제, 주택문제 및 아동, 청소년, 노인 등 다양한 사회문제가 나타나기 시작하였다. 이 시대에는 빈곤을 비롯한 모든 사회문제는 개인적・사회 구조적 원인에 의해서 발생한다는 인식과 개인 또는 종교단체의 자선에서 벗어난 사회적・국가적 책임으로 아동문제를 해결하기 위한 차원으로 발전하였다.

3) 근대사회

근대사회로 접어들면서 봉건제도가 점차 붕괴되고 자본주의제도로 들어서게 되었다. 동시에 산업혁명으로 인한 대규모의 빈곤, 실업, 노사문제, 주택문제 등의 다양한 사회문제가 등장하기 시작했고, 이에 대한 책임은 국가적인 차원으로 확대되었다.

이에 따라 영국은 국가가 빈곤 계층을 책임지는 구빈법(Poor Law)을 제정하여 아동들을 법에 의하여 보호하기 시작하였다. 1601년 영국의 엘리자베스 구빈법은 사회문제, 즉 아동의 문제들을 국가가 개입하여 해결하기 위한 최초의 시도였다. 이 법에 의해 요보호아동들이 위탁보호와 거택보호를 받았으며, 미국과 유럽 여러 나라에 영향을 주게 되었고, 오늘날 아동복지의 기원을 이루었다고 할 수 있다.

그러나 서구사회의 아동문제는 19세기 이후 산업혁명의 급속한 진전과 산업화・도시화로 인한 광범위한 사회문제의 발생과 더불어, 더 이상 다른 인구대상의 문제와 동일한 차원에서 해결될 수 없음을 인식하게 되었다. 이러한 사회적 상황과 인식의 변화 속에서 아동문제는 우선 집단적인 수용보호의 비효율성에 대한 비판이 대두되었다. 19세기 중반 이후 집단수용시설에서의 높은 사망률 등 아동의 건강과 복지에 미치는 나쁜 영향이 사회적으로 인식되기 시작하였으며, 사회의 유력인사, 민간단체 등이 아동을 집단수용으로부터 보호하려는 운동을 전개하였다(Zietz, 1969: 60).

그리하여 19세기 동안 아동시설은 혼합수용 형태에서 아동중심의 전용시설로 발전했다. 그러나 아직 전문적인 측면의 발전은 가져오지 못하고 있었다. 또한, 19세기의 아동시설들은 아동을 장기간 수용하는 경향이 있었는데, 이것은 공공학교 교육체계가 광범위하게 확립되지 못하여 수용시설이 아동에게 적절한 교육을 제공하는 수단으로 간주되었기 때문이다.

한편, 민간 차원의 아동시설 증가와 함께 19세기 후반부터 미국에서는 구빈원으로부터 아동을 구출하는 운동의 하나로서 위탁가정운동이 전개되었다. 1853년에 뉴욕에서 설립된 아동구호협회(Children's Aid Society)는 위탁가정 서비스를 실시한 최초의 기관으로서 위탁가정 프로그램의 모델이 되었다. 위탁가정운동은 구빈원의 혼합수용보호와 대규모 집단수용보호의 폐단에 대한 인도주의적 비판에서 출발하였다. 그러나 이 운동의 초기에는 아동에게 의식주와 자립의 기회를 제공해 줄 가정을 찾아 연결해 주는 과업에만 전념하였으며, 아동의 욕구에 따라 선별적으로 위탁가정을 선택하는 경우보다 위탁가정의 필요에 따라 위탁가정보호가 결정되는 경우가 더 많았다.

19세기에 아동문제에 관한 또 다른 이슈는 아동의 노동문제였다. 산업혁명하에서 아동의 노동은 기계제 생산양식의 도입으로 도제제도에 의한 아동노동이 사라지게 되었으나, 아동의 고용은 면방직 공업에 필요한 값싼 노동력을 공급하는 주요 수단으로 간주되어 아동노동이 계속 행해졌다. 공장에 고용되어 장시간 노동해야 하는 아동 이외에도 상업이나 가사노동에서 혹사당하는 경우나 신체에 위험을 주는 열악한 노동조건 속에서 혹사당하는 경우가 많았다. 공장에 고용되는 아동들은 자연스레 교육의 기회를 박탈당하여, 교육기회의 제공이란 측면에서 19세기 초기에 아동노동에 대한 법적인 규제 조치를 취하기 시작하였다. 19세기 후반부터는 아동노동의 부정적인 영향이 사회의 여러 집단에 영향과 파문을 일으키게 되어 아동노동을 금지하는 사회운동과 입법 조치가 이루어지게 되었다.

이상과 같이 산업혁명이라는 대변혁의 시기로 특징지어지는 근대사회는 아동복지의 발전과정에서 몇 가지 중요한 의미가 있다. 우선 「빈민법」이 제정됨으로써 국가의 책임하에 아동을 보호하게 된 것을 가장 중요한 역사적 사실로서 인정하지 않을 수 없다. 또 하나의 의의는 근대사회에 들어오면서 민간이 주도하는 자발적인 아동보호사업이 전개되어 종전의 비합리적인 혼합수용보호에서 분리수용보호와 가정위탁제도가 실시되는 등 점차 아동중심의 독립된 형태로 발전하게 되었다는 점이다. 이것은 아동문제에 대한 사회적 인식이 분화되고 이에 따라 아동복지의 개입방법도 분화되어 다양한 형태로 발전하는 추세를 보여 주는 것이다.

19세기 후반으로 오면서 아동복지의 측면에서 두 가지 큰 흐름을 발견할 수 있는데, 그것은 하나의 독립된 생애기로서 아동기에 대한 관심의 점증, 그리고 아동인권사상의 확대다. 19세기 후반부터 발달하기 시작한 위탁가정보호와 전문아동시설은 아동의 성장 및 발달의 역동성과 각 아동의 특성과 욕구의 독특성에 대한 인식이 진전됨에 따라 이루어진 결과라고 볼 수 있다.

4) 현대사회

20세기에 이르러 아동은 인격적 존재로서 받아들여지게 되었고, 아동의 권리사상, 권리로서의 아동복지사상이 더욱 강조되었다. 이들의 다양한 문제와 욕구에 대해 사회적인 예방과 관리를 위한 체계적인 제도가 마련되었다. 또한, 아동복지와 관련하여 국가 책임이 강조되기 시작하였던 대표적인 것은 1909년 미국의 백악관회의이다. 당시 루스벨트 대통령은 아동을 위한 부모의 역할과 가족생활의 중요성을 언급하였다.

아동복지의 대상이 요보호아동에 국한되지 않고 모든 아동으로 확대되는 보편주의적 아동복지가 도입되었으며, 1933년에 아동·청소년법이 제정되었다.

그리고 20세기 중반 이후 위탁보호와 아동시설은 아동의 개별적 욕구에 맞게 효과적으로 대처할 수 있도록 발전하였다(공계순 외, 2016).

한편, 또 다른 아동문제의 이슈인 아동노동에 대해서도 20세기 이후에 새로운 인식과 조치가 이루어지게 되었다.

앞에서 언급한 바와 같이, 20세기는 아동복지의 역사에 있어 전문화를 촉구한 시기다. 특히 1930년대 이후 사회사업의 전문화는 아동문제를 해결하는 접근방법에 전문화를 촉진하였다. 아동의 욕구에 맞게 개발된 수용시설, 소규모의 집단위탁가정보호, 장애아동을 위한 특별수용시설과 특별 위탁가정보호의 개발이 이루어졌다. 아동복지서비스에는 크게 재가형태의 지지적 서비스, 부모의 역할을 대신해 주는 보조적 서비스, 대리적 서비스 등이 발전하였다. 지지적 서비스로는 개별지도, 집단프로그램 및 가족치료가 개발되었고, 보조적 서비스로는 영유아 보육서비스, 학대아동을 위한 강제보호서비스가 개발되었으며, 대리적 서비스로는 입양, 가정위탁 등 다양한 전문서비스가 개발되었다. 또한, 아동복지를 실천하는 전문가가 대학의 학사 또는 석사과정에서 양성되어 아동복지실천분야의 전문가로 활동하고 있다(NASW, 1995).

이상과 같이 아동문제는 산업화의 진전으로 다른 인구대상층의 문제에서 분화되어 인식되었으며, 현대로 오면서 아동문제에 대한 인식과 아동복지의 개입형태도 다양성과 전문성이 강화되었음을 알 수 있다. 따라서 아동복지서비스의 발전을 요약해 보면, 첫째, 집단적 수용보호로부터 소규모의 수용보호로, 둘째, 시설보호중심에서 가정중심의 보호와 지역사회에 의한 보호의 강조로, 셋째, 포괄적인 서비스로부터 분화된 다양한 서비스로, 넷째, 비전문적 서비스로부터 전문적 서비스로 발전하였다. 외국의 아동복지 역사를 연구하는 것은 이러한 아동복지 발전 경험이 우리의 아동복지 현실에 주는 의미를 찾는 것이다. 이러한 점에서 서구의 아동복지 발달과정은 우리나라의 아동문제와 아동복지의 현실을 분석하고 발전 방향을 모색함에 함의가 있으며, 아동을 대상으로 한 다양한 복지제도들을 확립하기 위해 계속적인 노력을 하여야 할 것이다(박언하 · 조미숙 · 하경표, 2019).

(1) 영국의 아동복지 발달

제2차 세계대전 이후 영국 아동정책의 출발은 1946년 커티스위원회의 보고서와 1948년 「아동법」에 의하여 이루어지게 되었다. 정부는 정상적인 가정생활을 박탈당한 아동들에 대한 보호를 향상시키기 위하여 이를 검토하기 위한 커티스 위원회(Curtis Comnittee)를 임명하였다. 이 위원회의 보고서는 1948년에 제정된 「아동법(Children Act)」의 기초가 되었으며, 지방정부 행정체계에서 아동국(Children's Department)의 설치를 가져왔다.

커티스보고서(1946)의 주요 원칙은 보호받는 아동을 친부모에게로 회복시키는 것, 수용시설보다는 탈시설(boarding out)을 강조하는 것, 입양에 대한 강조 등을 포함하고 있다. 특히, 가능한 한 보호아동을 친부모에게 복귀시키는 것을 임무로 하는 지방정부아동국은 새로운 서비스에서 가족 케이스워크(case work)의 중요성을 강조하였다. 이 법에서의 중요한 변화는 보호를 받는 아동을 지역사회의 다른 일반아동과 같은 권리를 지닌 한 개인으로서 존중하게 되었다는 것이었으며, 이것은 1834년 이후 전통으로 내려온 「개정 구빈법(Poor Law Amendment)」에 의한 열등처우(less eligibility)의 원칙을 제거하는 의미를 갖고 있었다(Hendrick, 2005: 44). 이 법은 의심할 여지 없이 영국의 아동복지입법의 중요한 이정표가 되었을 뿐만 아니라 전후 영국 복지국가체계의 근간이 된 일련의 다른 입법 체계들, 즉 「국민보건서비스법」(1946), 「국민보험법」(1946), 「가족수당법」(1945) 등과 같은 연속선상에서 의미를 지니게 되었다.

1948년 「아동법」의 제정으로 아동보호서비스가 제공되면서 아동복지는 보호가 필요한 아동의 보호(care)뿐만 아니라 예방(prevention)의 중요성이 부각되었다. 이러한 예방적 접근은 1963년 「아동 및 청소년법」의 제정에 의하여 비로소 이루어지게 되었다. 1963년의 법에 의하여 지방정부는 예방적 접근을 통한 아동복지 증진의 임무를 갖게 되었다. 이것은 비행을 다루는 전략과 아동방임을 다루는 전략을 결합함으로써 이루어졌다. 이에 앞서 1960년에 발표된 잉글비 보고서(Ingleby Report, 1960)는 청소년 비행의 문제를 주요 관심 사항으로 다루었으며, 보고서의 주요 권고사항이 1963년의 입법에 반영되었다. 이 보고서는 비행과 박탈을 다룸에 있어 비행행정의 처벌(punishment) 모델이 아닌 치료(treatment) 모델에 강조점을 두었다.

특히 사회복지서비스가 사법부의 법정활동과 협력함으로써 사회복지가 재판의 소송과정에 침투하게 하는 효과를 가져왔다. 그리고 이 법은 1948년 「아동법」의 초점이 가족에 대한 지원을 제공하는 것에 있다는 것을 확인하였다. 따라서 아동복지에서 가족서비스에 대한 길이 열리게 되었으며, 이것은 1970년의 「지방정부사회서비스법」에 의하여 기존의 아동국이 새로이 설치된 통합적 사회복지서비스 행정체계인 사회서비스국(Social Service Department)에 통합되기에 이르렀다.

이에 따라 1969년의 「아동 및 청소년법」은 가족지향적 접근에 기초하고 있었으며, 보다 복지지향적인 사법절차를 통하여 비행의 치료에 초점을 두었다. 비행아동은 소년법정에서 기소되기보다는 가능하면 자신의 집에서 처분을 받았다. 이러한 조치의 목적은 범죄에 대한 기소를 복지적 보호절차로 대체하여 법정에 출석하는 비행자의 수를 감소시키는 것이었으며, 법정은 최후의 수단이 되었다.

한편, 1960년대 말에 아동학대가 새로운 문제로 부각되었다. 당시 아동의 신체적 학대는 학대하는 부모의 특성으로서 개인의 병리에 의하여 초래되는 것으로 이해되었다. 그러나 1970년대에 파튼(Nigel Parton)과 같은 학자들이 사회적 구조분석에 의한 새로운 이해의 가능성을 제시하면서 상황이 변화하기 시작하였다. 그에 의하면, 아동학대는 사회적 불평등 및 빈곤과 관련되어 있다고 보았다.

아동학대에 대한 언론과 전문가의 관심은 의붓아버지에 의하여 살해된 아동

콜웰(Maria Colwell)의 죽음에 관한 청문회 보고서와 함께 폭발적으로 나타났다. 이 사건에 대한 관심은 도덕적 공황(panic) 상태로 표현될 만큼 심각하게 부각되었으며, 아동학대는 영국의 보편적 사회 가치에 대한 위협으로 간주되었다. 청문회 보고서는 콜웰을 보호하지 못한 아동보호시스템에 대하여 비판하였을 뿐만 아니라 혈연관계를 중시하는 아동보호 사회복지사들의 출생가족유지원칙에 대하여도 비판하였다. 이에 따라 1970년대 후반에 국가개입주의(paternalism)가 다시 도입되었으며, 아동을 가족으로부터 보호하는 조치와 대체 보호를 강조하게 되었다. 이러한 분위기는 1975년의 「아동법」 개정에 이르렀으며, 아동의 복지를 최우선에 두는 원칙이 마련되었다.

1980년대는 아동보호정책과 국가의 사법권 간에 오랜 긴장이 해소된 시기였다. 점차 부모와 국가 간의 새로운 파트너십에 대한 요구가 증가하였으며, 이 시기 영국의 아동정책은 국가개입주의, 가족보호, 아동권리, 자유방임 등을 반영하는 실용주의적 관점이 불편한 동거를 한 시기로 기술되고 있다. 이 법에서는 '부모의 책임', '아동과 가족의 지원', ' 파트너십' 등이 강조되고 있다. 새로이 도입된 가장 근본적인 개념은 '부모의 권리와 의무'라는 개념을 대신하여 도입된 '부모의 책임'이다. 가족에 대한 새로운 강조 외에도 이 법은 가족원조 명령, 교육 슈퍼비전 명령, 위기보호 명령, 아동사정 명령 등 새로운 명령(Order)들을 도입하였다. 아동의 욕구가 법적으로 규정되었으며, 아동은 그들의 이해관계에 영향을 미치는 절차에 합법적인 참여가 보장되었다. 그리고 구금, 보호와 통제와 같은 낡은 개념들이 폐지되었다.

1989년의 「아동법」은 제정 당시 현 시대의 가장 포괄적이고 획기적인 아동보호 입법으로 평가되었으며, 현재까지 영국 아동정책의 근간이 되고 있다. 이 법은 학령전 보육, 아동보호, 아동을 위한 지방정부의 서비스, 이혼 또는 감호 과정의 아동보호, 장애아동의 보호, 장기 입원아동과 학습장애아동의 보호 등을 포괄하고 있다. 이 법의 주요 원칙은 다음과 같다(정익중 · 오정수, 2021).

- 아동의 복지는 최우선으로 고려되어야 한다.
- 아동은 자신의 가정에서 최선으로 양육될 수 있으며, 절대적으로 필요한 경우에만 가정으로부터 격리되어야 한다.
- 아동에 관한 결정은 지체 없이 이루어져야 하며, 필요한 경우에는 법원의 개입 없이 이루어져야 한다.
- 지방정부는 아동 및 그들의 부모와의 협력하에 업무를 수행하여야 한다.
- 부모는 법원의 소송과 명령 등 아동에 관한 결정 과정에서 발언권을 가진다.
- 부모는 아동을 다른 사람이 돌볼 경우를 포함하여 아동에 대한 책임을 진다.
- 지방정부는 다른 사람이 아동을 돌볼 경우에도 가족이 아동과 접촉을 유지할 수 있도록 도와야 한다.
- 아동과 가족에 대한 서비스는 인종, 지역, 문화, 언어, 장애를 고려하여야 한다.

(2) 미국의 아동복지 발달

미국의 아동복지 관련 법률은 광대한 청사진하에서 체계적으로 제정된 것이 아니라, 변화하는 시대적 요구와 사회적 상황에 따라서 논의되고 제정되었다. 미국은 1900년대에 들어오면서 시설보호에서 벗어나기 시작하였고, 아동중심의 국가개입 주의에서 현재는 가족중심의 가족보호 단계로 접어들고 있으며, 이런 경향에 맞추어 법들이 제・개정되어 왔다.

국가개입주의는 19세기 말에서 20세기 초까지 아동복지 이슈에 대한 국가개입이 확대되는 과정에서 발달한 관점으로 아동보호를 위해서 국가에서 광범위하게 개입할 수 있다는 입장이었다. 친부모의 보호가 항상 최선일 수는 없으며, 경우에 따라서는 친부모가 아동에게 심각한 해를 초래할 수도 있다. 따라서 일정 수준에 미치지 못하는 부모는 공권력에 의해 처벌할 수 있다는 입장이다. 아동에게 최선의 보호를 제공하는 것이 부모의 의무이지만 이러한 의무가 충족되지 못하면 아동을 다른 양육의 장으로 옮기는 국가의 역할이 정당화된다. 반면, 가족보호관점은 경우에 따라서 국가의 개입이 정당화되지만 이러한 개입은 아동의 출생가정을 유지하고 보호하는 지지적인 형태여야 한다는 입장이다. 생물학적 가정은 아동과 부모 모두에게 중요하며 가능한 한 유지되어야 한다고 생각한다. 아동을 가정에서 분리시키는 것은 문제의 해결이 아니라 아동복지에 해악을 가져온다는 입장이다. 따라서 대리보호는 최후의 수단으로 강구되어야 한다. 끝내 대리보호가 제공되었더라도 분리된 가족과 재결합하는 것에 초점을 둔다.

미국은 정부가 국민의 개인생활(privacy)에 개입하지 않아야 한다는 원칙과 각 주정부의 자율권을 강화한다는 원칙을 고수해 왔다. 또한 미국은 사회복지에서 사적 분야가 주요기능을 수행하며 공적 분야에서는 재원, 정책 감독만을 담당함으로써 다른 나라와 구별되는 특성을 가지고 있다.

2. 한국의 아동복지 발달과정

우리나라의 아동복지는 시대적 · 사회적 상황에 의해 아동관, 사상(이념), 직접적 서비스의 형태, 내용 등이 변화되어 왔다. 여기서는 우리나라의 아동복지 전개 과정을 조선시대 이전까지의 아동과 관련된 전통적인 아동복지사업과 조선시대 이후부터 광복 전까지의 근대적 아동복지사업 그리고 해방 이후 현재까지 실시된 아동복지사업으로 구분하여 살펴보고자 한다. 특히 해방 이후 현대사회의 아동복지 변천 과정은 사회적 이념과 복지의 특성을 기준으로 1945~1950년대까지의 사회구호 단계(해방 이후부터 1960년), 선별주의 아동보호단계(1960년대부터 1980년), 보편주의 아동복지 단계(1980년대 이후부터 현재)로 구분할 수 있다.

1) 전통사회의 아동복지

(1) 삼국시대

우리나라 전통사회에서 아동문제에 대한 개입은 삼국시대부터 고아와 자연재해로 인한 기아, 부모의 보호를 받지 못하고 떠돌아다니는 걸식아동을 대상으로 이루어졌다. 고아는 홀아비, 과부, 독거노인과 함께 네 부류의 빈궁한 백성으로서 구제의 대상이었으며, 국가는 친족이 부양하지 못하는 이러한 고아에 대한 구제를 시행하였다. 그러나 엄격한 의미에서 볼 때, 삼국시대에 아동은 아동 자체로서의 인격체가 아닌 가계를 계승시키기 위한 수단으로써 보호 대상이었다. 삼국사기에 의하면 신라 2대 남선왕 15년에 백성들의 굶주림을 해결하기 위해 국고를 열어 이들을 구휼했으며, 3대 유리왕 5년 환과고독노병(鰥寡孤獨老病; 홀아비, 과부, 고아, 자식 없는 사람, 늙은이, 병든이)을 요보호대상자로 정하여 무료급식과 양육을 국가 차원에서 시행하였다.

당시의 구제사업은 전문적 담당부서나 기관이 없었으나 사회적 환경에 따라 왕명에 의해 구제사업이 행해졌다(한성심 외, 2014).

(2) 고려시대

불교가 국교였던 고려시대에는 자비사상(慈悲思想)에 입각하여 전쟁과 흉년으로 생긴 구걸하는 아동, 버려진 아동들을 사찰에서 수용, 양육하여 승려 또는 사역승으로 양성하는 일이 성행하였다. 제6대 성종 13년(994)에는 고아에게 10세까지 식량을 지급하였고, 그 이후에는 원하는 곳에 거주하게 하였다(표갑수, 2000). 충목왕 3년(1347)에 관립의 영아원이라 할 수 있는 해아도감을 설치하여 유아들을 보호 양육하였다. 또한, 민간에서도 고아를 양육하여 양자녀 또는 노비로 삼았다. 하지만 고아의 민가 수양을 빌미로 인신매매, 유괴, 약탈 등이 성행하는 폐단도 나타났다(김성경, 2005).

(3) 조선시대

엄격한 신분사회였던 조선시대에는 고려시대보다 한층 발전하여 현종 2년(1561)에 요보호아동 보호에 관한 법령이 제정되었다. 이에 의거해 한성 각부에서는 유기아에 대해 관의 허가에 따른 민간 입양이 실시되었으며, 10세가 되면 양육한 사람에게 이들을 사역할 권리가 부여되었다. 그 후, 숙종 22년(1696)에 수양임시사목과 영조 20년(1774)에 속대전 속에 동사목이 편찬되었다. 이후 정조 7년(1783)에 이를 확대・통합하여 친족 부양, 수양관계의 보호, 집단 수용의 보호를 원칙으로 하는 자휼전칙을 편찬하여 부랑 및 유기아동 보호법령의 체계를 갖추었다. 자휼전칙은 흉년을 당하여 걸식하거나 버림받아 굶주리는 아동이 많아지자 정조가 특별히 윤음을 내리고 사목을 정하여 시행 방법을 규정하였다. 모두 9개 절목으로 구성되어 있는 자휼전칙은 부모나 친척 또는 상전이 없이 의탁할 곳이 없는 어린이를 3세 이하의 유기아와 4~6세, 7~10세의 행걸아로 나누어 구호대상으로 하였다. 행걸아는 진휼청에서 보호하고 유기아에게는 유모를 정해 쌀, 간장, 미역을 지급하였으며, 진휼청의 입안을 받아 이들을 자녀나 노비로 삼을 수 있었다. 구휼 대상 아동에게는 민간의 자식 또는 노비로 수양되는 민가 수양과 진휼청 외 창문 밖에 간이 주거시설로 움집을 마련해 수용 보호하는 진휼청 유양의 제도가 시행되었다.

뿐만 아니라 민간 차원에서도 고아가 노비나 양자로 수양되는 것이 허용되었다. 민간이 고아를 자식, 노비로 수양할 때에 관청에서는 수양증빙문서를 만들어주거나 수양인이 가난하여 충분한 양육이 어려운 경우 식량을 보조하였다(아산사회복지사업재단, 1997: 215). 이러한 제도의 실시는 아동 구제사업에 대한 국가의 책임과 역할을 일정 부분 인정하였다는 점에서 의의가 있으며, 그 근본정신인 영국의 구빈법(1601)과도 상통하는 우리나라 전근대의 대표적인 아동복지 법령이라 할 수 있지만(공계순 외, 2016), 전통사회에서는 오늘날의 시설보호와 같은 체계적인 개입의 형태가 존재하지 않았다.

2) 근대의 아동복지

국가 개혁을 도모하고자 했던 조선시대 말 갑오경장 이후 외국 종교단체가 대거 입국하여 포교를 위해 구호와 육아사업을 실시했다. 이때 서양인 선교사에 의해 수용시설에 의한 아동보호 방법이 최초로 도입되었는데, 근대적 육아사업은 1855년 프랑스 메스트로 신부에 의한 고아 구제사업이 효시가 되었다. 이후 고아원의 역사를 보면, 파리외방선교회가 설립한 조선영해회는 1854년에 고아원을 설립하였으며, 1880년에는 프랑스 쟝블랑(Jean Blanc) 신부가 양로원과 고아원을 한양에 설립했다. 1886년 미국 북장로교의 언더우드(Underwood)는 고아들을 모아 예수학당과 구세학당을 시작하였고, 1888년에는 조선영해회가 종로의 수녀원 부속건물로 고아원을 설립하여 아동을 양육하였다. 1892년 영국성공회 선교사 랜디스(Randis)는 인천에 고아학원을 설립하였고, 이어 1905년에는 이필화가 경성고아원을 설립하였다. 개신교 선교사들에 의한 고아원의 설립은 교육사업과 관련되어 있었다. 이처럼 서양 선교사들에 의한 시설보호제도의 도입은 이후 우리나라의 아동보호에 있어 수용시설 중심으로 발전하는 데 큰 영향을 미쳤다.

20세기 초에 일제강점기의 시대적 상황에서 아동들에게 선각자를 중심으로 아동애호사상이 발전하였다. 소파 방정환(1899~1931)은 아동문학가로서뿐만 아니라 아동애호가, 사회운동가로서 활동하였다. 마해송(1905~1966), 강소천(1915~1963)은 아동문학가로서 창작동화, 동요를 발표하고 아동문예 육성과 대한 민국 어린이헌장(1957년)을 기초하는 데 기여하였다. 윤석중(1911~2003)은 동요 창작과 노래 보급에 기여하였다. 이와 같은 아동의 건강한 발달과 복지에 관심을 갖는 인물들이 출현해 아동문학, 출판, 음악활동은 현대적 의미의 아동애호사상의 발전에 큰 기여를 하였다.

특히 일제강점기인 1921년 총독부는 제생원이라는 수용시설을 설립하고, 사회과를 신설하여 각종 구호사업의 지휘·감독을 담당하도록 하였다. 1930년에는 각 지방에 보육원을 필두로 사회복지시설을 건립하여 1939년까지 전국적으로 60개 시설을 설치하였다. 1944년에는 생활이 빈곤한 임산부와 13세 이하 아동을 대상으로 가택 구호를 원칙으로 하는 조선총독부 구호령이 제정되었는데, 가택 구호가 적절치 못한 경우에는 개인 가정에 위탁하거나 구호시설에 수용할 수 있도록 하였다. 그러나 전쟁으로 극심한 재정적 어려움에 봉착한 일본은 구호활동을 제대로 수행하지 않았고, 따라서 조선총독부의 구호령은 명목적인 것에 지나지 않았다(이순형, 2005).

3) 현대의 아동복지

(1) 사회구호적 차원의 아동복지(1945~1960년)

사회구호적 차원의 아동복지사업은 1945년부터 1960년까지의 기간으로 해방 이후 한국전쟁을 거치면서 수많은 전쟁고아, 기아 및 부랑아들이 발생하였다. 이에 이들을 위해 국가 및 국내외 민간단체에서 많은 아동보호시설을 설립하여 응급구호를 하였다. 이러한 수용시설 중심의 아동보호사업은 1950년대 급속하게 증가하여, 1960년도 전국에 472개소로 전체 사회복지시설 592개소의 약 80%를 차지할 정도였다. 따라서 1960년 이전까지 아동복지는 국가 책임의 원칙이나 전문화된 서비스를 제공받을 수 없었으며, 빈곤계층의 아동을 대상으로 민간과 해외 원조에 의존해 운영되는 사회구호사업이 대부분이었다(표갑수, 2000).

또한 전쟁고아 등 긴급구호 대상자의 증가에 따라 정부는 아동시설을 인가시설로 하고, 지원과 감독을 강화하였다. 이로 인하여 아동시설이 영아원, 육아원, 감화원 등으로 구분되어 정체감을 형성하게 되었다. 아울러 18세 미만 아동노동을 보호하였다. 미군정의 아동노동법규(1946)의 제정에 따라 상공업체 고용금지(14세 미만), 중공업체 또는 유해업체 종사금지(16세 미만), 위험 직종 또는 유해 직종 종사금지(18세 미만) 그리고 1일 노동시간의 제한(16세 미만 8시간 이내) 등이 규정되기에 이르렀다.

뿐만 아니라 20세 미만 비행소년의 보호를 위한 법률이 제정되었다. 반사회적 성향을 가진 20세 미만 소년의 생활환경 조성과 성행 교정을 위한 보호처분을 행하고, 형사처분에 있어 특별조치를 하기 위한 「소년법」이 제정되었다.

1950년대 말까지 계속된 요보호아동 대책은 민간 자원의 활용을 강조한 응급적 시설수용 중심의 아동구호정책이었다. 이 시기는 이전의 일제 식민지와 전쟁을 경험하면서 고아와 기아, 미아의 발생이 매우 심각하였지만, 요보호자에 대한 사회의 지원 여력은 턱없이 부족한 상태였다. 따라서 아동복지는 고아, 기아, 미아로 그 대상을 한정하고, 이들에 대한 응급적 시설구호를 주요 전략으로 채택할 수밖에 없었다. 또한, 아동보호를 위한 자원도 정부의 재정적 능력이 부족하였기에 대부분을 민간에 의존하고 있었다(공계순 외, 2016).

(2) 선별주의 아동보호단계(1960년대~1980년)

1960년대 초 「생활보호법」과 「아동복리법」이 제정되어 요보호아동에 대한 국가 책임의 원칙이 처음으로 법제화되었다. 당시 복지 입법의 대부분은 정권의 정당성을 확보하기 위한 것으로 경제성장에 부정적인 영향을 주지 않도록 그 한계를 두고 있었다(장인협 · 오정수, 2002).

아동복지의 경우도 공비 부담의 극소화와 요보호아동의 발생 예방을 정책의 기조로 삼았다. 이러한 목적을 달성하기 위하여 가정보호가 강조되었는데, 가정보호는 비용이 덜 들고 아동 양육에 가정이 훌륭한 환경이라는 점에서 기인한 것이었다. 좀 더 실질적인 측면에서 보호를 강화하고 가정의 책임을 강조함으로써 정부의 아동보호에 대한 부담을 줄이고, 경제성장을 위한 투자의 장애를 방지하기 위한 노력으로 해석되는 부분이다.

「아동복리법」의 내용에는 성장론에 기초한 잔여적 아동복지관과 가정보호의 강조가 표현되고 있다(이혜경, 1993). 「아동복리법」의 보호 대상은 '보호자로부터 유실, 유기 또는 이탈되었을 경우, 보호자가 아동을 양육하기에 부적당하거나 양육할 수 없는 경우'로 명확히 한정하여 이 법에 의한 아동복지제도는 사후조치적이고 잔여적이고 선별적인 성격을 갖고 있음을 명시하고 있다.

이 시기의 아동복지정책은 요보호아동을 대상으로 한 매우 제한적인 보호 대책이었다. 당초 법안에 있었던 모든 아동의 건전 육성이란 규정이 국가 재정의 어려움을 이유로 제외되고, 그 대신 법의 대상이 요보호아동으로만 제한되어 입법되었다(장동일, 1996). 이러한 사실도 당시의 아동복지정책이 국가의 책임을 줄이고자 하였음을 알게 한다. 1970년대 말까지는 법적으로나 실제 행정에 있어 요보호아동만을 대상으로 하면서, 개인의 책임을 강조하는 잔여적 아동복지정책의 시기로 선별주의 아동보호단계로 볼 수 있을 것이다.

1970년대까지 국가개입을 최소화하는 잔여적 복지정책이 지속되었으나, 외원기관의 철수 및 사업축소는 아동보호에 대한 국가 개입을 불가피하게 만들었다. 재정적 측면에서는 1960년대까지 외원기관이 여전히 아동복지시설 운영 재원 중 50%를 넘고 있었으나, 1970년대부터는 외원단체의 점진적 철수에 따라 상대적으로 국가보조는 증가하기 시작하였다. 1960년대와 1970년대에는 국내와 해외입양사업이 확대되었지만, 국내입양아동의 증가는 정체된 반면 해외입양은 계속 증가하였다. 또한, 산업화와 경제성장으로 인한 여성 취업인구의 증가는 보육서비스의 증가를 가져왔다. 그러나 1970년대까지 우리나라 아동복지는 일반아동을 대상으로 한 보편적 서비스로는 발전하지 못하였고, 대체로 보호를 필요로 하는 아동을 중심으로 선별주의 원칙에 기초한 잔여적 형태의 서비스였다(공계순 외, 2016).

(3) 보편주의 아동복지 단계(1980년대~2000년)

1970년대 후반 산업화, 도시화, 핵가족화, 가치관의 변화로 소년소녀가장 문제, 가출아동, 부랑아동, 비행아동, 정서장애아동, 신체장애아동의 문제뿐만 아니라 저소득층 또는 일반가정에 방치된 아동문제 등 광범위하고 다양한 아동문제가 등장하게 되었다. 뿐만 아니라 여성의 사회 참여가 증가하고 보편주의 원칙에 입각한 전 국민의 의료보장과 소득보장이 국가 정책의 중요 영역이 되면서 아동복지의 대상이 요보호아동뿐만 아니라 일반 가정의 아동에게까지 보편화되어야 한다는 새로운 아동복지관이 대두되었다. 도시로 이주한 가정, 핵가족, 취업모가정 등 일반가정 아동을 위한 발전적이고 예방적인 복지 프로그램의 필요성이 주장되었다.

한편 우리나라의 경제력 신장을 의식한 외국의 원조가 1970년대 중반부터 줄어들어 국가가 더 이상 아동복지의 책임을 민간으로 미루기 어려운 상황이 되었다. 실제 국가 경제력으로도 아동복지에 대한 국가의 책임을 수행할 수 있는 기반이 마련되기 시작하였다.

변화된 가정과 욕구에 부응하여 「아동복리법」을 전면 개정하여 1981년 4월 13일 아동복지법을 제정하였다. 1960년대 초의 「아동복리법」은 시대적 요청에 따라 빈곤아동, 보호자가 없는 아동 등의 요보호아동을 주된 대상으로 하였으나, 「아동복지법」은 적극적인 사회복지법으로서 요보호아동을 포함하여 모든 아동을 대상으로 아동이 가진 문제해결과 동시에 건전하게 자랄 수 있도록 하는 지원을 목적으로 반영하고 있다(현외성, 2001).

「아동복지법 시행규칙」도 1990년 1월 9일에 보건사회부령 제839호로 제정되었는데, 여기에는 시설탁아 및 가정탁아시설의 시설기준을 정했다. 그러나 1991년 1월 「영유아보육법」의 제정으로 탁아와 관련된 내용은 「아동복지법」에서 분리되었으며, 시설탁아 및 가정탁아시설은 아동복지시설에서 제외되었다.

이 시기는 외원의 감소와 국가의 지원강화 그리고 일반아동의 복지까지 도모하는 아동복지의 변모를 시도한 시기로 정리할 수 있다. 실제 국가의 아동복지에 대한 절대적 지원의 수준은 꾸준히 상승하였으며, 「아동복지법」에 일반아동의 복지를 위한 내용들이 포함되어 있었다.

이상의 변화과정을 정리해 볼 때 분명 우리나라의 아동복지는 점차 새로운 모습으로 발전하기 위해 다양한 노력과 시도가 이루어지고 있다고 볼 수 있다. 그러나 이러한 시도 또는 노력이 구체적인 사업과 성과로 이루어지고 있는가에 대해서는 쉽게 동의를 얻지는 못하는 것 같다. 「아동복지법」을 위시한 다양한 관련 법안의 제정을 통한 변화의 시도에도 불구하고 실제 아동복지는 여전히 요보호아동문제에 대응하는 사후적이고 잔여적인 성격의 사업을 중심으로 이루어져 있기 때문이다. 이에 국가의 아동복지에 대한 인식의 전환과 요보호아동에 국한되지 않는 보편적이며 포괄적인 아동복지 정책의 수립이 필요하다. 아울러 점차 복합적이고 동시 발생적인 아동의 문제에 대응하기 위한 전문적인 아동복지서비스의 개발이 요구된다.

(4) 아동복지서비스 발전기(2000년 이후~현재)

이 시기는 아동안전이란 목표를 2000년 개정 「아동복지법」에 공식화하였고, 그동안 발전되어 온 다양한 아동복지서비스와 전달체계를 하나의 입법으로 정비하고 체계화하였다(보건복지부, 2015).

21세기에 진입한 최근에는 저출산 경향이 더욱 심화되고 여성의 노동시장 참여가 확대되어 저출산을 극복하고 일과 자녀양육을 병행할 수 있도록 아동양육을 지원하는 것이 국가적 과제로 대두하여 모든 아동을 대상으로 출산에서 양육에 이르기까지 국가적 차원의 개입과 재정지원의 필요성이 증대하고 있다.

이러한 사회적 환경의 변화와 추세는 아동복지를 더욱 보편주의 원칙에 기초한 제도로 발전시켜 나가고 있으며, 모든 아동에 대한 보편적 보육이 도입되었다. 또한 보호대상아동에 대한 다양한 서비스와 전달체계가 확립되고 있다. 2000년 개정 「아동복지법」 이후 2012년 개정 「아동복지법」까지 가정위탁지원센터, 아동보호전문기관, 실종아동전문기관, 지역아동센터, 드림스타트센터, 중앙입양원 등 다양한 서비스 전달체계가 제도적으로 확립되었다. 2019년에는 중앙정부 차원에서 아동 관련 서비스를 총괄하는 아동권리보장원이 설립되었다.

이러한 변천 과정에서 한국의 아동복지는 시설수용보호, 입양, 영유아보육, 아동결연, 가정위탁, 지역사회아동보호 등의 서비스로 그 형태가 형성되어 왔다. 이와 함께 과거 아동복지의 주류를 형성하였던 시설수용보호의 중요성은 점차 퇴조하고 가정과 지역사회 중심의 가족지원서비스, 국내입양, 가정위탁, 방과 후 보호, 지역사회아동보호 등 지역사회 내의 다양한 아동복지서비스의 의의와 중요성이 강조되어 왔으며, 아동발달지원서비스가 도입되었다.

또한, 사회 변동과정에서 아동학대, 장애아동의 발생, 학교부적응, 학교폭력과 청소년비행, 컴퓨터와 스마트폰 중독, 미혼모와 아동의 문제, 가정해체와 결손가정의 증가 등 사회문제가 대두하였다. 이에 따라 학대아동에 대한 강제보호서비스, 장애 아동서비스, 학교사회복지서비스, 방과 후 아동보호, 결식아동보호, 지역사회 아동 통합서비스 등도 새롭게 부각되고 있는 아동복지의 분야가 되었다.

이와 같이 한국의 아동복지는 해방 이후 현재까지 사회구호 단계에서 선별주의 아동보호 단계를 거쳐 보편주의 아동복지 단계로 변화하여 왔으며, 보호 대상의 보편화, 서비스의 다양화와 전문화의 방향으로 발진하였다.

Chapter

05

아동복지의 실천원리와 방법

1. 아동복지의 기본요소
2. 아동복지의 실천원칙
3. 아동복지서비스의 유형
4. 아동복지서비스의 실천방법

Chapter 05 아동복지의 실천원리와 방법

1. 아동복지의 기본요소

아동의 욕구가 충족되어 건전하게 성장하고 발달하며, 자신이 지니고 있는 잠재능력을 최대한 발휘하기 위해서는 기본요소가 갖추어져야 한다. 즉, 아동복지가 실현되기 위해서는 전제 조건이 필요하다. 아동복지의 전제 조건이 되는 기본요소는 아동권리에 관한 선언이나 법에 의해 또 여러 학자에 의해 제시되고 있다. 많은 학자는 아동복지의 전제조건으로 경제적 안정, 안정된 부모와 가정, 보건과 의료보호, 놀이와 문화, 노동, 특수 욕구를 가진 아동에 대한 보호를 공통적으로 제시하고 있다(박언하 · 조미숙 · 하경표, 2019).

1) 경제적 안정

빈곤은 아동의 복지에 직접적인 위험을 의미할 수 있다. 실질적으로 빈곤은 아동이 있는 미국 가정의 5분의 1에 영향을 미친다(Downs et al., 2004)고 한다. 빈곤은 부모의 정신적·신체적 질병에서 연유할 수도 있고, 부모의 낮은 교육수준과 직업적 기술 및 접근성의 부족에 기인할 수 있다. 이유를 불문하고 가정의 경제적 상황은 아동의 성장과 발달에 상당히 영향을 미친다. 빈곤 아동은 영아사망, 사고, 영양실조, 비위생적 환경, 질병 등으로 사망의 위험에 노출될 확률이 높다. 또한 경제적 불안정으로 가족이 해체되기도 하며, 부모의 교육에 대한 관심의 부족과 교육 기회의 박탈로 아동의 지능발달이나 학업성취도가 저조할 수 있고, 욕구충족의 좌절로 우울 증상이나 비행이 나타나기도 한다. 오늘날 빈곤의 개념은 최저생계비 이하의 상태를 의미하는 것뿐만 아니라 교육, 건강, 기회 등의 사회적 여건 또는 자원의 결핍 상태를 의미한다. 그러므로 절대적 빈곤과 상대적 빈곤의 상태에 처한 가정의 요구와 필요에 부응할 수 있는 각종 복지대책이 마련되어야 한다. 이를 위하여 국가는 공적 부조, 사회보험, 아동수당제도 등을 실시하고 부모에게 취업훈련과 취업 알선을 통한 고용의 기회를 제공하여야 한다(박언하, 조미숙, 하경표, 2019).

2) 안정된 부모와 가정

안정된 부모와 가정은 아동복지에 일차적 책임을 지며 직접적인 영향을 미친다. 아동은 안정된 가정에서 생존에 필요한 생리적 욕구를 충족시키며 정서적인 인간관계를 경험하고 사회화의 기초를 형성한다. 오늘날 가족은 과거에 비해서 구조와 기능 면에서 많은 변화를 겪고 있으며 가족 내 아동양육체계는 약화되고 있다. 현대의 부모와 가정은 전통 가정에 비해 아동을 양육하고 교육하기 위한 인적 자원 및 연계가 부족하므로 안정된 부모 및 가정은 아동복지의 우선적 전제가 된다. 최근 2004년 제정된 「건강가정기본법」에서는 '가정'이란 '가족구성원이 생계 또는 주거를 함께 하는 생활공동체로서 구성원의 일상적인 부양, 양육, 보호, 교육 등이 이루어지는 생활단위'로 정의하고 있다. 동시에 법의 목적은 건강가정의 구현에 있다고 하면서 '건강가정'이란 '가정 속 구성원의 욕구가 충족되고 인간다운 삶이 보장되는 가정'으로 정의함으로써 건강한 가정이 아동복지의 우선 조건임을 강조하고 있다(「건강가정기본법」 제3조).

따라서 아동의 복지를 위해서는 가정생활을 보호하고 보장하며, 강화하고 가족구성원들이 저마다 사회적 기능을 원활하게 수행할 수 있도록 주택정책과 가족정책 및 가족복지서비스가 기본적으로 제공되는 가족중심적(family-centered) 아동복지가 되어야 한다. 예방적 접근으로 제도적·거시적 환경적 차원에서 주택공급, 가족수당, 공적 부조, 취업모에 지원 대책 등이 마련되어야 하며, 직접적 가족복지서비스로는 부모 역할 훈련, 자녀와의 대화 기법, 가족상담, 가족치료, 가족보존 서비스 등이 제공되어야 한다. 가정과 부모가 없는 아동에 대한 서비스로는 그룹홈이나 가정위탁보호서비스, 입양제도 등이 마련되어야 한다(박언하·조미숙·하경표, 2019).

3) 보건 및 의료보호

아동의 건강은 아동복지의 기본이다. 아동의 건강은 모체의 건강과 직결된다. 모체의 건강은 태아의 건강에 직접적 영향을 미치므로 모체가 영양을 충분히 공급받고 심리적 안정을 유지하며 약물 등에 노출되지 않아야 한다. 이를 위하여 청소년 대상의 임신과 출산에 대한 교육, 결혼 전 준비교육, 출산 전후 아동의 양육 및 발달에 대한 부모교육 등을 포함한 모자보건교육이 실시되어야 한다. 특히 경제적 어려움, 산모의 연령, 미혼모, 약물오용 등과 같은 임산부의 경제적·사회적 상황은 높은 영아 사망률, 저체중아 및 장애아 출산 등의 위험을 초래할 가능성이 높으므로 이에 대한 대책이 필요하다. 아동의 성장발육 증진과 질병의 조기발견을 위하여 충분한 음식공급과 아울러 적시의 건강검진 및 예방접종이 이루어져야 하며, 학교나 보육시설에는 영양공급을 위한 시설과 위생 및 보건시설을 갖추도록 하여야 한다. 아동의 건강유지와 영양공급은 부모가 어떤 상황에 처해 있든 아동에게 보장되어야 할 기본 전제이며, 건강한 사회성원으로 자라나도록 하기 위한 필요조건이다. 그러나 우리나라의 경우 예방적 차원의 의료보건 서비스를 제대로 받지 못하고 있는 실정이다. 아동에게 있어서 신체적 건강 못지않게 정신적 건강도 대단히 중요하다. 아동이 자신에 대한 긍정적인 자아개념을 형성하고 자신의 능력에 대해 자신감을 가지며, 자신과 타인을 있는 그대로 수용하고 자율성과 통합성을 가지고 살아갈 수 있도록 도와주어야 한다. 오늘날 아동은 가족해체를 비롯한 여러 가지 가정문제 속에서 스트레스를 겪고 있다. 이로 인해 아동은 불안, 우울, 위축, 외로움 등의 내재화 문제행동과 공격성, 폭력, 파괴적 행동, 도벽 등의 외현화 문제행동을 보인다. 아동기의 이러한 정서적, 행동적 문제는 청소년 비행으로 진행되거나 성인기에도 지속되는 경우가 많으므로 조기 발견과 적절한 전문적 개입을 통하여 도움을 주어야 한다(박언하 · 조미숙 · 하경표, 2019).

4) 교육

모든 아동에게는 자신의 타고난 잠재력을 최대한 신장시키고 계발할 수 있도록 교육적 기회가 주어져야 한다. 교육받을 권리는 중요한 생존권 중의 하나이다. 생존권이란 국민이 인간다운 생활을 하기 위하여 국가에서 적극적인 급여와 배려를 요구할 수 있는 권리를 말하며, 생활권적 기본권, 사회권적 기본권이라고 한다. 우리나라 「헌법」은 모든 국민은 그 보호하는 자녀에게 적어도 초등교육과 법률이 정하는 교육을 받게 할 의무를 진다고(제31조 제2항) 명시하고 있다. 우리나라는 2002년부터 의무교육 기간을 중학교육까지 9년으로 연장 실시함으로써 아동의 교육받을 권리를 실현하기 위한 기본 여건을 마련하고 있다. 또한 급격하게 변화하는 사회와 가족의 요구에 따라 조기교육의 중요성이 대두되면서 초등학교 이전의 유아교육에 대한 여건을 마련하고 제공해야 할 필요가 있다. 하지만 유아들은 가정의 경제적 상황에 따라 다양한 사적 영역의 유아교육에 맡겨져 있다. 유아교육이 사적 영역 위주로 운영될 경우 빈곤 계층에게는 교육에 대한 접근 기회가 제한될 뿐만 아니라 교육의 기회를 가진 경우도 교육 내용과 질에 차이가 있다. 특히 특수한 장애를 가진 유아나 아동의 경우 조기교육과 특수교육의 기회를 부여해야 한다. 국가나 사회는 신체적·정신적·언어적·지적 장애를 지닌 유아에 대한 조기 개입을 통해 장애를 가진 아동 역시 자신이 가진 잠재력을 최대한 발달시켜 사회 속에서 통합되고 자신의 행복을 추구할 수 있도록 교육적 기반을 마련해 주어야 한다(박언하·조미숙·하경표, 2019).

5) 놀이 및 문화

놀이는 아동에게 훌륭한 학습과 발달의 기회를 제공한다. 놀이는 아동의 인지적·신체적·사회적·생리적 발달에 영향을 미친다. 구체적으로 살펴보면 다음과 같이 아동의 발달을 촉진시킨다.

- 성인기에 필요한 지식과 기술을 연마시킨다.
- 주위 세계에 대한 통제력을 발달시킨다.
- 무의식적 충동을 표현함으로써 억압된 감정을 해소하고 불안감을 감소시킨다.
- 새로운 학습 가능성을 수용하면서 이미 습득한 학습을 통합하는 인지적 발달을 촉진시킨다.
- 협상하기, 협동하기, 타인의 생각과 감정을 이해하기 등 주요한 사회적 기술을 습득할 기회를 제공한다.
- 아동의 정서적 관심이나 문제를 탐색하고 극복하도록 해준다.

아동의 권리에 관한 협약(1989) 제31조에도 국가는 "휴식과 여가를 즐기고 자신의 연령에 적합한 놀이를 오락 활동에 참여하며 문화생활과 예술에 자유롭게 참여할 수 있는 아동의 권리를 인정"하고 국가는 "문화적 · 예술적 생활에 참여할 수 있는 아동의 권리를 존중하고 촉진하며 문화, 예술, 오락 및 여가활동을 위한 적절하고 균등한 기회를 제공해야 한다"고 명시하고 있다. 따라서 아동들이 놀이를 통하여 즐기면서 자신의 신체적 · 정신적 · 인지적 · 사회적 발달을 할 수 있도록 놀이의 기회를 제공하여야 하며, 건전하게 여가활동을 할 수 있도록 전문적 지도를 받아야 한다. 놀이기회의 제공도 중요하지만, 놀잇감이나 놀이기구 및 놀이시설과 놀이환경에 대한 안전도 아동복지의 중요한 조건이 된다. 이를 위하여 우리나라도 아동복지법에 아동복지시설과 아동용품에 대한 안전기준을 정하고 아동용품 제작, 설치, 관리하는 자에게 이를 준수하도록 하고 있다(「아동복지법」 제9조).

6) 노동

모든 아동은 연소 노동이나 유해 노동으로부터 보호받아야 한다. 아동의 권리에 관한 협약(1989)에도 아동은 경제적 착취 및 위험, 아동의 신체적 · 지적 · 정신적 · 도덕적 · 사회적 발전에 유해한 노동으로부터 보호받을 권리가 있음을 국가가 인정해야 한다고 규정하고 있다(제32조). 그러나 산업혁명 이후 많은 근로아동은 장시간 노동, 저임금, 비위생적인 작업환경 속에서 노동을 착취당해 온 것이 사실이다. 우리나라 「근로기준법」은 15세 미만인 자는 근로자로 사용하지 못하며(제62조), 18세 미만인 자는 도덕상 또는 보건상 유해 위험한 사업에 사용하지 못하고(제63조), 15세 이상 18세 미만자의 근로시간을 1일 7시간, 1주일에 40시간을 초과하지 못한다(제67조)로 규정하고 있다. 또 「아동복지법」 제29조에도 아동에게 구걸을 시키거나 아동을 이용한 구걸행위 등을 금지한다고 규정하고 있다.

이와 같이 아동을 연소노동으로부터 법률로 보호하는 것은 아동이 아직도 성장하고 보호받아야 하는 대상이라는 아동발달적 관점에 근거한 것이다. 그러나 아동이 불가피하게 취업할 경우 아동의 연령과 능력을 충분히 고려해야 하며, 취업과 함께 아동의 욕구를 충족시킬 수 있는 제반교육과 복지대책이 수반되어야 할 것이다. 근로청소년을 위해서는 사업장에 교육시설 및 기술교육제도를 마련하여 그들의 욕구와 기회를 제공해야 하며, 연소노동의 임금에 대해서는 적정 수준을 지급함으로써 최소한의 생활을 보장하고 좌절감을 극복하고 미래의 생활을 계획할 수 있도록 개별상담 서비스도 제공해야 한다(박언하 · 조미숙 · 하경표, 2019).

7) 특수한 욕구를 가진 아동에 대한 보호

특수한 욕구를 가진 아동에 대해서는 사회적으로 특별한 보호가 마련되어야 한다. 신체적 · 정신적 · 정서적 · 발달적 · 행동적 장애를 가진 아동들에게 조기발견과 함께 특수한 보호와 치료의 기회를 부여하고, 최소 제한적 환경(Least Restrictive Environment)을 마련하여 이들이 사회적 기능을 보다 잘 수행할 수 있도록 대안적 조치를 마련해 주어야 한다. 따라서 최소 제한적 대안(Least Restrictive Alternative) 원칙에 따라 서비스의 욕구를 가진 아동과 가정은 자신들의 권리에 대한 제한이 최소인 상태에서 서비스를 받아야 한다. 또한, 저소득지역의 아동들에게 정상적인 교육, 보건, 오락 및 문화설비를 마련해 주어야 한다. 특히 사회적 · 문화적으로 소수 집단에 속하는 외국인 노동자 자녀와 탈북자 가족의 자녀들에게는 저소득, 열악한 주변 환경 및 불충분한 교육환경, 문화적 부적응 등에 대해 특별히 고려하여 이들이 겪을 수 있는 사회 · 심리적 문제에 대한 대책이 마련되어야 한다(박언하 · 조미숙 · 하경표, 2019).

2. 아동복지의 실천원칙

아동기는 부모와 사회의 특별한 보호와 지도 속에서 성장발달을 해야 하는 시기이다. 아동복지를 위한 정책과 서비스를 마련하고 수행할 때에는 아동복지의 전제조건이 확보되도록 노력해야 하며, 이를 위해서는 다음의 다섯 가지 기본 원칙에 입각하여 아동복지정책 및 서비스가 마련되어야 할 것이다. 이 다섯 가지 원칙은 권리와 책임의 원칙, 보편성과 선별성의 원칙, 개발적 기능의 원칙, 포괄성의 원칙, 전문성의 원칙이다(장인협・오정수, 2002).

1) 권리와 책임의 원칙

아동의 주체는 모든 국민이다. 모든 국민을 구체적으로 언급하면 아동, 부모 또는 아동의 보호자, 국가와 지방자치단체 등의 사회인데, 아동복지는 이 세 주체가 각자의 권리와 책임의 확립을 바탕으로 상호작용과 협력 속에서 수행되어야 바람직한 방향으로 나아가게 된다.

(1) 아동의 권리와 책임

모든 아동은 한 인간으로서 독자적 권리를 가지고 태어났다. 아동은 부모와 사회로부터 의식주를 제공받아 생존하고 신체적・정신적으로 건강하고 위생적인 삶을 보장받아야 하며, 적절한 교육과 문화적 혜택을 받으면서 성장하고 발달할 권리가 있다. 이러한 아동의 권리는 아동권리에 관한 제네바 선언(1924)에서 비롯하여 유엔 아동권리협약(1989), 우리나라의 어린이헌장에 이르기까지 아동에 관한 모든 권리선언에 천명되어 있으며 제반 법적 규명으로 명시되어 있다. 이 권리에 대한 규정들은 아동복지의 이념적 기반이 되고 있다. 하지만 아동들은 권리를 가지고 있는 것과 동시에 책임도 있다. 그들은 자신에게 부과되는 합리적 요구를 받아들여 자신의 책임감을 발전시켜야 하며, 능동적으로 자신의 발달을 촉진시키도록 노력해야 한다.

(2) 부모의 권리와 책임

아동의 보호와 양육에 대한 일차적인 권리와 책임은 부모에게 있다. 부모는 아동의 발달에 제반 환경을 마련하고 긍정적인 상호작용을 통하여 아동의 발달에 직접적인 영향을 미친다. 부모는 아동을 세상에 태어나게 했다는 사실로 인해 아동의 후견인으로서의 권리를 갖는다. 부모는 아동에게 생활방식과 행동기준을 결정할 권리를 가지며 동시에 아동을 사회에 필요한 인간으로 성장시켜야 할 의무와 책임이 있다. 부모의 책임은 재정적 지원, 신체적 보호, 정서적 보호 등이다. 이와 같은 책임을 부모가 제대로 수행하지 못하면 아동에게 많은 갈등과 부적절함을 일으키게 되므로 아동의 최상의 이익을 위하여 부모의 권리가 제한당할 수도 있다. 또한, 급속한 사회변화의 현실 속에서 부모가 아동의 복지를 위한 책임을 다하지 못하게 될 때 부모들을 위한 교육과 지원이 제공되어야 한다.

(3) 국가와 사회의 권리와 책임

사회는 아동의 권리를 증진시키기 위한 권리와 책임을 가지고 있다. 아동을 보호하고 건전하게 육성하기 위하여 국가는 제반 권한을 행사하여 입법조치와 실질적 대책을 마련하여야 한다. 예를 들어, 의무교육을 통하여 아동의 교육권을 보장하고 아동을 유해환경으로부터 보호하는 법률을 제정하고 시행함으로써 아동을 보호하여야 한다. 또 부모의 아동에 대한 양육보호가 법률에 의해 규정하는 수준에 미치지 못할 때, 부모에 대해 강제력을 행사하여 아동을 강제보호하거나 위탁가정이나 아동복지시설의 보호를 받도록 해야 한다.

2) 보편성과 선별성의 원칙

아동복지의 수급 자격 선정에는 보편주의 원칙과 선별주의 원칙이 동시에 적용될 수 있다. 보편주의는 전체 아동을 대상으로 급여나 서비스를 제공하는 원칙이다. 이 원칙은 사회문제란 불완전하고 불공평한 사회체계에서 개인의 결함이나 잘못에 의해 발생하는 것이 아니라는 기본 관점에서 출발한다. 이 원칙에 입각한 아동복지에는 아동수당, 가족수당, 무상의무화교육 등이 포함된다. 반면 선별주의는 빈곤 계층의 아동이나 기본적 욕구가 충족되지 않은 아동에게 급여나 서비스를 제공하는 것이다. 이 원칙에 의하여 제공되는 급여나 서비스는 문제의 원인이 자발적이든 비자발적이든 간에 개인적인 결함에 있다는 전제하에 문제를 보완하거나 해소하기 위한 최소한의 보호이다. 선별주의에 의해 제공되는 급여와 서비스는 일시적 · 보완적 · 잔여적 성격이 강하며, 시혜적이고 범주적이며, 열등처우(Less Eligibility)의 원칙에 의한 것이어서 낙인에 의한 수치심을 초래할 가능성이 있다. 수용시설 중심의 전통을 가진 우리나라 아동복지사업은 선별주의에 대한 대책 위주로 이루어져 왔다. 그러나 아동의 권리를 보장하고 아동복지를 위한 전제조건을 마련하기 위해서는 선별주의적 접근만으로는 어렵다. 앞으로 아동복지는 요보호아동을 대상으로 일시적이고 시혜적인 성격에서 벗어나 전체 아동을 대상으로 예방 중심으로 이루어져야 할 것이다.

3) 개별적 기능의 원칙

아동복지에서 개별적 기능의 원칙이란 문제 발생 후 대응하는 복지체계에서 벗어나, 예방적이며 의도적 변화를 가져올 수 있는 사회복지체계의 구축을 의미한다. 켄달(Kendal)은 사회복지의 개별적 기능이란 “목적에서 적극성을 띠고 접근 방법에서 포괄성을 가지며 대상 인구의 각 부문에 관련해야 하며, 종전의 순수한 치료적 혹은 미시적 수준에서 거시적 수준까지로 제 복지기능이 관여하는 것"이라고 하였다(정익중·오정수, 2021 재인용).

개별적 기능의 원칙은 사회문제들이 사회 구조 또는 사회적·경제적 변천 과정에서 일어난다는 인식을 기반으로 한다. 따라서 다부문적 접근을 통하여 사회문제를 촉진하여야 한다. 개별적 과제에는 경제적 성장, 욕구의 발견, 사회계획, 지도자 개발, 시민참여, 기관과 지방 간의 조정과 협조, 인력의 훈련과 감독 등에 관여하는 일 등이 포함된다. 우리나라 아동복지는 구호적이며 사후대책적인 기능이 주가 되어왔고 시설보호가 지배적이었다. 하지만 앞으로는 사회 전체적 개발체계와 보조를 맞추어 가면서 다부문적인 접근을 통하여 아동복지의 전제조건이 되는 사회구조와 아동복지체계를 형성하는 데 주력해야 할 것이다.

4) 포괄성의 원칙

아동복지에는 포괄성의 원칙이 고려되어야 한다. 아동의 발달은 신체, 정서, 인지, 사회발달이 분리되어 나타나는 것이 아니라 상호관련성 안에서 역동적으로 발달하는 것이므로 아동의 욕구에 대하여 통합적인 관점으로 접근해야 한다. 아동복지에 있어서 아동의 건강한 발달을 돕고 복지를 달성하기 위해서는 아동복지 관련 정책과 서비스에 경제, 교육, 보건, 노동, 주택, 오락 등의 포괄적인 대책이 수반되어야 한다. 아동의 발달을 돕기 위한 각 관계부처 또는 기관들은 아동문제의 해당 영역만을 중점적으로 다루어 상호관련성 속에서 해결해야 하는 문제를 다른 부서로 전가함으로써, 아동의 중요한 욕구가 적절하게 다루어지지 않고 있거나, 중복되어 처리되거나, 심지어 누락되는 경우가 있으므로 관계부처 간의 유기적인 연계 및 협력 체계와 포괄적인 상호조정 체계가 확립되어야 한다.

5) 전문성의 원칙

전문성의 원칙은 아동복지의 성과를 좌우한다. 아동의 건전한 발달을 위해서 아동복지사업은 전문기구와 전문적 인력에 의해서 이루어져야 한다. 아동은 발달에 따라 욕구와 사고 행동문제 등을 보일 뿐만 아니라 최근 급격한 사회와 가족의 변화 속에서 복잡하고 다양한 어려움과 반응 양상을 보이고 있다. 그러므로 아동에 대한 전문적인 지식과 기술을 갖춘 전문가들이 아동의 문제를 바르게 이해하고 효과적으로 해결하는 데 도움을 줄 수 있다. 따라서 아동복지정책 개발 분야와 아동복지실천 현장에 아동 대상의 프로그램을 기획하고 실천할 수 있는 전문가의 기용과 양성이 필요하다(박언하 · 조미숙 · 하경표, 2019).

3. 아동복지서비스의 유형

아동복지서비스는 그 분류의 기준에 따라 다음의 몇 가지로 나누어 볼 수 있다. 첫째, 서비스가 전달되는 장소를 기준으로 분류하면 가정 내 서비스와 가정 외 서비스로 양분할 수 있다. 둘째, 서비스가 가진 기능을 중심으로 분류하면 지지적 서비스, 보조적 서비스, 대리적 서비스로 분류할 수 있다. 셋째, 가족의 욕구에 따라 분류할 수 있다. 넷째, 가정이 아동을 위한 일차적인 서비스의 중심임을 강조하여 아동의 기본적인 생리적 · 심리적 · 사회적 욕구가 충족되지 못하거나 부모-자녀 간의 관계에서 역할수행에 장애가 있는 경우의 아동복지서비스가 수행하는 방어선(line of defence)의 위치에 따라 제1차 방어선, 제2차 방어선, 제3차 방어선으로 서비스를 분류하기도 한다(정익중 · 오정수, 2021).

1) 서비스 제공 장소에 의한 분류

서비스 제공 장소에 따른 이 개념은 아동복지서비스의 분류에서 가장 전통적이고 일반적인 방법으로 보편적으로 사용되고 있다(장인협 · 오정수, 2002).

(1) 가정 내 서비스

가정 내 서비스(in-home service)는 아동이 부모를 비롯한 가족구성원과 함께 생활하면서 필요한 양육과 서비스를 제공받는 경우다. 가정 내 서비스는 아동의 양육에서 가장 핵심적인 위치와 중요성을 지니고 있다는 점에서 아동복지서비스에서 강조되고 있다. 우리나라의 「아동복지법」 제3조(기본이념)에서 언급한 바와 같이, 아동은 완전하고 조화로운 인격발달을 위하여 안정된 가정환경에서 행복하게 자라나야 한다는 아동복지의 기본이념과 아동복지를 실현함에 있어 강조되는 가정중심의 보호원칙에 비추어 볼 때, 가정 내 양육과 서비스의 중요성은 아무리 강조해도 지나치지 않다.

(2) 가정 외 서비스

가정 외 서비스(out-of-home service)는 아동이 자신이 거주하는 가정과 가정 밖의 서비스 제공 장소 간에 내왕하면서 보호나 서비스를 받는 경우, 그리고 자신의 출생 가정을 떠나서 일시적으로 또는 장기적으로 보호시설이나 다른 위탁가정 등에 거주하면서 양육이나 서비스를 제공받는 경우를 모두 포함한다. 아동의 보호에 있어 안정된 가정생활과 가정중심의 보호원칙의 중요성에도 불구하고, 가정이 해체되거나 아동의 특별한 욕구를 충족시키기 위하여 불가피하게 가정을 떠나 보호를 받아야 하는 경우가 발생한다. 이러한 경우 가정 외 서비스를 부정적인 관점에서 보기보다는 적극적인 선택(positive choice)으로서 아동의 복지를 위한 최선의 대안으로 제공하여야 한다.

2) 가족의 욕구 수준에 따른 분류

가족의 욕구 수준에 따라 아동복지서비스는 다음과 같이 분류된다. 이 분류체계는 미국의 아동보호기금이란 단체에 의하여 개발되었다(Shireman, 2003).

(1) 모든 가정을 위한 서비스

피라미드의 가장 아래에 위치한 모든 가정을 위한 서비스는 모든 가정의 아동을 위한 보편적인 서비스이며, 적절한 소득, 주거, 건강보호, 보육, 교육, 여가서비스가 포함된다.

(2) 약간의 추가지원이 필요한 가정을 위한 서비스

약간의 추가지원 서비스에는 가정방문 프로그램, 가정지원센터의 서비스, 부모 및 아동교육 프로그램이 포함된다.

(3) 특별한 지원이 필요한 가정을 위한 서비스

특별한 지원이 필요한 가정을 위한 서비스에는 약물남용치료서비스, 정신건강 서비스, 단기보호서비스, 가정폭력서비스, 부모가 감옥에 있는 아동을 위한 서비스 등이 포함된다.

(4) 위기가정을 위한 서비스

위기가정 서비스는 욕구 수준이 상당히 높은 단계로서 집중적 가족보존서비스, 학대아동보호서비스 등이 포함된다.

(5) 가정 밖의 서비스

아동이 자신의 가정에서 보호받지 못하는 상황이 오면, 아동은 자신의 가정을 떠나 외부의 가정이나 시설에서 보호를 받는다. 가정을 떠난 외부 서비스에는 비행아동을 위한 교정시설, 치료시설, 그룹홈, 위탁가정 등이 포함된다.

3) 서비스의 기능에 의한 분류

이 분류는 카두신이 제시한 것으로 아동양육을 위한 가정의 역할에 대하여 아동 복지서비스가 어떠한 기능을 지니는가에 따라 지지적 서비스, 보조적 서비스, 대리적 서비스로 구분하였다(Kadushin, 1984).

(1) 지지적 서비스

지지적 서비스(supportive service)는 부모와 아동의 관계에서 일어나는 문제를 해결할 수 있도록 부모나 가족의 기능을 지원하고 능력을 강화시켜주는 서비스다. 지지적 서비스는 다른 서비스와는 달리 아동들이 자신의 가정에 머물러 생활하면서 받을 수 있는 서비스다. 이러한 서비스를 제공함에 있어서 서비스의 기능은 부모나 아동의 역할을 대신해 주는 것이 아니라, 가족구조나 구성원의 역할을 침해하지 아니하고, 다만 외부에서 가족 내부의 역할과 기능이 제대로 수행될 수 있도록 지원해 주는 역할을 한다. 지지적 서비스의 목표는 가족구성원의 사회적 기능을 향상시킴으로써 가족의 해체 위험을 감소시키는 것이다.

지지적 서비스가 필요한 상황은 일반적으로 아동의 양부모가 함께 생활하고, 부모의 역할을 효과적으로 수행할 의사와 능력이 있지만 부모-자녀 간의 갈등이나 부부갈등의 결과 부모-자녀 관계에 어려움이 있는 경우다. 지지적 서비스를 제공하는 과정에서 부모-자녀 관계의 역기능이 있더라도 서비스는 가족의 구조를 손상시키지 않고 가족구성원의 역할과 기능을 대신하지 않는다. 서비스는 가족구조의 외부에서 머무르면서 도움을 제공하게 된다. 이러한 지지적 서비스를 제공하는 주요 기관에는 가족서비스기관과 아동상담기관이 있으며, 가족구성원에 대한 개별지도와 집단서비스, 가족치료 등의 접근방법이 활용된다.

(2) 보조적 서비스

지지적 서비스는 가족서비스를 제공하는 사회복지기관이나 아동상담소 등에서 아동문제에 대하여 부모들이 자신의 역할을 잘 수행할 수 있도록 그들을 강화시킴으로써 아동복지를 실행하는 것이라고 할 수 있다. 따라서 이들 서비스는 가정 외부에서 이루어진다. 반면에 보조적 서비스(supplementary service)는 아동이 가정 내에서 생활하게 지원하면서, 부모들이 가진 역할의 일부를 대신 수행하는 서비스다. 아동양육을 위한 부모의 역할이 일시적으로 충족되지 못할 때 이러한 보조적 서비스가 필요하게 된다. 부모의 일차적인 역할은 아동을 양육하고 건강하게 보호하는 일이다. 이러한 역할은 현금소득을 필요로 하며 부모는 경제적인 활동을 통하여 소득을 마련하여야 한다. 그러나 부모의 사망, 질병, 장애, 실업 등의 예기치 않은 상황은 가족의 역할을 대신해 줄 사회적 장치가 필요하게 된다. 보조적 서비스는 이와 같이 가족의 적절한 역할수행 이 어려움을 당하는 경우에 아동의 욕구를 충족시키는 사회적 장치로서 의미가 있다.

보조적 서비스에는 빈곤가정을 지원하는 소득보장(income maintenance)으로서 현금급여 또는 아동수당, 일하는 어머니를 도와주는 보육서비스(day care), 부모가 질병이나 부재중일 때 아동의 집안일을 도와주는 가사지원(homemaker) 서비스 등이 포함된다.

(3) 대리적 서비스

대리적 서비스(substitute service)란 부모가 아닌 제삼자가 부모 역할의 전부를 대신하는 경우다. 이러한 급격한 양육 역할의 변화는 아동의 출생가정이 기능을 상실하여 아동에게 필요한 최소한의 양육활동과 돌봄을 제공할 수 없게 된 경우가 발생하기 때문이다. 따라서 아동은 자신의 가정을 완전히 떠나서 다른 가족이나 대리양육자, 생활시설 등에 의하여 일시적으로 혹은 장기적으로 보호를 받게 된다. 여기에는 가정위탁, 입양, 집단시설보호 등의 서비스가 포함된다.

4) 방어선의 위치에 의한 분류

방어선의 개념은 앞에서의 카두신의 저서 『아동복지서비스』(1974)에서도 부분적으로 제시된 바 있으며, 카두신은 지지적 서비스를 제1차 방어선, 보조적 서비스를 제2차 방어선, 대리적 서비스를 제3차 방어선의 개념으로 인식하였다.

한편, 주커만(Zuckeman)은 그의 저서 『아동복지』(1983)에서 다음과 같은 방어선의 개념에 의해 아동복지서비스를 체계적으로 분류하였다(Zuckeman, 1983: 26-31). 주커만은 지지적 서비스와 보조적 서비스의 대부분을 제1차 방어선(The First Line of Defence)으로 보았으며, 대리적 서비스 중 가정 형태의 서비스를 제공하는 가정위탁과 입양을 제2차 방어선(The Second Line of Defence), 집단보호서비스를 제3차 방어선(The Third Line of Defence)으로 구분하였다(박언하・조미숙・하경표, 2019).

(1) 제1차 방어선으로서 가정 내 서비스

가정은 아동에게 일차적인 방어선으로서의 기능을 수행한다. 그러나 가정이 아동의 기본적인 욕구를 충족하지 못할 위험에 처하거나 부모-자녀의 역할관계에 장애가 있을 경우, 가정의 사회적 기능을 회복, 유지, 강화함으로써 제1차 방어선으로 서의 역할을 수행해야 한다. 가정에서 생활하는 아동과 가족을 위한 서비스로는 지역사회의 기관에서 제공하는 아동상담이나 가족복지서비스 등이 대표적이다.

(2) 제2차 방어선으로서 대리가정서비스

가정이 정상적인 기능을 충분히 수행하지 못하면 아동에게 출생가정의 역할을 대신할 수 있는 다른 보호의 장이 요구된다. 이러한 경우, 가능한 한 가정과 유사한 자연스러운 보호의 장으로서 대리가정을 마련해 주는 것이 가장 바람직하다. 이러한 주장은 골드슈타인, 프로이트와 솔닛(Goldstein, Freud, & Solnit, 1973)에 의하여 제안된 것으로 최소침해대안(the least detrimental alternative)의 원칙이라고 불린다. 이 원칙은 가정의 기능수행에 장애가 있을 경우, 아동에게 가장 적절한 형태의 보호와 서비스가 무엇인가를 결정하는 기준으로 널리 수용되고 있다. 이 원칙이 제시하는 서비스의 목표는 아동의 삶과 가정에 대하여 제한적인 요소를 최소한도로 줄이는 것이다. 따라서 구조화된 주거시설에 비하여 덜 구속적이고, 가정생활의 환경에 근접하며, 지역사회에 자유롭게 접근할 수 있는 보호의 장으로서 대리가정이 제안되는 것이다. 대리가정서비스의 대표적인 형태로는 가정위탁과 입양서비스를 들 수 있다.

(3) 제3차 방어선으로서 집단보호(생활시설) 서비스

그룹홈이나 주거시설에 의한 서비스는 앞서 언급한 최소침해대안의 원칙에 따라 아동의 욕구가 출생가정이나 대리가정에 의하여 충족될 수 없는 경우에 한하여 집단적인 보호를 제공하는 것이다. 또래집단과의 관계가 중요한 요소인 집단적인 생활환경이 필요한 아동, 특수한 욕구를 가진 장애아동에게 이러한 집단적 주거환경에 의한 서비스가 제공된다. 집단보호는 6~12명의 아동을 수용한 소규모 집단 가정에서부터 대규모 수용시설에 이르기까지 규모와 형태가 다양하다. 어떤 가정은 직원이 대리부모의 역할을 수행함으로써 가정의 형태로 운영되기도 한다. 또한, 정서적인 장애를 지닌 아동이나 가정에서 행동장애를 일으킨 아동을 위하여 치료적인 기능을 수행하는 시설도 있다. 대부분의 집단보호

프로그램은 공공 또는 민간 복지기관에 의하여 운영되며 공공재원의 지원을 받는다.

4. 아동복지서비스의 실천방법

아동복지는 사회복지의 한 분야이자 하위 영역으로 볼 수 있을 것이다. 그러므로 아동복지서비스의 실천방법은 큰 틀에서 사회복지서비스의 실천방법과 일맥상통한다. 사회복지서비스의 실천방법은 크게 정책적인 실천방법과 전문적인 실천방법으로 나누어 살펴볼 수 있다. 정책적인 실천방법에는 사회보험, 공적(공공) 부조로 나누어 살펴볼 수 있고, 전문적인 실천방법으로는 개별, 집단 아동복지서비스 등으로 나누어 볼 수 있다.

1) 정책적인 실천방법

정책적인 실천방법은 국가가 정책적으로 사회구성원의 생활을 보장하기 위하여 제도적으로 실시하는 사회보장제도를 의미한다. 정책을 통하여 제도적으로 실시하고 있는 사회보장제도에는 공공부조와 사회보험으로 나누어 볼 수 있다.

(1) 공공부조

국민의 최저생활을 보장하기 위해 빈곤자, 장애자, 노령자 등 사회적으로 보호해야 할 구성원에게 국가나 공공기관이 제공하는 지원을 말한다. 공공부조(public assistance)는 공적인 최저생활보장의 경제부조제도이며, 소득 재분배의 의미를 가진다. 우리나라의 공공부조제도는 1961년 「생활보호법」의 제정으로 시작한다.

공공부조라는 용어는 미국에서 '공적 부조'라는 용어로, 영국에서는 '국민부조', 서독과 프랑스에서는 '사회부조'로 사용되고 있으나, 우리나라는 1995년 12월 30일 제정된 「사회보장기본법」에서 이전에 사용한 '공적 부조'에서 '공공부조'라는 용어로 변경되었다. 2018년 9월부터 실시되는 아동수당이 공공부조의 대표적인 예이다.

(2) 사회보험

공공부조가 국가의 책임으로 이루어지는 사회보장제도는 자조의 원칙과 집합적인 책임의 원칙을 절충하고 있다(장인협 외, 2002). 사회보험(social insurance)은 사회구성원의 질병, 장애, 노령, 실업 등에 의한 경제적인 어려움을 구제하기 위하여 보험의 성격을 갖추고 국가가 실행하는 사회보장제도이다. 공적 부조는 저소득계층을 대상으로 최저생활을 보장하는 제도인 것에 비해 사회보험은 소득이 있는 구성원을 대상으로 강제성을 가진다. 대표적인 사회보험으로는 국민연금, 국민건강보험, 산업재해보상보험, 노인장기요양보험 등이 포함된다.

〈표 5-1〉 사회보험과 공공부조의 비교

구분	사회보험(social insurance)	공공부조(public assistance)
목적	소득상실의 불안 해소	생활보호(최정생활보장)
대상	부담능력이 있는 자	부담능력이 없는 자
종류	재해, 실업, 의료, 요양 보험 등	구호 대상자에 대한 각종 보호사업
부담	피보험자, 고용주, 국가	국가
특징	강제 가입, 능력별 부담, 상호부조의 성격	소득 재분배

2) 전문적인 실천방법

(1) 개별아동복지서비스

아동을 대상으로 하는 개별아동복지서비스 제공의 과정은 아동상담이라도 한다. 아동에 대한 서비스의 실천과정은 아동학대, 성폭력, 실종 등의 유형별 그리고 문제해결모델, 생활모델 등의 모델 유형에 따라 다소 차이는 있지만, 일반적인 서비스 제공의 과정은 초기(접수), 조사, 진단, 치료, 종결단계로 구분한다.

① 초기(접수)단계

초기단계는 접수단계로서 사회복지사와 아동 혹은 부모와의 첫 접촉의 단계이다. 초기단계에서는 아동과 부모와의 면접을 통하여 아동 혹은 부모, 아동이 속한 가정 내의 문제를 정확하게 파악하고 확인하는 단계이다. 아동 혹은 부모가 요구하는 서비스에 따라 상담기관에서 서비스를 제공하거나 혹은 문제의 성격이나 요구가 상담기관의 업무내용과 다를 경우 타 기관으로 의뢰하게 된다.

② 조사단계

문제에 개입하기 위한 자료를 수집, 분석하는 단계를 의미한다. 아동의 발달단계, 문제행동, 가족의 상황 등에 대하여 조사한다. 조사 내용은 아동이 출생하여 성장하는 과정에서 각 발달단계별, 현재의 발달상태 등에 대하여 성격형성, 지능, 건강, 가족관계, 생활환경, 주거환경, 교우관계, 교육수준 등에 관하여 조사한다. 수집한 자료에 따라 보다 정확한 판단을 위하여 2차 상담을 진행하거나 주변인들에 대한 상담 등이 필요하다.

③ 진단단계

수집된 자료를 분석하여 문제의 원인과 치료의 방법을 제시하는 단계이다. 또한 치료의 방법이 적절하며, 가장 효과적인 전략인가를 확인하고 결정하는 단계라고 말할 수 있다. 진단단계의 작업이 얼마나 잘 수행되었느냐에 따라 치료의 효과 및 가능성이 커질 수 있다.

④ **치료단계**

치료의 방법으로는 일반적으로 아동 대상의 직접 실천에 활용되는 놀이, 미술, 음악, 게임치료 등이 있다.

⑤ **종결단계**

치료의 결과에 대하여 최종적으로 만족한 평가가 내려지게 되면 아동 혹은 부모와 사회복지사 간의 관계를 종결하게 된다. 그러나 서비스를 종결한다는 것은 더 이상 문제 상황이 발생하지 않거나 발생의 가능성이 작다고 판단되어야 가능하다.

아동 혹은 부모와 사회복지사는 종결의 시기를 결정하고 문제가 재발되면 어떻게 행동할 것인가에 대해 계획을 세우고 준비하는 것이 필요하다. 사회복지사는 아동 혹은 부모에게 아직 관심을 갖고 있으며, 필요하면 언제든 도움을 줄 수 있음을 알리는 것이 좋다(공계순 외, 2006; 김성경 외, 2005 재인용).

(2) 집단아동복지서비스

아동복지의 실천방법은 서비스의 요구에 따라 매우 다양하며, 실천의 과정은 매우 전문적이고 체계적으로 이루어져야 한다. 특히 유아기, 아동기는 가족 외에 또래들과의 관계를 맺는 시기이며 친구들과의 상호작용을 통해 사회성을 발전시켜 나가는 중요한 시기이다. 아동들이 집단 경험을 효과적으로 하기 위해서는 전문가의 지도하에 집단경험을 제공함으로써 자주적 · 민주적인 인간으로 성장 발달시켜야 한다(성혜영, 2001).

아동을 위한 집단복지서비스는 유치원, 어린이집(제9장 아동보육), 각종 보호시설(제12장 시설보호) 등을 들 수 있다.

Chapter

06

아동복지의 실천과정과 기술

1. 클라이언트로서 아동의 특성
2. 아동을 돕는 사회복지사
3. 아동복지에서의 원조관계
4. 아동대상의 개별상담
5. 아동대상의 집단상담
6. 아동대상의 가족상담
7. 아동대상의 위기개입
8. 아동대상의 지역사회 연계

Chapter 06

아동복지의 실천과정과 기술

1. 클라이언트로서 아동의 특성

아동복지의 실천과정이란 아동과 가족 또는 그들의 집단을 대상으로 하는 사회복지실천과정으로서 사회복지실천의 원리와 가치가 그대로 적용된다. 단 아동의 발달단계별 특성과 부모체계의 특성, 해당 가족의 발달주기 등을 세심하게 고려하여야 할 것이다. 따라서, 아동 및 가족을 대상으로 하는 사회복지사의 개입 시, 실천과정별로 강조되는 사회복지사의 활동과 기술에 대한 이해는 매우 중요하다. 대부분의 사회복지실천모델과 기법은 상대적으로 안정화되고 구조화된 성격과 자아를 가지고 있는 성인을 대상으로 하여 개발된 경우가 많다. 그러나 아동기의 가장 큰 특징은 성격이 성장하거나 변화 상태에 있고 자아가 미성숙한 것이다. 이렇게 방어기제가 기본적으로 연약하고 인지능력이 떨어지고 분노가 쉽게 일어나고 초자아가 제한적일 때 아동대상 사회복지실천은 어떻게 해야 하는가? 사회복지 실천에 있어 아동을 대상으로 할 때 먼저 클라이언트로서 아동이 가지는 속성에 대해 파악하는 것이 중요하다(박언하·조미숙·하경표, 2019).

즉, 아동은 작은 어른이 아니라 고유의 독특한 특성과 욕구를 지닌 인격적 존재다. 따라서 클라이언트로서 아동과의 활동은 특별한 성격을 지니므로 다음과 같이 아동의 특성에 대해 정확히 파악할 필요가 있다.

1) 아동은 발달과정에 있다

아동은 동적인 발달단계에 있으며 외부의 영향에 민감하다. 아동의 특정한 행동은 병리적인 일탈이 아니라 발달과업이나 발달과정상의 특성으로 보아야 한다. 예를 들어, 오줌싸기를 성인이 하면 일탈이지만 아동이 하면 일종의 퇴행 행동으로 동생 혹은 부모와의 관계회복을 위한 발달과업상의 특성일 수 있다. 따라서 사정단계에서 아동은 발달단계상 어디에 위치하고 있는가, 아동에게 요구되는 발달과업은 무엇인가, 이러한 과업을 아동은 어떻게 대처하고 있는가 등을 파악한다. 아동은 아직 발달과정에 있기 때문에 문제에 대한 개입에 있어서는 현재 상태의 모습에서 장래의 원만한 발달 가능성의 모습을 그리면서 개입의 목표와 계획을 세워야 한다. 그리고 아동문제 가운데는 발달과정에서 일어나는 일시적 혼란에 의한 경우도 드물지 않다. 예를 들어, 부모의 말을 듣지 않는 아동의 행동이 성격상의 결함이라는 측면보다는 반항이라고 하는 건강한 발달적 특징에 기인하는 경우를 생각할 수 있다. 그러므로 문제행동이 어느 정도 심각한가 하는 그 아동의 임상적 문제에 대한 판단은 발달적 관점에서 보아야 하며, 개입 목표를 바탕으로 한 개입 계획을 세울 때도 이런 발달적 이해에서 출발해야 할 것이다(현정환, 2003).

2) 아동은 행동언어로 의사소통한다

아동은 어휘력이 떨어지기 때문에 언어보다 행동언어로 의사소통하는 특성을 지닌다. 아동은 느낌을 행동으로 표시하고 즉각적으로 반응하며, 놀이를 현실로 간주한다. 놀이가 아동 활동의 많은 부분을 차지하기 때문에 아동복지 사회복지사는 아동들과 잘 노는 사람(player)이 되어야 하고, 상담실은 아동들의 놀이터(playground)가 되어야 한다. 아동의 관점을 배우고 아동의 반응을 세밀하게 관찰해야 한다. 사정도구의 사용에서도 어렵지 않은 용어를 사용한다든지 옆에서 자세히 설명해준다든지 이러한 노력이 필요하다. 아동은 느낌을 행동으로 표시하고 즉각적으로 반응한다. 놀이를 현실로 간주하여 현실과 환상 사이의 경계가 명확하지 않은 경우가 많다. 심리적 갈등이 성인과 같이 억압되어 나타나기보다 표면에 나타나는 경우가 많다. 행동언어를 통해 믿음의 관계, 신뢰의 관계를 형성하고 공식적이고 딱딱한 면접 절차를 피하고 비언어적인 도구를 사용하여 자연스럽게 진행한다.

3) 아동은 부모에게 의존하고 있다

아동은 부모 또는 부모의 기능을 대행하는 성인의 양육을 받으며 성장하고 있다. 그러므로 부모의 양육사와 현재의 양육태도, 부모의 성격이나 성장배경, 그리고 자녀와의 관계 등의 내용은 아동문제행동의 원인을 생각할 때 중요한 참고자료가 된다. 또한 아동문제행동의 개입이라는 측면에서 부모와의 협력체제를 어떻게 만들어나갈 것인가를 생각할 때에도 중요한 자료가 된다. 아동은 부모나 기타보호자에게 의존적이어서 아동을 위한 사회복지실천은 부모나 기타보호자와의 활동을 서비스의 일부로 포함하게 된다. 중요한 과업 중의 하나는 가족역동(dynamics)을 이해하고 수정시키는 것이다. 진행되는 상황을 부모가 이해해야 할 필요가 있을 때는 부모와 아동이 함께하는 만남을 통해 이루어질 수 있다.

4) 아동은 또래관계가 중요하다

아동의 대표적 활동 중 하나는 놀이를 매개로 하는 또래관계다. 유치원・보육시설이나 학교도 또래 관계의 장이 되지만 동네친구들과의 관계도 중요하다. 아동의 문제행동은 또래와의 상호작용 형태와 밀접한 관련이 있다. 난폭한 행동이나 자폐증적・사회적 문제행동은 물론이고, 틱장애 등과 같은 신경증적 행동도 또래와의 관계와 상호 관련이 있는 경우가 많다. 그러므로 아동에 대한 개입에 있어서는 또래관계를 조정하여 적절한 또래 관계가 형성되도록 개입하는 것이 직간접적으로 문제의 개선으로 연결되는 경우가 의외로 많다.

5) 아동은 미성숙한 상태에 있다

아동의 자아는 연약하고 미개발상태에 있다. 아동은 지금의 관계가 영구화・영속화될 것이라고 생각하는 경향이 있으므로 그에 따른 사정, 개입, 종료계획을 세우는 것이 중요하다. 또한, 장기기억이 성숙되기 전에는 기억의 비연속성이 있을 수 있다. 기억이 연속되어 존재하기보다 기억이 조각조각 끊겨서 남는다. 어떤 경우 이런 것조차 기억 못 하는지 의심되는 경우도 있고, 이런 것까지 기억하나 하며 놀라는 경우도 생긴다. 하지만 감정상의 큰 변화가 있었던 경우 기억을 잘하기도 하고, 과장해서 기억하기도 한다. 예를 들어, 부모가 부부싸움을 했다거나 크게 맞았던 사건들은 잘 기억된다. 때로는 아동이 거짓말을 하기도 한다. 아동들이 거짓말을 하는 것은 때론 공상과 현실을 구분하지 못하는 것일 수도 있고, 부모나 선생님의 관심을 끌기 위해 과장이나 비약 또는 있지도 않은 사실을 꾸미는 경우도 있다. 과도한 스트레스 상황을 회피하기 위해 거짓말을 하기도 하고 때론 강력한 소원이나 요구가 있을 경우 거짓말을 하기도 한다. 따라서 아동의 말만 믿고 판단을 내리는 것은 때로는 위험할 수 있다.

6) 아동은 비자발적인 클라이언트인 경우가 많다

사회복지사의 관심이 되는 아동은 행동상의 문제를 지니고 비자발적인 클라이언트로서 오기 때문에 아동의 문제와 상황에 비추어 치료자, 교사, 중재자, 대변가 등 다양한 사회복지사의 역할이 요구된다(Maluccio, 1995: 445). 비자발적인 클라이언트의 특성으로 쉽게 관계 종료를 가져오기 쉽고 초기 저항이 심할 수 있다. 개입에의 참여 의지나 문제인식이 없을 수 있기 때문에 개입의 효력이 늦게 미칠 수 있다. 개입과 같은 스트레스와 불안을 일으키는 상황이나 장소에서 벗어나려 한다. 아동에게 여기에 온 이유를 솔직하고 쉽게 설명해준다. 끊임없는 질문으로 아동을 심문하지 않도록 한다. 전문적인 원조관계에서 진행되는 일은 비밀유지가 된다는 사실을 아동이 알 필요가 있다. 비밀보장이 지켜지기 힘든 예외적인 경우, 예컨대 사회복지사가 상담 중 학대를 발견하여 보고하거나 위기 개입을 위한 외부 전문가를 요청할 수도 있지만, 이러한 경우에도 아동이나 부모에게 설명해서 동의를 구하는 것이 좋다. 이러한 경우를 제외하고는 상담 내용이 확실히 비밀보장이 된다는 것을 아동에게 말해 주어야 한다. 예컨대, "네가 말해도 좋다고 하지 않는 한 어떠한 것도 다른 사람에게 말하지 않겠다." 라고 안심시킬 필요가 있다.

아동들이 보이는 초기 저항의 표출방법은 성인과 다소 상이하다. 아동의 저항은 말하기를 거부하고, 문제가 없다고 부정하며, 쓸데없는 주제를 말하는 것으로 표현되기도 한다. 때로 눈을 마주치지 않고, 약속시간을 어기고, 부정적인 몸짓이나 적대적인 표정이나 행동을 보이기도 하며 책상 뒤에 숨기도 한다. 이 외에도 아동들은 매우 다양한 방식으로 자신의 저항을 표현하게 된다. 유능한 사회복지사라면 아동이 처음 기관을 방문할 때 갖게 되는 두려움, 걱정 및 질문 등을 전적으로 이해해야 한다. 상담 과정에 아동을 참여시키기 위해서는 무엇보다 아동 스스로의 동기와 흥미를 유발하고 유지하는 노력이 필수적이며, 이를 위해 해당 아동의 발달수준도 반드시 고려해야 할 것이다.

2. 아동을 돕는 사회복지사

클라이언트로서의 아동특성을 바탕으로 아동을 돕는 실천과정에서 사회복지사는 다음과 같은 행동목록이 매우 중요하다.

① 아동과 따뜻하고 친근한 관계를 발달시킨다. 좋은 친밀감은 가능한 한 빨리 확립해야 한다.

② 아동을 있는 그대로 정확하게 받아들인다.

③ 아동이 자신의 감정을 완전히 표현할 수 있는 자유로움을 느끼도록 하기 위해 관계에서 허용적인 분위기를 만든다.

④ 아동이 던지는 단서에 반응적이고 공감적이다. 성인들은 언어를 통해서 단서를 많이 제공하는 데 반해, 아동은 비언어적인 측면을 통해 단서를 많이 제공하기 때문에 뛰어난 관찰자가 되어야 한다.

⑤ 아동에게 집중적이고 독점적인 관심을 둔다.

⑥ 회기를 자발적이고 유연하게 유지하고, 회기를 활기차고 낙관적이고 긍정적이고 건전한 방향으로 유지시키고자 시도한다.

⑦ 아동이 자신을 좋아하는가에 구애받지 않고 회기를 이끈다. 아동이 움직이기 시작한 후가 아니라 움직이기 전에 아동의 저항적 행동을 예상하면서, 아동의 행동에 반응하기보다는 반응을 주도한다.

⑧ 아동이 관계에서 지켜야 할 필수적인 한계를 확립한다. 과도한 불안이나 과잉 행동을 줄이고 방지하여 안전사고에 유의한다. 사회복지사는 아동을 다룰 때 상담 시간에 필수적인 규칙, 즉 행동의 한계를 정하고 그래야 하는

이유와 그렇게 하지 않았을 때의 결과를 아동에게 알려 줘야 한다. 잘못된 행동은 적절하게 제지함으로써 바로 잡는 것이 바람직하다. 그러나 아동이 받아들이기 힘든 제한과 규칙 등을 무리하게 적용함으로써 아동으로 하여금 상담을 통해 너무 많은 것을 포기하고 잃어버려야 한다는 오해를 하지 않도록 해야 한다. 이러한 오해를 예방하기 위해서는 아동이 선택할 수 있는 기회를 주는 것이 좋다. 예컨대, 초기에 상담실에 자신의 장난감을 가지고 와서 노는 아동에게 집에서 가지고 놀던 장난감을 가져오지 말도록 무조건 제한하기보다 그 장난감이 아동에게 주는 의미를 이해하고 공감해 주는 것이 더 좋다.

⑨ 아동이 자기 자신을 독특하고, 특별하고, 뛰어나다고 보는 데 도움이 되도록 모든 기회를 이용한다.

⑩ 아동들과 상담할 때 그들의 발달수준을 넘어서서 이끌어 가서는 안 된다(Mahoney, Robinson, & Fewell, 2001). 아동이 단지 장난감이나 그림으로 자신의 감정을 표현하는 수준이라면, 성인을 위한 대화치료법은 사용할 수 없다. 발달적으로 준비가 되어 있지 않은 아동에게 학업적 · 신체적 기술을 촉진시키려고 하는 노력은 오히려 아동의 적절한 발달을 방해하거나 지연시킬 수 있다. 왜냐하면, 아동의 발달상의 준비를 넘어서서 압력을 가했기 때문이다.

3. 아동복지에서의 원조관계

아동을 아동복지의 원조관계(helping relationship)에 관여시키는 원칙들은 비자발적인 클라이언트로서의 성인에 관한 것과 동일하지만, 아동의 연령과 발달상의 위치에 비추어 적용되어야 한다.

1) 초기상담의 목표는 무엇인가

초기 만남에서의 목표는 다음의 사항을 포함한다.

- 아동의 신뢰를 얻어 믿음의 관계를 수립하는 것
- 아동의 상황, 욕구 및 문제에 관하여 아동의 관점을 배우는 것
- 사회복지사에 대한 아동의 반응을 관찰하는 것
- 아동의 기능, 특성 및 대응양식에 관한 초기사정
- 잠정적인 활동계약을 수립하는 것

2) 초기상담에서의 가이드라인

각각의 아동의 상황이 독특하기 때문에 이러한 목표를 달성하기 위한 어떤 정해진 지침은 없으나, 여러 학자가 제시한 다양한 지침에는 다음의 사항이 포함된다.

- 아동으로 하여금 상황을 설정하게 하고 이야기할 수 있도록 한다.
- 아동이 여기에 온 이유를 솔직하고 쉽게 설명해 준다.
- 권리를 지닌 인격적 존재로서 아동의 생각, 느낌, 행동에 초점을 둔다.
- 문화적 · 경제적 · 윤리적 다양성에 민감하게 대처한다.
- 아동과 그 세계에 대한 존중과 아동의 성장능력에 대한 경외감을 표현한다.
- 아동의 자유와 책임의 내용을 설명함으로써 관계를 구조화하고, 아동이 사무실에서 할 수 있는 행동이 무엇인가에 관한 한계를 설정하며, 비밀보장의 형식과 정도를 설정한다.

- 아동의 상황과 잠재능력에 관한 희망을 전한다.
- 아동이 준비되지 않은 상태에서 부모나 기타 성인의 관심영역으로 아동을 몰아가지 않도록 한다.
- 끊임없는 질문으로 아동을 심문하지 않도록 한다.
- 공식적이고 딱딱한 면접절차를 피하고, 비언어적 도구 등을 사용하여 자연스럽게 진행한다.

아동은 사회복지사와의 관계에서 저항을 나타낼 수 있다. 사회복지사는 이러한 저항행동을 부정적인 현상으로 인식하기보다는 아동의 적응노력으로 이해해야 한다. 아동은 자신을 변화시키려는 직접적인 개입 노력이 자신의 정체감이나 자아의식에 대한 거부라고 보기 때문에 저항하게 된다. 아동이 변화될 수 있기 위해서는 우선 아동을 수용하고 따뜻하게 품어 줄 수 있어야 한다.

아동과의 원조관계는 종종 주요한 치료적인 수단이 된다. 아동은 그러한 관계를 인위적인 사건이 아닌 현실의 생활경험으로 본다. 가령, 놀이치료에서 아동은 놀이에 관여되어 있는 것이 아니라 삶 자체에 관여되어 있는 것이다.

아동은 원조관계를 통하여 자신을 중요한 존재로 인식하게 되고 부정적인 행동을 점차 감소시킬 수 있게 된다. 사회복지사는 아동에게 민감하게 반응할 필요가 있고 진실한 신뢰감을 유지해야 한다. 치료적 관계를 유지하기 위하여 사회복지사는 비밀보장에 주의를 기울여야 한다. 비밀보장은 절대적인 것은 아니지만 특별히 예외적인 상황이 외에는 원조관계에서 진행되는 일이 비밀유지가 된다는 사실을 아동이 알 필요가 있다. 어떤 사실이 다른 사람에게 알려질 필요가 있는 경우에는 그 결정을 아동과 함께하는 것이 바람직하다. 진행되는 상황을 부모가 이해해야 할 필요가 있을 때는 부모와 아동이 함께하는 만남을 통하여 이루어질 수 있다(정익중·오정수, 2021).

4. 아동대상의 개별상담

1) 초기 접수상담

초기 접수상담 과정은 클라이언트와 사회복지사 간에 이루어지는 최초의 대면 접촉이므로 이 단계에서 초기 저항을 효과적으로 다루면 이후의 실천과정에도 도움이 될 수 있다. 또한 이 시기에 가장 중요한 과업은 일차적으로 클라이언트의 문제와 욕구를 파악하고, 아동과 부모의 기대가 기관의 목적과 기능에 부합하는지를 확인하는 것이다. 따라서 이 단계에서는 서비스 제공 여부와 형태 등을 결정하는 것이 가장 중요한 과업이다(공계순 외, 2016).

(1) 문제 및 욕구 파악

대부분의 아동의 경우 스스로 문제를 파악해서 오는 경우보다는 부모의 강권에 못 이겨 따라나서거나 아예 부모만 방문하는 경우가 많다. 이러한 경우 부모를 대상으로 면접이 이루어지는 경우가 많으며, 부모의 방문동기와 기대 등을 명료화하는 것이 중요하다.

초기 접수상담 과정에서는 부모에게 어떠한 이유로 기관에 왔는지(문제), 무엇을 기대하는지(욕구)를 질문하는 것이 좋다. 이러한 질문을 통해서 부모의 아동에 대한 걱정이 적절한 내용과 수준인지, 기관을 통해서 해결될 수 있는지를 가늠할 수 있다. 예를 들어, 어떤 부모들은 걱정이 지나치거나 아동발달에 대한 지식이 부족해서 문제시하는 경우도 있다. 배변훈련을 잘 끝내고, 그 이후 한 번도 실수한 적이 없는 아동이 동생이 태어난 후에 소변 가리기를 계속 실수한다면 이는 놀랄 만한 사건이 아니다. 이것은 새로 태어난 아기에 대한 질투의 표현이며, 아기가 받고 있는 부모의 관심을 자신에게 모으려는 시도일 것이다. 그러나 이러한 행동이 4~5주 계속될 때에는 전문가와의 상담이 필요할 수도 있다.

즉, 문제가 비롯된 외부의 스트레스원이 분명하고 포괄적인 발달기준에 근거할 때 충분히 있을 수 있는 정도의 퇴행행동일 경우는 병리적인 관점보다 무엇이 그런 행동을 야기했는지에 초점을 둘 필요가 있다.

한편 클라이언트가 보는 문제와 사회복지사가 보는 문제가 불일치하는 경우가 있다. 예를 들어, 여러 기관의 판정에도 불구하고 아동의 장애를 받아들이지 못하는 부모가 장애인 복지관에 내원해서 아동의 발달검사만을 원하는 경우, 사회복지사는 너무나 자명한 장애를 두고 반복해서 발달검사를 하기보다 가족상담, 부모교육 등이 필요하다고 판단할 수 있다. 그러나 이러한 경우에도 개입하는 것은 클라이언트가 제기하는 문제나 욕구에서 시작해 전문가가 필요하다고 생각하는 문제로 초점을 점진적으로 이동하는 것이 바람직하다.

(2) 서비스 제공과 개입 형태

기관에 따라서는 초기 접수상담만을 담당하는 사회복지사가 별도로 있는 경우도 있다. 이러한 경우는 대략적인 욕구와 문제 파악이 간단하게 이루어져서 이후 실제로 개입할 사회복지사와 연결해 주는 다리 역할만 한다. 그러나 한국의 사회복지기관에서는 초기 접수부터 개입, 종결에 이르기까지 동일한 사회복지사가 하는 것이 일반적이다. 이러한 경우 초기 접수상담 과정이 사회조사과정으로 자연스럽게 연결된다.

만일 해당 기관이 아동상담소와 같이 임상적인 상담기관이고 아동에게 그러한 상담치료가 필요한 경우라면, 이 과정에서 치료의 형태와 방법들이 결정되기도 한다. 물론 이 시기의 결정은 아동에 대한 평가가 정교화되면서 얼마든지 변화할 수 있는 융통성 있는 결정이다.

그러나 문제의 성격이나 제공받고자 하는 서비스의 내용이 기관의 목적이나 기능에 부합하지 않는 경우도 있다. 이러한 경우는 그 이유를 설명해주고, 관련된 다른 기관에 대한 정보를 제공하거나 의뢰를 하게 된다. 의뢰가 형식적으로 이루어지지 않기 위해서는 가능한 구체적이고 적극적으로 정보를 제공해 주는 것이 바람직하다. 예를 들어, 단순히 기관명만을 알려주기보다는 기관의 위치나 연락처, 클라이언트가 받을 수 있는 서비스 내용 등을 구체적으로 알려 주는 것이 좋다. 이와 같이 초기과정에서는 문제와 욕구를 파악하고, 지속적으로 전문적인 개입이 필요한지 아니면 일회적으로 부모에게 아동발달에 대한 정보를 제공해 주어야 하는지 등을 판단해야 할 것이다.

(3) 초기 저항 다루기

아동의 초기 저항을 효과적으로 다루기 위해서는 아동이 저항하는 의미와 양상을 이해하고, 우호적인 상담분위기를 제공하며, 아동이 상담 과정에 대해 좀 더 이해할 수 있도록 도와주는 것이 필요하다.

① 아동 저항의 표출 양상

일단 해당 서비스가 제공될 수 있다는 전문적인 판단이 내려지고, 초기 실천 국면으로 들어서게 되면 가장 중요하게 대두되는 문제가 아동의 저항이다. 아동의 불안과 저항이 어떻게 표출되고 어떻게 다루어지는 것이 바람직한지가 초기단계에서 가장 중요한 실천적 문제이다. 아동대상 실천에서 보이는 아동들의 저항 표출방법은 성인과 다소 다르다. 아동의 저항은 말하기를 거부하고, 문제가 없다고 부정하며, 쓸데없는 주제를 말하는 것으로 표현되기도 한다. 때로 눈을 마주치지 않고, 약속 시간을 어기고, 부정적인 몸짓이나 적대적인 표정이나 행동을 보이기도 하며 책상 뒤에 숨기도 한다. 이 외에도 아동들은 매우 다양한 방식으로 자신의 저항을 표현하게 된다.

유능한 사회복지사라면 아동이 처음 기관을 방문할 때 갖게 되는 두려움,

걱정 및 질문 등을 전적으로 이해해야 한다. 상담 과정에 아동을 참여시키기 위해서는 무엇보다 아동 스스로의 동기와 흥미를 유발하고 유지하는 노력이 필수적이며, 해당 아동의 발달수준도 반드시 고려해야 할 것이다.

② 우호적인 상담분위기 제공

상담 장소를 우호적이고 안락하며 편안하게 만들어야 한다. 아동들은 상담 과정에서 일관성 있는 규칙을 경험함으로써 행동의 결과를 예측할 수 있고, 이는 편인힘을 조성하는 기반이 된다. 동일한 시간과 날짜를 정하여 규칙적으로 상담약속을 하여야 한다. 상담시간에는 전화나 노크 소리 등으로 방해받아서는 안 된다. 또한, 약속 시간에 기다리게 해서도 안 된다. 이렇게 세심한 주의를 기울일 때 아동은 자신이 가치 있고 중요하다고 여기게 된다.

③ 상담 과정에 대한 설명

아동에게 상담이란 무엇인지와 상담으로부터 무엇을 기대해야 할지를 이해시키는 일은 매우 중요하다. 초기 면접 시 사회복지사는 아동에게 상담 과정 및 사회복지사의 기대를 설명해 주어야 한다. 상담에 대한 설명은 아동의 발달수준에 따라 짧고 간단하게 설명해 준다. "네가 전학 온 뒤로 기분이 매우 좋지 않아졌다는 말을 엄마에게 들었어."와 같이 시작할 수도 있다. 이러한 예에서 사회복지사는 아동에게 아동의 문제를 이미 알고 있고, 이야기를 들을 준비가 되어 있음을 알릴 수 있다. 또한, 사회복지사는 도우려는 사람이지 벌주려는 사람이 아니라는 것도 알려 주고, 부모나 선생님의 관심사를 알려 준다. 예를 들어, "엄마가 걱정하시더라. 네가 학교에 계속 가지 않으려는 이유를 알아야 널 도와줄 수 있을 것 같아서 나에게 부탁을 하신 것 같아. 상담은 네가 속상하거나 힘든 일을 이야기할 수 있는 시간이야. 선생님과 이야기를 하면서 마음도 편해지고, 좋은 해결방법도 함께 생각해 볼 수 있단다."라고 할 수 있다(천성문 외 역, 2001).

④ 행동 제한과 선택 기회의 균형

사회복지사는 아동을 다룰 때 상담시간에 필수적인 규칙, 즉 행동의 한계를 정하고 그래야 하는 이유와 그렇게 하지 않았을 때의 결과를 아동에게 알려줘야 한다. 잘못된 행동은 적절하게 제지함으로써 바로잡는 것이 바람직하다(천성문 외, 2001).

그러나 아동이 받아들이기 힘든 제한과 규칙 등을 무리하게 적용하여 아동이 상담을 통해 너무 많은 것을 포기하고 잃어버려야 한다는 오해를 하지 않도록 해야 한다. 오해 예방을 위해서는 아동이 선택할 수 있는 기회를 주는 것이 바람직하다. 예를 들어, 초기에 상담실에 자신의 장난감을 가지고 와서 노는 아동에게 집에서 가지고 놀던 장난감을 가져오지 말도록 무조건 제한하기보다 그 장난감이 아동에게 주는 의미를 이해하고 공감해 주는 것이 필요하다.

⑤ 비밀보장

아동들은 상담내용의 비밀보장에 대해 알고 싶어 한다. 비밀보장이 지켜지기 힘든 예외적인 경우, 예를 들어 사회복지사가 상남 중 학대를 발견하여 보고하거나 위기 개입을 위한 외부 전문가를 요청할 수도 있지만, 이러한 경우에도 아동이나 부모에게 설명해서 동의를 구하는 것이 좋다. 이러한 경우를 제외하고는 상담내용이 확실히 비밀보장이 된다는 것을 아동에게 말해 주어야 한다. 예를 들어, "네가 말해도 좋다고 하지 않는 한 어떠한 것도 다른 사람에게 말하지 않겠다."라고 안심시킬 필요가 있다(이부덕 외 역, 1996).

2) 사회조사

사회조사는 아동문제와 관련된 다양한 사실들을 수집하는 단계이다. 이후의 사정평가의 기초가 되는 구체적인 사실들을 수집하는 것이다. 주로 아동의 생육사에 관련된 내용과 아동문제와 관련된 가족정보를 수집하는 것으로 요약된다. 이러한 생육사에 대한 정보는 부모나 조부모 등의 주양육자로부터 얻기 때문에 이들의 협조가 필수적이다. 특히 부모가 기관의 서비스에 대해 어떠한 태도를 갖느냐가 아동에게도 결정적인 영향을 미치며, 실제로 많은 정보를 제공하는 필수적인 정보원이다. 따라서 이들의 심리적 상태나 반응을 이해해 주어야 타당하고 신뢰할 만한 정보를 수집할 수 있다(공계순 외, 2016).

(1) 생육사 조사

① 생육사 정보수집의 기본적인 태도

아동들은 자신의 어려움이나 욕구, 문제의 발달력 등을 효과적으로 표현하기 어려우므로 부모가 가장 중요한 정보원 중의 하나가 된다. 부모로부터 정보를 수집할 때는 가능한 한 명확하고 구체적으로 하되, 부모에게 비위협적으로 정보를 수집하는 것이 중요하다. 예를 들어, 자녀를 '통제하기 어렵다' 혹은 '불끈하는 성질이 있다'와 같이 단순히 설명하기보다는 부모에게 선행사건과 그 행동의 결과를 포함한 구체적 행동의 예를 물어보아야 한다. 또한, 부모가 아동의 행동을 다루기 위해 어떤 노력을 했는가에 대한 정보를 수집해야 한다. 완벽한 발달력에 대한 정보수집은 발달영역에서 중요한 정보를 제공할 뿐만 아니라 아동의 문제에 대한 부모의 기대와 지각을 알 수 있게 한다.

② 생육사 조사 내용

양쪽 부모 각각의 원가족 내 성장배경을 조사하고 만남에서 결혼하기까지의 과정이 어떠했는지를 질문한다. 아동을 임신했을 때 원하는 임신이었는지, 임신기간 중에 신체적・정신적 어려움은 없었는지 등 임신과 관련된 내용, 조산은 아니었는지, 자연분만이었는지, 출생 시 건강상태는 어떠했는지 등 아동의 출생에 대한 정보를 질문한다. 때때로 몇 번 임신했는가와 같은 간단한 질문을 통해 사산이나 유산의 경험을 밝히기도 한다. 아동의 출생 이전에 그러한 사실이 있었던 것은 아동에 대한 과잉보호나 거부의 가능성을 탐색하는 실마리를 제공한다. "아무개가 아기였을 때 어땠나요?"라는 질문은 아동의 수면이나 식사습관에 관한 정보 및 이에 대한 부모들의 반응을 알게 한다. 또한, 처음으로 부모와 떨어져 지냈던 캠프나 입학 첫날 경험, 애완동물이나 조부모의 죽음 등 아동의 분리나 상실경험에 대해 자세한 정보를 탐색해야 한다. 아동을 돌봐 준 사람에 대한 정보는 아동이 이런 사람들과 어떤 친밀한 관계를 가졌는지를 알려 줄 뿐만 아니라, 아동이 괴롭힘을 당한 경험에 대한 정보를 제공해 줄 수 있다. 그 밖에 문제행동, 감정표현방식, 질병 유무와 종류 등에 대해서도 살펴보아야 한다(이부덕 외 역, 1996).

(2) 가족관계 및 역동 조사

아동문제를 보다 체계적이고 맥락적으로 파악하고 원조하기 위해 가계도가 활용된다. 가계도를 통해 세대 간 전승되는 독특한 양육방식이나 가족문제를 확인하는 것은 현재의 문제역동을 이해하는 데 도움이 된다. 부모들은 자신의 양육방식이나 원가족으로부터 전승받은 문제에 대한 통찰을 얻을 수도 있고, 아동문제에 부모 자신이 어떻게 기여하고 있는지를 인식할 수 있기 때문이다.

토마스(Thomas, 1992)는 가계도 면담을 통해서 자료를 어떻게 분석하고 구조화할 것인가와 관련하여 다음의 질문을 제안한다(천성문 외 역, 2001).

- **건강**: 가족원에게 나타나는 가장 빈번한 건강문제는 무엇이었나? 이 건강문제를 예방하거나 다루기 위해 어떻게 했는가?
- **구조**: 한부모, 확대가족, 핵가족, 혼합가족 등과 같이 특정 유형의 가족구조

가 가계도에서 반복되었는가?

- **직업**: 가족 내 어떤 직업들이 가장 많았는가?
- **단계**: 가장 다루기 힘들었던 생활주기단계는 무엇이었는가?
- **사건**: 어떤 인생 사건들이 세대를 통하여 가족 기능에 영향을 미쳤는가?
- **삼각관계**: 가계도에서 삼각관계가 존재하는가? 누구와의 관계가 가깝고, 어떤 관계가 소원하며, 누구와 갈등이 있는가? 정서적 단절은 누구와의 관계에서 나타나는가?
- **유형**: 교육이나 직업적 성공, 종교, 정치활동, 알코올이나 마약사용과 같은 패턴이 반복되는가?
- **크기**: 가족의 크기가 어떠한가? 가족 크기나 불균형 때문에 어떤 스트레스들이 있었는가?

이 외에도 아동과 함께 찍은 가족들의 사진을 가지고 오게 하는 것도 가족 내 상호작용이나 역동을 사정하는 흥미로운 방법 중 하나이다. 자연스럽게 찍은 사진에서 누가 누구 옆에 있는가, 누가 누구의 어깨에 팔을 두르고 있는가, 그들의 접촉은 친밀한가, 누가 누구에게 기대고 있고 누구를 멀리하고 있는가, 누가 행복해 보이고 누가 그렇지 않은가 등을 살펴볼 수도 있다(이부덕 외 역, 1996).

(3) 다양한 정보원에 대한 조사

정확한 사정을 위해서는 다양한 정보원으로부터 정보를 수집해야 한다. 무엇보다 부모의 정보가 중요하겠지만, 아동은 환경과 사람에 따라 다르게 행동할 수 있음을 간과해서는 안 된다.

정보는 부모뿐만 아니라 아동으로부터도 반드시 수집되어야 한다. 일반적으로 아동들은 자신의 문제를 설명하는 능력에 어려움이 있기 때문에 별로 유용하지 않다고 생각할 수 있다. 그러나 아동으로부터 수집한 정보는 그 내용의 정확성이나 신뢰성 여부를 떠나 임상적으로 중요한 의미를 갖는다. 아동의 입장에서 문제를 어떻게 지각하는가는 궁극적으로 아동행동을 이해하는 기초가 되고, 결과적으로 개입효과에도 영향을 미치기 때문에 계획을 수립할 때부터도 고려되어야 한다(Bierman, 1983).

따라서 아동에 대한 정보를 오직 한 정보원에게만 의존한다면 그 아동이 보이는 현재의 행동과 다른 장소에서 보이는 행동을 제대로 이해할 수 없게 된다. 만약 아동이 부모가 아닌 다른 양육자, 예를 들어 조부모나 보모에게 얻는 것이 바람직하고, 추가적으로 부모 면담을 수행해야 할 것이다(박영애 외 역, 2001).

만약 다양한 정보원으로부터의 정보가 일치하지 않을 경우 불일치 자체가 중요한 임상적 단서가 되며, 누구의 정보가 보다 일관되며 타당한지를 판단하는 것이 변화의 원동력이나 문제 해결의 실마리가 되기도 한다. 특히 아동의 정보가 지속적이고 일관되게 주장된다면 5~6세 정도의 학령 전 아동의 정보라 할지라도 그 신뢰성에 큰 비중을 두어야 한다.

3) 사정 및 계획

사정 및 계획단계에서는 이상에서 수집된 사실들을 조직화하여 구체적인 개입의 우선순위를 결정한다. 이러한 자료의 조직화는 다음과 같은 원칙들을 염두에 두고 이루어져야 한다.

(1) 아동발달 관점에 근거한 사정

개입을 위한 아동문제의 사정은 발달의 시각에서 접근해야 한다. 급격한 발달을 경험하는 아동들을 평가할 때 연령에 근거한 포괄적인 발달 기준도 중요하지만, 아동발달에서의 개인차를 인정하는 융통성도 필요하다. 예를 들어, 한 살짜리 아이가 걷지 못하는 것은 걱정할 필요가 없다. 이 연령에서는 걷지 못하는 아이가 많기 때문이다. 그러나 만 두 살이 넘은 아이가 혼자 앉을 수 없다면 그건 문제이다. 대부분의 아이가 이 연령이 되면 혼자 앉을 수 있기 때문이다.

또래와 비교해서 뒤떨어지는 것뿐만 아니라 나이에 맞게 행동하지만 더 이상의 진전을 못 하는 경우도 문제가 될 수 있다. 예를 들어, '심하게 떼 부리기(temper tantrum)'는 세 살짜리 아이에게는 문제가 아닐 수 있지만, 12살에도 지속된다면 한 번 고려해 봐야 한다. 연령기준에 맞는 행동이라고 해도 너무 자주 또는 너무 드물게 일어나거나 너무 강하거나 너무 약할 때, 너무 오래 또는 너무 짧게 지속되는 것은 문제가 될 수 있다. 예를 들어, 겁을 내는 것은 문제가 아니지만 너무 자주 지나치게 겁을 내면 문제일 수 있다(정명숙 외, 2001).

사정뿐만 아니라 개입 계획의 수립 또한 아동발달론적인 관점에 근거해야 한다. 사회복지실천이 효과가 있으려면 구체적인 기법이나 방법의 선택이 아동의 인지능력이나 발달단계에 근거해야 하기 때문이다. 예를 들어, 발달단계상 자아중심성을 극복하기에 너무 어린 아동은 다른 사람의 상황을 공감하는 데 어려움이 있다. 따라서 다른 사람의 입장을 이해하거나 그 관점에서 역할을 취할 수 없기 때문에 역할극을 하는 것 자체가 매우 어려울 수 있다(Wadsworth, 1989).

이와 같이 아동발달에 대한 지식은 아동의 초기 사정단계뿐만 아니라 개입의 방향과 방법을 구체적으로 계획하고 실천하는 데도 필수적이라고 할 수 있다.

(2) '환경 속에 아동' 관점에 근거한 사정

사회복지실천의 사정은 대상을 막론하고 '환경 속에 인간'이라는 이중적 관점에 근거해서 이루어져야 한다. 아동대상 실천도 예외가 아니다. 아동 개인의 발달에 대한 사정과 더불어 아동이 속해 있는 가정환경, 학교환경, 사회환경에 대한 사정이 동시에 이루어져야 한다.

이와 같이 환경 속에 아동을 사정할 때 주의할 것은 개인과 환경에 대한 위험사정뿐만 아니라 자원과 같은 보호적 요소에 대한 사정도 함께 포함되어야 한다는 것이다. 이를 통해 사정의 내용을 보다 구체적인 계획으로 연결할 수 있고, 병리적인 관점으로부터도 탈피할 수 있기 때문이다.

① 아동사정

일반적으로 아동의 개인적 발달과 관련하여 사정할 위험요소들은 첫째, 선천적인 기형이나 장애가 있어서 의료적 지원이나 특수교육 서비스, 수술지원 등이 조기에 필요한지, 둘째, 사회적・정서적・행동적 문제 징후가 보여서 주의 깊은 관찰이나 심층적인 진단평가가 필요한지, 마지막으로 신체적・언어적・운동적 발달이 기대되는 수준보다 지나치게 늦어서 관찰과 평가가 필요한 경우인지 등이다.

한편 아동의 개인적 자원과 관련해서는 신체적인 건강, 아동의 높은 지능수준, 성공적인 학업성취 유능감, 삶에 대한 낙관적인 태도, 책임감, 학교에 대한 흥미 등이 포함될 수 있다.

② 환경사정

아동이 속해 있는 가장 대표적인 환경으로는 가정과 학교환경을 들 수 있다. 초기에는 가정이 절대적으로 중요한 환경이지만, 점차 아동이 발달하면서 또래 및 학교환경의 중요성이 강조된다.

우선 가정환경사정에 포함되어야 할 항목들은 첫째, 가정폭력이나 보호자의 정신건강 문제로 건전한 양육이 불가능해서 즉각적인 격리나 의료적 지원이 필요한 경우인지, 둘째, 가정환경이 안전이나 위생상태가 불량해서 물리적 환경에 대한 지원이 필요한지, 셋째, 보호자의 신체질환, 간병 부담 등으로 양육환경에 대한 지원이 필요한지, 마지막으로 가족의 구조적 결손이나 실직, 빈곤 등과 같은 만성적인 위험요소가 있는지 등을 살펴보아야 한다.

다음 학교환경 사정에 포함될 내용으로는 첫째, 학교 내 대인관계적인 측면으로서 교사나 또래 관계에 대한 사정, 둘째, 학업활동을 적절하게 수행하고 있는가에 대한 사정, 셋째, 학교의 규범을 수용하고 내재화하고 있는지에 대한 사정, 마지막으로 아동이 학교라는 제도에 대해 애착과 흥미를 가지고 있는지에 대한 것 등이 포괄적으로 사정되어야 한다.

아동과 관련된 환경적 자원 또한 그 범위가 매우 넓고 다양하다. 부모의 동기화나 태도, 성격, 교육수준, 경제적인 능력이나 가족 내의 심리적 지원과 같은 가족자원과, 지역사회 내의 상호교류나 자조집단 참여, 장애아동 수당 등과 같은 지역사회 내 자원에 이르기까지 공식직·비공식직 자원이 모두 포함된다.

이와 같이 사정 및 계획단계에서는 현재 아동이 보이는 문제나 환경적 위험요소에 대한 평가뿐만 아니라 아동의 개별적 자원은 물론 부모의 심리적·사회적·경제적 자원, 지역사회의 가용한 물적·인적 자원까지도 포괄적으로 고려해야 한다. 개입을 계획하고 실행할 때부터 이러한 사정 원칙을 고려한다면 유용한 정보를 수집하는 기회가 극대화될 것이다.

(3) 실천 이론에 근거한 사정

사정단계에서는 수집된 자료에 의미를 부여하는 과업을 수행한다. 즉, 초기과정에서 다양한 방법으로 수집된 자료를 이론적 배경에 따라 분석하고 평가하는 것이다. 사회복지사의 이론적 지향에 따라 보다 관심을 두어야 할 중요한 자료와 부차적인 자료로 우선순위를 결정하게 되며, 문제해결의 실마리와 개입방법을 계획하는 것이다.

따라서 이 단계에서는 사회복지사의 '훈련된 관심사(이론적 지향)', 즉 인간의 행위 및 원조 과정에 대한 관점에 의존하여 실천이 이루어진다. 사회복지사에 따라 개인의 변화에 관심을 갖기도 하고, 가족과 같은 해당 체계의 맥락에서 문제를 이해하고 해결하려는 시도를 보이기도 한다. 즉, 놀이치료 등을 통해 아동의 심리사회적 발달을 원조하는 사회복지사도 있고, 가족치료나 부부치료를 함으로써 주어진 체계 내에서 역기능적인 상호작용과 아동문제와의 관련성에 보다 관심을 두고 원조하는 사회복지사도 있다.

한편 아동이나 부모의 감정에 초점을 맞추는 반면, 사고나 행동을 강조하는 사회복지사들도 있다. 이들은 사고나 감정, 행동의 세 가지 영역 중에서 하나가 변화되면 다른 두 개의 영역도 변화된다고 믿는 점에서는 같지만, 변화의 최초 실마리가 세 가지 영역 중에 어디에 있는가에 따라 의견을 달리하며 실제적인 개입 양상도 달라진다.

아동을 대상으로 하는 사회복지기관에서는 상담가가 어떠한 훈련배경을 가지고 있고, 어떠한 이론적 지향과 관점을 지니는가도 중요하다. 그러나 만병통치약인 것처럼 특정 실천 이론 추구, 즉 한 특정 이론의 관점에서 모든 아동의 문제를 평가하는 오류를 범해서는 안 된다. 최근에는 해당 아동의 문제를 설명할 수 있는 보다 최적의 관점과 개입방법을 선택하고, 절충할 수 있는 전문가적 판단이 더욱 중시된다고 하겠다.

(4) 구조화된 평가도구에 근거한 사정

아동의 문제를 평가하기 위한 많은 측정도구가 있지만 이러한 도구의 대부분은 자기보고에 의존하므로 자신의 정서를 언어적으로 좀 더 잘 표현할 수 있는 학령기의 아동에게만 사용된다. 자기보고식 도구 수행이 어려운 학령 전의 유아에게는 관찰이나 추론적이고 투사적인 사정을 수행해야 한다. 예를 들어, 놀이를 통한 상호작용평가, 발달적으로 민감한 면접, 얼굴표정 그림, 그 외의 구체적인 참조물을 사용한 사정도구를 사용해야 한다. 기관에 따라서는 이러한 검사는 아동발달 심리전문가나 검사전문가에게 의뢰하여 이루어진다.

현재 가장 흔히 쓰이고 있는 진단 분류체계인 DSM-V는 나이 어린 아동의 행동문제에 적절한 지침을 제공하지 못한다. 이러한 진단체계는 극단적인 사례, 즉 정신지체 혹은 자폐증과 같은 중증발달 및 정서적 결함을 지닌 아동을 제외하고는 취학전 아동에게 사용하기에 상당한 한계가 있다. 따라서 5세 이하 아동에게 예후, 변인 혹은 치료까지도 단정적으로 정의하고 있는 DSV-V 진단명을 엄격하게 적용하는 것은 적절하지 않다(Campbell, 1990). 그러한 진단체계는 문제가 되는 행동이 특정진단의 기준에 부합하는 증상인지를 판단할 만한 명확한 근거가 거의 없기 때문이다. 따라서 이것이 정상발달 범위 내의 일시 일탈인지 아니면 지속적인 병리의 시발인지를 이해하기 위한 지침이 없기 때문에 과잉진단의 가능성 또한 높다(박영애 외 역, 2001).

4) 개입

다음은 개입단계에서 활용할 수 있는 구체적인 방법들이다. 아동의 증상이나 문제를 다루기 위해 놀이, 미술, 음악 등의 활동을 치료적으로 활용하는 방법, 복합적 욕구를 가진 아동을 위한 사례관리, 가족 환경을 수정하고 개입하는 방법, 성인역할모델을 활용한 개입방법에 이르기까지 아동 원조를 위한 다양한 방법을 살펴보면 다음과 같다(공계순 외, 2016).

(1) 아동의 증상과 다양한 치료 개입

언어적인 상호작용에 미숙하고, 학대와 같은 심각한 외상을 경험한 어린아동들에게는 놀이나 다른 매개체를 활용한 치료가 유용할 수 있다.

물론 놀이치료나 음악치료 같은 전문적인 훈련을 필요로 하는 치료기법을 사회복지사가 현장에서 반드시 활용해야 하는가에 대해 회의적인 사람들도 있다. 그러나 최근 아동복지 현장에서는 아동치료 관련 스페셜리스트에 대한 수요가 많아지고 있고, 실제 사회복지사들의 상당수가 필요에 따라 이와 같은 훈련을 받거나 받고자 하는 경우도 늘고 있다. 또한, 자신이 직접 치료를 수행하지 않더라도 아동 관련 기관 내에서의 효과적인 팀 협력을 위해서 놀이치료, 음악치료,

미술치료에 대한 이해가 필요하다.

(2) 가족에 대한 개입

아동의 발달에 영향을 미치는 개인적·환경적 요소가 많음에도 대인관계 이론을 비롯한 상당히 많은 이론이 아동의 문제를 주로 부모 특히 주양육자인 어머니의 영향으로 돌리는 경향이 있었다. 부모들은 이 같은 사실에 대해 죄책감과 책임감을 느끼게 된다. 아동을 다루는 그들의 방식이 잘못되었다고 하더라도 결코 악의로 한 것이 아니라는 점을 인정해 줄 필요가 있다. 나아가 아동의 문제가 보다 복잡하고 다양한 원인으로 발생한 것임을 설명해줌으로써 부모의 죄책감을 줄여 줄 수 있다.

아동상담을 위해 필요한 경우 부모와의 별도 면담을 정기적으로 병행해야 할 수도 있다. 환경을 중시하는 사회복지 현장에서는 부모와의 면담이 더욱 강조된다. 단, 부모면담의 병행은 문제의 성격과 아동상담 과정에 따라 융통성 있게 이루어지는 것이 바람직하다.

부모면담을 하는 사회복지사는 부모들이 상처받기 쉽다는 것을 염두에 두면서 공감적으로 면담을 수행하는 것이 좋다. 또한 아동문제의 근본적인 원인 자체를 밝히는 것에 관심을 갖는 것보다 현재 그러한 문제를 어떻게 이해하고 어떻게 대처할 것인지를 더 강조해 주어야 한다. 부모들에게 죄책감과 수치심을 자극하는 것은 별 의미가 없을 뿐만 아니라 아동을 위한 부모의 치료적인 협조를 얻는 데도 효과적이지 못하다(이부덕 외 역, 1996).

(3) 가족 외 성인 역할모델을 활용한 개입

아동기에는 발달단계의 특성상 의존적 욕구가 충족되어야만 이후의 성인기를 위한 독립적 기반을 마련할 수 있다. 따라서 부모와 교사 같은 가까운 성인의 역할이 아동의 발달이나 진로에 매우 중요한 영향을 미치게 된다. 그러나 문제를 가진 아동이나 청소년들은 가족 내에 건전한 성인 역할모델이 부재한 경우가 많다. 이러한 경우는 가족 외에서라도 건전한 성인 역할모델과 정서적 결연을 해줄 필요가 있다.

이러한 문제의식에서 출발한 것이 미국의 빅브라더 빅시스터 프로그램(Big Brother, Big Sister program)이나 우리나라 청소년위원회에서 시범사업 중인 청소년 동반자 프로그램과 같은 멘토링 프로그램이다. 멘토링 프로그램(Mentoring Program)이란 건전한 역할모델과 아동의 친밀하고 상호적인 관계를 통해 저소득층가정이나 실직가정 자녀와 같은 고위험 아동과 청소년에게 정서적·사회적 지지와 격려를 제공하는 것이다. 이러한 멘토링 프로그램은 최근 우리나라에서도 후기 아동기나 청소년기의 고위험 클라이언트를 대상으로 활발하게 이루어지고 있다.

멘토링 프로그램에는 직접적 수혜자인 요보호청소년과 직접적 제공자인 성인 역할모델, 마지막으로 프로그램을 총괄 지원하고 기획하는 전문가집단이 관여하게 된다. 결연관계를 통해 건강한 성인으로서의 역할모델을 제시해 주고, 청소년들과 정기적 만남을 통해 지지와 격려를 제공해 주는 역할모델을 멘토(mentor)라고 부른다. 또한, 멘토와의 관계를 통해 자신의 고민과 관심사에 대해 위로, 지지, 격려를 받아 궁극적으로는 자신의 잠재력을 개발하고, 건강한 사회인으로 성장해 나가는 청소년들을 멘티(mentee)라고 부르고 있다. 그리고 멘토링 프로그램을 개발하고 기획하는 결연관리자는 도움이 필요한 청소년들과 도움을 주고자 하는 사람들을 맺어 주는 매개 역할 수행과 이후 맺어진 결연관계를 지속할 수 있도록 지원하고 관리하는 역할을 수행한다. 집단 멘토링의 유형도 있지만 멘토링 프로그램의 본래의 개념에 보다 부합하는 것은 일대일 멘토링이라고 하겠다.

(4) 사례관리적 개입

사례관리는 복합적인 욕구나 문제를 가진 클라이언트에게 필요한 다양한 사회적 자원을 연결하고, 연결된 자원을 지속적으로 관리하는 개입방법이다.

장애아동, 학대나 유기를 당해 가족해체에 직면한 아동, 가출이나 비행을 반복하는 청소년 등을 대상으로 사례관리가 이루어질 수 있다. 특히 가정폭력, 보호자의 알코올문제나 정신질환, 가족해체나 빈곤 등이 복합적으로 존재하는 고위험가정의 아동에 대해서는 현재 특별한 문제가 가시화되지 않은 상황이라고 할지라도 예방적인 관점에서 사례관리가 지속적으로 수행될 필요가 있다.

사례관리자는 생태도 등을 활용하여 욕구와 자원을 지속적으로 사정하고 연결해 주어야 하고, 자원 연결에 저해가 되는 요소를 찾아 제거해야 한다. 그리고 실제로 필요한 자원이 존재하지 않는 경우 보다 적극적으로 자원을 개발하는 역할을 수행한다.

노인이나 장애인 등의 분야에 비해 아동복지 분야에서는 사례관리 기법이 상대적으로 적게 활용되고 있다. 그러나 사례관리는 사회복지적인 정체성이 분명하게 드러나는 개입 방안이고, 요보호아동 중 상당수가 복합문제가정의 아동이므로 보다 적극적으로 활용될 필요가 있다.

5) 종결

(1) 종결 시점

종결은 의도적이고 계획적으로 이루어지기도 하고 다양한 원인으로 갑작스럽게 이루어지기도 한다. 예를 들어, 아동의 이사나 사회복지사의 전직 등 다양한 요인이 의도하지 않은 종결을 초래할 수 있다. 그러나 일반적으로 의도된 종결은 문제가 해결된 시점이다. 즉, 사회복지사와 클라이언트가 상담을 통해 성취해야 할 목표를 분명히 정했다면 종결의 시점은 목표가 달성된 때라고 할 수 있다.

(2) 종결에 대한 준비와 개입

의도 여부와 무관하게 아동들에게는 종결이 어려울 수 있다. 아동은 자신에게 관심을 갖고 따뜻한 태도를 보이는 성인에게 애착을 빨리 형성하기 때문이다. 사회복지사와 아동 간의 깊은 신뢰와 우정이 형성되면 어떠한 이유에서건 아동은 자신이 경험한 좋은 관계를 끝내고 싶어 하지 않을 것이다.

따라서 아동에게는 종결이 버려지는 경험이 아니라 아동 자신의 성장과 변화를 의미하는 경험으로 받아들여지도록 재조명해 주어야 한다. 이를 용이하게 하기 위해 아동과 사회복지사는 몇 주 앞서서 종결 날짜에 대해 논의하는 것이 바람직하다. 예를 들어, 마지막 3회기 전 정도에 미리 종결을 알려 주고, 사회복지사 스스로는 물론 아동에게 충분히 준비시키는 것이 좋다. 아동에게 안전한 환경에서 자신의 슬픔을 표현하고 나누도록 허락하는 것이 필요하기 때문이다.

문제가 재발하면 아동이 어떻게 행동할 것인지에 대해 계획을 세우고 미리 연습해 볼 수도 있다. 사회복지사는 아동에게 아직도 관심을 갖고 있으며, 필요하면 언제든 도움을 줄 수 있음을 알리는 것이 좋다. 그러나 가능성도 고려해 보지 않고, 꼭 다시 만날 수 있다고 섣불리 약속하는 것은 바람직하지 않다. 예를 들어, 아동이 멀리 이사 가야 한다거나 다른 이유 등으로 만날 수 없을 경우 아동을 당장 안심시키기 위해 거짓말을 하는 것은 좋지 않다. 솔직하게 이야기해 주고, 상담 과정에서 좋았던 것, 즐거웠던 것, 변화했던 것 등을 되새기게 하며, 파티나 간단한 수료식 등을 통해 성취감을 제고해 주는 것이 좋다.

5. 아동대상의 집단상담

1) 아동대상 집단의 유형

타인과 성장과 변화를 원조하는 목적을 가진 집단들의 유형에 대한 논란은 상당히 많았다. 심지어 교육 및 정신건강 전문가들조차도 지지집단(support group), 집단치료(group therapy), 집단상담(group counseling), 집단지도(group guidance) 등을 불분명하게 논의해 왔다.

미국상담학회의 분과인 집단사회사업전문가 협회(The Association for Specialists in Group Work, ASGW)는 네 가지 중요한 집단 유형에 대해 다음과 같이 설명하고 있는데, 아동대상 집단도 이에 근거하여 구분될 수 있다. 아동과 일하는 사회복지사는 전문적인 경험과 훈련 정도, 기관의 목적과 기능에 따라 차이가 있으나 다음의 네 가지 유형의 집단을 모두 활용한다. 특히 학교에서 활동하는 사회복지사의 경우 과업 및 작업집단부터 심리치료에 이르기까지 다양한 수준에서 집단을 활용하게 된다(박언하 · 조미숙 · 하경표, 2019).

(1) 과업/작업집단

과업 및 작업진단(task/work group)은 조직이나 지역사회의 집단에서 특정 유형의 목적, 예를 들어 학습 집단이나 위원회 등과 같이 해당 목적의 과업을 효과적으로 달성하기 위해 집단 역학을 활용하는 것이다. 방학 중 과학 과제를 자체적으로 학습하고 수행하기 위해 모인 청소년 집단, 학교 내 학생 대표로 이루어진 임원회의 등이 이러한 집단이라 할 수 있다.

(2) 지도/심리교육집단

지도집단(guidance group)은 학교세팅에서 자주 활용되고, 심리교육집단(psychoeducation group)은 임상 현장이나 병원 등의 현장에서 볼 수 있다. 진단된 인구집단이나 고위험집단을 대상으로 재발 방지나 예방을 위한 목적으로 집단 역학을 활용하는 것을 의미한다. 지도집단이나 심리교육집단을 운영하는 사회복지사들은 인간의 성장이나 발달 지침, 환경 사정, 구성원의 역량강화와 같은 개념들을 활용한다. 고등학생을 대상으로 한 성교육집단, 소아당뇨환자들을 위한 식이요법 훈련집단 등이 그 예이다.

(3) 상담/대인관계 문제해결집단

상담 또는 대인관계 문제해결집단(counseling/interpersonal problem-solving group)은 소위 집단상담이라고도 한다. 과업집단이나 지도/심리교육집단이 내용지향적인 데 반하여 집단상담은 과정지향적이다. 인간이 살아가면서 부딪히는 생활사적인 문제들을 해결하기 위해 사회복지사와 집단성원 간의 관계와 과정을 활용하는 것이다. 집단상담에서 자주 다루어지는 생활사적인 문제는 이혼, 분노, 슬픔과 상실, 대인관계, 자존감 등이다. 학교나 아동·청소년기관에서 자주 활용되는 집단이다.

(4) 심리치료/성격재구조화 집단

심리치료(psychotherapy)와 성격재구조화 집단(personality reconstruction group)은 심각한 심리적인 문제의 치료 또는 성격이나 행동의 주요 변화에 초점을 둔다. 다수의 죽음이나 불안정한 가족사로 심각한 심리적 외상을 반복적으로 경험한 아동들을 위한 집단치료가 그 예라고 할 수 있다. 이 유형의 집단은 학교와 같은 세팅보다는 임상장면에서 자주 활용된다. 따라서 이러한 집단을 수행하기 전에 사회복지사는 정신건강에 대한 교육과 심도 깊은 슈퍼비전 교육을 받아야 한다.

2) 아동대상 집단상담의 실천과정

(1) 준비단계

준비단계는 집단이 형성되기 전 단계로, 집단을 준비하고 계획하며 예비 성원에게 개별적인 홍보와 오리엔테이션을 제공하는 시기이다(박언하 · 조미숙 · 하경표, 2019).

① 집단에 대한 계획

집단에 대한 계획서를 준비하고 홍보하며, 집단구성원의 선별과 집단구성원에 대한 최종결정을 내리는 시기이다. 아동이 대상이므로 필요하면 부모의 동의서를 받는 것이 좋다.

집단의 크기와 시간, 장소 등과 관련된 결정도 이 시기에 이루어진다. 집단의 크기와 시간은 아동들의 연령에 따라 달라질 수 있다. 일반적으로 아동이 어릴수록 집단은 더 작아지고 회기시간은 더 짧아진다. 어린 클라이언트를 대상으로 집단을 하기 위해서는 굳이 조용히 해야 할 필요가 없고, 자유롭게 돌아다닐 수 있는 장소인지, 장소 안에 파손되거나 위험한 물건은 없는지, 비밀보장을 할 수 있는 구조인지 등을 살펴야 한다(김명권 외, 2001).

준비단계에서는 총체적인 준비가 이루어지지만 이후의 각 회기에서도 철저하게 준비해야 한다. 아동이나 청소년을 대상으로 하는 집단상담은 성인 집단보다도 면밀하고 세심하게 준비하여야 한다. 부주의한 준비로 자칫 산만하게 진행되지 않도록 조심해야 한다. 그러나 집단의 과정에서는 '지금-여기'에서 일어나는 자연스러운 상황에 맞게 집단형식과 주제를 융통성 있게 조정해야 한다. 어떤 일이 발생해도 미리 준비된 계획대로 무조건 추진하는 것은 피하도록 한다. 철저하게 계획하고 준비하되, 창의적이고 융통성 있게 진행해야 하는 것이다.

② 오리엔테이션과 정보제공

성인집단과 마찬가지로 아동집단에서도 아동들은 집단의 목적과 의도가 무엇인가, 집단에서 무엇이 일어날 것인가, 구성원과 리더에게 무엇을 기대하는가를 알아야 한다. 이러한 정보는 이후의 집단과정에서도 적극적으로 참여할 수 있게 도와준다.

아동의 발달적인 한계 때문에 충분한 정보를 아동의 눈높이에서 이해시킨다는 것은 상당히 어려운 일이지만, 이를 위해 노력하는 것이 중요하다. 예를 들어, 글을 읽을 줄 아는 학령기의 아동들에게는 흥미를 끌 수 있는 형태의 유인물을 만들어서 집단 오리엔테이션을 해도 좋다. 학령전 아동과 같이 집중도가 떨어지고, 글을 읽지 못하는 아동들은 아동들이 좋아하는 캐릭터가 나오는 시청각 자료나 인형 등을 만들어서 설명해도 좋다.

이러한 정보제공과정에서는 아동뿐만 아니라 보호자의 집단참여에 대한 동의가 필요하다.

(2) 초기단계

집단구성원의 참여가 결정되고 최초로 집단이 형성되는 시기이므로 아직 집단으로서의 속성보다 구성원 개개인의 목적과 느낌이 강한 단계이다. 사회복지사는 집단의 응집력과 매력을 증진시키기 위해 기본적인 구조화를 하고, 안전한 집단 분위기를 만들며, 개인 목표와 집단 목표를 연결할 수 있도록 적극적으로 개입하게 된다(박언하 · 조미숙 · 하경표, 2019).

① 집단 구조화하기

아동들이 집단에서 반드시 지켜야 할 기본 규칙이 있음을 이해시키고, 실제 집단 규칙을 정하고 강화하는 데 아동들을 참여시켜야 한다. 어떤 규칙을 정할 때 독단적인 방법이 아닌 상호적인 협의를 통해 하는 것이 바람직하나, 때때로 전문가는 일정한 정도의 단호함을 보이는 것도 필요하다. 예를 들어, 집단 회기를 떠난 집단구성원에게 돌아오는 것을 허락하지 않는 규칙이 있는 경우 '한 번만 더' 기회를 달라는 집단구성원의 요구를 수용하지 않도록 조심한다. 아동이나 청소년들은 전문가가 말하는 것이 무엇을 의미하는지를 빨리 간파한다. 집단 내 구성원으로부터 전문가로서의 권위를 얻고 존경을 얻는 것은 신뢰하는 관계에서도 중요한 의미를 지닌다.

② 안전한 분위기 형성하기

자기개방의 수위를 적절하게 조정하여 안전한 분위기를 형성해야 한다. 가족과 연관되는 다양한 사적인 문제에 대해서 얼마나 자기개방을 하도록 할 것인지를 결정하기 위해서는 집단의 목적과 목표를 고려해야 한다. 어느 정도의 개방이 바람직한지 단언적으로 말하기는 매우 어렵다. 사회복지사는 아동들이 집단에서 개방한 것을 다른 아이들에게 말할지 모르기 때문에 조심할 필요가 있다. 특히 학교 현장에서 이루어지는 상담일수록 비밀을 보장하는 것이 매우 어렵다. 이러한 경우 아동들로 하여금 집단 내에서 부모의 사적인 문제나 갈등 등을 자세히 표현하도록 격려하는 것은 바람직하지 않다. 예를 들어, 부모의 부부갈등과 싸움에 대해 자세히 이야기하도록 하는 것보다 아동 자신이 어떻게 느꼈고 영향을 받았는지 이야기하도록 해야 한다. 자기개방의 초점은 부모가 아니라 아동이어야 하기 때문이다 (천성문 외 역, 2001).

③ 개인목표 설정을 격려하기

아동들은 자신이 집단에 기대하는 것이 무엇인지, 자신이 집단을 통해 무엇을 성취할 수 있는지를 잘 모르는 경우가 많다. 자신의 행동이나 문제 중에서 무엇이 변화하기를 바라는지 막연하게나마 이야기할 수 있다면, 그러한 내용을 보다 구체화할 수 있도록 원조하는 것이 필요하다. 동질적인 문제를 가진 아동집단에서는 집단 전체의 목표가 개인적인 목표와 명확하게 구분되지 않을 수도 있다. 이러한 경우는 아동들에게 집단의 목표를 직접 이야기해 줄 수도 있다. 그리고 목표를 위해 지금 자신이 여기에서 할 수 있는 일 또는 하고 싶은 일이 무엇인지를 물어봄으로써 개인적인 기대나 목표를 발달시킬 수 있도록 원조한다. 이 과정에서 무엇보다 중요한 것은 아동으로 하여금 집단상담에서 무엇을 기대하고, 무엇을 얻을 수 있는지를 알게 하는 것임을 잊지 말아야 한다.

(3) 갈등단계

집단이 어느 정도 형성되고 발전하면서 집단성원 내 갈등이 생길 수 있다. 갈등의 존재는 집단이 발달한 증거이기도 하므로, 갈등 자체를 지나치게 문제시하는 것보다 어떻게 다룰 것인지가 중요하다고 할 것이다. 이 단계에서 다루게 되는 실천적 이슈는 갈등, 문제행동, 침묵 등이다(박언하 · 조미숙 · 하경표, 2019).

① 갈등 다루기

성원 간의 사소한 갈등은 집단을 성장시키는 데 촉진적으로 기여할 수 있으나, 대부분의 경우 집단 내 갈등은 응집력과 집단에의 매력을 저해한다. 일대일 성원 간의 갈등이 있을 때 일방적으로 상담자가 지시하거나 해결을 주도하는 것보다 집단과정 중에 자연스럽게 다루어질 수 있도록 격려하는 것이 좋고, 사회복지사는 중립적인 위치에서 갈등 해결을 지원할 수 있도록 해야 한다.

집단 내에서 부모나 학교와 같이 특정 기관에 반항적인 아동이나 청소년을 무조건 편드는 것은 바람직하지 않다. 이런 행동은 아동으로 하여금 부모보다 사회복지사에게 더 많이 의지하게 하고, 부모나 교사와의 관계에서 문제가 증폭될 수 있다. 그보다 아동이 부모나 교사에게 느끼는 불만을 토로할 수 있는 기회를 주되, 이를 현실적으로 다루어 주고, 아동들이 역할연기를 통해 상대방을 이해하고 공감할 수 있도록 돕는 것이 바람직하다. 중요한 것은 아동들에게 부적응적인 행동을 알려 주고, 자신이나 타인을 상처 주지 않으면서 자신의 감정을 표현하는 법을 가르치며, 그러한 감정을 표현할 수 있는 분위기를 제공하는 것임을 잊지 말아야 한다.

② 문제행동 다루기

문제행동을 보이는 아동이 있으면 그 아동이 집단에서 보이는 다양한 행동이나 단서에 주의를 기울이고 관심을 보여야 한다. 실제 참여를 주저하거나 집단을 방해하려는 의도인지, 관심을 원하고 적극적인 참여를 위한 기회를 찾고 있는 것인지 판단하기 위해서는 아동 각각의 감정 표현의 방식과 성격 집단 내에서의 행동 등에 주의를 기울이고, 그들의 언어를 경청해야 한다.

특정 진단을 받은 아동들에 대해 전문가들이 갖는 편견은 아동들의 장점이나 특성, 관심 등을 발견하는 데 저해요소가 되기 쉽다. 이러한 전문적 편견으로 아동들의 변화 가능성과 능력에 제한을 두어서는 안 된다.

또한, 어떤 활동에는 아동들이 참여하지 않을 권리가 있다는 점을 알아야 한다. 아동들이 참여하기를 주저하는 것은 대부분 활동에 대한 이해가 부족해서지만, 때로는 활동의 내용이 자신들에게 맞지 않는다고 느끼기 때문이다. 예를 들어, 6세 아동에게 이성과 짝이 되어 손을 잡으라고 하면 저항이 없지만, 12세 아동들에게 시키면 저항에 부딪히기 쉽다.

③ 침묵 다루기

아동을 대상으로 하는 집단상담에서는 침묵하거나 잘 참여하지 않는 구성원을 다루는 방법을 습득해야 한다. 침묵하거나 소극적인 집단구성원은 집단의 흐름을 언어적으로 방해하지는 않지만, 집단구성원 개인이나 집단 전체에 많은 문제를 초래한다.

침묵하는 집단구성원이 있을 때 중요한 것은 그 집단구성원을 공격하지 않고 참여하도록 하는 것이다. 그러나 지나치게 반복적으로 참여를 독려하거나 지목해서는 안 된다. 잘못하면 다른 성원과 침묵하는 성원 간에 혐오감만 생길 수도 있고, 사회복지사 스스로도 좌절하기 쉽기 때문이다. 그보다는 침묵의 의미를 탐색하고 조심스럽게 접근하는 태도가 필요하다.

이들의 침묵의 의미는 다양할 수 있다. 너무 내성적이어서 먼저 나서기를 꺼리는 것과 같이 비교적 가벼운 이유일 수도 있지만 이야기할 가치가 없다고 저항하는 것일 수도 있고, 적절한 행동이나 말을 몰라서 두려워하는 것일 수도 있다. 또는 비밀이 누설될까 봐 걱정하는 것일 수도 있다.

처음에는 소극적인 수준에서 참여할 수 있도록 보다 덜 힘든 기회를 제공한다. 예를 들어, 집단의 제일 마지막에 느낀 점 같은 것을 이야기하도록 역할을 줄 수 있다. 이 외에도 집단이 시작되면 적어도 한 번씩은 돌아가면서 이야기하는 것을 내부적인 규칙으로 만들 수도 있다. 뭔가 말하고 싶은 것이 있는데 시간이 부족해서 말을 못 한 성원이 있거나 주저해서 말을 못 한 성원이 있으면, 다음 시간에 연결해서 준비해 온 말을 할 기회를 줄 수도 있다(박언하 · 조미숙 · 하경표, 2019).

(4) 문제해결단계

집단이 문제해결단계에 도달하면 신뢰와 응집력이 높아지고, 의사소통이 개방적으로 되며, 집단 내 상호작용과 피드백이 건전하고 충분하게 이루어진다. 변화에 대한 의지와 희망을 갖고 집단 밖에서도 변화를 시도하고 유지하려는 행동을 보인다(박언하 · 조미숙 · 하경표, 2019).

① 모델링하기

사회복지사는 적절한 행동모델을 보여 줘야 한다. 모델링을 성원, 즉 아동들 중에서 할 수 있으면 바람직하다. 그러나 아동대상 집단에서는 사회복지사가 원하는 바람직한 행동이 출현하지 않을 가능성이 크다. 필요에 따라 사회복지사는 집단의 내용과 관련하여 모델링할 수도 있지만, 집단과정에 참여하는 방법을 모델링할 수도 있다. 즉, 어떻게 다른 성원의 장점을 파악해서 지지해 주는지, 조심스러운 직면은 어떻게 하는 것이 좋은지, 자신의 의견은 어떻게 말하는 것이 좋은지 등과 같이 집단과정에 참여하는 방법과 태도에 대해서도 모델링하게 된다.

② 지지와 직면의 균형 이루기

사회복지사는 집단성원 간에 적절한 지지와 직면이 이루어질 수 있도록 원조한다. 효과적인 직면은 활발한 집단 활동의 기본적 요소이다. 직면은 성원 간에 이루어질 수도 있고, 사회복지사가 성원에게 할 수도 있다. 말과 행동 또는 이야기한 내용 중에 모순과 불일치가 있음을 보여 줌으로써 스스로 자신의 내적 욕구를 깨닫게 하고, 궁극적으로 자아대면 능력을 향상시키는 것이다. 효과적인 직면이 되기 위해서는 충분한 지지가 전제되어 서로 간에 일정 정도의 신뢰가 구축되어 있어야 한다. 아동들 간의 직면이 비난이나 책망이 되지 않도록 주의해야 하며, 특히 내성적인 아동에 대해서는 지지적인 기법으로 충분히 집단 분위기를 편안하게 느끼도록 조성하는 것이 중요하다.

③ 응집력 향상을 위해 노력하기

문제해결단계의 성원들은 자신들의 공통점을 통해서 문제가 너무 유사하다는 사실에 놀라게 된다. 구체적인 사건이 다를지 몰라도 공통적인 정서를 발견할 수 있기 때문에 사회복지사는 이러한 정서의 보편성과 공통성에 초점을 두어 성원들의 문제가 서로 연관되어 있음을 강조해 줄 수 있다.

이때 성원들은 그런 감정을 느끼는 것이 자신만이 아니라는 사실을 깨닫게 되는데, 그러한 연대감은 집단이 앞으로 나갈 수 있는 원동력이 된다. 예를 들어, 이혼가정 자녀들을 위한 집단상담에서 다른 성원의 말이나 그림을 통해 부모의 이혼에 대해 서로 유사한 감정이 있다는 것을 알게 되고, 이는 집단을 유지하고 앞으로 나아가게 하는 응집력의 토대가 된다.

(5) 종결단계

종결단계가 되면 집단성원들은 헤어진다는 사실에 대해 다소의 불안과 우울을 경험하고, 집단 밖에서 자신이 배운 것을 적용할 수 있을지 두려워한다.

따라서 아동 집단상담을 종결하는 사회복지사는 특별히 염려되는 성원이 없는지, 상담이 끝나기 전에 다른 성원과 함께 나누고 싶은 느낌이나 생각이 있는지, 헤어짐과 관련된 감정을 어떻게 다루고 있는지 등을 면밀하게 살펴야 한다. 사회복지사는 상담이 끝나는 데서 오는 감정을 표현할 기회를 아동들에게 충분히 주고, 어떠한 변화가 있었고 그러한 변화의 의미는 무엇인지 확인시켜 줘야 한다. 그리고 상담이 끝나고 집단에서 있었던 일들에 대해 비밀을 유지할 것을 당부해야 한다(김명권 외, 2001).

일반적으로 아동들은 종결에 저항하고, 계속할 것을 조르거나 애원한다. 따라서 무엇인가 끝이 났다는 것을 서로 간에 수용하고, 지금까지의 변화를 성취로 인식할 수 있도록 수료식이나 파티를 통해 종결을 준비하며, 사진 등을 찍어서 기념할 수 있도록 하는 것이 좋다.

6. 아동대상의 가족상담

아동에 대한 교육적 효과를 증진시키기 위해서는 가족의 기능을 무시할 수 없다. 가족 내의 문제는 아동의 정서에 직접적인 영향을 미치며, 그것은 아동의 학업에 그대로 반영된다. 그러므로 사회복지사는 아동과의 첫 번째 면담 이후에 가족을 만날 것인지 결정해야 하며, 이때 아동과의 협조체계를 구성할 필요가 있다. 아동의 동의나 협조가 없이 가족을 상담하는 일은 바람직하지 않으며, 특히 아동의 연령이 10대일 때는 아동과의 관계 형성이 필수적이다. 물론 아동이 위기상황에 있거나 입원치료가 필요하거나 보호자의 결정과 허락이 급히 필요할 경우에는 본인의 허락을 받는 데 시간을 낭비할 수 없으므로 예외이다. 특히 비행아동일 경우에는 가정생활에 대해 각별한 주의를 기울일 필요가 있다. 연구에 의하면 행동장애 아동의 부모는 임상적으로 역기능적이거나 병리적이며, 특히 아버지가 알코올중독자이거나 범법자인 경우가 많다. 또한 자녀에 대한 훈육방법이 일률적이지 않고, 지나치게 엄하거나 지나치게 풀어 주는 경향이 있다. 한편, 가족 간의 관계가 부정적이어서 정서적 지지, 온화함, 애정표현, 인정하고 수용해 주는 일 등이 매우 부족하고 의사소통은 비지지적이며, 방어기제를 자주 사용하고 민주적 경향보다는 특정인이 모든 의사를 결정하는 경우가 많다는 연구도 있다. 행동장애 아동의 가정 내에는 부부간의 갈등이 심하며, 집 안에서 공격적 모습을 쉽게 볼 수 있었다는 보고도 있다(Kazdin, 1995). 행동장애 아동의 가족이 이와 같은 특성을 지니는 것을 파악한 사회복지사는 가족에 대해 임상적 개입을 하는 것이다. 이때에는 부모교육프로그램과 가족치료기법을 주로 사용하게 되는데, 부모와 함께 양육태도를 토의하는 부모교육프로그램과 가족 간의 역기능적 패턴을 고쳐 주는 가족치료 기법을 함께 또는 따로 사용할 수 있다(정익중 · 오정수, 2021).

사회복지사는 가족치료기법에 대해 훈련받아야 하며 가족치료를 할 경우 가족의 의사소통 양식, 역할수행, 가족 간의 관계 등을 모두 파악할 수 있어야 한다. 만약 사회복지사가 본인이 이와 같이 임상기법의 훈련이 부족하다고 느낄 경우에는 아동과 그 가족을 다른 전문가에게 의뢰하여 가족이 적절한 가족치료를 받을 수 있도록 의뢰해야 한다.

부모교육 프로그램은 PET(Parent Effectiveness Training), STEP(Systematic Training for Effective Parenting) 등과 같이 이미 개발된 기존 방법을 익히는 것도 좋고, 특정 문제를 가진 자녀를 둔 부모들을 모아 집단을 운영하면서 토의하는 시간을 갖는 것도 좋다. 여기에서는 일반적으로 응용할 수 있는 부모교육 프로그램을 간략히 소개하고자 한다. 부모교육 프로그램은 부모에게 자녀를 효과적으로 훈육하는 특정 기법을 알려주어 자녀와의 상호작용 패턴을 바꿀 수 있도록 유도하는 방법이다. 이 프로그램은 네 가지 순서로 진행된다.

첫째, 단계는 부모들을 대상으로 동기부여의 시간을 가지는 단계다. 이때 부모들은 양육태도에 변화를 갖겠다는 의지를 서로 나누게 된다.

둘째, 단계는 사회복지사가 부모들에게 자녀의 바람직하지 않은 제반 행동을 나열해 보도록 지시하는 단계다. 이때에는 구체적인 행동이 나열됨으로써 추상적으로 '좀 더 나은 아이'가 되었으면 하는 바람보다는 구체적이고 자세한 내용을 나열한다.

셋째, 단계는 사회복지사가 부모에게 적절한 훈육 기법을 가르치는 단계다.

넷째, 단계는 사회복지사가 부모로 하여금 배운 기법을 연습하고 실천하도록 지속적으로 지지해 주는 단계로서 추후서비스를 포함한다.

이 프로그램의 목표는 부모가 특정 기술을 익히도록 돕는 것이다. 그러나 이 방법은 부모들이 다른 위험요소, 즉 심각한 부부갈등, 사회경제적 어려움, 정신병리적 문제 등을 가질 때는 별로 효과적이지 못하다. 또한, 아동의 나이가 10대 후반기일 때에도 부모와 자녀의 행동 양상이 이미 굳어져서 큰 효과가 없다. 사회복지사는 문제양상과 부모의 협조 여부, 아동의 연령을 모두 고려하여 적절하게 부모교육 프로그램과 가족치료기법을 사용해야 한다(정익중 외, 2021).

7. 아동대상의 위기개입

위기는 정상적인 발달단계의 위기를 비롯하여 정학 처분을 받은 경우, 부모의 이혼, 친구의 갑작스러운 사망이나 사고, 신체상해, 임신 등 다양하다. 폭력, 아동학대, 범죄의 희생 등이 또한 위기에 해당된다. 특히 우울증이 깊어져 자살을 시도하려 할 때나 알코올이나 약물남용이 신체적 증상으로 나타나 있을 때, 성학대의 피해자임을 말할 때, 급성 정신질환의 양상을 보일 때 등이 위기상황이며 이때에는 일반상담의 시간과 패턴이 적합하지 않은 경우이므로 사회복지사는 위기개입의 방법을 사용해야 한다.

사회복지사는 위기에 어떻게 대처하는가에 대한 훈련이 되어있어야 하며, 위기상황을 경험한 학급, 교사, 직원에 대해 심리정서적 외상과 애도를 표출할 기회를 제공해 주는 위기개입팀을 즉각 출동시키도록 미리 훈련되어야 한다. 예를 들어, 대형참사의 목격자들이 심각한 후유증에 시달리는 것을 방지하기 위해서는 임상가와 함께 회상 경험을 말하는 자리를 갖게 하는 것이 매우 바람직하다. 즉, 위기사건을 직접 경험했거나 목격한 사람을 72시간 이내에 한곳에 모아 놓고 감정을 표현하게 하고, 자기가 본 충격적 장면, 회상되는 것, 친구를 잃은 데 대한 감정 등을 털어놓게 함으로써 외상후 스트레스 장애의 심각한 증상이 장기화되는 것을 미연에 방지해야 한다(정익중 외, 2021).

8. 아동대상의 지역사회 연계

사회복지사의 주요한 기술은 지역사회의 자원에 의뢰하고, 특정한 문제상황을 해결하기 위해 다른 기관과 협력하며, 아동과 부모를 위해 새로운 자원을 개발하는 것이다. 지역사회의 서비스 전달체계는 보건, 아동복지, 직업재활, 교육제계, 정신건강 등의 여러 특수기능으로 구분되어 있다. 이러한 제반 서비스가 분리되어있지 않고 통합되어 있는 것이 더 바람직하지만, 현실적으로는 전문분야별로 분리된 서비스를 제공하는 경향이 있다. 아동의 문제가 심각할수록 자원을 개발하고 여러 서비스를 조정해 주는 역할이 매우 필요하다. 그렇지 못할 경우 부적절하게 서비스가 겹치면 위험은 더 커지게 되므로 유기적 통합과 서비스를 전달해 주는 전문가가 필요하게 된다.

예를 들어, 아동에 대한 성학대, 신체학대, 의료방임, 교육방임, 영양과 위생에 심각한 문제 등이 발견될 경우에는 사회복지사는 관할지 역의 아동보호전문기관에 사례를 의뢰하고 아동학대 전문가와 협의하여, 아동의 환경체계가 개선되도록 조처하여야 한다. 이때에는 법에 위배되는 행위를 저지른 부모에 대한 서비스와 아동에 대한 서비스 중에서 아동보호를 우선해야 하며, 사회복지기관, 부모, 학교 당국, 법률가, 아동보호전문기관의 사회복지사 등 관련 전문가 회의를 가지는 것이 원활한 의사소통과 전문적인 서비스를 제공하는 데 필요하다. 더 나아가 사회복지사 본인이 지역사회의 일원으로서 자원이 되어 주고 지역사회의 다른 자원과 긴밀한 상호협조 체계를 갖추어 서로 도울 수 있도록 연결되어 있어야 한다.

많은 기관이 클라이언트 상황에 대한 전체적인 접근을 하기 어렵고 각각 그 일부분만을 담당하고 있다. 각 기관들이 협소하게 문제에 접근하기 때문에 목표달성하기가 쉽지 않다. 따라서 클라이언트의 문제와 상황에 여러 기관이 개입할 수밖에 없으며, 그 때문에 사례조정자나 사례관리자의 역할을 하는 사회복지사가 필요하다. 이러한 조정이 없다면 서비스 간의 통합적인 시너지 효과를 내기 어려울 것이다. 서비스 간의 조정과 연계는 시간과 노력이 많이 들지만 가치 있는 것이며, 최종적으로 비용효과적이다(정익중 · 오정수, 2021).

Chapter
07

아동복지정책과 전달체계

1. 아동복지정책과 제도
2. 아동복지서비스 전달체계
3. 아동복지 관련 법률
4. 아동복지 프로그램 현황

Chapter 07

아동복지정책과 전달체계

1. 아동복지정책과 제도

아동은 한 사회의 미래이다. 그러므로 아동의 건전한 양육은 아동이나 그 가족의 과제로 한정되는 것은 아니다. 산업화와 현대화를 경험하면서 가정의 존재와 기능으로만 아동의 보호를 보장할 수 없는 변화들이 나타났다. 왜냐하면, 아동의 생활은 아동과 가족뿐만 아니라 전 사회의 역할로부터 점점 더 크게 영향을 받게 되었기 때문이다.

아동의 불행은 아동과 가족뿐만 아니라 그 사회의 미래에 적지 않은 악영향을 미치게 된다. 아동의 건강한 성장이 있어야만 사회의 발전을 기대할 수 있게 된다. 따라서 대부분의 국가는 아동의 건강하고 인간다운 성장을 보장하기 위한 법적 · 제도적인 노력을 기울이고 있다. 초저출산의 문제가 심각하게 부상하고 가족의 기능은 약화되고 있는 현재의 우리나라의 상황에서 아동복지정책이 매우 중요한 이유이다.

1) 아동복지정책의 개념

정책은 특정한 목적을 이루기 위해 필요한 행동에 관한 원칙, 지침, 일정한 계획 혹은 조직화된 노력 등으로 정의된다. 사회복지정책은 '사회복지의 목표를 이루기 위하여 필요한 행동들에 관한 원칙'으로 정의할 수 있다(송근원, 김태성, 2004). 하지만 정책은 정부의 정책으로 좁혀 이해할 수 있는데, 마샬(Marshall)은 '사회정책은 서비스나 혹은 소득을 제공함으로써 시민들의 복지에 직접적인 영향을 주는 행위와 관련된 정부의 정책을 의미한다'고 정의한 바 있다.

아동복지정책은 아동의 복지를 위한 정부의 원칙이나 지침, 또는 조직화된 노력으로 정의할 수 있다. 더 구체적으로는 아동의 물질적·비물질적 욕구를 충족시키기 위한 법 그리고 법에 기초한 정부의 급여 및 서비스로 제한하여 볼 수 있다. 아동복지정책은 아동복지를 위한 노력 중 정부의 조직화된 노력으로 정의할 수 있으나 아동복지와 동일한 개념으로 혼용되기도 한다. 장동일은 아동복지를 아동복지법과 그와 관련된 법 규정에 의해 제공하는 아동을 위한 서비스로 정의한 바 있다(정동일, 1996). 이러한 혼용은 아동복지정책이 아동복지의 주요 근간이 되기 때문으로 보인다.

아동복지정책에서 그 궁극적인 표적은 아동이지만 아동복지는 가족복지와 깊은 관련을 갖는다. 즉, 아동의 복지증진을 위한 정책의 수행은 가족이라는 단위를 매개로 하는 경우가 일반적이다. 이러한 배경에서 아동복지는 아동을 보호하는 가족에 대한 복지를 포함한다. 아동의 복지를 증진시키는 데 있어 가족의 적정한 기능수행이 가장 중요하며 일차적이기 때문에 가족복지정책이 아동복지의 핵심일 수도 있다. 그러나 이러한 논리는 아동복지에 대한 책임이 가족에 한정됨을 의미하는 것은 아니며, 가족의 기능을 강조하여 아동의 복지를 보장할 사회적 책임 및 의무를 도외시하는 맥락도 아니다. 다만 아동복지정책은 가족복지를 위한 제반 정책과 함께 논의되어야 한다는 점을 강조한다. 대부분의 복지국가는 아동을 양육하는 가정을 대상으로 하는 소득보장 등의 사회보장이 아동복지의 주요 축을 형성하고 있다. 우리나라의 아동복지정책의 성격과 한계 등에 대한 검토와 아동과 아동을 보호하는 가족에 정책을 검토함으로써 분명해질 수 있다.

2) 아동복지정책의 구성

사회복지정책 구분은 학자에 따라 매우 다양하다. 그러나 사회복지정책은 그 특성을 기준으로 사회보험과 공공부조, 데모그란트(Demogrants)로 구성되는 사회보장과 사회복지서비스로 구분할 수 있다. 각각은 재원 마련과 대상 사회보장, 사회복지서비스로 구분할 수 있고, 재원 마련과 대상의 선정 그리고 급여 형태와 주체 등이 상이하다(박언하・조미숙・하경표, 2019).

〈표 7-1〉 복지정책의 구성과 특성

범주	사회보험	공공부조	데모그란트	사회복지서비스
재원	기여	비기여/세입	비기여/세입	비기여, 기여/세입, 민간
대상선정 기준	비자산조사	자산조사	비자산조사	자산조사 또는 비자산조사
	비인구학적	비인구학적	인구학적	인구학적
급여형태	현금, 현물	현금, 현물	현금	주로 현물(서비스)
시장원리	시장에서의 위치 반영	비반영	비반영	공급에서 일부 반영 가능
관리주체	중앙정부	중앙, 지방정부	대체로 중앙정부	중앙・지방정부・민간

대부분의 나라에서는 아동복지정책의 아동을 대상으로 하는 데모그란트와 서비스 그리고 아동보호가정을 포함하는 사회보험 및 공공부조로 구성된다.

사회보험제도는 비교적 시장의 논리가 강한 경향이 있다. 아동과 그 가족을 표적으로 하는 별도의 사회보험은 드물다. 그러나 대부분의 사회보험은 소득보장이나 의료보장의 형태로 보험가입자의 가족 내 아동의 복지를 도모한다. 스웨덴의 경우 아동을 양육하는 부모를 대상으로 부모보험제도를 시행하고 있는 점이 하나의 예이다. 부모보험제도는 기여를 전제로 하는 사회보험이지만 저소득자에게는 일정 수준 최저보장을 병행하고 있다. 영국에서도 출산수당과 미망인연금이 사회보험으로 포함되어 아동복지의 기능을 하고 있다. 우리나라의 경우 아동이 있는 가족만을 대상으로 특화된 사회보험은 발달하지 않았으나, 국민연금이나 고용보험은 모든 가구를 대상으로 하므로 아동가구에도 영향을 준다고 할 수 있다.

데모그란트는 인구학적 조건이 충족되면 지급되는 일정액의 급여로 기여를 하지 않아도 수급할 수 있으며, 대개 자산조사를 통한 선별과정을 거치지 않는 보편적인 특성을 갖는다. 데모그란트는 보편적인 급여로 비교적 큰 규모의 재원을 필요로 하는 반면, 비용효과성이 낮아서 사회의 경제적 수준과 세제, 비기여 보편 급여에 대한 사회적 합의·수용 수준으로부터 크게 영향을 받는다. 아동복지와 관련하여 유럽의 복지국가들은 아동수당제도를 두고 있어 아동복지의 일차적인 안전망이 되고 있다. 영국의 경우 아동수당과 후견인수당이 있으며, 스웨덴은 아동을 보호하는 가족을 대상으로 하는 가족수당이 있다. 일본의 경우는 아동수당, 아동부양수당, 특별아동부양수당이 있으나, 이 제도들은 실제 자산조사에 기초하여 일정 소득 이하 계층의 아동을 대상으로 하고 있어 공공부조의 성격을 갖고 있다.

공공부조제도는 일반적으로 최후의 사회적 안전망 역할을 하는 제도로 자산조사를 기초로 일정 소득(자산) 이하의 사람들에게만 급여를 제공한다. 공공부조제도에 의한 급여는 데모그란트와 마찬가지로 기여하지 않아도 지급되나 자산조사를 통한 선별과정을 거치는 선별적인 급여이다. 따라서 공공부조제도는 비용효과성이 높은 장점을 가지는 반면, 수급자에 대해 낙인을 부과하는 단점을 갖는다. 미국 및 유럽 복지국가에서는 아동을 양육하는 가구의 빈곤문제를 일차적인 소득보장의 대상으로 삼고 있다. 영국의 공공부조제도인 소득지원(Income Support)제도도 아동을 양육하는 가정을 주 대상으로 하고 있다. 미국의 TANF는 아동이 있는 저소득가구를 대상으로 하는 대표적인 공공부조제도이고, 의료부조(Medicaid)도 아동이 있는 저소득가구를 대상으로 포함하고 있다. 아동가구를 별도의 공공부조 대상으로 하는 국가가 아니어도 대부분의 국가는 공공부조제도로 빈곤아동가구의 기초소득보장을 도모한다. 우리나라의 경우도 일반적 공공부조제도인 국민기초생활보장제도를 통하여 빈곤아동가구의 기초 생계를 지원하고 있으며, 저소득 모부자 가정지원으로 빈곤아동가구를 재범주화하고 추가적인 지원을 하기도 한다. 하지만 빈곤아동가구로 초점화하는 경향은 아직 약하다.

국민기초생활보장제도는 최저생계비를 기준으로 급여의 수준을 결정하고 있는데, 최저생계비는 표준 4인 가구를 기준으로 계측된다. 표준 4인 가구에는 아동이 2인 포함되어 있으나, 아동의 생계비가 성인보다 낮아 아동에 대한 별도의 부가급여 지급 근거가 약하다. 외국의 경우도 아동은 성인에 비하여 최저생계비가 낮은 수준에서 결정되고 있다. 국민기초생활보장제도의 수급률이 전 인구의 3% 정도에 머물고 있으며 비수급빈곤층, 빈곤아동가구가 적지 않다는 점이 이러한 지적의 배경이다.

아동복지서비스는 시설보호를 포함하여 아동 및 가족에 대한 상담, 아동문제 예방을 위한 조사, 교육, 취약아동가구의 재가지원 등 현금과 각종 현물지원이 주를 이루고 있으며, 우리나라 아동복지법은 대부분 아동복지서비스와 관련되어 있다. 아동복지서비스의 구체적인 내용은 아동복지 프로그램에서 다루기로 한다.

2. 아동복지서비스 전달체계

우리나라 사회복지 전달체계는 크게 정책결정단위로서의 중앙행정기관과 급여 및 서비스 전달체계로서 지방자치단체를 중심으로 운영되고 있는 사회복지 집행체계로 구분할 수 있다. 정책결정단위로서 중앙행정기관은 보건복지부와 여성가족부, 고용노동부를 포함해 대부분의 정부부처가 관여하고 있으며, 이 중 주무 부처라 할 수 있는 보건복지부가 전체 복지사업의 45%가량을 담당하고 있다. 그 외에도 여성가족부와 고용노동부, 국토교통부 등이 복지사업 관련 주요한 중앙정부 부처에 해당하며, 아동청소년 복지와 관련하여 교육부 또한 주요한 역할을 담당하고 있다.

사회복지 영역에서 가장 많은 종류의 제도와 프로그램이 포함되는 복지서비스 영역의 경우 제도별로 다양한 복지전달체계가 운용되고 있다. 노인, 장애인, 아동 등 취약계층에 대한 돌봄 서비스의 경우 주무 부처인 보건복지부가 정책결정을 내리고, 정책의 집행은 주로 지방자치단체 특히 기초지방자치단체가 담당하고 있다. 이와 같은 경향은 보건의료의 영역에서도 동일한 양상이다. 하지만 실질적으로 사회 서비스와 관련하여 수혜자에 해당하는 노인, 장애인, 아동들을 만나서 직접 서비스를 전달하는 제공자는 주로 민간 영역의 사회복지 시설에 맡겨져 있는 것이 우리나라 서비스 전달체계의 특징이라고 할 수 있다. 다음으로 주거와 금융 영역은 중앙정부의 국토교통부와 기획재정부, 그 산하 기관을 거쳐 민간기관으로 연결되는 전달체계를 운용하고 있다(박언하・조미숙・하경표, 2019).

1) 아동복지서비스 전달체계의 개념

아동복지서비스 전달체계란 다양한 아동복지정책과 제도가 당사자인 아동들에게 구체적인 서비스의 형태로 제공되기까지의 과정에 해당한다. 이와 같은 아동복지서비스 전달체계는 우리나라의 경우 일반적으로 중앙정부로부터 시작해서 광역 및 기초지방자치단체를 거치고, 경우에 따라 민간 및 공공의 형태로 구성되는 일선 서비스 제공기관을 통해 아동에게 서비스로 전달되는 구조이다.

일반적인 수준에서 위와 같이 정의할 수 있는 아동복지서비스 전달체계의 개념은 좀 더 엄밀하게 고찰하면, 다양한 의미로 해석이 가능하며, 학자에 따라 다른 접근을 보이고 있다. 사회복지 전달체계를 사회복지 관련 급여와 서비스를 공급하는 공급자들 사이의 조직적 연결 혹은 공급자와 수혜자 사이의 조직적 연결로 정의하는가 하면(Gilbert & Terrell, 2012), 복지 수혜자를 중심에 두고 수혜자를 둘러싼 일체의 공공 및 민간기관과 이들 기관의 서비스 전달망으로 이해하기도 한다. 경우에 따라서 전달체계는 관련 조직이나 기관 그 자체로 해석되거나 서비스 전달의 경로 및 과정 그리고 절차로 정의하기도 한다. 또한 프리드랜더와 앱트(Freidlander & Apte, 1980)는 사회복지 전달체계란 중앙정부에서 지방자치단체에 이르는 모든 공・사적 복지기관과 이들 기관의 서비스 전달망 체계로 정의하고 있다.

이러한 사회복지 전달체계는 사회복지 대상자의 선정, 자격요건의 판정, 급여내용의 성격에 관한 정책적 결정들이 실질적으로 이루어지는 통로의 역할을 하며, 이때 다수의 조직과 행위자들은 서로 연계되어 있다고 하였다(김미숙, 2006).

따라서 복지전달체계에 대한 다양한 개념 정의들은 개별 복지정책 및 제도에 대응하는 다양한 서비스 공급기관과 수혜자를 연결하는 조직적 체계에 관심을 가지는 경향이 있다. 특히 복지제도 및 정책 그리고 그에 기반한 다양한 복지서비스 및 프로그램의 제공이 지역 분권화되어 있는 현 상황에서 복지전달체계에 대한 논의는 지역사회 차원에서 진행되는 복지서비스 전달 전략 및 과정에 초점을 두고 진행된다. 결국 복지분권화 시대에 복지전달체계에 대한 논의는 복지급여와 서비스 제공을 둘러싸고 지방자치단체 복지담당 기구의 조직, 인력규모 그리고 민간 및 공공 사회복지서비스 제공기관 및 시설의 역할 등을 중심으로 전개된다.

우리나라 아동복지서비스 전달체계의 원칙은 일반적으로 통합성, 전문성, 포괄성, 적절성, 지속성, 접근용이성 그리고 책임성의 원칙 등이 적용된다(윤매자 외, 2012). 이들 원칙들을 살펴보면(이은주 외, 2013) 다음과 같다.

첫째, 통합성의 원칙은 대상자 선정부터 서비스 제공에 이르기까지 공급주체 간의 유기적인 통합관리가 요구된다.

둘째, 전문성의 원칙은 공급자의 입장에서만 이루어지는 일방적 전달과정이 아닌 복지수요자의 요구와 반응 속에 최적의 서비스를 만들어 내는 복잡하고도 전문적인 영역이기에 전문성을 갖춘 전문가가 요구된다.

셋째, 포괄성의 원칙은 복지수요자의 욕구에 부응하기 위해 다양한 복지서비스가 포괄적으로 제공되어야 한다.

넷째, 적절성의 원칙은 복지수요자가 필요로 하는 서비스의 종류와 양이 적시에 제공됨으로써 복지서비스가 달성하고자 하는 목표를 얼마나 적절하게 이룰 수 있느냐를 포함한다.

다섯째, 지속성의 원칙은 복지서비스 제공이 소기의 목표를 달성하기 위해서는 복지서비스가 일회성에 그치지 말고, 투입과 산출효과를 분석하여 달성하고자 하는 목표가 이루어질 때까지 지속적인 서비스 제공이 뒷받침되어야 함을 말한다.

여섯째, 접근용이성의 원칙은 수요대상자가 자신이 해당자가 될 수 있음을 용이하게 알 수 있을 뿐만 아니라, 일정한 절차와 요건을 갖추면 편리하게 신청하여 신속하게 혜택을 받을 수 있도록 접근용이성이 보장되어야 한다는 것이다.

마지막으로 책임성의 원칙은 서비스에 대한 1차적인 책임은 당연히 국가에게 있다는 것이다.

따라서 아동복지서비스 전달체계는 중앙정부에서 지방정부로 그리고 일선의 서비스 전달로 이어진다. 아동복지정책을 담당하는 중앙정부의 해당 부처는 보건복지부와 여성가족부 그리고 교육인적자원부이다. 보건복지부는 아동의 권리증진, 아동건강 및 안전보호, 아동복지상담・홍보・교육, 아동복지단체 및 시설, 요보호아동 보호, 모자보건 등의 정책을 담당하고 있다. 그 밖에도 소년소녀가장세대 및 저소득 모・부자가구에 대한 기초생활 보장정책도 담당한다. 여성가족부는 모부자지원 및 시설지원, 자녀양육지원 그리고 보육정책을 담당한다. 교육인적자원부는 교육격차해소 등 교육복지정책을 담당한다. 여성가족부와 교육인적자원부의 정책이 아동복지정책에서 차지하는 비중은 과거에 비하여 커지고 있다. 그럼에도 아동복지정책의 상당 부분은 보건복지부의 정책으로 남겨져 있다.

일선의 아동복지서비스 제공은 행정자치부의 조직을 통하여 이루어져 왔다. 각 시・도 및 시・군・구에 따라 아동복지 담당부서의 구성과 명칭은 다양하다. 중앙정부, 시・도, 시・군・구를 거친 대부분의 아동복지서비스를 일선 읍・면・동사무소의 사회복지 전담공무원과 민간 사회복지시설에 의해 아동 및 아동의 가정에 전달된다. 민간 아동복지시설은 아동양육시설을 비롯하여 아동상담소, 아동학대예방센터, 보육시설 등 여러 종류의 시설들이 있으며, 각 시설들은 중앙 부처와 각 지방자치단체의 사업 운영 지침에 따라 시설을 관리하고 서비스를 제공하고 있다.

사회복지 전담공무원의 업무는 보건복지부 훈령에 근거하여 정리할 수 있는데, 보건복지부 훈령에 따르면 사회복지 전담공무원은 기초생활보장업무, 아동복지업무, 노인복지업무, 장애인복지업무, 모자복지업무, 기타 보건복지부장관이 필요하다고 인정하는 업무를 수행하도록 규정하고 있다. 아동복지업무는 요보호아동에 대한 조사 및 보호의 결정에 관한 사항, 아동상담 지도 등 업무, 후원자개발 등을 위한 업무와 관련 업무로는 모자가정의 실태조사, 모자가정의 상담지도 업무, 모자가정보호에 관한 지원업무 등이 있다.

그럼에도 건강·복지·교육의 영역을 망라하여 저소득층 아동들이 공정한 기회를 갖도록 한다는 취지에서 위스타트(We Start) 사업이 진행되고 있다. 이 사업은 지역사회에 위스타트 팀을 두고 빈곤아동가구에게 필요한 서비스를 종합적으로 연계·제공하는 설계에 기초하고 있다.

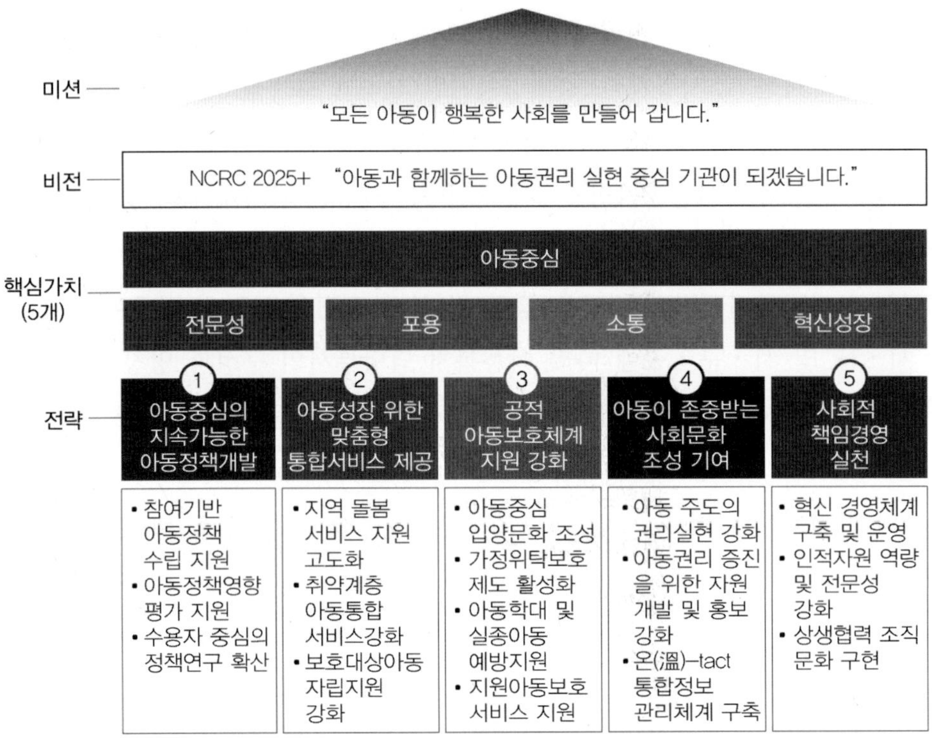

[그림 7-1] 아동권리보장원의 미션 및 전략

출처: 아동권리보장원(2022).

먼저 아동복지 관련 주무 부처라 할 수 있는 보건복지부의 경우 주로 요보호아동에 대한 사업에 집중되어있으며, 「아동복지법」 제10조의2에 의거해 2019년부터 아동권리보장원이 설립. 운영되고 있다. 아동권리보장원은 그동안 민간에 위탁하여 운영해오던 아동복지사업 지원기관을 통합하여 공공기관으로 새롭게 출범한 아동권리 중심기관이다. 따라서 중앙입양원, 아동자립지원단, 드림스타트사업지원단, 실종아동전문기관, 중앙아동보호전문기관, 지역아동센터중앙지원단, 중앙가정위탁지원센터, 디딤씨앗지원사업단이 '아동권리보장원'에 통합되어 운영되고 있다.

지역아동센터란 「아동복지법」 제52조 제1항 제8호에 근거하여 "지역사회 아동의 보호, 교육, 건전한 놀이와 오락의 제공, 보호자와 지역사회의 연계 등 아동의 건전 육성을 위하여 종합적인 아동복지서비스를 제공"하는 곳이다. 즉, 지역아동센터는 보건복지부가 지원하는 아동복지시설로 사회적 돌봄이 필요한 아동·청소년에게 지역사회 안에서 사회복지통합서비스를 제공하고 있다. 뿐만 아니라 방과 후 돌봄이 필요한 아동청소년에게 다양한 프로그램을 통해 정서적 안정 및 건강한 신체, 인지, 사회성 발달의 기회를 제공하고, 지역사회의 자원을 확보, 발굴하여 필요한 서비스를 제공 및 연계하고 지역네트워크를 통하여 지역사회 내 아동청소년에 대한 지지망을 강화하는 역할을 하고 있다. 지역아동센터 이용절차를 살펴보면 다음과 같다.

[그림 7-2] 지역아동센터 이용절차

출처: 아동권리보장원(2022).

그림 7-2에서 알 수 있듯이 돌봄서비스 희망아동의 보호자는 '돌봄 서비스 제공 신청서'와 '기타 증빙서류(건강보험류 확인서류 등)'를 작성하여 신청 시 제출하여야 하며, 지역아동센터 이용이 결정되면 응급처치 동의서 등 센터 이용에 필요한 별도 서류를 작성하여야 한다.

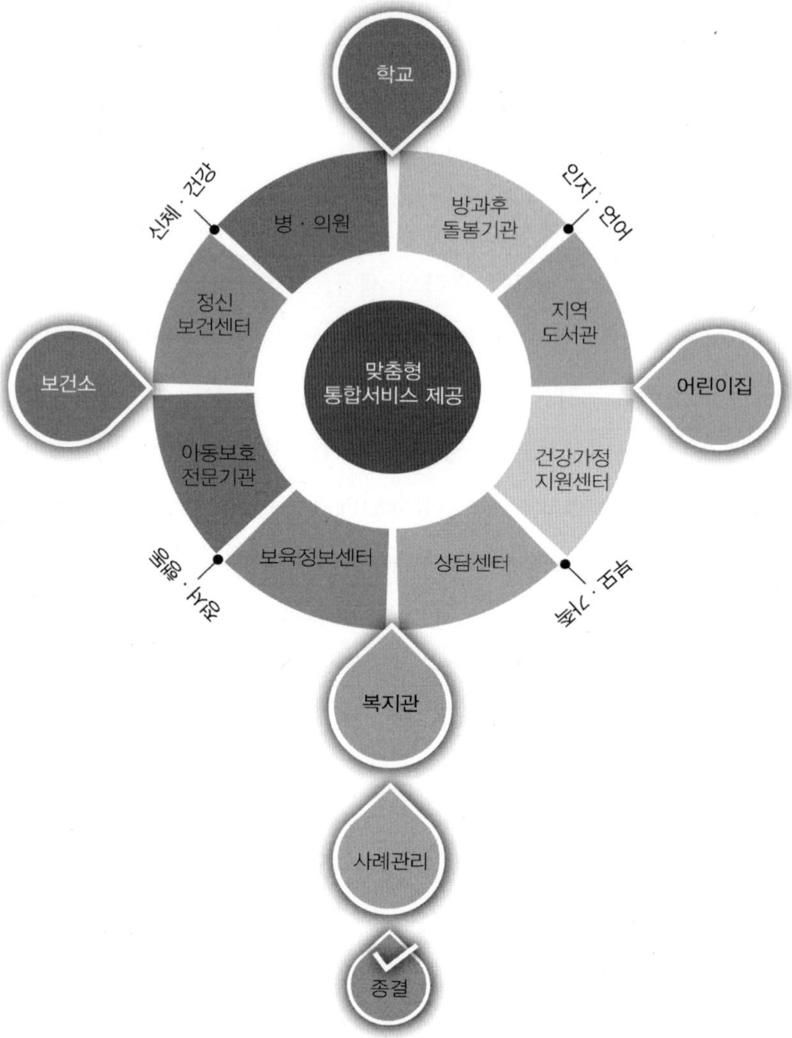

[그림 7-3] 드림스타트 지원과정

* 가정방문을 통해 파악한 대상 아동과 가족의 기초정보 및 아동의 양육환경과 발달 정보를 기준으로 지역자원과 연계한 맞춤형 통합서비스를 제공함.

출처: 보건복지부(2022).

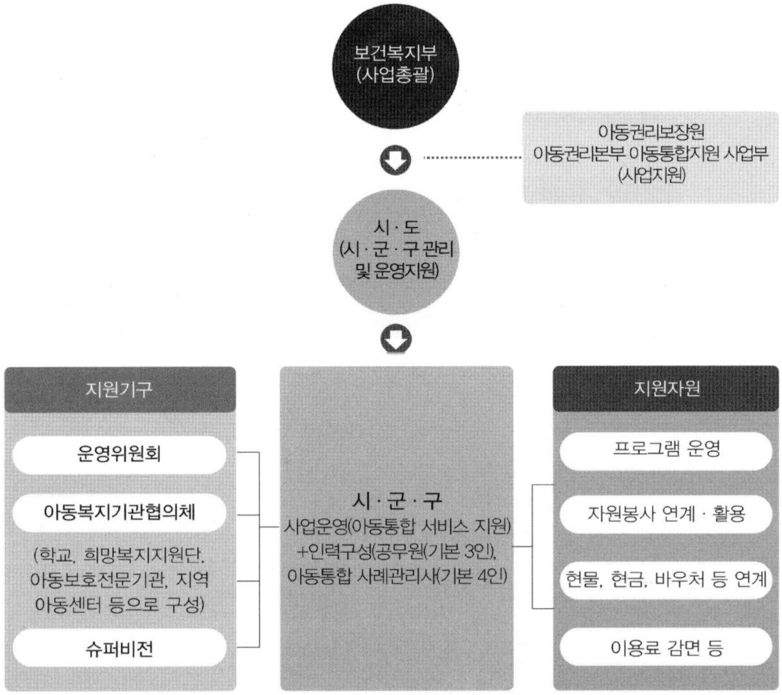

[그림 7-4] 드림스타트 추진체계

출처: 보건복지부(2022).

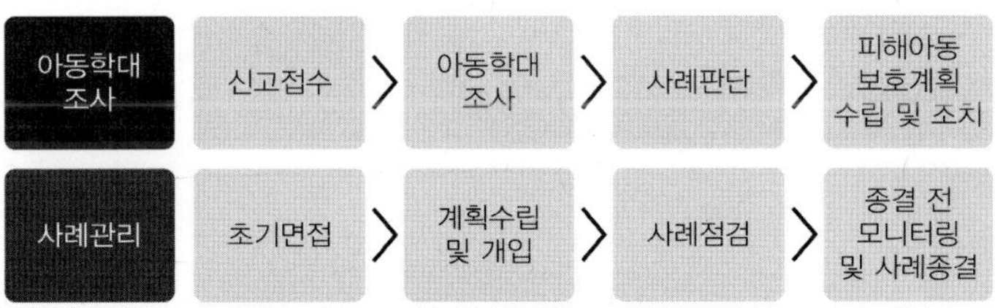

[그림 7-5] 아동학대업무 흐름도

출처: 아동권리보장원(2022).

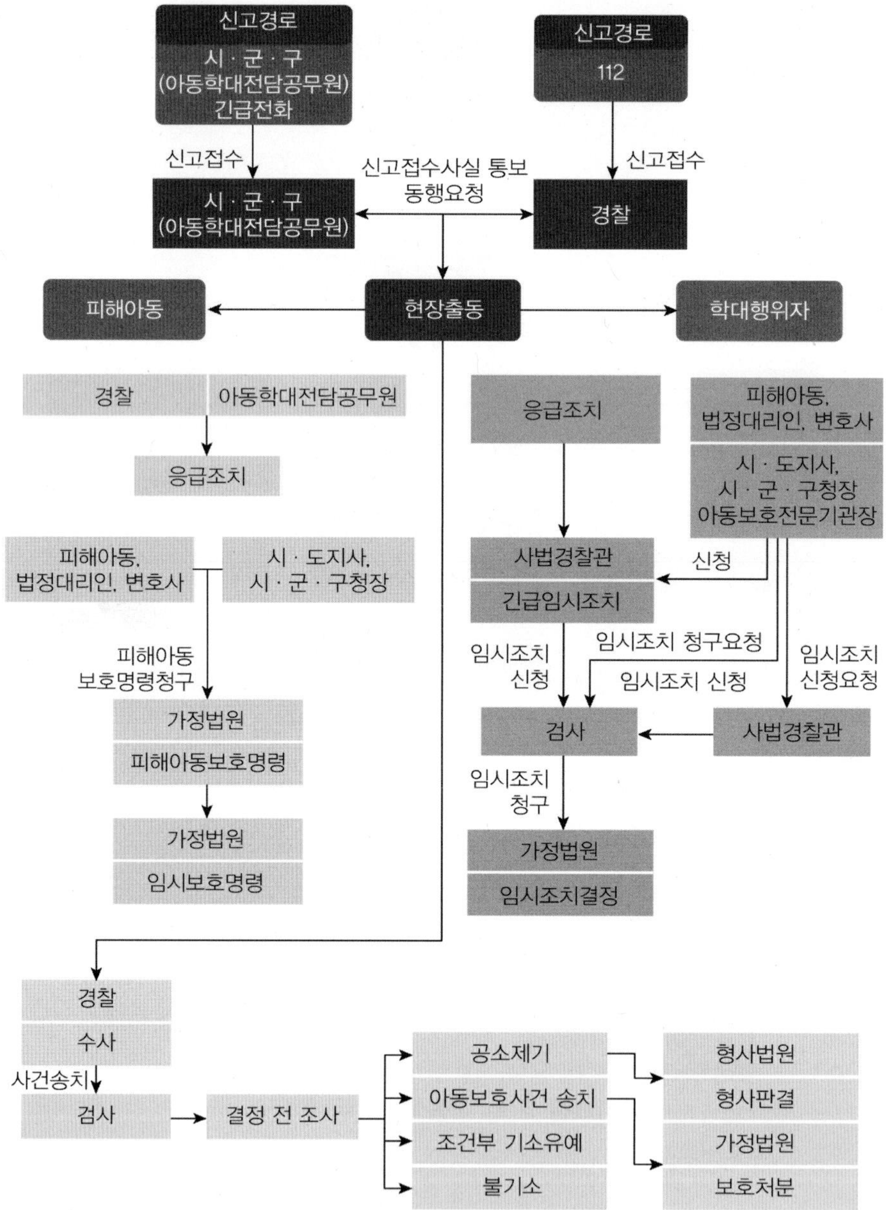

[그림 7-6] 아동학대 사법처리 절차

출처: 아동권리보장원(2022).

3. 아동복지 관련 법률

아동복지정책 및 프로그램을 수행하기 위해서는 근거법이 있어야 한다. 우리나라의 아동복지를 위한 법은 「아동복지법」과 그 관련 법으로 「영유아보육법」, 「모・부자복지법」, 「입양특례법」, 「청소년기본법」, 「청소년보호법」 등이 있다. 각 법은 그 목적에 따라 대상으로 하는 아동과 포괄하는 정책 내용이 상이하다. 따라서 아동복지의 근간이 되는 아동복지법에 대하여 간략히 살펴보고자 한다.

1) 아동복지법

「아동복지법」은 사회복지서비스법으로 사회복지사업법에 기초하는 특별법으로 볼 수 있다. 아동복지법은 현대24 아동복지와 관련하여 기본이 되는 주요 법이다. 동법의 내용은 주로 아동복지서비스를 초점으로 하고 있다. 엄밀하게 이야기하여 아동복지서비스법이 더 적절한 법명이 된다. 해당 영역에 대해서만큼은 아동복지법의 기본 내용이 우리나라 아동복지정책의 방향을 대변한다고 보아야 할 것이다. 아동복지법의 주요 내용은 다음과 같다(박언하・조미숙・하경표, 2019).

(1) 「아동복지법」의 목적, 대상 및 책임주체

「아동복지법」 제1조에 따르면 아동복지법의 목적은 아동이 건강하게 출생하여 행복하고 안전하게 자라나도록 그 복지를 보장하는 것이다. 동법 제2조의 대상을 보면 요보호아동뿐만 아니라 모든 아동을 대상으로 하고 있다. 법의 목적과 대상으로 볼 때, 아동복지법이 아동의 문제해결과 아동이 건전하게 자랄 수 있도록 지원하는 것을 목적으로 하는 적극적인 성격을 갖고 있음을 알 수 있다.

「아동복지법」상 아동복지의 책임 주체는 국가와 지방자치단체, 아동의 보호자 그리고 국민을 모두 포괄하고 있으며 각 주체에 대한 책임을 법에 밝히고 있다. 국가와 지방자치단체는 아동의 건강과 복지증진에 노력하여야 하며, 이를 위한 시책을 시행하여야 한다. 아동의 보호자는 아동을 가정 내에서 그의 성장 시기에 맞추어 건강하고 안전하게 양육하여야 한다. 그리고 모든 국민은 아동의 권익과 안전을 위해 건강하게 양육하여야 한다. 아동의 건전한 육성과 행복의 보장이 이제 더 이상 사정의 책임으로 한정되는 것이 아니라, 국가와 지역사회 그리고 국민이 함께 노력하여야 하는 것임을 명시하고 있다.

(2) 아동의 보호

아동의 보호와 관련된 내용으로는 아동보호를 위한 절대적 금지행위 규정과 요보호아동에 대한 보호조치 규정이 있다.

「아동복지법」 제29조에는 아동의 건전한 보호와 육성을 위하여 해서는 안 되는 행위에 대하여 규정하고 있다. 아동보호를 위한 절대적 금지행위는 다음과 같다.

① 아동의 신체에 손상을 주는 학대행위
② 아동에게 성격 수치심을 주는 성희롱, 성폭행 등의 학대행위
③ 아동의 정신건강 및 발달에 해를 끼치는 정서적 학대행위
④ 자신의 보호, 감독을 받는 아동을 유기하거나 의식주를 포함한 기본적 보호, 양육 및 치료를 소홀히 하는 방임행위
⑤ 아동을 타인에게 매매하는 행위
⑥ 아동에게 음행을 시키거나 음행을 매개하는 행위
⑦ 장애를 가진 아동을 공중에 관람시키는 행위
⑧ 아동에게 구걸을 시키거나 아동을 이용하여 구걸하는 행위

⑨ 공중의 오락 또는 흥행 목적으로 아동 건강 또는 안전에 유해한 곡예를 시키는 행위
⑩ 정당한 권한을 가진 알선기관 외의 자가 아동의 양육을 알선하고 금품을 취득하는 행위
⑪ 아동을 위하여 증여 또는 급여된 금품을 그 목적 외의 용도에 사용하는 행위

아동에 대한 보호조치는 보호를 필요로 하는 아동에 대한 것으로, 시・도지사 또는 시장・군수・구청장은 그 관할 구역 안에서 보호를 필요로 하는 아동을 발견하거나, 보호자의 의뢰를 받은 때에는 아동의 최상의 이익을 위하여 대통령이 정하는 바에 따라 다음과 같은 보호조치를 하여야 한다고 규정하고 있다(「아동복지법」 제10조).

① 아동복지지도원이 또는 아동위원에게 보호를 필요로 하는 아동 또는 그 보호자에 대한 상담, 지도를 행하는 것
② 보호자 또는 대리양육을 원하는 연고자에 대하여 그 가정에서 보호 양육할 수 있도록 필요한 조치를 하는 것
③ 아동의 보호를 희망하는 자에게 보호를 필요로 하는 아동의 보호를 위탁하는 것
④ 보호를 필요로 하는 아동에 적합한 아동복지시설에 입소시키는 것
⑤ 약물 및 알코올중독, 정서장애, 발달장애 등으로 특수한 치료나 요양 등의 보호를 필요로 하는 아동에 대하여 전문치료기관 또는 요양소에 입원 또는 입소시키는 것

아동에 대한 보호조치는 아동의 복지를 위한 문제 예방의 내용도 일부 함께 포함하고 있으나, 이미 요보호상태의 아동에 대한 일련의 보호조치가 주를 이루고 있다. 단, 시설보호의 경우는 아동 보호자의 의견 존중도 규정하고 있다.

(3) 아동의 복지를 위한 위원 및 기관

2003년 12월 22일 개정된 「아동복지법」에 의하면 국무총리를 위원장으로 하는 아동정책조정위원회를 두게 되었다. 아동정책조정위원회는 아동의 권리증진과 건강한 출생 및 성장을 위해 종합적인 아동정책을 수립하고 관계부처의 의견을 조정하며, 그 정책의 이행을 감독하고 평가하는 것을 목적으로 한다. 상기 위원회를 설치하게 된 구체적인 계기는 국제조약인 아동권리협약의 이행을 점검할 필요성이었다.

그 밖에 일선의 아동복지 수행을 위하여 시·도, 시·군·구에 아동복지지도원을 시·군·구에 아동위원을 두도록 하고 있다(「아동복지법」 제6조, 제7조). 아동복지지도원은 공무원으로, 아동과 그 가족에 대한 상담, 보호조치, 조사, 지역의 학교부적응아 및 비행청소년에 대한 예방, 지도 및 원조 등의 업무를 수행한다. 아동위원은 일종의 명예직 혹은 자원봉사자로 지역의 아동복지를 위하여 아동복지지도원 및 행정기관과 협력하면서 아동의 생활상태 파악, 아동복지에 필요한 원조 및 지도를 행한다. 아동의 건강 유지를 위하여 보건소, 아동의 안전을 위한 학교의 장 등의 역할에 대해서도 규정하고 있다.

(4) 아동복지시설

아동복지시설은 국가 또는 지방자치단체가 아동의 시설보호조치 및 기타의 아동복지사업을 수행하기 위하여 설치한다. 또한, 국가 또는 지방자치단체 이외에 따로 관할 시장, 군수, 구청장에게 신고하여 아동복지시설을 설치할 수 있다(「아동복지법」 제14조).

아동복지법상 아동복지시설은 다음과 같다(「아동복지법」 제16조 제1항).

① **아동양육시설**: 보호를 필요로 하는 아동을 입소시켜 보호, 양육하는 것을 목적으로 하는 시설

② **아동일시보호시설**: 보호를 필요로 하는 아동을 일시보호하고 아동에 대한 향후의 양육 대책 수립 및 보호조치를 행하는 것을 목적으로 하는 시설

③ **아동보호조치시설**: 불량행위를 하거나 불량행위를 할 우려가 있는 아동으로서 보호자가 없거나 친권자나 후견인이 입소를 신청한 아동 또는 가정법원, 지방법원, 소년부지원에서 보호 위탁한 아동을 입소시켜 그들을 선도하여 건전한 사회인으로 육성하는 것을 목적으로 하는 시설

④ **아동직업훈련시설**: 아동복지시설에 입소되어 있는 만 15세 이상의 아동과 생활이 어려운 가정의 아동에 대하여 자활에 필요한 지식과 기능을 습득시키는 것을 목적으로 하는 시설

⑤ **자립지원보호시설**: 아동복지시설에서 퇴소한 자에게 취업준비기간 또는 취업 후 일정 기간 보호함으로써 자립을 지원하는 것을 목적으로 하는 시설

⑥ **아동단기보호시설**: 일반가정에 아동을 보호하기 곤란한 일시적 사정이 있는 경우 아동을 단기간 보호하며, 가정의 복지에 필요한 지원조치를 하는 것을 목적으로 하는 시설

⑦ **아동상담소**: 아동과 그 가족의 문제에 관한 상담, 치료, 예방 및 연구들을 목적으로 하는 시설

⑧ **아동전용시설**: 어린이공원, 어린이놀이터, 아동회관, 체육, 연극, 영화, 과학실험전시실, 아동휴게숙박시설, 야영장 등 아동에게 건전한 놀이, 오락 기타 각종의 편의를 제공하여 심신의 건강 유지와 복지증진에 필요한 서비스를 제공하는 것을 목적으로 하는 시설

⑨ **아동복지관**: 지역사회 아동의 건전한 육성을 위하여 심신의 건강 유지와 복지증진에 필요한 서비스를 제공하는 것을 목적으로 하는 시설

⑩ **공동생활가정**: 보호를 필요로 하는 아동에게 가정과 같은 주거 여건과 보호를 제공하는 것을 목적으로 하는 시설

⑪ **지역아동센터**: 지역사회 아동의 보호・교육, 건전한 놀이와 오락의 제공,

보호자와 지역사회의 연계 등 아동의 건전육성을 위하여 종합적인 아동복지서비스를 제공하는 시설

아동복지시설은 아동의 복지를 위한 구체적인 장이 되고 있으며, 필요한 전문인력의 배치와 관련하여 시설종사자의 직종과 수, 그 자격 및 배치기준은 대통령으로 규정되고 있다.

(5) 아동복지 관련 비용

「아동복지법」에 국가와 지방자치단체가 전부 또는 일부를 보호할 수 있는 비용을 규정하고 있다(「아동복지법」 제31조). 비용을 보조하는 경우 보조비율은 관계 시행령을 따르게 되어 있다. 비용보조는 아동복지시설, 대리양육 또는 위탁보호, 아동보호전문기관, 아동복지단체의 지도 및 육성, 아동복지사업의 지도, 감독 및 선전 등과 관련된 필요 경비 등이다. 그 밖에 비용과 관련하여 국유재산의 무상 대여 관련 임의조항과 아동복지시설의 일부 비용에 대한 면세 관련 임의조항이 명시되어 있다.

비용보조는 국가의 아동복지에 대한 책임의 정도를 가장 분명하게 보여 주는 단서가 되는데, 현재 비용보조에 대하여 아동복지법은 임의규정으로 하고 있어 국가 책임에 대한 미온적인 태도를 보여 주고 있다.

아동복지법에는 이 밖에 아동전용시설의 설치 관련 구정과 아동학대 관련 전문기관 설치 및 운영, 긴급전화, 학대신고 관련 규정 등이 포함되어 있다.

2) 아동복지 관련 법의 구성과 내용

아동을 대상으로 하는 아동복지 관련 법으로는 「영유아보육법」, 「모・부자복지법」, 「입양특례법」, 「소년원법」, 「청소년기본법」, 「청소년보호법」 등이 있다.

「영유아보육법」은 보호자가 근로 또는 질병, 기타 시정으로 인하여 보호하기

어려운 영아 및 유아를 심신의 보호와 건전한 교육을 통하여 건강한 사회구성원으로 육성함과 아울러 보호자의 경제적·사회적 활동을 원활하게 하여 가정복지증진에 기여함을 목적으로 하고 있다. 6세 미만의 취학 전 아동을 대상으로 하는 이 법은 취업모의 증가에 따른 가정 내 아동양육의 취약성을 보완하여 아동의 건전한 양육을 지원하는 것으로 보육위원회, 보육정보센터, 보육시설 등에 관한 규정을 담고 있다.

「모·부자복지법」은 모·부자가정의 생활안정과 복지증진을 목적으로 하는 법으로 모·부자상담실, 상담원, 단체 관련 규정과 생계비, 아동교육지원비, 직업훈련비 및 훈련기간 중 생계비, 아동양육비 등으로 구성되는 복지급여, 모·부자복지시설 등에 관한 규정을 담고 있다. 모자가정과 부자가정을 함께 강조하는 방향으로 변화하고 있으며, 모·부자가정으로 미혼자를 포함하는 등 모·부자가정에 대한 좀 더 현실적인 접근을 하고 있다. 「모·부자복지법」은 모·부자가정에 대한 지원을 통하여 가정 내 아동들을 지원하는 근거법이다.

「입양특례법」은 요보호아동의 입양을 촉진하고 양자로 되는 자의 보호와 복지증진을 도모하기 위하여 필요한 사항을 규정함을 목적으로 하고 있다. 입양조건, 입양절차, 입양기관, 양육보조금지급과 같은 입양아동에 대한 복지시책 등을 담고 있다.

9세 이상 24세 이하를 대상으로 하는 청소년 관련 법은 아동과 청소년의 정의가 상당 부분 연령상 중복되어 있으므로 아동의 복지와 밀접한 관련을 갖고 있다. 「청소년기본법」은 청소년육성정책에 관한 기본법으로 청소년육성위원회, 청소년기본계획수립, 청소년수련활동지운, 청소년수련실, 청소년유해요인금지와 청소년비행예장 등을 담은 청소년복지, 청소년육성기금과 관련된 내용을 규정하고 있다.

「청소년보호법」은 청소년에게 유해한 매체물과 약물 등이 청소년에게 유통되는 것과 청소년이 유해한 업소에 출입하는 것 등을 규제하고, 청소년을 청소년폭력·학대 등 청소년유해행위를 포함한 각종 유해한 환경으로부터 보호·구체화함으로써 청소년이 건전한 인격체로 성장할 수 있도록 함을 목적으로 하고 있다. 구체적으로 청소년유해매체물, 청소년유해업소, 약물, 청소년유해행위규제, 청소년보호위원회 등과 관련된 내용을 규정하고 있다.

「소년원법」은 청소년은 범죄에 대한 처벌에서도 청소년의 특성과 장래 등을 고려하여 성인과 별도의 조치를 받을 필요가 있다는 전제에서 출발한 법으로, 소년원과 소년분류심사원의 조직과 기능, 기타 소년의 교정교육 등에 관하여 필요한 사항을 규정함을 목적으로 하고 있다. 소년원법은 소년원의 청소년 수용보호, 분류심사, 교정교육 출원 등과 관련된 규정을 담고 있다.

이 밖에도 아동복지와 직·간접적으로 관련을 갖고 있는 법들이 있다. 「아동복지법」 외 관련 법은 비교적 아동복지의 특정 영역을 협의로 다루고 있으며 보다 전문화, 구체화, 다양화되는 경향을 보인다. 2005년에도 「실종아동 등의 보호 및 지원에 관한 법률」이 제정되기도 하였다. 현대의 아동복지는 법에 근거하고 있으므로 아동복지 관련 법의 변화 및 내용은 우리나라 아동복지의 현 주소를 대변한다(조미숙 외, 2014).

우리나라 아동복지사업과 관련되는 법들은 크게 아동, 청소년, 가족 관련 법으로 분류할 수 있으며, 구체적으로 「아동복지법」, 「청소년기본법」, 「청소년복지지원법」, 「청소년활동진흥법」, 「청소년보호법」 등이 있다. 이와 별도로 「입양특례법」 등 구체적인 대상 및 이와 연관된 정책과 관련된 특례법들이 다양하게 존재한다. 보건복지부에서 담당하고 있는 아동복지사업은 대부분 「아동복지법」에 근거하여 이루어지고 있다. 이외에도 입양사업, 실종아동의 보호 및 지원 등 특정한 대상과 사업의 근거가 되는 「입양특례법」, 「실종아동 등의 보호 및 지원에 관한 법률」 등이 각각 제정되어 적용되고 있다. 청소년 관련 업무를 담당하고 있는 여성가족부의 경우는 「청소년기본법」, 「청소년복지지원법」, 「청소년보호법」, 「청소년활동진흥법」 등 각 사업별로 근거 법령이 제정되어 그에 따라 운영되고 있다. **표 7-2**에 그 내용을 정리하였다(조미숙 외, 2014).

〈표 7-2〉 주요 아동청소년 복지사업의 근거법

사업명	근거법
입양	입양특례법 및 동법 시행령 · 시행규칙
가정위탁지원	• 아동복지법 제3조, 제15조, 제48조, 제49조, 제59조 • 국민기초생활보장법 제4조 제3항, 제5조 제3항, 제7조, 제10조 및 동법 시행령 제5조 • 의료급여법 제3조
방과 후 활동지원(지역아동센터)	아동복지법 제52조
그룹홈 운영	아동복지법 제50조, 제15조, 아동복지법 시행령 제22조
자립지원시설	아동복지법 제38조, 제39조, 제40조, 제41조
드림스타트	아동복지법 제37조, 아동복지법 시행령 제37조
디딤씨앗통장	아동복지법 제42조, 제43조, 제44조
실종아동 등의 보호 및 지원	실종아동등의 보호 및 지원에 관한 법률
청소년 방과 후 활동지원	청소년기본법 제48조 2항, 청소년기본법 시행령 제33조 3~5항
청소년 수련시설지원	청소년활동진흥법 제11조
자원봉사활동지원	청소년활동진흥법 제65조
청소년증 운영	청소년복지지원법 제3조, 제4조
청소년 지도사 배치지원	청소년기본법 제23조 및 동법 시행령 제25조
청소년 교류사업	청소년활동진흥법 제54조 제2항
청소년 상담복지센터 운영	청소년복지지원법 제29조 및 동법 시행령 제14조
지역사회청소년통합지원체계(CYS-Net)	청소년복지지원법 제9조, 동법 시행령 제4조
청소년 동반자(YC) 프로그램	• 청소년기본법 제49조 제2항, 제3항 • 청소년복지지원법 제12조
학업중단 청소년 자립 및 학업지원사업(두드림 · 해밀)	• 청소년기본법 제49조 • 청소년복지지원법 제17조
청소년 특별지원사업	청소년복지지원법 제14조, 제15조
청소년 쉼터 운영	청소년복지지원법 제16조, 제31조
청소년 유해환경 감시단 운영 관리	청소년보호법 제5조 및 제48조
청소년 인터넷 중독 예방 및 해소 지원사업	• 청소년기본법 제8조, 제51조, 제52조 • 청소년보호법 제4조, 제5조, 제27조

출처: 보건복지부(2013). 2013년 아동분야 사업안내. 여성가족부(2013). 2013년도 청소년 사업안내; 이은주 외(2013). 아동청소년 복지사업 심층분석. 보건복지부 연구용역보고서 재인용.

표 7-2와 같이 해당 사업별로 다양하게 적용되고 있는 관련 법령들은 사업의 성격에 따라 아동, 청소년, 연소자, 미성년 등 다양한 호칭으로 대상아동들을 규정하고 있고, 그에 따라 연령의 기준도 상이하다. 대표적으로 우리나라 아동복지의 기본법에 해당하는 「아동복지법」은 그 대상을 만 18세 미만의 아동으로 규정하고 있는 반면, 「청소년기본법」의 경우 만 9세 이상 24세 이하로 그 대상을 규정하고 있다. **표 7-3**에 아동복지 관련 개별 법령에서 규정하고 있는 대상의 호칭과 연령기준을 정리하여 제시하였다(조미숙 외, 2014).

〈표 7-3〉 아동청소년 관련 법규에서 규정된 호칭과 연령 기준

관련 법규	호칭	연령 기준
헌법	아동	18세 미만의 자
	형사 미성년	14세 미만의 자
민법	미성년	만 20세 미만의 자
근로기준법	연소자	18세 미만의 자
아동복지법	아동	18세 미만의 자
청소년보호법	청소년	만 19세 미만의 자
청소년기본법	청소년	9세 이상 24세 이하의 자
영유아보육법	영유아	6세 미만의 취학 전 아동
소년법	소년	19세 미만의 자
초·중등 교육법	청소년/연소자	18세 미만의 자
한부모가족지원법	아동	18세 미만의 자
국민기초생활보장법	아동	18세 미만의 자
모자보건법	영유아	출생 후 6세 미만의 자
미성년자보호법	미성년	20세 미만의 자

출처: 법제처 홈페이지(2022).

4. 아동복지 프로그램 현황

아동복지 프로그램은 아동복지법과 아동복지 관련 법에 기초하여 실제 시행되고 있는 구체적인 제도의 내용들이다. 아동복지는 사회복지 분야에서 그 비중이 크지 않았다. 단적으로 예산을 보더라도 아동복지예산은 다른 영역－기초생활보장, 장애인복지, 노인복지, 인구가정, 기타－의 예산보다 사회복지예산에서 차지하는 비중이 가장 작았다. 물론 최근 들어 사회복지예산 중에서 아동복지예산이 차지하는 비중이 빠른 속도로 증가하고 있지만 아직 구성비는 낮다.

아동복지정책에서 공공부조와 보험 등을 제하고 주로 아동복지서비스 프로그램을 중심으로 내용을 정리하여 보고자 한다. 아동복지서비스 프로그램은 매년 발간되어 온 보건복지부의 '아동복지사업안내'를 통하여 파악할 수 있다.

1) 목표와 추진방향

아동복지의 최근 목표는 가정중심, 지역사회중심의 아동보호로 변화되고 있으며, 요보호아동뿐만 아니라 일반아동의 건전육성을 위한 예방적 서비스 강화에도 주력하여 아동이 그들의 권리를 존중받으며 성장할 수 있도록 지원하는 것을 강조한다.

이러한 목표를 달성하기 위한 추진방향은 ① 아동의 안전하고 건강한 성장 여건을 조성하고, ② 예방적 서비스 강화로 사후적 서비스 수요를 감소시키며, ③ 가정친화적 아동보호기능을 강화하고, ④ 지역사회 저소득층 아동을 위한 지원체계를 강화하는 것이다(보건복지부, 2006).

아동복지 추진방향을 보면 과거에 비하여 일반아동을 대상으로 예방적 서비스를 강조하고, 가정과 유사한 환경을 조성하는 보호가 중심이 되는 변화를 보이고 있다. 그러나 아직까지 아동복지서비스의 실질적 내용은 요보호아동을 대상으로 하는 것이 대부분을 차지하고 있으며, 이러한 특성은 우리나라 아동복지 정책의 현주소를 대변하고 있다.

2) 아동복지 프로그램 내용

정부가 추진하는 아동복지 프로그램은 크게 일반아동을 대상으로 하는 예방적 · 보편적 서비스와 요보호아동을 대상으로 하는 사후적 · 선별적 서비스로 구분된다.

(1) 예방적 · 보편적 서비스

예방적 · 보편적 서비스로는 가정 내 안전사고 예방사고, 실종아동 찾아주기 사업, 아동의 권리보장을 위한 지속적 모니터링과 아동위원 활동 지원 등이 포함된다. 아동의 안전사고에 대응하기 위하여 안전통계작성, 원인 파악과 대책 마련, 교육 및 홍보가 이루어지고 있으며, 실종아동찾아주기사업으로 실종아동 찾기 공익광고, 실종아동 발견 가능성이 큰 시설에 대한 주기적 점검을 실시하고 있다. 또한, 지역사회에서 아동안전환경의 조성이 가능하도록 아동위원의 활동을 활성화하는 설명회 개최, 포상 등이 이루어지고 있다.

(2) 사후적 · 선별적 서비스

사후적 · 선별적 서비스로는 빈곤아동을 주 대상으로 하는 아동급식지원, 지역아동센터 운영 지원, 결연사업, 소년소녀가정지원과 아동보호를 목적으로 하는 아동학대예방 및 보호서비스, 국내입양활성화 및 입양사후관리서비스, 가정위탁 서비스, 그룹홈 운영의 확대 지원, 아동시설 지원, 시설 퇴소아동 지원 등이 있다. 예방적인 성격과 더불어 아직 그 대상이 고위험군 아동으로 표적화되고 있는 아동보호통합서비스 체계 구축도 시도되고 있다. 이는 취약지역의 아동을 대상으로 보호서비스, 방문간호서비스 등을 연계하여 통합서비스를 제공하는 틀로 구성된다.

과거와 비교하여 아동에 대한 보편적인 예방적 서비스가 강조되고 있으며, 이러한 변화는 우선 정책방향의 설정 등에서 더욱 선명하게 드러난다. 그러나 아직도 요보호아동에 대한 서비스가 절대적으로 큰 비중을 차지하고 있다. 앞으로 예방적·보편적 서비스의 개발이 좀 더 확충되어야 한다.

사후적·선별적인 서비스로 한정하여도 그 특성의 변화가 보인다. 시설아동의 보호환경을 개선하고, 대안적인 아동보호 형태인 가정위탁 및 그룹홈을 활성화하기 위한 노력이 강화되는 등 요보호아동에 대한 보호의 질을 제고하는 발전적 측면이 있다.

Chapter

08

아동학대와 아동보호

1. 아동학대의 정의 및 유형
2. 아동학대의 발생원인 및 개입절차
3. 아동보호서비스
4. 아동학대 예방지원

Chapter 08

아동학대와 아동보호

1. 아동학대의 정의 및 유형

1) 아동학대의 정의

매년 수많은 아동이 학대로 인하여 생존과 발달에 위협을 받고 있다. 훈육과 체벌이 허용되는 우리나라 전통의 관습과 가정 내에서 일어나는 일에 대한 외부개입의 어려움 등으로 우리 사회의 아동학대는 쉽게 노출되지 않았다. 이러한 아동학대에 대한 정의는 다양하지만, 「아동복지법」(제3조)에서의 아동학대라 함은 보호자를 포함한 성인이 아동의 건강 또는 복지를 해치거나 정상적 발달을 저해할 수 있는 신체적 · 정신적 · 성적 폭력이나 가혹행위를 하는 것과 아동의 보호자가 아동을 유기하거나 방임하는 것을 말한다. 이 규정은 적극적인 가해행위뿐만 아니라 소극적인 의미의 단순 체벌 및 훈육까지 아동학대의 정의에 포함하고 있다. 한편, 아동돌봄 개념과 간혹 혼란을 일으키는 아동보호(child protective) 서비스는 학대받는 아동을 위한 서비스로서 해당 아동을 위한 법적·사회적·의료적·시설보호서비스 등을 의미한다. 영어로 표현하면 'child care service'와 'child protective service'는 엄연히 구별되지만, 우리말로 표현할 때 동일하게 아동보호서비스로 번역되어 혼란을 가져올 수 있다. 따라서 'child care service'는 아동돌봄서비스로, 'child protective service'는 학대아동보호서비스로 번역함으로써 그 대상을 구별하여 용어를 사용하는 것이 바람직하다고 판단된다(정익중 외, 2021).

따라서, 아동의 복지나 아동의 잠정적인 발달을 위협하는 보다 넓은 범위의 행동을 아동학대로 규정하고, 신체적 학대뿐만 아니라 정서적 학대나 방임, 아동의 발달을 저해하는 행위나 환경, 더 나아가 아동의 권리보호에 이르는 매우 포괄적인 경우를 규정하고 있다.

2) 아동학대의 유형

아동학대의 유형은 크게 신체학대, 정서학대, 성학대, 방임으로 나누어 살펴볼 수 있다. 「아동복지법」 제3조의 규정과 보건복지부 산하 중앙아동보호전문기관에서 발표한 학대의 유형은 다음과 같다.

(1) 신체학대(Physical Abuse)

보호자를 포함한 성인이 아동에게 우발적인 사고가 아닌 상황에서 신체적 손상을 입히거나 신체 손상을 입도록 한 모든 행위를 말하며, 생후 12개월 이하의 영아에게 가해진 체벌은 어떠한 상황에서도 심각한 신체학대이다.

신체적 손상을 입히는 학대는 떠밀고 움켜잡는 행위, 뺨을 때리는 행위, 벨트 등 도구를 사용하여 때리는 행위, 발로 차거나 물어뜯고 주먹으로 치는 행위,

팔, 다리 등을 심하게 비틀어 쥐어짜는 행위, 뜨거운 물이나 물체, 담뱃불 등으로 화상을 입히는 행위 등을 말한다.

(2) 정서학대(Emotional Abuse)

아동의 인격이나 존재를 말과 행동으로 멸시하거나 부당한 대우를 하는 행위를 말하는 것으로 다른 학대 유형에 반드시 동반해서 나타난다.

정서적 학대로는 아동에게 욕설을 퍼붓는 행위, 감금 행위, 집 밖으로 내쫓겠다고 하거나 원망적 · 거부적인 언어를 사용하는 행위, 아동발달 수준에 적절하지 않은 비현실적인 기대로 아동을 괴롭히는 행위, 삭발시키는, 행위, 아동이 보는 앞에서 부부싸움을 하거나 다른 아동과 부정적으로 비교하는 행위 등을 말한다.

(3) 성학대(Sexual Abuse)

성인이 성적인 충족을 위해 미성숙한 아동과 함께하는 모든 성적 행위를 말한다. 성학대는 아동의 보호관계에 있는 사람들이 저지른 행위를 말하며, 타인에 의해 저질러진 행위는 성폭력이라고 한다.

성학대로는 성인이 아동에게 자신의 성기나 신체를 접촉하게 하거나 아동의 성기를 만지는 행위, 아동 앞에서 옷을 벗으며 자신의 성기를 만지는 행위, 아동의 옷을 강제로 벗기거나 키스를 하는 행위, 포르노 영상을 아동에게 보여 주거나 포르노물을 판매하는 행위, 아동 매춘이나 매매를 하는 행위 등을 말한다.

(4) 방임(Neglect)

보호자가 아동에게 위험한 환경에 처하게 하거나 아동에게 필요한 의식주, 의무교육, 의료적 조치 등을 제공하지 않는 행위를 말하며, 유기란 보호자가 아동을 보호하지 않고 버리는 행위를 말한다. 방임은 물리적 방임, 교육적 방임, 의료적 방임, 유기 등으로 나누어 볼 수 있다.

① 물리적 방임

- 기본적인 의식주를 제공하지 않는 행위
- 불결한 환경이나 위험한 상태에 아동을 방치하는 행위
- 아동의 출생신고를 하지 않는 행위, 보호자가 아동들을 가정 내에 두고 가출한 경우
- 보호자가 친족에게 연락하지 않고 무작정 아동을 친족 집 근처에 두고 사라진 경우 등

② 교육적 방임

보호자가 아동을 특별한 사유 없이 학교(의무교육)에 보내지 않거나 아동의 무단결석을 방치하는 행위로서, 의무교육은 6년의 초등교육 및 3년의 중학교를 의미한다(「교육기본법」 제8조 제1항).

또한 초등학교 및 중학교의 장은 해당 학교에 취학할 예정인 아동이나 취학 중인 학생이 입학 · 재취학 · 전학 또는 편입학 기일 이후 2일 이내에 입학 · 재취학 · 전학 또는 편입학하지 아니한 경우, 정당한 사유 없이 계속하여 2일 이상 결석하는 경우, 학생의 고용자에 의하여 의무교육을 받는 것이 방해당하는 때 지체 없이 그 보호자 또는 고용자에게 해당 아동이나 학생의 취학 또는 출석을 독촉하거나 의무교육을 받는 것을 방해하지 아니하도록 경고하여야 한다(「초 · 중등교육법 시행령」 제25조).

③ 의료적 방임

아동이 질병이 있음에도 불구하고 적절한 조치를 받지 못하는 경우를 뜻하며, 아동에게 필요한 의료적 처치 및 개입을 하지 않는 행위를 뜻한다.

④ 유기

- 아동을 보호하지 않고 버리는 행위
- 병원에 입원시키고 사라진 경우
- 시설 근처에 버리고 가는 행위

이상과 같이 아동학대의 유형에 대하여 살펴보았으나 방임은 적어도 다음과 같은 세 가지 점에서 학대만큼 중요하게 다루어져야 한다(정익중 외, 2021).

첫째, 미국의 아동학대 사례 중 약 1/2 이상이 방임과 관련되어 있을 정도로 방임은 아동학대의 가장 보편적 유형이다. 우리나라에서도 방임은 전체 학대의 1/3 이상에 해당할 만큼 전체 학대의 유형 중에 가장 높은 비율을 차지한다. 일반적으로 아동은 극적인 학대의 상황보다는 이렇게 일상적인 방임의 상황에 만성적으로 노출되어 있다.

둘째, 학대는 가시적이기 때문에 사회적 인식이 증가하면서 감소할 가능성이 크지만, 방임은 개인이나 부부중심의 이데올로기, 맞벌이 부부의 증가 등으로 시간이 갈수록 의도적이든 비의도적이든 증가할 가능성이 크다.

셋째, 방임은 가해자에게 문제라는 인식 자체가 낮으므로 아동이 성장하여도 계속해서 누적되어 나타나기 쉽다. '조용한 폭행'인 방임은 타인과 관계를 맺거나 주변 세계를 탐색할 의지가 사라지도록 천천히 지속적으로 아동의 영혼을 잠식해 들어간다. 방임에는 부모 개인의 책임뿐만 아니라 사회적 책임도 포함되어 있다. 부모가 제대로 양육할 수 없다면 사회의 도움으로 양육할 수 있는 지역사회 안전망을 만들어야 한다는 점에서 방임은 아동학대 중 상대적으로 사회적 책임이 가장 크다고 할 수 있다.

3) 아동학대의 징후

(1) 신체학대의 징후

신체 여러 부위의 설명할 수 없는 상처나 심한 구타 자국, 두 눈에 심한 멍, 줄 등으로 목이 졸린 흔적, 목에 난 상처, 담뱃불, 양말이나 장갑, 다리미 모양의 물체에 의한 화상, 입, 입술, 팔, 다리, 목에 난 열상, 설명할 수 없는 골격손상, 경직되고 부어오른 관절, 다발성 혹은 나선형 골절, 없어지거나 흔들리는 치아, 이빨로 물린 자국, 머리카락이 없어진 부분, 스트레스로 인한 원형탈모, 사지골절 및 안구출혈, 고막파열, 두뇌손상, 사망 등이 나타난다.

어른에 대한 신체적 접촉이나 다른 아이가 울 때 쉽게 놀라고 두려워하며, 자신이나 타인에게 해를 끼침, 행동이 극단적, 공격적 혹은 위축, 사회관계의 부족, 학습문제, 학습능력 부족, 집중시간이 짧고 언어발달 지체, 가출이나 비행, 상처에 대해 이야기하려 하지 않거나 엉뚱한 변명을 함, 아파하거나 어색한 동작, 옷 갈아입는 것을 싫어하거나 더운 날씨에도 옷 벗는 것을 싫어함, 집에 들어가기를 두려워하는 등 정서적·행동적 문제가 나타난다.

(2) 정서학대의 징후

공격적 행동, 과잉행동, 퇴행행동, 눈치를 많이 봄, 주의산만, 충동성, 인내심 결여, 집중력 결여, 미성숙한 정서반응, 지나치게 수동적이거나 공격적인 성향, 불행, 슬픔, 절망감 등으로 정서불안 및 위축, 우울, 공포, 낮은 자아 존중감, 새로운 상황에 대한 두려움, 등교 거부, 학습부진, 식욕부진, 섭식장애, 호흡곤란, 자해행동, 자살행동 시도, 성인에 대한 불신으로 인해 대인관계 기피, 원만한지 못한 사회관계, 말더듬증과 같은 언어장애, 전반적인 발육부진 등의 정서적으로 극도의 불안감이나 그에 따르는 여러 가지 문제가 나타난다.

(3) 성학대의 징후

복부 통증, 구토, 생식기/항문의 가려움, 통증, 부종, 생식기/항문의 좌상(멍), 출혈, 성기 팽창, 성기 분비물 호소, 요로감염이나 곰팡이 감염 호소, 소변 시 통증, 성병, 괄약근 조절의 어려움(유분증, encopresis): 신체적 질환이 없는데도 대변을 가리지 못하는 증상), 처녀막 파열, 임신과 낙태, 만성적인 원인불명의 목쉼, 후두염, 잦은 심인성 질환, 속옷이 찢어지고 더러워지거나 피가 묻는 경우, 피부나 옷에 정액이 묻는 경우, 걷거나 앉을 때의 어려움 등이 나타난다.

갑작스러운 체중감소 및 증가, 수면장애, 만성적인 악몽, 섭식장애, 퇴행, 자위 행위의 증가, 성적 행동 표출 등의 부적절한 성적 행동, 조숙한 성놀이, 성과 관련된 그림을 그림, 또래에 비하여 성에 대한 해박한 지식, 음란한 용어사용, 극단적인 경우 자살 시도, 자기 파괴적 행동, 집중도 결여, 자존감 및 자신감 결여, 두려움, 불안감, 공포, 불신감, 분노와 적대감, 우울감, 죄의식, 수치심 등이 생기게 된다.

(4) 방임의 징후

성장지연, 발달지체, 기아, 영양실조, 적절하지 못한 영양 섭생, 냄새나는 의복, 청결하지 못한 몸, 머리, 손톱, 지속적인 피로, 나른함, 조는 행위, 위험한 상황에 대한 불충분한 보호로 생긴 상처 등이 나타난다.

음식을 구걸하거나 훔치는 경우, 쓰레기를 뒤지는 경우, 항상 배고파하는 경우, 파괴적인 자아 또는 극단적, 공격적이고 위축된 경우, 거짓 행동을 하거나 나이에 비해 성숙한 책임감을 가장한 경우, 나이에 맞지 않게 어린아이와 같은 행동을 하거나 비행행위를 하는 경우, 잦은 학교 결석, 만성적인 지각, 관심이나 애정추구, 우울증 등의 정서적으로 불안한 행동을 하게 된다.

4) 아동학대의 후유증

아동은 정신적 · 신체적 장애를 일으킬 수 있고 학대받은 아동은 다른 사람을 신뢰하거나 사랑하지 못하게 된다. 믿는 사람에게서 학대를 받은 경우는 아동의 전 생애에 부정적인 영향을 미치며, 파괴적인 행동이나 몹시 소극적인 태도로 관계형성에 어려움을 겪게 되고, 비행에까지 이르게 한다. 또한, 아동학대 경험은 아동학대 악순환의 원인이 된다. 부모에게서 학대를 받은 사람이 자신의 아이들을 학대할 가능성이 크다.

아동학대의 가장 치명적 결과는 아동의 사망이다. 중앙아동보호전문기관에 따르면, 학대에 의한 아동 사망자 수는 2014년 14명, 2015년 16명, 2016년 36명, 2017년 38명, 2018년 28명이었다(중앙아동보호전문기관, 2019). 하지만 이는 신고가 접수된 사건 중 사망자 수로서 빙산의 일각에 불과하고, 경찰청이 집계한 숫자는 이것보다 훨씬 많다. 아동학대 사망사건이 과소 추정 되고 있는 주요 원인으로는 사건의 고의성 판단의 어려움, 의사의 부적절한 사망 진단과 의심사례의 미신고, 부적절한 사례조사, 최종 의료기관과의 불완전한 의사소통으로 인해 통계에 반영되지 않는 것 등을 들 수 있다(Palusci, Wirtz, & Covington, 2010).

아동의 사망 외에 아동학대로 인한 가장 큰 문제점은 후유증이다. 특성상 가해자의 대부분이 친부모인 아동학대는 동심에 큰 상처를 남긴다. 가정 내에서 일어나는 학대는 외부에서 인지하기 어려우므로 쉽게 은폐되어 사회적으로 묵인될 가능성이 크다. 또한, 일회성이 아니라 학대자의 지속적인 학대습성에 의해 반복되어 피해아동의 신체적, 정신적 고통이 지속된다.

뿐만 아니라 학대의 대상이 자신을 돌봐 주는 부모이기 때문에 피해아동은 학대에 무방비하게 노출된 상태로 자신이 살고 있는 집 안에서 위태롭게 생활한다(류정희 외, 2018). 일반적으로 아동은 독자적인 생활이 불가능하고, 자기방어력이 약하므로 학대를 받을 경우 아동의 신체적 · 정서적 · 인지적 발달을 포함하는 거의 전 발달영역에서 심각한 손상을 입는다(정익중 외, 2006). 이때 학대피해아동은 일반아동과는 다른 독특한 행동 및 발달특성을 보이는데, 이러한 영향은 아동기의 단기적 문제에 그치지 않고 성인기에 이르기까지 지속된다(Dodge et al., 1990)는 점에서 그 심각성이 있다. 학대피해아동은 학업성취가 떨어지고, 정신적 문제, 성 문제, 알코올 및 약물중독을 경험하며, 심각한 비행과 범죄에 빠질 확률이 높아진다(Dembo, Williams, Wothke, Schmeidler, & Brown, 1992).

학대로 인해 아동에게 가장 보편적으로 나타나는 심리적 · 정서적 후유증은 자아개념의 왜곡과 자아존중감의 저하다(연진영, 1992; Cerezo & Frias, 1994; Green, 1985). 아동은 대개 학대경험의 의미를 부여하는 과정에서 자기중심적이고 이분법적인 사고를 한다(Bierman, 1983). 이러한 사고를 통해 부모는 나쁠 수 없으므로 학대받는 자신이 나쁘다고 생각하는 것이다. 부모에 대해 싫은 감정을 지니거나 속상한 마음이 드는 자신이 학대받아 마땅한 아이라는 생각을 가지게 된다. 이렇게 아동은 반복적인 학대를 통해 실제로는 잘못한 것이 없음에도 불구하고 자신의 잘못 때문에 처벌받는 것으로 생각한다. 학대가 자신의 잘못에서 기인한다고 믿는 아동은 자신을 긍정적으로 생각하고 존중하기 어렵다. 또한, 학대피해아동은 학대를 부모가 자신을 싫어하고 거부하는 메시지로 받아들이고 자신에 대한 매우 부정적인 자아상을 만들게 된다. 학대는 이러한 경로를 통해 부모가 격려해 주어야 하는 아동의 자아발달을 위축시키고 부정적인 자아개념을 심어준다(Allen & Tamowski, 1989; Oates, Forrest, & Peacock, 1985).

부모가 아동에게 학대를 가할 때 신체적 피해뿐만 아니라 아동의 자신 및 주변 세계에 대한 내적 신념도 함께 손상받는다. 따라서 자신의 존재가치를 확인시키고 강화해주어야 하는 부모로부터 존중받지 못하고 학대를 받은 아동의 경우 자신을 무능하다고 인식하며 자신에 대해 나쁜 감정을 느끼게 되고, 자신은 타인으로부터 사랑받을 가치가 없는 사람으로 간주하게 된다(Crittenden & Ainsworth, 1989). 이러한 낮은 자아존중감은 자신을 함부로 다루며 스스로를 통제하고자 하는 의지도 약하게 만든다. 이에 따라 새로운 경험에 대해 아무 감각을 경험하지 못하거나 위험징후를 감지하지 못하는 사람으로 성장해 학대를 경험하지 않은 사람과 비교해 성폭행이나 가정폭력을 경험할 확률이 현저히 높은 것으로 나타났다(류정희 외, 2018). 또한, 부모에게 사랑받지 못했다는 슬픔은 자신을 부끄러운 존재라고 생각하게 되고, 부끄러운 존재가 되게 한 자기 자신과 세계에 대해 분노를 느낀다. 이러한 아동은 미래에 대한 계획 없이 충동적으로 생활하며 아픈 기억들을 잊기 위해 노력한다. 자아존중감은 한 개인의 심리적 특성뿐만 아니라 행동적 특성을 결정짓는 중요한 변수로 알려져 있다. 즉, 자아존중감이 낮을수록 신경증, 불안, 우울과 같은 심리적 문제뿐만 아니라 자기 파괴적 행동이나 약물남용, 알코올중독, 비행 등과 같은 일탈 행동적 문제들을 보인다(Daly & Burton, 1983; Owens, 1999).

때로는 경계성 인격 장애라는 복잡한 질환을 일으키기도 한다. 경계성 인격 장애는 정서나 행동, 대인관계가 매우 불안정한 이상성격으로 정상과 비정상의 경계에 있는 장애다. 이 질환을 앓는 사람은 곧잘 다른 사람을 흑백논리로 판단한다. 처음에는 대상을 우상화하다가, 어느 순간 모욕감이나 배신감을 느끼면 신경질적으로 비방하게 된다.

또한, 학대는 신경생물학적 변화를 초래하기도 한다. 아동학대는 대뇌의 안쪽 밑에 있는 변연계의 발달을 방해한다. 변연계는 서로 연결된 신경중심부이며 감정과 기억을 조절하는 중추로서, 기억을 담당하는 해마와 감정을 조절하는 편도체로 구성되어 있다. 신경생물학자들은 아동학대의 영향으로 편도체가 과도한 전기적 반응상태에 이르거나 스트레스 호르몬에 지나치게 노출돼 해마의 발달이 지체된다고 보고한다. 이렇게 어린 시절의 학대 경험은 뇌 발달에 치명상을 입히는 심각한 스트레스다. 이 스트레스는 뇌 발달을 방해하는 독성물질로 작용하여, 충동성을 조절하는 전두엽의 기능을 저하시키고 변연계와 전두엽 간 신호전달에도 문제를 일으키며 정신질환으로 이어지기 쉽다(Bower, 1995;

Mukerjee, 1995). 이와 같은 아동학대 후유증은 적절한 심리치료를 받지 않으면 성인이 되어 사회생활을 하거나 관계를 맺는 데 큰 영향을 미치며, 또 다른 폭력과 학대의 가해자가 되어 세대 간 전이되기도 한다고 보고되고 있다. 이렇게 학대받은 아동의 후유증이 각각의 학대유형에 따라 어떠한 증상으로 나타날 수 있는지 구체적으로 살펴보면 다음과 같다.

(1) 신체학대의 후유증

외상으로 두개골 골절 및 복부, 흉부, 고막파열, 열창, 화상, 시력상실, 치아・사지골절, 담뱃불로 지진 상처, 할퀴거나 깨문 상처 등이 있다. 심리적으로는 집에 들어가기 싫어하고 살기가 싫다고 하며, 화가 나서 물건을 부수거나 누군가를 때려주고 싶다고 한다.

정상적인 생활을 유지할 수 없을 정도로 학대받은 아동은 성격 형성과 사회적 기능에 치명적인 영향을 주며, 때로는 사망에 이르게 하는 경우도 있다. 신체적 학대를 받은 아동은 부모나 다른 성인들의 신체적 접촉을 경계하거나 극단적인 행동을 보이고, 의존적이고 무분별한 애착관계를 갖고자 하며, 부모나 보호자를 두려워한다. 등교 거부, 학습부진 등의 행동장애를 보이기도 하며 두통, 식욕부진, 호흡곤란, 말더듬, 빈뇨, 복통을 호소한다. 우울증, 자살행동, 공포증상을 보이기도 한다.

(2) 정서학대의 후유증

아동의 심리적인 상태에 부정적인 영향을 주는 정서적 학대의 후유증은 신체적 학대로 인한 신체적 증상 및 후유증 이상으로 아동의 성장발달에 치명적인 결과를 가져올 수 있다.

낮은 자존감, 발달지체, 자살행동 등을 보이기도 한다. 도덕발달의 결함을 보이거나 수동적이면서도 공격적・도전적인 행동을 보인다. 거의 웃지 않고 잘 놀지도 않으며 깊이 잠들지도 못하고, 다른 성인과의 관계에서 관심을 끌려고 하며 항상 뭔가 더 필요하다는 느낌을 보인다.

(3) 성학대의 후유증

아동기 성학대의 경험은 심한 후유증을 나타낸다. 공포와 불안, 악몽, 무력감, 퇴행, 공격적 행동을 포함한 외상 후 스트레스 장애를 보이며, 성적인 이상행동과 같은 징후를 보이기도 하며, 급격한 성격 변화와 행동변화를 보인다.

복부통증, 구토, 요도관 감염, 외음부의 출혈 및 상처, 인두감염, 성병 등이 나타난다. 갑작스러운 체중 감소나 증가를 보이고, 수면장애, 강박적인 자위행위, 조숙한 성적 놀이 등을 한다. 퇴행, 배변훈련의 실패, 잦은 목욕 그리고 원인 없이 울거나 집 안에만 머물려고 하며, 우울증을 보이고 무단결석이나 가출을 하고 자기 파괴적 행동과 약물남용에 쉽게 빠진다. 성도착증을 보이거나 남자에게 공포반응을 나타내기도 한다.

(4) 방임의 후유증

영양불량으로 신체가 허약하고, 몸이나 옷이 더럽고, 머리 모양이 단정치 못하며, 계절이나 날씨에 맞지 않는 옷을 입고 다닌다. 배고프다고 말하면서 간식이나 점심을 더 달라고 한다. 상처가 났을 때 상처를 치료하지 않은 채 등교한다. 지각, 무단결석이 잦으며, 준비물을 자주 가져오지 않고, 방과 후 집에 가지 않고 서성인다.

거의 대부분의 방임은 서서히 그러나 지속적으로 아동에게 피해를 주기 때문에 아동에게 세상에 대한 탐색과 다른 사람과 관계를 맺고자 하는 의지를 상실케 한다.

5) 가정폭력에 노출된 아동

가정폭력은 가해자 피해자 모두에게 커다란 해를 끼치지만, 함께 사는 아동에게도 직・간접적으로 심각한 영향을 주는데, 스메타나 등(Smetana et al., 1984)은 "아동들은 기능적으로 위압적이고 부정적인 가족 분위기로 인해서 사회에 대한 왜곡 및 부정적인 신념을 학습할 수도 있다."라고 지적하고 있다.

지금까지 한국의 가정폭력 문제에 있어 아동은 종종 잊힌 존재였다. 세계적인 추세로 볼 때 가정폭력 예방 전략에서 아동을 적극적으로 포함시키고 있으며, 아동을 피해자로 본다. 여러 연구결과에 의하면 가정 내 배우자 학대와 아동학대의 중복 발생률은 40~60% 정도가 되며(Suh & Abel; 1990, Gelles, 1997), 아동학대의 80~90%는 가정 내에서 발생한다(보건복지부, 2022). 아동이 직접적으로 가정폭력의 피해자가 되는 경우는 물론 아동이 가정폭력에 노출되는 것도 아동의 건전한 성장발달에 심각하게 부정적인 영향을 미친다. 그러므로 가정폭력 예방 전략을 구상하는 데 있어서 가족 체계론적인 관점을 가지고 폭력이 가족의 개별 구성원에게 미치는 영향뿐만 아니라 전체 가족의 기능과 역동에 미치는 영향을 고려하는 것이 무엇보다 필요하며, 아동의 건전한 성장을 위해서도 필요한 일이다(Misook Cho, 2018).

많은 연구가 가정폭력에 노출된 아동들은 다양한 신체적인 문제 및 심리·사회적인 부적응을 나타낸다고 보고하고 있다(Fantuzzo & Lindguist, 1989; Rosenberg & Rossman, 1990; Straus, 1991; Wolfe & Jaffe, 1991). 즉 두통, 복통, 천식, 위궤양, 말더듬, 야뇨증, 불면증, 우울증, 자살소동, 정신병, 공포, 수면거부 등 심리적 증상과 등교 거부, 성적 저하, 공격적・파괴적 행동, 도벽, 폭행, 가출 등 행동장애가 두드러지게 나타나고 있다(Markward, 1997). 또한, 에머리 등(Emery et al., 1982)도 부모의 별거 또는 이혼보다도 아동이 목격한 부모의 갈등 수준이 훨씬 더 아동의 심리・사회적인 부적응과 관련 있다고 보고하고 있다.

가정폭력이 더욱 문제시되는 이유는 가정이 최초의 폭력학습의 장소가 된다는 것이다. 어릴 때부터 보고 배운 것이 문제가 생기면 가장 쉬운 문제해결 방법으로 폭력을 사용하는 것이기 때문에 어른이 되어도 폭력을 행사하는 사람이 될 수 있다는 것이다. 실증적인 조사에 의하면, 많은 아동학대자나 아내학대자들은 폭력가정에서 자란 사람들이었다고 보고하고 있다(O'keefe, 1998). 특히, 가정폭력에 노출된 아동의 경우 그들 자신이 목격한 가정폭력이나 구체적인 학대의 경험이 "자주 싸운다" 또는 "학교생활에의 어려움" 등의 문제로 발전되며, 또래 친구들에 대한 폭력으로 구체화될 가능성이 높다(Wolfe & Jaffe, 1991; Markward, 1997).

이렇게 가정폭력이 아동에게 미치는 영향이 지대함에도 불구하고 현재까지 우리나라에서 이 분야에 대한 경험적인 연구가 거의 이루어지지 않고 있다. 이와 같이 가정폭력이 아동에게 미치는 영향에 대한 연구가 우선순위에서 밀려나게 된 주된 이유는 첫째, 부모에 대한 직접개입이 보다 필요하다고 인식되기 때문이며, 둘째, 가정폭력이 아동에게 미치는 영향은 즉각적으로 드러나지 않기 때문인 것으로 사료된다(Misook Cho, 2018).

가정폭력이 다음 세대의 가정폭력의 온상이 될 뿐만 아니라, 학교폭력 더 나아가 사회폭력의 온상이 될 수 있다는 측면에서 볼 때, 다음 세대의 주역이 될 아동에 대한 가정폭력의 영향에 대해서는 더욱 체계적이고 심층적인 국내연구가 절실히 필요하다(Misook Cho, 2018).

아헨바흐와 에델브록(Achenbach & Edelbrock, 1991)은 아동·청소년기의 적응상의 문제를 내재화 문제(internalizing problems)와 외현화 문제(externalizing problems), 그리고 사회적 능력(social competence)으로 나누어 제시하고 있다. 내재화 문제에는 위축(withdrawn), 신체증상(somatic complaints), 사고의 문제(thought problems), 주의집중 문제(attention problems) 등으로 정의하면서, 소극적이고 사회적으로 내재화되고 과잉 통제된 행동(over-controlled behavior)이라고 정의하고 있다. 외현화 문제에는 비행행동, 공격행동처럼 타인에게 해를 끼치거나 싸움을 하는 등의 외현화되고 과소 통제된 행동(under-controlled behavior)으로 정의하고 있다(Misook Cho, 2018).

또한, 아헨바흐와 에델브록(Achenbach & Edelbrock, 1991)은 심리장애의 발생과정을 이해하고 이에 대한 적절한 치료방법을 계획하거나 예후를 예측하기 위해서는 전반적인 사회적 능력을 평가하는 것이 필요하다고 보았다. 특히, 성장과정에 있는 아동, 청소년의 경우 취약한 점을 보완해 주고 남다른 장점이 있는 측면을 살려주는 것이 실제 호소하고 있는 임상적 증상을 다루어 주는 것 못지않게 중요한 기능을 한다고 보고하고 있다. 따라서 사회적 능력을 중요시하고 있는데, 사회적 능력은 친구나 또래와 어울리는 정도, 부모와의 관계를 살펴보는 사회성(social), 교과목 수행 정도나 학업수행상의 문제 여부를 살펴보는 학업수행(school performance), 그리고 아동 및 청소년이 가입한 집단에서의 활동을 살펴보는 사회활동(school activities)이라고 정의하고 있다(Misook Cho, 2018).

이 개념은 여러 학자가 사용하고 있는 개념으로써 카사니와 알랜(Kashani & Allan, 1998)은 아내구타를 목격한 아동에게 미치는 영향에 대하여 내재화 문제, 외현화 문제, 사회적 발달(social development)로 나누어 설명하고 있으며, 제프 등(Jaffe et al., 1986a)도 아내구타가정과 비아내구타가정의 남아와 여아의 심리・사회적인 부적응을 내재화 문제, 외현화 문제, 사회적 능력으로 나누어 비교하고 있다. 또한 팬투조 등(Fantuzzo & Lindguist, 1989)도 아내구타가정의 학령 전 아동에 대한 심리・사회적인 부적응을 내재화 문제, 외현화 문제, 사회적 능력으로 나누어 측정하고 있다. 그 밖의 여러 학자가 이와 같거나 유사한 심리・사회적인 부적응의 개념을 가지고 연구를 진행하였다(Markward, 1997; Rosenbaum & O'Leary, 1981; Wolfe & Jaffe, 1991; Jaffe, et al., 1986b).

따라서, 아헨바흐와 에델브록의 개념을 이용하여 심리・사회적인 부적응을 다음과 같은 세 가지 차원으로 조작적으로 정의하여 사용하고자 한다(Misook

Cho, 2018). 이렇게 가정폭력에 노출된 아동의 문제를 세 가지 차원으로 나누어 심리・사회적인 부적응으로 정의한 이유는 가정폭력에 노출된 아동의 문제가 다차원적이고 다변인적인 특성을 가지고 있기 때문에 보다 통합적인 관점에서 이해해야 하며, 사회사업적인 접근에 있어서도 총체적인 시각에서 통합적인 예방・개입이 필요하기 때문이다(Misook Cho, 2018).

(1) **내재화 문제**(internalizing problems)

가정폭력으로 인한 아동의 문제는 먼저 내재화된 반응으로 우울・불안을 들 수 있다. 최근 연구에서 정상적인 가정의 아동과 아내구타가정에 계속 머물러 있는 아동, 그리고 쉼터(shelter)에 거주하는 아내구타가정의 아동을 비교하여 보았을 때 아내구타가정의 아동은 내재화된 문제, 특히 우울, 불안이 증가하는 경향을 보였다고 보고하고 있다(Fantuzzo & Lindguist, 1989; Hughes & Barad, 1983).

또한, 가정폭력으로 인한 아동의 내재화된 증상, 특히 우울·불안요인은 모델링의 효과 때문에 나타나는 것으로 보고되고 있다(Misook Cho, 2018). 배우자에 의해서 매 맞는 아내와 같이 가정폭력의 희생자들은 때때로 공격행동과 함께 자기비하(self-blame)의 과정에 연루되는 경향이 있는 것으로 나타났는데, 이러한 자기비하의 패턴은 아내구타가 지속된다면 우울한 느낌으로 누적될 수 있으며 이러한 우울증상이 아동들에게 모델링된다는 것이다(Cascardi & O’Leary, 1992).

불안증상도 가정폭력에 노출된 아동에게서 두드러지게 나타나는 것으로 드러났다(Carlson, 1990). 가정폭력에 노출된 사춘기 초기에 있는 남아의 경우 자살생각을 갖기도 한다고 보고하고 있다(Misook Cho, 2018).

(2) 외현화 문제(externalizing problems)

일반적으로 외현화 문제는 부모 간에 폭력을 목격한 아동에게 자주 지적되어 온 상황이다. 이 분야의 연구는 대개 Child Behavior Checklist(CBCL; Achenbach et al., 1991)를 가지고 아내구타가정 아동과 비아내구타가정의 아동을 비교하는 것으로 이루어져 왔다. 이 연구들에 따르면 부모 상호 간에 폭력이 있을 때, 특히 학령전 아동일 경우, 발달상에 행동문제의 위험에 있을 가능성이 높은 것으로 나타나고 있다(Fantuzzo & Lindguist, 1989; Hughes & Barad, 1983). 예를 들면, 분노와 디스트레스는 부모 간에 폭력적인 상호작용을 하는 가정의 아동에게서 일상적으로 나타나는 행동양상이라고 볼 수 있다(Cummings et al., 1989).

또한 학령기 아동과 사춘기 소년의 경우에도 발달상에 있어서 외현화 문제에 대한 위험이 크게 나타날 수 있다(Porter & O'Leary, 1980; Wolfe & Jaffe, 1991). 예를 들면, 부모 간의 폭력을 목격한 사춘기 소년일 경우 가출할 위험이 보다 커진다(Carlson, 1990).

Rosenbaum과 O'Leary(1981)의 초기연구에서는 아내구타가정의 아동과 두 개의 통제집단 아동(예: 불화는 있지만 비아내구타가정과 만족한 결혼 생활을 하는 가정) 간에 행동장애나 성격장애 증상에 있어서 차이가 없다고 보고한 반면, 남아의 경우에는 아내구타가정에서 성장한 아동이 보다 많은 행동적・정서적인 문제를 가지고 있었다고 보고하고 있다.

(3) 사회적 능력(social competence)

가정폭력으로 인한 아동의 사회적 능력에 관한 연구를 고찰해 보면, 아내구타가정의 아동일 경우, 비아내구타가정의 아동에 비하여 사회적 능력이 보다 낮았으며 사회적 능력에 보다 많은 손상을 입고 있었다(Fantuzzo & Lindguist, 1989; Wolfe & Jaffe, 1991).

결국 오랜 기간 동안 가정폭력을 목격한 아동의 사회적 능력에 미치는 영향이 심각함을 지적하고 있는데, 예를 들면 아동기 때에 아내구타를 목격했다고 보고한 여성의 경우, 비교집단에 비해서 사회적 지지(social support)를 수용하는 능력을 포함해서 사회적 부적응(social maladjustment)이 보다 심하게 나타나는 경향이 있었으며 중요한 타자(significant others)와의 관계가 나쁘고, 사회통합(social integration) 능력이 훨씬 부족한 것으로 나타났다(Kashani & Allan, 1998).

2. 아동학대의 발생원인 및 개입절차

1) 아동학대의 발생원인

아동학대의 원인은 크게 아동 자신과 부모, 가족, 사회적 요인에서 찾는 것이 일반적이다. 그러나 학대를 유발하는 하나의 원인이 또 다른 원인에 영향을 주게 되고 또한 원인 간의 상호적 관계를 갖기 때문에 아동학대의 원인을 분명하고 명확하게 규정짓기는 매우 힘들다. 아동학대의 잠재적 원인 중 하나는 학대의 대물림이다. 학대는 학대피해아동이 경험하는 당시의 직접적 피해에서 끝나는 것이 아니라 폭력의 순환개념이나 폭력의 세대 간 전이 가설에서 볼 수 있듯이 학대피해아동이 또 다른 학대의 가해자로 등장하는 2차 피해를 가져오기도 한다(정익중 외, 2006). 과거의 피해자가 새로운 가해자가 되어 자신이 당한 것과 비슷한 유형으로 또 다른 아동학대를 저지른다. 이런 방식으로 아동학대가 대물림되어 악순환이 계속되는 것은 피해 당사자 본인은 물론이고 사회적으로도 커다란 문제가 될 수 있다. 신세대 부모의 아동양육에 대한 지식 부족도 아동학대의 큰 원인으로 작용한다. 건전한 가족관계가 무엇인지 잘 모르고 있거나, 아이들로부터 지나치게 어른스러운 행동을 기대하는 것이 아동학대의 가능성을 높인다.

또한, 우리나라의 경우 친권을 중시하며 훈육하기 위한 체벌에 대한 사회문화적 허용도가 높은 것이 아동학대의 원인 중 하나로 작용하고 있다. 이는 체벌의 법적 근거로 활용된다는 지적을 받던 「민법」 제915조의 자녀징계권 조항이 삭제되면서 해결의 실마리를 찾을 것으로 보인다. 특히 학대행위를 현장에서 직접 다루어야 하는 법 집행자의 경우 오히려 일반인보다도 아동학대에 대한 인식도가 떨어져 아동학대 가해자에게 관대한 처벌을 내림으로써 아동학대가 반복되는 악순환으로 작용하고 있다(정익중 외, 2021). 또한 울주 아동학대 사망사건으로 대두된 아동보호 유관기관 간 정보단절 문제는 아동학대 사망사건을 예방하지 못한 주된 원인으로 지적되었다(정은희 · 박세경 · 류정희 · Hajime Takeuch · 정희선, 2016). 이렇게 아동학대의 원인은 개인적인 이유에서부터 사회문화적 환경요인에 이르기까지 매우 다양하게 제시되고 있다.

이와 같이 아동학대의 원인에 대해서는 다양한 관점이 있지만 여러 접근에서 제시하는 관점을 체계적으로 분석, 통합한 생태학적 관점에서 살펴보고자 한다. 생태학적 관점은 아동 자신의 특성, 부모의 개인적 특성과 부부를 포함한 가족관계의 역동 및 가정이 속하고 있는 지역사회의 여러 특성이 상호작용함으로써 형성된 주변 환경이 아동학대와 관련된다고 보고 있다. 벨스키(Belsky, 2001)는 이러한 관점에서 아동학대 현상을 개인 차원, 가족 차원, 사회공동체 차원, 문화 차원의 네 가지 차원으로 개념화하였다.

(1) 개인 영역

아동을 학대하는 부모의 성격과 과거 경험을 의미하는 것으로 부모의 어릴 적 학대 경험, 부모의 사회화 과정, 어릴 적 폭력에의 노출과 경험, 부모의 거부 경험 등이 포함된다고 할 수 있다.

(2) 가족 영역

아동학대가 발생하는 가족을 의미하는 것으로 아동의 건강과 장애, 아동의 성격과 사회화 기술, 부모의 상호작용 유형, 아동과 부모의 애착, 부모의 부부관계 등이 포함된다.

(3) 지역사회 영역

가족 영역에 영향을 미치는 공식적·비공식적 사회구조를 의미하는 것으로 부모의 고용과 직장형태, 가족과 이웃, 가족을 위한 사회지지체계 등이 포함된다.

(4) 문화 영역

아동과 부모가 거주하는 사회·문화적 가치와 신념 체계를 의미하는 것으로 그 사회의 문화, 폭력에 대한 그 사회의 태도, 아동에 대한 신체적 체벌 등이 포함된다.

2) 아동학대 개입절차

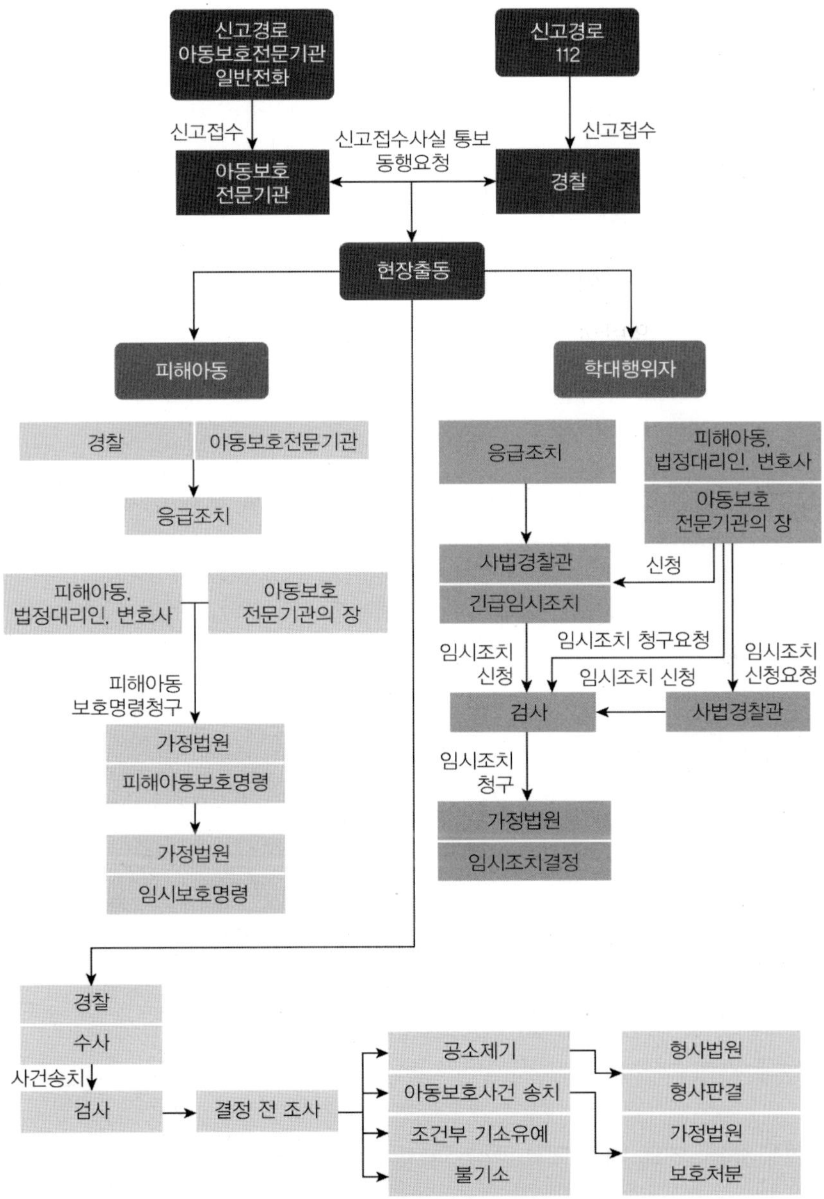

[그림 8-1] 아동학대 사법처리 절차

출처: 중앙아동보호전문기관(2022).

(1) 신고 접수단계

아동학대 사례 여부를 판단하고 아동학대 사례의 위급성 정도를 파악하기 위한 기초정보를 수집하는 것을 목적으로 한다. 먼저 경찰서나 아동학대 신고번호인 112 혹은 전국아동보호전문기관으로 신고 혹은 '아이지킴콜112' 앱을 통하여 신고접수를 받게 되면 사례의 위급성 여부 판단, 아동학대 사례로서의 적합성 여부 판단, 중복신고 또는 이전 신고기록 확인, 정보의 추가수집 여부 등의 주요 사항을 결정하게 된다. 이러한 주요사항에 따라 아동학대의 증후 및 후유증이 발견되거나 학대를 유발할 수 있는 상황으로 의심이 되면 아동학대 의심사례로 구분하고 현장조사를 나가는 것을 원칙으로 한다. 또한, 아동학대와는 관계없이 시설입소, 이혼으로 인한 양육권 분쟁 등으로 아동양육 및 정서행동 문제와 관련한 전반적인 아동상담을 실시한 경우는 일반사례로 구분한다. 「아동복지법」에 따라 아동학대의 의심이 존재하고 사례개입이 가능한 기본 정도가 파악되었다면, 신고자의 의사와 무관하게 사례를 개입할 수 있다. 다만 신고자의 비밀보장에 좀 더 유의하여야 한다.

[그림 8-2] 아동보호전문기관 업무진행도

출처: 중앙아동보호전문기관(2022).

신고의무자는 부모 다음으로 아동과 많은 시간을 보내는 사람들로서 이들의 세심한 관심이 학대로 고통받는 아동을 돕는 데 중요한 역할을 할 수 있다.

첫째, 신고의무자는 아동학대의 증후가 무엇인지 충분히 인식해야 한다. 학대 증후가 심해야만 심각한 학대가 일어나는 것이 아니다. 정서적 학대의 경우 지금 눈으로 확인할 수는 없지만, 시간의 흐름에 따라 아동발달에 치명적인 영향을 미칠 수 있다. 따라서 아주 작은 것이라 해도 의심이 되는 증후가 보이면 주의를 기울여야 한다.

둘째, 가능한 한 많은 정보를 찾아 기록하여 신고한다.

또한, 학대가 의심되는 아동을 다룰 때는 다음과 같은 점을 주의하여야 한다.

① 너무 흥분하거나 당황하지 않는다.
② 아동을 안심시킨다.
③ 심문하는 듯한 태도나 반복적인 질문을 하지 않는 것이 좋다.
④ 아동이 앞으로 필요한 도움을 받을 수 있다는 사실을 알려 준다.
⑤ 아동이 말한 내용을 자세하게 기록하여 지체하지 말고 신고하고 의뢰한다.

(2) 아동학대 현장조사 및 사정단계

아동학대 의심신고가 접수되면 경찰과 아동보호전문기관 상담원이 동행 출동하여 학대 피해아동과 학대행위 의심자를 비롯하여 주변인에 대한 아동학대 조사를 진행한다. 현장조사 단계의 사정은 현장조사 시 파악한 정보를 통한 사정과 아동학대 스크리닝 척도를 통한 사정이 해당된다. 이 단계에서는 학대판정 및 위급성 여부 확인, 피해아동에 대한 신변보장과 안전조치, 충분한 자료 및 정보의 수집・분석프로그램 및 서비스 제공 계획, 부모역할에 대한 교육 등을 목적으로 한다. 그리고 아동의 안전 여부, 아동 및 가족들의 욕구 및 특성, 아동의 성장 및 발달사, 학대의 정도 또는 학대로 인한 피해 심각성, 학대에 대한 위험도를 감소・제거하기 위해 변화될 수 있는 내용 등을 확인하고, 전문 의료인의 소견서 및 진단서, 학대 상처에 대한 근접 사진 촬영, 학대와 관련한 음성

녹음, 비디오 녹화, 약술 및 기록 등을 통해서 증거자료를 확보한다.

(3) 사례판정단계

아동보호전문기관은 아동학대 조사내용을 바탕으로 아동학대 위험도 평가척도와 자체사례판단회의 혹은 사례전문위원회를 진행하여 사례를 판단한다. 이 단계는 해당 사례를 아동복지법령 정의 및 규정에 따라 심각성의 정도, 위급성 여부, 적절한 개입방법을 결정하기 위함을 목적으로 한다. 사례판정은 상담원의 조사를 기초로 상담원, 사회복지사, 전문상담가, 자문위원 등으로 구성된 아동학대 사례판정 회의를 실시한다. 따라서 각각의 판정기준에 따라 아동학대 사례, 잠재위험 사례, 일반사례로 구분한다. 사정을 통해 해결해야 할 문제의 우선순위를 정하고 이에 따른 개입내용과 진행계획을 결정하게 된다. 이때 조기지원사례는 아동학대혐의가 없으나 고위험군으로 아동학대 예방을 위해 외부지원이 필요한 사례를 뜻하며, 일반사례는 아동학대 의심사례로 신고 접수되었으나 현장조사결과 아동학대가 발생하지 않은 것으로 판단될 경우를 말한다. 2016년 접수된 아동학대 의심사례 25,878건 중 아동학대로 판단된 아동학대 사례는 72.3%, 조기지원사례는 8.6%, 일반사례는 18.9%로 나타났다.

(4) 조치 및 서비스 제공 단계

피해아동에 대한 안전이행조치로 다음과 같은 조치들이 이루어진다.

① 학대 피해아동

- 피해아동에 대한 안전이행조치로 아동학대 사례에 따라 원가정보호, 분리보호, 피해아동 보호명령 청구와 같은 조치 진행
- 응급하게 분리보호가 필요한 아동은 「아동학대범죄의 처벌 등에 관한 특례법」 제12조에 의거 응급조치를 진행하여 보호시설 입소 조치

② 학대행위자

사례에 따라 고소・고발・사건처리, 모니터링, 아동과의 분리, 임시조치 (퇴거 등 격리, 접근금지, 친권 등 권한 행사 제한, 상담 및 교육위탁 등) 진행

(5) 사례관리 단계

이 단계는 피해아동에 대한 안전이행조치 후 다음과 같은 서비스 제공이 이루어질 수 있는 단계이다. 따라서 이 단계의 목적은 아동학대 피해아동과 학대행위자 및 그 가족을 위해 가장 효과적이고 적절한 서비스를 제공하는 것과 학대가 일어날 수 있는 상황을 변화시키도록 가족 전체를 위한 세부적이고 명확한 지침 제공, 학대받은 아동의 위기가 제거되었거나 감소되었는지 파악할 수 있는 측정도구를 제공하는 것이다.

① **피해아동:** 상담, 의료지원, 심리검사, 치료진행, 학습지원, 수사 및 증거 지원, 미술치료, 집단치료, 개별치료, 놀이치료 등, 사회복지서비스 연계

② **학대행위자:** 보호처분, 임시조치 등의 결과를 토대로 상담, 교육프로그램 운영, 심리치료, 의료지원, 가정지원

③ **학대가 일어난 가족을 위한 서비스:** 집중적인 가족보존 서비스, 개별상담, 부부상담, 가족치료, 가족상담, 집단상담, 부모교육, 지지서비스, 가족기능 강화 프로그램 등을 지원

(6) 사례종결 및 사후관리 단계

이 단계에서는 사례평가, 종결, 사후관리가 이루어진다. 먼저, 사례평가에서는 사례개입 목표달성 여부, 학대의 위험성 감소 정도, 아동과 그 가족의 욕구충족 정도, 주 호소 문제나 증상의 감소 및 제거 여부, 적응능력 증진 정도, 가족이 보이는 변화 동기, 치료 참여에 대한 만족 정도 등을 고려해서 평가가 이루어져

야 한다. 그리고 아동학대 재발가능성이 희박하다고 평가될 때, 사례평가도구에 의해 종결이 가능한 상태라고 평가될 때 사례를 종결하고, 또한 불가피한 상황에 의해 강제 종결할 때도 있다.

특히 사후관리에서는 가족의 안정유지 및 학대재발의 예방을 위하여 종결된 사례는 3개월 동안 매월 1회 이상 직접방문 등의 방법으로 가족 또는 아동과 접촉하여 문제 재발생 여부를 확인해야 하고, 가족은 도움이 필요하다면 언제든지 상담원을 통해 아동 및 가족이 필요로 하는 도움과 자원을 받을 수 있도록 지원해야 한다. 따라서 사후관리기관을 연계하고 학대 피해아동의 가정에 대한 모니터링을 진행하게 되는데, 아동보호전문기관과 상담원 수와 비교하면 누적 아동학대 사례 수가 점점 증가하면서 최소 사후관리 기간이 이전에는 6개월에서 3개월로 축소되었다.

3. 아동보호서비스

1) 아동보호서비스의 개념

미국 아동복지연맹의 정의에 의하면, 아동보호서비스(child protective service, CPS)란 학대되었다고 여겨지거나 학대된 채로 발견된 아동을 위하여 도움을 제공하도록 위임된 책임을 수행하는 특수한 아동복지서비스이다. 이 경우 학대란 소극적인 유기나 적극적인 학대와 착취 모두를 포함하는 광범위한 의미를 지니고 있으며, 아동의 사회적·정서적·교육적·신체적 욕구와 관련된다.

또한, 미국 아동국의 정의에 의하면, 아동보호서비스란 유기되거나 학대받고, 착취당하고 거부당한 아동에게 제공하는 특별한 사회복지서비스를 의미한다. 이러한 서비스의 초점은 예방적이며 비처벌적인 측면에 두고 있으며, 문제 유발

요인의 확인과 치료를 통해 재발을 방지하는 데 목적을 두고 있다. 또 다른 정의에 의하면, 아동보호서비스란 아동에 대한 부모의 책임이 효율적으로 수행되지 못하고 있다는 정보를 수집한 기관에 의해 수행되는 아동을 위한 서비스이다. 우리나라에서는 「아동복지법」 제3조에 의해 보호자가 없거나 보호자로부터 이탈된 아동 또는 보호자가 학대하는 등 보호자가 아동을 양육하기에 적당하지 아니하거나 양육할 능력이 없는 경우의 아동을 '보호 대상 아동'으로 정의하고, 아동보호서비스의 법적 대상이 된다.

'보호 대상 아동'은 「아동복지법」의 보호절차에 따라 보호된다. 아동보호서비스는 아동의 최상의 이익을 위하여 아동에게 필요한 보호조치를 제공하며, 아동에게 적합한 보호, 양육, 자립방안을 마련하여 아동이 건강한 사회인으로 성장할 수 있도록 지원하는 것을 목적으로 하고 있다.

2) 아동보호서비스의 특징

아동보호서비스의 특징을 몇 가지로 요약해서 살펴보면 다음과 같다.

첫째, 아동보호서비스를 제공할 책임은 전체 지역사회에 있다는 점이다. 친부모가 아동을 유기하거나 학대할 경우, 지역사회는 그 아동을 보호할 책임과 합법적인 권리가 있다. 따라서 아동보호서비스는 합법적인 근거하에서 그 효력이 발생한다.

둘째, 아동보호서비스는 가족구성원이 아닌 다른 사람에 의한 요구에 따라 제공된다는 점이다. 따라서 아동보호서비스는 부모가 부모로서의 역할수행에 실패했지만, 서비스가 필요하다고 인식하지 못하고 있거나 서비스를 활용할 줄 모르거나 활용하기를 원하지 않을 경우에 부모의 의사와 관계없이 제공된다.

셋째, 아동보호서비스가 제공되면 아동에게 다시는 위험이 없다는 것이 명확히 확인될 때까지는 서비스의 제공을 멈출 수 없다는 점이다.

3) 아동보호서비스 제공의 문제

아동보호서비스는 아동을 보호하기 위해 부모의 의사와 관계없이 강제적으로 행해질 수 있는 서비스이므로 자녀에 대한 부모의 권리를 침해할지도 모른다는 문제에 부딪히게 된다. 오늘날 자녀에 대한 부모의 권리를 법의 보호를 받을 수 있는 타고난 당연한 권리로 보고 있긴 하지만 절대적인 것으로 여기지 않고 있으며, 인도주의적인 측면에서 볼 때 아동들은 학대받거나 유기되어서는 안 되며, 보호를 받을 권리가 있으므로 지역사회나 아동보호기관이 부모의 의사에 반하여 아동에게 아동보호서비스를 제공하는 것은 당연한 것으로 보고 있다. 그러나 아동보호서비스는 사회에서 정의된 최소한의 조건에 미달하거나 아동들이 명백히 위험에 처해 있을 때만 행동을 취할 수 있다. 따라서 아동보호서비스를 제공하는 기관들은 '최후의 수단'으로서 역할을 수행해야 한다는 점을 명심해야 할 것이다.

신고가 들어오면 아동보호서비스 담당자(CPS worker)는 학대가 이루어졌는가, 아동의 안전과 가족관계(부모의 권리와 아동의 안전위험)는 어떤 사후조치를 통해 가장 잘 보호되는가에 대해 사정하고, 가족으로부터 아동의 즉각적인 퇴거를 결정하거나, 기관의 지도감독을 받거나, 가족문제를 해결하도록 서비스를 강제적으로 받도록 하거나, 자발적 서비스로의 의뢰이 상의 개입을 하지 않는 등의 결정을 한다. 만약 퇴거가 이루어지고 난 후 가족이 문제를 해결하고 다시 아동의 보호를 다시 책임지도록 하거나 혹은 가정위탁보호, 시설보호, 입양 등과 같은 대리보호 방안을 마련한다.

가정위탁보호는 아동학대와 방임의 경우 아동보호서비스를 통해 퇴거한 아동이 일시적으로 머물기 위한 것에서 발전한 것이다. 하지만 위탁가정에 머무르는 기간이 점점 길어지고 있으며 가정위탁이 중도 포기되거나 심지어 위탁가정 내에서 학대 받는 경우도 있다. 이러한 위탁보호의 문제점 때문에 가족중심적 접근으로 가족지지(family support)와 가족보존(family preservation)의 개념이 점점 강조되고 있다.

가족중심적 접근은 모든 가족이 가진 내재적인 강점을 강조하고, 아동을 양육하는 데에는 가족만 한 곳이 없다는 것을 인정하고, 가족구성원과의 친밀한 관계를 영구화하기 위해 노력하는 것이다. 가족중심적 접근의 기본원리는 다음과 같다(Pecora, 1995).

가족의 입장에서는 ① 이떤 다양한 형태를 취하든 간에 가족들은 아동을 양육하는 가장 바람직한 장소이다. ② 가족들은 그 가족 자신의 성공적인 기능과 아동양육을 위하여 필요한 자원과 기회에 충분히 접근가능한 권리가 있다. ③ 가족은 아동이 위험한 경우가 아니라면 사생활을 보호받을 권리가 있다.

아동의 입장에서는 ① 부모의 권리는 아동을 보호하고 아동의 복지를 증진하는 의무에 수반된다. ② 아동은 충분한 삶의 기회와 건강한 발달의 필수적인 것에 대한 권리가 있다. ③ 위험에 처한 아동은 지역사회보호의 권리가 있다.

가족지지는 아동학대와 방임의 원인이 될 수 있는 것(빈곤, 부모의 실직, 이혼, 사회경제적 스트레스, 양육에 대한 지식부족, 사회적 소외, 알코올중독, 정신병적 증후 등)들을 미리 차단하여 학대와 방임을 예방하는 것이고, 가족보존은 문제가 발생했을 때, 가족이 안전하게 같이 머무르면서 문제를 해결해 나가는 것이다. 가족보존의 기본 가정은 세 가지다. 어떤 형태를 취하든 간에 가족은 아동을 양육하는 가장 바람직한 장이다. ① 아동은 가능한 때 가족과 함께 있을 수 있어야 한다. ② 가족은 아동발달과 성장과정에 항상 관여해야 한다. ③ 모든 가족은 나름대로 장점이 있다. 이러한 가정하에 문제가정이라도 아동을 퇴거시키지 않고 가족 내에서 서비스를 제공하는 것이다.

가족보존은 아동보호서비스, 정신건강 서비스, 청소년 비행교정 서비스의 관심대상이 되었을 때 비로소 시작되는 것이다. 이 가족보존의 중요한 목적은 위탁보호로의 배치(placement)를 막거나 아동이 위탁보호로 들어갔을 때 부모의 양육기술을 높이고 사후서비스 등을 제공하여 가족이 재결합할 수 있도록 도와주는 것이다. 가족지지 서비스는 자발적이지만 가족보존서비스는 강제적이다(Pecora et al, 1992).

4) 아동보호서비스의 실천과정

미국 아동복지연맹(Child Welfare League of America)이 제시하고 있는 아동보호에 관한 사회복지실천 기준에 의하면, 아동보호서비스는 아동이 필요로 하는 보호를 그 부모나 가족이 제공하지 못하는 아동들에게 제공되어야 한다. 전문 사회복지사는 아동학대의 사례에서 아동과 그 가족에 대하여 심리사회적 개입의 필요성을 이해해야 한다. 이러한 개입은 아동학대 분야에서의 경험과 전문적 능력을 지닌 훈련된 전문가에 의하여 이루어지는 것이 바람직하다.

(1) 아동학대 지표

초기 개입과정에서 사회복지사는 아동과 가족을 면접하여 아동학대의 정신건강상 혹은 임상적 문제의 증후가 있는지를 관찰해야 한다. 그리고 아동보호 기관이나 공권력에 보고할 필요가 있는지를 확인한다. 그리고 아동과 가족의 정서적 욕구에 반응해야 한다. 아동학대 사례의 사정은 일반적인 정책과 실천지침, 개별 사회복지사의 경험에 기초하여 이루어진다. 개인적 편견, 정보의 질과 적절성을 고려할 때 보편적으로 적용될 수 있는 사정의 모델을 개발할 필요성이 있다. 이러한 모델은 사례의 모니터링과 지도감독, 우선순위의 설정, 개입방법의 설정 등에 기여하며, 구조화된 사정모델은 일관성, 적시성, 적절성, 보호결정의 질, 법정에 제출되는 보고 및 사회복지사의 책임성 등을 향상시키게 된다.

일반적으로 아동학대 사례의 위험 정도를 판단하기 위하여 가장 많이 사용되는 지표는 다음과 같은 요인들이다(NASW, 1995: 361-362).

- **과거의 아동학대 보고 여부**: 해당 아동이나 가족 내의 다른 형제, 자매의 학대 혹은 유기의 기록
- **부모가 아동기에 학대된 경우**: 부모가 아동기에 학대된 기억이 있거나 이러한 사실이 부모의 생육력에 기록된 경우
- **부모의 연령**: 해당 아동이나 첫 아이의 출산 시에 부모가 18세 이하인 경우
- **아동의 연령**: 유아, 어린 아동, 청소년의 학대 유형에는 다양한 차이가 있음
- **가족의 구성**: 아이를 혼자 기우는 한부모, 미혼모, 이혼, 별거 등의 상황을 의미함
- **가정폭력**: 폭력이 자주 발생하는 가정에서 아동은 우연히 또는 의도적으로 학대를 당함
- **장기간 별거**: 아동이 조부모나 다른 가족구성원 또는 위탁보호를 받은 경우
- **부모 혹은 보호자의 약물남용**: 부모나 다른 보호자가 약물이나 알코올을 남용하여 아동의 안전과 건강이 침해되는 경우
- **아동의 신체적 · 정신적 · 정서적 손상**: 아동이 지적장애, 인지장애, 신체적 · 정서적 장애 혹은 만성질환이 있는 경우
- **부모나 기타보호자의 신체적 · 정신적 · 정서적 손상**: 부모나 기타보호자가 정신질환의 진단을 받았거나 신체적 · 정서적 장애 또는 만성질환이 있는 경우
- **낮은 사회경제적 지위**: 가족이 공공부조를 받는 경우

이와 같은 요인들 외에도 부모와 아동의 공격성, 거친 훈육방법, 부모의 스트레스와 분노, 양육방법상의 비현실적인 기대(대소변 가리기 등)로 인하여 아동학대의 가능성이 높아지게 된다. 일반적으로 연구에 의하면, 아동학대를 가하는 부모는 욕구불만, 충동성, 엄격함, 권위적, 비현실적인 기대, 조급함, 부적절한 양육모델 등의 특성이 있는 것으로 나타난다. 또한, 유기를 행하는 부모는 충족되지 않은 유아기적 욕구나 성격을 갖거나 자신의 자녀를 적절하게 보호하기 위한

지식, 판단력 및 동기가 부족한 것으로 나타난다.

(2) 치료와 서비스

사회복지사는 아동보호 전문기관 혹은 병원에서 활동하는데 아동 학대사례의 발견, 서비스의 계획, 치료 및 후속조치를 효과적으로 수행하기 위하여 여러 학문 분야의 전문가 및 기관과 다학제팀을 구성해야 한다. 사회복지사는 아동과 가족 및 지역사회의 이익을 위하여 법률, 의료 및 기타 지역사회기관 간의 연계자로서 활동한다.

가족과의 최초 면접에서 사회복지사는 아동학대의 정확한 내력을 조사하고, 아동의 정신건강 욕구를 사정하며, 아동과 그 가족의 적절한 치료에 관한 결정을 내리기 위한 정보를 수집한다. 이때 사회복지사는 아동의 상태뿐만 아니라 부모와 아동의 관계를 사정해야 한다. 상황을 사정함에 있어 사회복지사는 다음의 질문사항을 고려한다.

- 학대를 행한 이유가 복종을 가르치기 위함인가?
- 부모가 학대 사건을 부인 또는 축소하는가?
- 부모가 아동을 비난하거나 다른 사람에게 비난을 돌리는가?
- 부모가 방어적인 태도를 갖거나, 아동에게 부적절하게 애착을 갖는가?
- 부모가 아이에게 말할 때 언어적인 모욕이나 억압을 하는가?
- 부모나 기타 가족에 의하여 제공되는 지지의 수준은 어떠한가?

사회복지사는 아동의 안전, 즉 아동의 보호를 보장하는 가족의 능력에 관한 평가를 객관화하기 위하여 구조화된 위험사정도구를 사용할 수 있다. 이 사정도구는 다음과 같은 질문을 포함한다.

- 부모는 무엇이 아동학대가 되는지, 그리고 아동에 미치는 영향에 관하여 명

백하게 인식하고 있는가?

- 가족구성원이 정신적 문제나 약물중독으로 고통받고 있는가?
- 가족을 위하여 가용한 인적·재정적 자원은?
- 이전에 지방자치단체 아동보호팀이나 아동보호전문기관과의 접촉 경험이 있는가?

구조화된 사정도구는 아동의 특성, 부모와 관련된 문제, 환경적 조건에 초점을 둔다. 아동학대와 유기를 치료·개입하기 위해서는 여러 측면에서 다양하게 분석될 수 있을 것이다. 여러 학문의 영역에서 치료개입을 위한 분석이 가능할 것이지만, 사회복지사는 적어도 모든 형태의 치료, 개입을 위한 사정평가에 기본이 되는 영역을 이해해야 할 것이다. 이러한 영역에는 개인에 한정된 것, 부모와 아동에 관련된 것, 그리고 그들이 개인으로서 어떻게 기능하는가 등이 포함된다. 그리고 사회복지사가 알아야 하는 두 번째 영역은 부모와 아동 사이의 상호작용과 가족의 역학에 관한 것이며, 마지막으로는 가족에게 부담을 주며 부모의 기능을 방해하는 실질적인 어려움과 환경적 문제에 대한 사정평가의 영역이 있다.

참고 **사정평가의 구체적인 개요**

사정평가의 구체적인 개요는 다음과 같다.

1. 부모의 기능

① 아동기의 좋은 양육경험과 박탈감에 대한 검토(아동기의 박탈감은 심각한 아동학대, 애정결핍, 아동유기와 상호연관이 있다)

- 부모의 사망 혹은 출생순서
- 부모의 별거 혹은 이혼
- 양육의 포기(위탁보호, 시설보호, 친척이나 친구에게 맡김)
- 알코올중독, 마약중독자, 범죄자 등인 부모

② 부모들이 아동시절에 어떻게 양육 받았으며, 그 방법에 대해 그들의 감정은 어떠하였는지에 대한 상세한 이력을 조사(부모들은 그들에게 사용되었던 방법을 반복하는 경향이 있다)

③ 정신병리학적 지표

- 정신질환: 망상 혹은 정신병이나 그 경계선상의 상태에 있는 아동은 유기를 유발할 가능성이 있다.
- 정신질환 혹은 사회병리: 이들 중 한 가지 증상이 있는 부모들은 진실한 감정이 입을 갖지 못하기 쉬우며, 이때 아동학대와 유기의 위험성이 있다.
- 우울증: 이는 보통 유기와 연관되지만 가끔 주기적인 공격성을 유발하기도 한다.

④ 공격적 충동이나 성적 충동을 다룰 수 있는 능력의 유무

⑤ 엄격한 성격의 여부

⑥ 과도한 의존욕구의 존재 여부

⑦ 부모는 아동의 발달상 욕구를 이해하고 있는가, 아동에 대한 지식이 부족한가, 비현실적인 기대를 가지고 있는가?

⑧ 부모들이 사용하는 훈육방법은 무엇이며, 어떤 상황에서 그 방법을 사용하는가?

2. 아동의 기능

① 아동의 건강

- 아동을 다루고 보호하는 데 어려움을 주는 현재나 과거의 특이한 문제
- 현재의 건강보호가 적절한지 여부

② 신체적 문제

- 선천적 결함
- 신체적 이상

③ 행동상의 문제

- 공격성
- 도벽
- 정서적 문제
- 위축

④ 아동발달상의 문제

- 발달지연: 대근육운동(gross motor), 소근육운동(fine motor), 언어, 신장과 체중
- 대소변가리기 훈련(toilet training)

- 학교 및 기타 성취상의 문제
- 지적 장애

3. 가족구성원 사이의 상호작용

① 가족구성원들이 서로 눈으로 마주하거나 정상적인 신체적 접촉을 갖는가?
② 가족구성원들이 서로에 대하여 긍정적으로 말하는가, 부정적으로 말하는가?
③ 가족구성원들이 유순하게 말하는가 혹은 큰 소리로 말하는가?
④ 부모들은 아동을 적절하게 보호하고 다룰 수 있는가?
⑤ 가족구성원들이 모두 적절하게 활동에 참여하는가?

4. 아동학대와 유기를 발생시키는 환경적 요인과 스트레스

① 부모의 에너지를 고갈시키는 일상적 스트레스와 장기적인 상황
② 상황적 스트레스 요인(가족환경에 있어서 최근의 변화)
③ 촉발적 스트레스 요인(아동학대와 유기를 발생케 하는 사건)

아동학대나 유기의 사례에서 일차적인 치료목표는 부모로 하여금 아동에게 해로운 상황을 인식하고 수정하게 하며 부모의 역할을 수행하도록 도와줌으로써 아동을 보호하는 것이다. 그리하여 가족을 안정시키는 서비스를 제공하고, 가족을 유지하고 지원하는 것이다. 유기의 문제를 가진 가정에 대한 목표는 일상적인 기초에서 기능을 수행하도록 도와주고 가정이 겪고 있는 고립에 대처하도록 조정된 서비스를 제공하는 것이다. 학대 부모에 대한 목표는 비처벌적인 훈육방법, 갈등을 해소하는 기술, 환경과 효과적으로 상호작용하는 방법, 사회적 지원체계와 협상하는 능력, 아동의 발달적 욕구에 대한 지식 등을 습득하도록 돕는 것이다. 가족상담센터, 재가부모프로그램, 일시보호, 부모교육 프로그램은 아동을 양육하는 부담을 지닌 가정에 대한 자원이다. 이러한 서비스가 제공된 이후, 사회복지사는 가족의 문제 상황이 경감되었는지를 평가하고, 부모와의 협력으로 문제에 대처할 것인지, 법정에 호소할 것인지, 혹은 아동을 위한 대리보호 등 추가의 서비스를 제공할 것인지를 결정하게 된다. 나아가 사회복지사는 아동의 학대와 유기를 초래하는 지역사회에서의 상황을 극복하려는 방법을 찾아내고 사회적 운동차원의 노력을 하게 된다.

(3) 아동학대의 치료적 개입

학대 아동은 문제를 해결하기 위하여 자신의 감정을 표현하고 질문하며 학대당한 사실을 드러낼 필요가 있다. 아동들은 자기를 돌보는 사람이나 다른 어른들은 자신을 위하는 사람이라고 배워 왔고, 그들을 사랑하고 그들을 사랑하고 돌보아 줄 것으로 생각되는 사람이 자신을 해칠 수도 있다는 사실을 이해하지 못한다. 많은 아동은 그들이 받았던 체벌을 당연한 것이라 생각한다. 그들의 인지발달 정도로는 부모가 친절하지 않고 사랑이 없다는 사실을 받아들일 수 없다. 따라서 사회복지사는 학대아동을 돕기 위해 다음과 같은 사항을 숙지할 필요가 있다(Thompson & Rudolph, 2000).

- 모든 학대 희생자를 상담할 때, 사회복지사는 내담 아동에게 전적으로 개입할 준비를 하고 있어야 하며, 아동으로 하여금 사회복지사가 자기를 돌보고 있는 것을 반복해서 검증토록 해야 한다.
- 이완 및 심상법(visualization)은 아동들로 하여금 자신의 삶에 대한 좀 더 긍정적인 태도를 발달시킬 수 있게 해 준다.
- 언어와 비언어적 상호작용으로 좋은 외모와 자기 확신적 자세를 지니도록 격려하라.
- 놀이치료는 학대당한 아동들이 자신의 생각과 감정을 전달하는 데 도움을 준다.
- 성적 학대를 받은 아동들은 사회복지사로부터 특별한 관심, 이해 및 도움이 필요하다. 대개 이런 아동들은 강한 죄책감 때문에 사회복지사에게 자신의 문제를 이야기하지 않는다. 그들은 자신들이 그 사건을 불러일으켰다고 생각하거나, 그 사건을 막기 위해 어떤 행동을 취해야 했다고 생각한다. 그들은 그런 방식으로 학대당했던 것과 혹사당했다는 것을 부끄럽게 여기고 자신이 가치가 없는 사람이라고 느끼게 될 수 있다. 그들은 그 행동 자체보다

는 그에게 따르는 질문과 반응에 더 큰 영향을 받게 된다. 그리고 자신이 부모와 다른 어른들에게 문제를 안겨주거나, 그들을 구치소에 들어가게 하고, 자신이 말한 것 때문에 집에 들어갈 수 없게 되었다는 사실에 심한 죄책감을 느끼게 된다. 아동의 단어와 비언어적인 표현에 대한 공감적 경청과 명료화가 절실히 필요하다.

- 독서상담, 역할극, 놀이치료, 집단상담과 같은 특별한 기법은 아동의 성숙도에 따라 고려해야 한다. 성적 학대를 받은 아동을 집단에 배치할 때는 각별한 주의가 필요하다. 특히 아주 최근에 외상적 충격을 받은 아동이라면 더욱 주의를 요한다. 그 아동은 아직 감정을 나눌 준비가 되어 있지 않을 수도 있다.
- 아동들은 무엇이 적절하거나 적절치 못한 접촉 혹은 대우인지에 대한 정보가 필요하며, 그들은 신체의 특정한 부분은 아주 은밀하게 감춰야 한다고 인식해야 하고, 어른들의 성적 또는 가혹행위가 잘못되었다는 것을 알아야 한다. 아동들은 인지 및 이해력이 부족하기 때문에, 그 주체를 둘러싼 염려를 제거하기 위해 대부분의 프로그램은 역할연기, 꼭두각시 그리 책, 영사슬라이드, 영화 등을 사용하여 아동학대에 대해 아동들에게 가르칠 수 있도록 구성되어 있다. 노골적인 표현 대신에 접촉이나 은밀한 부위와 같은 어휘들을 사용한다. 이 프로그램들은 성교육이 아니라 아동들에게 학대의 상황을 극복할 수 있는 방법과 정보를 제공할 수 있도록 구성되어 있다.
- 학대가 일어날 수 있는 상황에서 거절하는 방법과 대처 방안에 초점을 둔 주장훈련은 반드시 필요할 것이다. 아동은 학대가 일어날 수 있는 상황을 사전에 알아차리거나 그 상황을 극복할 수 있는 방법을 계획하는 데 도움이 필요하다(예: 아버지 또는 어머니가 취했을 때 특정의 사람을 부르기). 역할극과 같은 전략은 아동들이 그런 상황에 좀 더 효과적으로 대처할 수 있게 해준다.
- 학대 상황이 발생할 경우 아동으로 하여금 누군가에게 즉시 말하도록 격려

하라. 성적으로 아동을 학대하는 어른들은 "자신의 비밀"을 지키기 위하여 대개 아동들에게 경고한다. 아동들은 언제 그들의 비밀을 이야기해야 하고 또 언제 그 사건을 은밀히 숨겨야 할지를 분별하고, 누구에게 이야기할 것인지, 또 어른들이 자신의 이야기를 믿어 주지 않을 때는 어떻게 해야 할지를 결정하기 위한 도움이 필요하다.

- 사회복지사들은 학대 아동들을 대함에 있어 반드시 신뢰의 문제를 다루어야 한다. 발달이론가들은 아동들이 사람과의 신뢰와 효과적인 삶을 위한 상호작용을 발달시켜야 한다.

(4) 법정 활동과 지역사회 활동

부모들이 필요한 변화를 거부하거나 할 수 없을 경우, 또는 아동이 현재 너무나 명백한 위험에 처해있는 상황이어서 아동을 가정에서 분리시켜야만 아동을 보호할 수 있을 경우에 사회복지기관은 법정 활동(court action)을 벌여야 한다. 이러한 활동을 하는 데는 "법정의 활용이란 최후의 수단으로서가 아니라 하나의 원칙으로서 건설적이어야 한다."는 원칙에 따라야 한다. 이때 법정 활동 과정은 부모를 고소하는 수단이 아니라 아동을 보호하기 위한 수단이 되어야 한다. 이와 같은 법정 활동은 아동이 수행하지 못하므로 사회복지서비스를 통하여 아동에게 필요한 도움을 제공해 주어야 한다.

아동보호서비스는 아동이 소홀히 다루어지거나 학대받고 있다는 사회기관이나 시민의 신고에 의해서 시작된다. 인정된 사회기관을 통해서 지역사회는 아동들을 위해 어떤 가정상황에 개입할 책임을 지게 되는 것이다. 이때 기관(agency)은 아동에게 적절한 보호를 제공할 수 없는 부모들에게 아동을 분리하도록 법정에 청원하게 된다.

우리나라는 「아동학대범죄의 처벌 등에 관한 특례법」, 「진술조력인 선정 등에 관한 규칙」에 근거해 아동학대범죄의 피해자가 만 13세 미만의 아동이거나 의사소통이 어려운 장애인인 경우 진술 조력인이 지원된다. 수사기관 또는 법원이 피해자에게 진술 조력인이 필요하다고 판단하는 경우 직권으로 선정할 수 있고, 수사기관 또는 법원에 구두나 서면으로 신청하면 진술 조력인을 선정하게 된다. 진술 조력인은 성폭력 범죄 또는 아동학대 범죄 피해를 입은 아동과 장애인이 경찰이나 검찰에서 조사를 받거나 법정에서 증언할 때 의사소통을 도와주는 전문가이다. 진술조력인은 수사나 재판과정이 피해자의 눈높이에 맞게 진행될 수 있도록 도와줌으로써 2자 피해를 방시하고 성폭력 및 아동힉대 사건의 진실을 밝혀내는 데 도움을 준다. 진술 조력인은 조사 또는 증언 전 피해자와 면담을 거쳐 피해자의 심리상태, 의사소통 능력 등을 파악한다. 수사기관 또는 법원에 피해자의 상황에 대해 전달하여 피해자의 현 상태와 수준에 맞는 맞춤형 질문이 이루어질 수 있도록 한다. 법정은 아동에게 위압적일 수 있으므로 진술 조력인은 조사 또는 증언 시 피해자의 옆에서 피해자가 심리적 안정감을 가지고 편안하게 진술할 수 있도록 도와준다. 피해자가 질문 내용을 이해하지 못하거나 진술하는 데 어려움이 있을 경우에는 진술조력인이 옆에서 의사소통을 보조해준다.

또한, 아동보호서비스에 있어서 아동뿐만 아니라 부모(양육자)도 치료의 초점이 된다. 부모는 법적으로나 문화적으로 자녀들의 보호, 양육, 지도, 감독 등에 관한 책임을 지고 있다. 부모가 이러한 책임을 감당하지 못할 때, 사회복지사는 부모 상호 간의 관계, 아동과의 관계 또는 지역사회와의 관계에서 어떠한 변화를 초래하고자 한다. 그러나 학대행위자 부모에게는 동기가 빠져 있고, 현존하는 서비스의 내용을 잘 모르고 아동들의 복지에 민감하지 못할 때가 많다. 아동보호서비스 기관으로서는 부모들에게 좀 더 많은 책임을 지울 수 있고 가족관계나 적절한 아동보호를 가로막는 문제 등을 해결하고, 나아가 아동이 생활하는 전체 환경에 비추어 그 아동의 상황을 재평가할 기회 등을 부여해 주어야 할 것이다. 부모에 대한 효율적인 사회복지서비스를 통해서 아동들이 유기나 학대에서 벗어날 수 있다. 우리나라의 경우는 아직 이러한 프로그램이 시작 단계에 있다.

그리고 무책임한 부모의 아동을 보호함도 중요하지만 지역사회의 모든 시민이 공동 책임을 의식하고 아동들을 보호하는 환경의 조성이 필요하다. 이러한 아동보호를 위한 아동권리 옹호(advocacy), 지역사회 운동(community action) 프로그램은 지역사회 아동복지의 불가결한 부분이며, 아동에게 유용할 것이다.

4. 아동학대 예방지원

아동의 기본적인 삶 자체를 위협하는 아동학대가 우리 사회에서 지속되고 있는 것은 잘못된 인식과 가치관을 배경으로 한다. 아동학대가 주로 가정 내에서 일어나는 현상이기 때문에 매우 사적인 것으로 치부해 사회적으로 크게 문제 삼지 않고 간과해 왔기 때문이다. 특히 전통적으로 체벌을 훈육의 수단으로 인정해 왔던 사회의 전반적인 분위기는 체벌에 대해 다소 허용적인 태도를 갖게 했다.

보건복지부 산하 중앙아동보호전문기관의 조사에 의하면 2001년 2,105건이었던 아동학대 발생건수는 2016년 25,878건(학대의심 사례)으로 증가하여, 아동학대가 우리 사회에서 빈번하게 일어나는 현상임을 보여주었다.

근래에 들어 아동학대 현황에 대한 보고와 학대가 아동에게 미치는 부정적인 영향에 대한 연구가 계속되고, 심각한 아동학대 사례가 매스컴을 통해 이슈화되면서 아동학대가 중요한 사회적 문제로 부각되기 시작했다. 따라서 기존의 민간 차원에서만 이루어졌던 아동학대 예방과 보호에 대한 노력이 국가적 차원에서 이루어져야 한다는 목소리가 높아지게 되었고, 국가적 차원의 아동보호체계가 마련되기에 이르렀다.

우리나라의 아동보호체계는 1961년 12월 30일 법률 제912호로 제정된 「아동복리법」이 시초였다. 이후 2005년 법제명 변경에 의하여 아동복지법으로 바뀌고 최근까지 30회의 일부개정을 거쳐왔다. 1999년 12월 아동학대에 관한 내용이 강화된 「아동복지법」 개정안이 통과되어 2000년 7월부터 시행되면서 아동학대를 전담하는 아동보호전문기관(구, 아동학대 예방센터)이 설립 운영되었다.

1) 아동학대 예방사업의 기본철학

아동에 대한 관심과 보호에서 시작되는 아동학대 예방사업은 다음과 같은 철학적 기반에 기초하고 있다.

(1) 아동의 권익 및 안전 최우선 추구

아동학대 예방사업은 학대받는 아동뿐만 아니라 모든 아동의 권익과 안전을 최우선으로 추구한다. 이를 위해서는 학대받는 아동들을 위한 다양하고 전문적인 치료 및 서비스 제공과 함께 일반아동들을 위한 아동학대 예방교육 및 아동권리교육을 실시해야 한다.

(2) 가족기능 강화와 가족보존

아동학대 예방사업은 아동의 안전보장을 가장 중요시하는 원칙 아래, 가족분리 형태의 서비스보다 가족보존 형태의 서비스를 우선적으로 고려한다.

아동학대 예방사업은 해당 아동과 가족이 아동학대 사례 개입과정 전반에 걸쳐 어느 정도 적극적으로 참여하느냐에 따라 결과가 달라지므로 아동보호전문기관의 상담원은 아동학대 예방사업을 수행하는 과정의 각 단계에서 아동과 부모가 긍정적이고 적극적으로 참여할 수 있도록 도와야 하며, 이러한 과정을 통해 부적절한 가족기능이 회복될 수 있도록 최선의 노력을 다하여야 한다.

(3) 아동학대 예방사업에 대한 지역사회의 참여 유도

부적절한 아동양육은 고의적으로 계획된 행위라기보다는 신체적 장애, 정신적 장애, 사회적·경제적 결핍, 지지체계 및 자원의 부족 등으로부터 비롯된다고 할 수 있다.

따라서 아동보호전문기관은 가족이 그들의 아동을 보호, 양육하는 데 있어서 환경이 얼마나 큰 영향을 미치는지에 대해 지역사회 내의 모든 아동이 건강하게 양육되는 것에 대해 관심을 가지고 참여하도록 유도한다.

더불어 아동이 하나의 독립적인 인격체로 보호되어야 한다는 사회적 인식을 조성하기 위하여 다양한 아동학대 예방교육과 홍보를 실시한다.

(4) 국가아동학대정보시스템(제28조의2)

아동학대 사건이 지속적으로 발생하고 있으나, 기존의 대응조치는 신고에 의한 사후조사 및 처벌에 집중되어 위기상황 발생 이전의 사전예방 및 선제적 발굴 조치는 미흡하다는 한계를 가지고 있다(최현수 외, 2018). 아동학대에 대한 가장 바람직한 해결방안은 조기에 개입하여 학대피해를 최소화하는 것으로 학대위험아동 및 가구를 조기발견 할 수 있는 체계를 마련함으로써 선제적으로 아동학대 발생을 예방하고 아동 및 가족의 상황에 부합한 적절한 아동복지서비스를 제공할 수 있는 지원체계가 구축될 필요가 있다. 사회보장 빅 데이터를 활용한 'e아동행복지원시스템'은 잠재적인 학대 위험아동을 예측하고 조기 발견함으로써 아동학대를 사전에 예방하고 다양한 아동복지서비스를 제공할 수 있다.

이는 보건복지부가 2015년 12월부터 「사회보장급여의 이용·제공 및 수급권자 발굴에 관한 법률(사회보장급여법)」에 근거해 운영 중인 '복지사각 지대 발굴관리시스템'과 '국가아동학대정보시스템'등 아동학대 발생 사례에 대한 정보 및 학대위험아동 징후 관련 공공 빅 데이터를 연계하여 활용한다. 이를 통해 잠재적 학대위험아동 및 가구에 대한 예측모형을 개발하고 예측결과를 일선 지방자치단체에 제공하며, 현장 방문조사를 바탕으로 학대위험아동에 대한 예방 및 신고조치뿐만 아니라 다양한 아동복지서비스의 연계 및 지원체계를 마련하고자 한다.

참고 'e아동행복지원시스템'의 구축 내용(보건복지부, 2020b)

- **자료연계**: 장기결석, 건강검진 미실시 등 다양한 위기아동 징후 관련 빅 데이터를 수집
- **대상예측**: 수집된 빅 데이터를 분석해 고위험 예측 가구추출. 분기별 1회 약 2만 명의 보호필요 아동을 예측하고 주민등록상 거주지를 관할하는 읍면동 복지 센터로 연계(연 4회)
- **방문확인**: 읍 · 면 · 동 공무원이 해당 가구를 직접 방문해 조사 · 상담 후 복지수요 및 학대 징후 판단. 학대정황으로 신고 시 경찰 · 아동보호전문기관 방문을 통해 상세조사 실시
- **사례관리**: 학대정황은 없으나 지원이 필요한 아동은 상담 · 사례관리 및 유관 기관(드림스타트, 지역아동센터 등)과 연계해 복지지원 강화. 민간 NGO의 위기 아동지원사업도 지역자원으로 적극 활용

2) 아동학대 신고의무

2014년 1월 28일 공포되어 9월 29일부터 시행하게 된 「아동학대범죄의 처벌 등에 관한 특례법(약칭: 아동학대처벌법)」은 아동학대 범죄의 처벌 및 그 절차에 관한 특례와 피해아동에 대한 보호절차 및 아동학대행위자에 대한 보호처분을 규정하여 아동을 보호하여 아동이 건강한 사회구성원으로 성장함을 목적으로 하고 있다. 특히 특례법의 제정에 따라 신고의무자의 범위를 확대하고 법적 근거를 강화하였다.

(1) 신고의무자의 범위(「아동학대범죄의 처벌 등에 관한 특례법」 제10조 제2항)

- 누구든지 아동학대범죄를 알게 된 경우나 그 의심이 있는 경우에는 아동보호전문기관 또는 수사기관에 신고할 수 있다.
- 다음 각호의 어느 하나에 해당하는 사람이 직무를 수행하면서 아동학대범죄를 알게 된 경우나 그 의심이 있는 경우에는 아동보호전문기관 또는 수사기관에 즉시 신고하여야 한다. 〈개정 2016.5.29.〉

호	신고의무자
1	가정위탁지원센터의 장과 그 종사자
2	아동복지시설의 장과 그 종사자(아동보호전문기관의 장과 그 종사자는 제외한다)
3	「아동복지법」 제13조에 따른 아동복지전담공무원
4	「가정폭력방지 및 피해자보호 등에 관한 법률」 제5조에 따른 가정폭력 관련 상담소 및 같은 법 제7조의2에 따른 가정폭력피해자 보호시설의 장과 그 종사자
5	「건강가정기본법」 제35조에 따른 건강가정지원센터의 장과 그 종사자
6	「다문화가족지원법」 제12조에 따른 다문화가족지원센터의 장과 그 종사자
7	「사회복지사업법」 제14조에 따른 사회복지 전담공무원 및 같은 법 제34조에 따른 사회복지시설의 장과 그 종사자
8	「성매매방지 및 피해자보호 등에 관한 법률」 제5조에 따른 지원시설 및 같은 법 제10조에 따른 성매매피해상담소의 장과 그 종사자
9	「성폭력방지 및 피해자보호 등에 관한 법률」 제10조에 따른 성폭력피해상담소, 같은 법 제12조에 따른 성폭력피해자보호시설의 장과 그 종사자 및 같은 법 제18조에 따른 성폭력피해자통합지원센터의 장과 그 종사자
10	「소방기본법」 제34조에 따른 구급대의 대원
11	「응급의료에 관한 법률」 제2조 제7호에 따른 응급의료기관등에 종사하는 응급구조사
12	「영유아보육법」 제7조에 따른 육아종합지원센터의 장과 그 종사자 및 제10조에 따른 어린이집의 원장 등 보육교직원
13	「유아교육법」 제20조에 따른 교직원 및 같은 법 제23조에 따른 강사 등
14	삭제 <2016.5.29.>
15	「의료법」 제3조 제1항에 따른 의료기관의 장과 그 의료기관에 종사하는 의료인 및 의료기사
16	「장애인복지법」 제58조에 따른 장애인복지시설의 장과 그 종사자로서 시설에서 장애아동에 대한 상담·치료·훈련 또는 요양 업무를 수행하는 사람
17	「정신건강증진 및 정신질환자 복지서비스 지원에 관한 법률」 제3조 제3호에 따른 정신건강복지센터, 같은 조 제5호에 따른 정신의료기관, 같은 조 제6호에 따른 정신요양시설 및 같은 조 제7호에 따른 정신재활시설의 장과 그 종사자

호	신고의무자
18	「청소년기본법」 제3조 제6호에 따른 청소년시설 및 같은 조 제8호에 따른 청소년단체의 장과 그 종사자
19	「청소년 보호법」 제35조에 따른 청소년 보호·재활센터의 장과 그 종사자
20	「초·중등교육법」 제19조에 따른 교직원, 같은 법 제19조의2에 따른 전문상담교사 및 같은 법 제22조에 따른 산학겸임교사 등
21	「한부모가족지원법」 제19조에 따른 한부모가족복지시설의 장과 그 종사자
22	「학원의 설립·운영 및 과외교습에 관한 법률」 제6조에 따른 학원의 운영자·강사·직원 및 같은 법 제14조에 따른 교습소의 교습자·직원
23	「아이돌봄 지원법」 제2조 제4호에 따른 아이돌보미
24	「아동복지법」 제37조에 따른 취약계층 아동에 대한 통합서비스지원 수행인력
25	「입양특례법」 제20조에 따른 입양기관의 장과 그 종사자

- 누구든지 제1항 및 제2항에 따른 신고인의 인적 사항 또는 신고인임을 미루어 알 수 있는 사실을 다른 사람에게 알려주거나 공개 또는 보도하여서는 아니 된다.

(2) 신고의무자에 대한 교육: 「아동복지법」 제26조(아동학대 신고의무자에 대한 교육)

- 관계 중앙행정기관의 장은 「아동학대범죄의 처벌 등에 관한 특례법」 제10조 제2항 각호의 어느 하나에 해당하는 사람(이하 "아동학대 신고의무자"라 한다)의 자격 취득과정이나 보수교육과정에 아동학대 예방 및 신고의무와 관련된 교육 내용을 포함하도록 하여야 한다. 〈개정 2014.1.28., 2015.3.27.〉
- 관계 중앙행정기관의 장 및 시·도지사는 아동학대 신고의무자에게 본인이 아동학대 신고의무자라는 사실을 고지할 수 있고, 아동학대 예방 및 신고의무와 관련한 교육(이하 이 조에서 "신고의무 교육"이라 한다)을 실시할 수 있다. 〈신설 2015.3.27.〉
- 아동학대 신고의무자가 소속된 다음 각호의 기관(「영유아보육법」에 따른 어린이

집, 「유아교육법」에 따른 유치원, 「초・중등교육법」에 따른 학교, 그 밖에 대통령령으로 정하는 기관)의 장은 소속 아동학대 신고의무자에게 신고의무 교육을 실시하고, 그 결과를 관계 중앙행정기관의 장에게 제출하여야 한다. 〈신설 2015.3.27.〉

〈표 8-1〉 아동학대 체크리스트

번호	체크 항목	체크란	
1	사고로 보이기에는 미심쩍은 멍이나 상처가 발생한다.	예( )	아니오( )
2	상처 및 상흔에 대한 아동 혹은 보호자의 설명이 불명확하다.	예( )	아니오( )
3	보호자가 아동이 매를 맞고 자라야 한다는 생각을 갖고 있거나 체벌을 사용한다.	예( )	아니오( )
4	아동이 보호자에게 언어적, 정서적 위협을 당한다.	예( )	아니오( )
5	아동이 보호자에게 감금, 억제, 기타 가학적인 행위를 당한다.	예( )	아니오( )
6	기아, 영양실조, 적절하지 못한 영양섭취를 보인다.	예( )	아니오( )
7	계절에 맞지 않는 옷, 청결하지 못한 외모를 보인다.	예( )	아니오( )
8	불결한 환경이나 위험한 상태로부터 아동을 보호하지 않고 방치한다.	예( )	아니오( )
9	성학대로 의심될 성 질환이 있거나 임신 등의 신체적 흔적이 있다.	예( )	아니오( )
10	나이에 맞지 않는 성적 행동 및 해박하고 조숙한 성지식을 보인다.	예( )	아니오( )
11	자주 결석하거나 결석에 대한 사유가 불명확하다.	예( )	아니오( )
12	아동에게 필요한 의료적 처치 혹은 예방접종을 실시하지 않는다.	예( )	아니오( )
13	보호자에 대한 거부감과 두려움을 보이고, 집(보호기관)으로 돌아가는 것에 대해 두려워한다.	예( )	아니오( )
14	아동이 매우 공격적이거나 위축된 모습 등의 극단적인 행동을 한다.	예( )	아니오( )

출처: 중앙아동보호전문기관(2022).

* 아동학대체크리스트는 아동학대 신고의무자가 직무 중에 학대로 의심되는 아동을 조기 발견하기 위해 활용되도록 제작되었다.

Chapter 09

아동보육

1. 아동보육의 개념
2. 보육사업의 발전과정
3. 보육시설
4. 아동보육의 쟁점
5. 보육서비스의 과제

Chapter 09

아동보육

1. 아동보육의 개념

초저출산 및 초고령사회로의 진입에 따른 생산인구의 감소는 국가 전체의 경쟁력을 약화시킬 수 있다. 특히 초저출산은 장기적으로 산업 활동에 투입되는 노동력의 부족과 소비인구의 감소에 따른 국내 시장 수요의 감소로 이어지게 된다. 이러한 변화에 따라 보육서비스에 대한 요구는 더욱 높아지게 되었다.

아동 보육이란 여러 가지 이유로 낮 시간 동안 친부모가 아닌 다른 사람들에 의해서 보호를 받아야 할 경우, 아동들에게 주어지는 보호를 말한다. 즉, 가정 외에서 정상적인 보호를 보충해야 하는 상황에 처한 경우 하루에 몇 시간씩 가정 밖에서 아동을 보호하기 위해 조직된 서비스이다. 이러한 정의는 보육서비스가 부모의 양육역할에 대한 보충적(supplementary)이며, 대리적인 것이 아니라는 개념에 근거를 두고 있다. 따라서 아동보육은 사업의 목적과 내용이 일치하지 않는 경향이 있다. 보육은 부모의 취업이나 기타 사유 때문에 부모가 자녀를 직접 돌보기 어려운 경우, 다른 기관이나 시설에서 아동을 대신 맡아 돌보는 것으로 그 목적은 부모와 가족의 욕구를 충족시키는 것이다. 하지만 보육은 아동권리에 토대를 두고 아동의 발달적 요구에 부응하는 내용으로 구성되어 있다.

1) 보육의 정의

역사적으로 볼 때 보육(day care)이라는 개념은 부모나 보호자가 아동을 양육할 수 없는 상황을 대신하여 아동을 보살펴주는 시설과 프로그램을 의미한다. 핑크(Fink, 1986)는 저소득층가정과 결손가정의 어머니가 일하러 나가는 동안, 아동의 성격적・교육적・건강적 욕구 등을 충족시켜주기 위해 사회복지사, 교육자, 의사 등의 전문가들이 협동하는 사업으로 정의하여 보육사업에 전문가들의 협조적 접근을 강하게 부각시켰다. 또한, 코스틴(Costin, 1972)은 보육사업의 개념을 확대해석하여 아동개인의 성장단계, 일관된 양육, 지원적 정서 대책, 아동의 건강과 신체적 성장에 대한 보호 및 아동의 정서적・사회적 발전을 위한 자극적 경험을 보육사업 프로그램으로 제안하고 있다(이소희 외, 2004).

우리나라에서 보육이라는 용어가 보편적으로 사용되고, 보육시설이 본격적으로 증가하게 된 것은 1991년 「영유아보육법」의 제정 이후라고 할 수 있다. 「영유아보육법」의 제정에 따라 이전에 일반적으로 사용되어 온 '탁아'의 개념에서 영유아의 보호와 교육을 중시하는 '보육'이라는 용어가 일반적으로 사용되기 시작하였다.

한자로 살펴보면 보육(保育)의 보(保)는 '지키다, 편안하게 돕다'라는 의미를, 육(育)은 '기르다'라는 의미를 가진다. 일반적인 사전적 의미는 '어린아이를 보살펴 기른다'라는 것이다. 즉, 유아보육(保育)은 'education'의 개념이 약하고 'care'의 개념이 강하게 나타나, 유아교육과 유아보육을 양분하여 사용하였다. 그러나 1991년 콜드웰(Caldwell)은 유아교육과 유아보육의 양분된 전통적 개념은 불합리한 것으로 지적하고 'educare'의 개념을 사용하기 시작하였다.

우리나라에서 현재 사용되는 보육이라는 용어는 'educare'의 개념이 강하며, 이것은 영유아기의 교육과 보육은 서로 분리될 수 없다는 인식에서 출발하게 되어, 보육은 보호와 교육을 포괄하는 의미로 사용되게 되었다(김경희 외, 2013).

2) 보육의 필요성 및 의의

(1) 보육의 사회적 필요성

우리나라에서 보육의 필요성이 강조되기 시작한 것은, 1990년대 이후 사회변화에 따른 가족형태의 변화, 여성의 사회진출 확대, 저출산 현상 등으로 보육에 대한 국민의 인식이 변화하면서이다. 이러한 인식의 변화에 따라 가정의 기능이 약화되고 양육에 대한 부담감의 증가 등으로 보육의 필요성은 더욱 강조되고 있다.

① 가족형태의 변화와 자녀 양육기능의 약화

가족형태의 변화는 산업화와 도시화로 대가족에서 핵가족화의 증가에 따른 것이다. 그러나 최근에는 전체 가구 중 41%에 달하는 가정이 1인 가구, 여성가장가정, 한부모가정 등의 다양한 가족형태로 바뀌고 있다. 이러한 가정의 증가로 인하여 자녀의 양육기능은 점점 약화되고 있다.

〈표 9-1〉 보육에 대한 인식의 변화

과거의 인식	인식의 변화
• 보육은 사회적 서비스이다. • 보육은 국가의 책임이다. • 보육은 저소득층가정을 대상으로 한다. • 보육시설을 이용하는 사람은 수령인이거나 수혜자이다. • 보육시설은 공공기금으로 이루어진다. • 보육시설 허가제도는 아동을 위한 국가의 법적 규제 장치이다. • 보호 프로그램을 통하여 빈곤가정에서 요구하는 모든 서비스를 전달한다. • 가족의 문제와 무능은 보육시설을 이용하는 사람들의 주요 특징이다. • 보육시설은 가정에 문제가 있을 때 요구되는 '필요악'이다. 보육시설보다는 하루 종일 일하지 않는 부모가 아동을 돌보는 것이 이상적이다. • 보육시설은 학교나 사회적 서비스 체계 안에 있어야 한다.	• 대중사회의 공익사업이다. • 부모와 공적 · 사적 지원체계의 공동책임이다. • 필요로 하는 모든 계층의 자녀를 대상으로 한다. • 소비자인 동시에 후원자이다. • 공공기금으로 이루어지는 서비스만은 아니다. • 부모들이 보다 나은 보육시설을 선택하는 데 도움을 주기 위해 만들어진 소비자 보호제도이다. • 빈곤가정의 요구뿐만 아니라 사회계층과 무관하게 모든 부모들의 요구에도 서비스를 제공한다. • 기본적인 가정 기능의 원활한 수행에 도움이 될 뿐만 아니라 치료적 역할을 하기도 한다. • 부모의 취업 유무와 상관없이 아이들에게 유익하기 때문에 보육시설을 이용한다. • 모든 가정이 이용할 수 있는 보육시스템은 공영 또는 사립기관에 의하여 운영되는 가정보육시설, 유아원 종일반 등 다양한 종류의 보호형태를 포함한다.

출처: Wilson(1987); 이순형 외(2006).

② 여성의 사회진출

우리나라 여성의 경제활동 참여율(15~64세)을 살펴보면 2012년에 55.2%, 2014년에 57%, 2016년에 58.4%, 2021년에 59.9%로 증가하였으나, 미국(2016년 67.3%, 2021년 68.2%), 일본(2016년 68.1%, 2021년 73.3%)에 비하여 낮은 수준을 보이며 OECD 국가평균인 64.8%에 비해서도 낮은 수준을 보인다(OECD, 2021). 20대 후반까지 75%의 여성들이 경제활동에 참여하고 있으나, 30대 후반에는 58%로 떨어지게 된다. 이러한 현상은 출산과 육아로 인하여 경제활동의 현장을 떠나는 여성의 수가 증가하기 때문인 것으로 해석된다. 취업모의 경제활동참여를 유도하기 위해서는 다각적인 육아지원서비스와 보육서비스가 필요하다.

③ 저출산

우리나라의 출산율은 1960년대에 6.0명에서 2000년에 1.23명으로 격감하였으며, 2017년에는 1.05명, 2021년에 0.81명, 2022년에 0.78명으로 계속 낮아지고 있다. 계속되는 출산율의 저하로 인하여 총인구에 대한 아동인구는 점점 감소하고, 노인인구의 비율은 점차 증가하고 있다. 이러한 초저출산과 초고령화의 문제는 노동력의 부족으로 인하여 생산인구가 책임져야 할 부양인구의 증가를 의미한다. 그러므로 초저출산 이슈를 극복하기 위하여 보육시설의 확대와 함께 질 높은 보육서비스의 제공은 시대적 소명이라 하겠다.

④ 생활양식의 변화

사회의 변화와 함께 각 개인의 생활양식(life style)이 다양화되면서 소확행(일상에서 느낄 수 있는 작지만 확실하게 실현 가능한 행복 또는 그러한 행복을 추구하는 삶의 경향), 워라벨(일과 삶의 균형이라는 work-life balance의 준말)과 같은 신조어가 생겼다. 이러한 가족구성원의 다양한 생활양식이 존중되기 위해서는 다양한 보육서비스가 요구되고 있다.

(2) 보육의 의의

보육사업은 과거 구빈사업으로 시작하여 현재는 모든 아동의 건전한 발달을 이루게 하고, 가정복지의 증진이라는 보다 넓은 의미를 지니게 되었다.

① 영유아 및 아동복지

영유아들에게 교육적 환경을 제공하고 기본 생활 습관을 형성하게 하며, 또래활동 등을 통하여 사회성 발달을 촉진 시킨다. 특히 맞벌이가정의 영유아에게는 개별적・집단적으로 신체적으로 안전하게 보호받을 수 있다.

② 부모 및 가족복지

보육서비스는 일하는 부모의 자녀보호 및 교육문제를 지원함으로써 부모의 근로 기회를 마련해 줄 뿐만 아니라 일하는 동안 전념할 수 있게 해주며, 그 결과 가정의 경제적 안정과 긍정적인 변화를 도모할 수 있게 한다(이순형 외, 2006).

③ 국가 및 사회복지

아동복지는 아동이 속한 가정의 문제에서 출발하며, 이러한 가정에 속한 아동에게 안정된 환경을 제공하여 아동이 건전하게 성장한다면 국가발전의 중요한 인적 자원이 될 수 있다. 또한, 보육은 여성의 사회적인 진출을 도와 국가경쟁력을 높일 수 있을 것이다.

(3) 보육서비스의 필요성

보육서비스를 해야 하는 상황은 어떤 상황일까 알아보고자 한다(장인협 외, 2000).

첫째, 보육서비스는 부모가 일을 하는 동안 수행하지 못하는 돌봄 기능을 보충해 준다. 특히 여성이 가장이거나 저소득가정일 경우, 보육서비스는 가족소득을 보조하는 역할을 한다. 또한, 여성이 성취감이나 사회적 인정에 가치를 두어 가정 밖에서 일하는 경우에도 보육서비스가 제공된다. 어떤 여성은 특수한 기술을 가지고 있어서 사회에 이바지하며, 어떤 여성은 일을 즐기기도 할 것이다. 여성 취업증대의 요인은 경제적 상황에 더불어 결혼상태, 여성 교육기회의 증가, 핵가족화, 가치관 등 여러 가지가 있다. 어떠한 이유든지 어머니의 취업 증가는 보육서비스의 수요를 확대하는 요인이 된다.

둘째, 아동이 정신적·신체적 혹은 정서적 장애를 지닌 경우에도 보육서비스가 필요하다. 보육서비스 제공은 장애아동 때문에 하루 종일 과중한 부담이 있는 부모에게 육아부담을 덜어줄 수 있고, 장애 아동에게는 전문지식을 가진 특수교사와 비장애 또래 아동과의 접촉기회를 제 공 하여 장애아동에게는 사회적 능력의 향상을, 비장애 아동에게는 장애아동에 대한 인식과 태도에 긍정적 변화를 야기할 수 있다.

셋째, 보육서비스는 부모와 자녀 간의 관계에 어려움이 있거나 부모의 양육부담감으로 인한 스트레스가 높을 때도 일시적인 해결책으로써 제공될 수 있다. 이때의 보육서비스는 부모의 스트레스를 완화시켜 긍정적인 방향으로 상호관계를 변화시킬 수 있는 가능성과 부모의 아동 양육을 위한 능력을 지원해 줌으로써 육아로 인한 긴장이나 갈등을 감소시켜 아동이 자신의 가정 내에서 양육될 가능성을 증가시켜 줄 수 있다.

넷째, 아동의 부모가 사망하였거나 입원 등 여러 가지 이유로 장기간 아동을 돌볼 수 없을 경우에 제공될 수 있다. 보육서비스를 제공하는 교사는 부모의 육아 공백을 메꿔주면서 영양관리, 훈육, 아동보호에 관한 지식 등 부모가 적절하게 아동을 양육하는 방법들을 부모에게 전달하게 된다.

다섯째, 심각하게 박탈당한 가정환경의 아동을 위한 치료 도구로 활용될 수 있다. 주거공간이 부족하거나 부적절하여 비위생적인 환경인 경우, 충분한 놀이공간이 없는 경우 등 어려운 환경에 처해 있는 아동에게 적절한 환경을 제공하는 보육서비스는 치료도구로서의 기능을 가지게 된다.

2. 보육사업의 발전과정

우리나라의 보육사업은 일제강점기인 1921년 태화기독교사회복지관에서 탁아 프로그램을 시작하면서 빈민 아동의 구제사업이 시작되었다. 이후 해방과 전쟁을 겪게 되면서 보육사업은 탁아의 개념에서 출발하여 발전하게 되었다. 이 절에서는 보육사업 관련의 법제・개정을 토대로 하여 우리나라 보육사업의 발전과정을 살펴보고자 한다.

1) 아동복리법 시기

현재의 「아동복지법」이 제정(1981)되기 이전에 「아동복리법」이 1961년 제정(1961.12.30. 제정, 1962.1.1. 시행)되었다. 「아동복리법」이 제정되면서 이전의 조선감화령[1)]은 폐지되게 된다. 「아동복리법」 제정의 목적을 다음과 같이 밝히고 있다.

> **제1조(목적)** 본법은 아동이 그 보호자로부터 유실, 유기 또는 이탈되었을 경우, 그 보호자가 아동을 육성하기에 부적당하거나 양육할 수 없는 경우, 아동의 건전한 출생을 기할 수 없는 경우 또는 기타의 경우에 아동이 건전하고 행복하게 육성되도록 그 복리를 보장함을 목적으로 한다.

「아동복리법」이 제정되면서 '보육시설', '탁아시설'이라는 용어가 사용되기 시작하였고, 시설의 장과 설치기준도 마련되었다.

> **제3조(아동복리시설)** ① 본법에서 아동복리시설이라 함은 아동상담소, 보육시설, 조산시설, 정신박약아보호시설, 맹농아아양호시설, 신체허약아보호시설, 지체불자유아보호시설, 모자보호시설, 탁아시설, 아동휴양시설, 교호시설, 부랑아보호시설과 소년직업보도시설 기타 아동복리를 위한 시설을 말한다.
> ② 본법에서 아동복리시설의 장이라 함은 전항의 규정에 의한 아동복리시설을 관리운영하는 자를 말한다.

「아동복리법」은 구호적인 성격의 복지제공에 중점을 두고 있다. 그동안 경제·사회의 발전에 따라 발생한 사회적 복지요구에 부응하지 못하고 있으므로, 요보호아동뿐만 아니라 일반아동을 포함한 전체 아동의 복지를 보장하고 특히

---

1) 조선감화령은 조선총독부제령 제12호로 1923.9.3. 제정, 10.1. 시행되었다. 주요 내용은 감화원(현재의 소년원)에 관한 것으로 제1조에 조선총독은 다음 각호의 1에 해당하는 자를 감화원에 입원하게 할 수 있다.

1. 연령 8세 이상 18세 미만의 자로 불량행위를 하거나 불량 행동을 할 우려가 있고, 적당한 친권을 행사하는 자가 없는 자
2. 18세 미만의 자로 친권자 또는 후견인이 입원을 출원한 자
3. 재판소의 허가를 거쳐 징계장에 들어갈 자

유아기의 기본적 인격·특성과 능력개발을 조장하기 위한 여건을 조성할 수 있도록 하려는 것이 「아동복지법」 제정의 이유이다.

2) 아동복지법의 개정

「아동복지법」은 법률 제3438호로 1981년 4월 13일 「아동복리법」을 전부개정하고 시행되게 되었다. 「아동복지법」의 의의는 제정·개정의 이유에서 다음과 같이 밝히고 있다.

① 법의 제명을 아동복지법으로 개칭함
② 보호대상범위를 요구호아동 위주로 되어 있던 것을 전체 아동으로 확대함
③ 아동의 보호·육성책임을 국가·지방자치단체 및 보호자가 공동으로 지도록 함
④ 5월 5일 어린이날에 대한 법적 근거를 마련함
⑤ 임시직이었던 아동복지지도원을 별정직으로 하여 전문직확보가 용이하도록 함
⑥ 새마을부녀회직영 어린이집 등 무료탁아시설은 법인 이외의 자도 신고만으로 그 시설을 설치·운영할 수 있도록 함
⑦ 아동복지시설에는 일정한 자격을 가진 아동복지시설종사자를 두도록 함
⑧ 아동보호비용 징수권자의 범위에 아동복지시설의 장을 추가하고, 그 비용의 징수는 도지사의 승인을 얻도록 함
⑨ 아동복지증진을 위하여 아동복지시설을 설치한 법인에 대하여 국·공유재산을 무상 대여할 수 있도록 함

1981년 전부 개정된 「아동복지법」은 이후 2000년에 다시 전부개정을 하면서 현재까지 발전되었다. 2000년에 개정하게 된 이유를 다음과 같이 밝히고 있다.

우리 사회의 아동복지수요에 능동적으로 대응하고 최근 심각한 사회문제로 지적된 바 있는 학대아동에 대한 보호 및 아동안전에 대한 제도적 지원을 공고히 하기 위하여, 아동복지지도원을 별정직공무원에서 사회복지전담공무원으로 그 신분을 변경하고, 아동학대에 대한 정의와 금지 유형을 명확히 규정하며, 아동학대에 대한 신고를 의무화하는 등 기타 현행 규정의 운영상 나타난 일부 미비점을 개선·보완하려는 것이다.

3) 영유아보육법의 제정

「영유아보육법」은 법률 제4328호에 의거 1991년 1월 14일 제정, 시행되게 되었다. 「영유아보육법」의 제정 이유와 목적에 대하여 살펴보면 다음과 같다.

(1) 제정의 이유

현대사회의 산업화에 따른 여성의 사회참여 증가 및 가족구조의 핵가족화에 의한 탁아수요의 급증에 따라 아동보호와 교육문제는 개인적인 차원을 넘어 사회적·국가적 차원에서 해결이 불가피하게 되었으나, 현행 「아동복지법」에 의한 탁아사업은 시설 설립주체의 제한으로 인한 보육사업 확대곤란, 관장부처의 다원화로 체계적이고 효율적인 보육사업 추진 등에 문제점이 있으므로, 영유아의 보호와 교육에 관한 별도의 입법을 통하여 보육시설의 조속한 확대 및 체계화로 아동의 건전한 보호·교육 및 보육자의 경제적·사회적 활동의 지원을 통하여 가정 복지증진을 도모하려는 것이다.

① 국가와 지방자치단체는 보육자와 더불어 아동을 건전하게 보호·교육할 책임을 지도록 함

② 건전한 유아의 보호·교육에 관한 상담 및 지도를 위하여 시·도 및 시·

군 · 구에 보육지도원을 두도록 함

③ 보육시설의 종류는 그 설립 주체에 따라 국공립 보육시설, 민간 보육시설, 직장 보육시설, 가정 보육시설로 구분함

④ 유치원이나 미술학원 등에도 보육시설을 갖추면 보육원을 병설할 수 있도록 함

⑤ 대통령령이 정하는 일정 규모 이상의 사업장의 사업주는 보육시설을 설치 · 운영하도록 함

⑥ 보육시설의 입소대상은 6세 미만의 취학 전 아동을 원칙으로 하되, 보건사회부장관, 시 · 도지사 또는 시장 · 군수 · 구청장은 중앙보육위원회 및 지방보육위원회의 의결을 거쳐 입소대상연령을 연장 가능하도록 함

⑦ 국가 또는 지방자치단체와 사회복지법인 기타 비영리법인이 설치한 보육시설과 대통령령이 정하는 보육시설의 장은 저소득층 자녀를 보육시설에 우선 입소시키도록 함

⑧ 보건사회부장관은 영유아의 보육 · 교육의 충실을 기하기 위하여 장학지도와 보육 프로그램 및 교재 · 교구의 개발보급 등 필요한 사항에 대하여는 교육부 장관에게 협조 · 요청할 수 있도록 함

⑨ 영유아의 보호 · 교육에 필요한 비용은 보호자가 부담하는 것을 원칙으로 하되, 저소득층 자녀의 보육에 필요한 비용은 국가 또는 지방자치단체가 전부 또는 일부를 부담하도록 함

⑩ 국가 또는 지방자치단체는 대통령령이 정하는 바에 의하여 보육시설의 설치 및 운영에 소요되는 비용을 보조하도록 함

⑪ 사업장에 보육시설을 설치한 사업주는 대통령령이 정하는 바에 의하여 시설운영에 필요한 비용의 전부 또는 일부를 보조하도록 함

⑫ 보호자가 영유아의 보호 · 보육을 위하여 지출한 보육비용과 사업주가 부담하는 보육시설의 설치 및 운영에 소요되는 비용에 대하여 조세 감면하도록 함

(2) 목적

제1조(목적)에서 이 법은 보호자가 근로 또는 질병 기타 사정으로 인하여 보호하기 어려운 영아 및 유아를 심신의 보호와 건전한 교육을 통하여 건강한 사회성원으로 육성함과 아울러 보호자의 경제적・사회적 활동을 원활하게 하여 가정 복지증진에 기여함을 목적으로 한다.

1991년 제정된 「영유아보육법」은 법률 제7153호에 의거 2004년 1월 29일 전부개정 되어 2005년 1월 30일 시행에 들어가 현재까지 유지되어 오고 있다. 2004년의 전부개정을 하게 된 이유를 다음과 같이 밝히고 있다.

여성의 사회참여 확대, 가족구조의 변화 등으로 인해 영유아 보육에 대한 수요가 증가함에 따라 보육시설 종사자의 자격기준을 강화하고, 영유아 보육시설 설치・운영을 종전 신고제에서 인가제로 전환하는 등 영유아 보육에 대한 공공성을 강화하도록 하는 한편, 영유아보육제도의 운영상 나타난 일부 미비점을 개선・보완하려는 것이다. 2004년 개정 「영유아보육법」에서는 이 법의 목적을 영유아의 심신 보호와 건전한 교육을 통하여 건강한 사회성원으로 육성함과 아울러 보호자의 경제적・사회적 활동을 원활하게 함으로써 가정 복지증진에 기여함에 두었다.

「영유아보육법」의 제정으로 보육 관련 주무부서가 보건복지부로 일원화[2)]되면서 보육정책의 발전을 가져오는 계기를 마련하였다.

4) 보육서비스 패러다임의 변화

지금까지 살펴본 바와 같이 사회가 발전함에 따라 아동보육의 패러다임은 다음과 같이 변화하고 있다(이순형 외, 2006).

2) 보육담당 주무부서는 「영유아보육법」 제정 당시 보건복지부에서 2004년 여성가족부로 이관되었고, 2008년 정부부처의 통폐합에 따라 보건복지가족부로 이관되었다가 2010년 보건복지부로 바뀌었다.

(1) 보호와 돌봄에서 인적자원개발로

우리나라는 합계출산율 0명대 시대에 진입하여 아동 인구가 급격히 감소하고 있다. 2006년부터 저출산, 고령사회 기본계획을 내놓고 갖가지 출산 장려책을 펼쳤지만, 출산율을 급격히 증가시킬 수는 없었다. 세계 어느 나라도 저출산을 획기적으로 극복하지 못하고 있다. 이러한 상황에서 아동 한 명이 가진 가치를 증가시켜 생산성을 향상시킬 수 있는 인적 자원 개발이 그 대안으로 떠오르고 있으며, 보육도 과거의 단순한 보호나 돌봄의 제공에서 벗어나 인적 자원 개발의 한 영역으로 당당히 자리 잡고 있다.

(2) 가족책임에서 국가책임으로

출산한 자녀를 보육할 1차 책임은 부모에게 있으며, 국가가 2차 책임자라고 보는 것이 일반적이다. 하지만 이에 반해서 저출산으로 아동인구가 감소하면서 아동은 국가의 미래 시민이므로 국가가 보육의 1차 책임자라는 것이 점점 설득력을 얻고 있다. 보육의 책임이 부모에게 있는지, 아니면 국가에 있는지는 1991년 「영유아보육법」 제정 당시부터 뜨거운 이슈였다. 우리나라에서 1991년 「영유아보육법」을 제정할 때는 보육의 1차 책임자가 부모라고 명시하였으나, 그 후 2005년 1월에 「영유아보육법」이 개정되면서 이 조항이 삭제되었다. 이는 보육의 중요성을 인지하고 보육서비스의 대상을 확대하면서 국가의 책임을 더 강조하고자 하였다. 정부에서는 만 5세아 보육 및 교육에 대한 국가 책임을 강화하기 위해 2011년 소득 하위 70%에게만 지원하던 보육료를 소득 수준과 관계없이 2013년 만 0~5세아 전 계층으로 확대하여 어린 이 집에 자녀를 보내는 부모에 대해 보육비와 유치원비 지원을 순차적으로 늘렸고, 경제적인 부담을 줄여주었다. 또한 유아기에 필요한 기본 소양과 능력을 기를 수 있도록 이원화되어 있는 보육과정과 유치원 교육과정을 통합하여 2012년 '만 5세 누리과정'을 도입하였으며, 이후 2013년 3월부터는 그 대상을 만 3, 4세까지 확대하였다. 따라서 현재 어린이집 보육 과정은 '0~2세 표준보육과정'과 '3~5세 누리과정'의 구성 체계를 갖추게 되었다(육아정책연구소, 2016).

(3) 선별주의에서 보편주의로

보육서비스는 역사적으로 살펴볼 때 빈민구제 차원에서 실시되다가 여성의 사회참여가 증가하면서 점차 확대되어 오늘날에 이르렀다. 선별주의가 빈곤층 취업 모의 아동을 대상으로 보육대상을 제한하는 것이라면, 보편주의는 일반아동을 대상으로 보육대상을 확장하는 것이다. 즉, 부모의 교육수준, 경제능력, 직업의 종류, 주거환경 등 사회경제적 지위를 결정하는 어떤 조건으로도 제한하지 않고 아동 모두를 보육의 대상으로 수용하는 것이다. 이는 빈곤층 가정의 아동뿐만 아니라 중산층 이상의 가정에서 성장한 아동도 보육의 대상이 된다는 의미로, 정부는 영유아의 보육료와 교육비 지원을 2012년 3월부터 확대하여 지원하기 시작하였다.

이후 2019년 '포용국가 아동정책'에 근거하여 '아동이 행복한 나라'를 만들기 위한 아동보호, 인권 및 참여, 건강, 놀이영역에 걸친 10대 핵심과제와 40대 소과제를 제시함으로써 아동에 대한 국가의 책무성과 공공성을 강화하게 되었다(류정희, 2019; 관계부처 합동, 2019a), 이 밖에도 국가가 생애 초기부터 촘촘하게 돌보는 아동 돌봄 보육의 공공성 강화를 위해 학교와 마을이 함께 협력하는 공공보육, 국공립 유치원의 증원, 온종일 돌봄 체계 구축 등과 같이 보편주의 아동복지 체계로 이행하기 위한 노력을 추진하고 있다.

(4) 사업의 대상에서 참여의 주체로

중류층 가정 아동의 보육이 일반화되고 국가의 지원이 확대되는 등 보육이 보편화되면서 아동 보육은 더 이상 정부의 시혜성 사업이 아니라 부모와 가족이 참여하여 주도적으로 이끌고 가는 참여적 사업으로 성격이 바뀌고 있다. 아동보육이 참여적 사업으로 전환된 가장 큰 이유는 보육비지원이 시설별 지원이 아니라 아동별 지원으로 바뀌었기 때문이다. 이를 통해 보육의 소비자 중심 참여가 가능해졌다. 처음에는 보육비 보조가 시설에 직접 지원되었기 때문에 소비자의 권리나 의견이 제대로 보육에 반영되기 어려웠다. 하지만 2005년 이후 보육비 지원이 시설지원에서 아동별 지원으로 전환되면서 아동의 욕구나 부모의 의견이 어린이집 선택과 보육 활동지원에 대폭 반영되고 있다. 우리나라는 보육정책의 체감도를 높이고 수요자 중심의 보육정책을 실현하기 위하여 2015년 보육전자 바우처 '아이 행복카드'를 도입하였다. 보육료를 국가에서 어린이집에 지급하는 대신 전자카드 형태로 부모에게 지급함으로써 어린이집을 이용하는 부모가 직접 보육료를 결제하는 방식이다. 이 제도의 도입, 시행으로 부모가 느끼는 보육정책 체감도가 향상되었으며, 국가의 관련 행정기관과 어린이집 간의 보육료 신청 및 지급 등에 따르는 업무부담이 대폭 경감되었다(교육부, 2016; 보건복지부, 2013).

(5) 구제에서 공평한 기회보장으로

현재 우리나라는 양극화로 인해 계층이동 기회의 단절이 심화되었으며, 기회를 보장받지 못한 아동 세대는 사회적 기여의 주체에서 사회적 비용요인으로 전락할 우려가 있다. 취약계층 아동에 대한 보육이 이전에는 구제의 원칙이 강조되었다면 이제는 일반아동과 취약계층아동 간의 차별적 보육환경의 격차를 해소해 공평한 출발기회를 보장하고 빈곤의 대물림 방지를 위한 비차별 원칙에 근거한 아동복지서비스 구축이 요구된다. 그러나 우리 정부가 국내아동 권리 성과와 한계 내용을 담은 유엔 아동권리협약 제5·6차 보고서를 제출한 후, 스위스 제네바 유엔본부로부터 받은 이행상황에 대한 심의 및 권고내용 중 하나가

경제적으로 소외된 아동과 장애아동, 이주 아동들의 차별해소였다. 빈곤아동과 한부모가족, 장애아동, 다문화 가족의 아동은 일반아동보다 빈곤과 차별경험이 더 빈번하게 발생할 수 있고, 입시경쟁 위주의 교육 환경에서 성적으로 인한 차별이 학교와 가정에서 빈번하다는 것을 고려했을 때 소득 계층의 차이가 양육 환경과 교육기회의 격차로 이어지지 않도록 취약계층 아동에 대한 돌봄, 교육, 건강 등의 인적자본 투자 확대를 통해 아동개인의 역량을 극대화하고 사회 전체의 포용역량을 강화시킬 필요가 있다(보건복지부, 2019).

(6) 돌봄 수혜자에서 권리의 주체자로

아동이 이전에는 성인의 돌봄에 의존만 하는 수동적이고 유약한 대상으로 인식되어 훈육을 위해서는 체벌도 가능하다고 인식됐다면, 이제는 성인과 같이 시민으로서의 권리와 자유를 누리는 권리의 주체로 인식되고 있다. 세계 인권선언(1948)과 유엔 아동권리협약(1989)을 근거로 만 18세 미만의 자를 아동으로 정의해(제1조) 권리의 주체로 인정함과 동시에 아동 권리실현을 국가의 책임으로 규정하고 있다. 그리고 이 협약은 아동을 위한 4대 기본권으로 생존권, 보호권, 발달권, 참여권을 제시하고, 4대 기본원칙으로 무차별의 원칙, 아동 최선의 이익의 원칙, 생존과 발달보장의 원칙, 아동의 견해존중 원칙을 강조하고 있다.

따라서 훈육을 이유로 체벌에 관대한 우리나라의 경우, 아동의 권리를 인식시키는 사회 분위기 전환이 필요하다. 아동의 권리를 존중하기 위한 인식개선을 위해서는 개인 혹은 어린이집 책임자에게만 그 역할을 맡길 것이 아니라 정부와 아동권리 보장원, 아동 인권단체 간의 공동 캠페인이 진행되어 전 국가적 차원의 아동권리에 대한 인식이 보편화되어 보호자와 보육기관 내 돌봄을 담당하는 교사 모두에게 전달될 수 있도록 해야 한다.

3. 보육시설

1) 보육시설의 종류

(1) 시설의 설립 · 운영 주체에 따른 분류

「영유아보육법」 제2조 어린이집의 설치(개정 2011.6.7.), 제10조(어린이집의 종류)에서 정하는 어린이집의 종류는 다음과 같다.

〈표 9-2〉 어린이집의 종류

국공립 보육시설	국가나 지방 단체가 설치 · 운영하는 어린이집
사회복지법인 어린이집	사회복지사업법에 따른 사회복지법인이 설치 · 운영하는 어린이집
법인·단체 등 어린이집	각종 법인이나 단체 등이 설치 · 운영하는 어린이집
직장 어린이집	사업주가 사업장의 근로자를 위하여 설치 · 운영하는 어린이집
가정 어린이집	개인이 가정이나 그에 준하는 곳에 설치 · 운영하는 어린이집
협동 어린이집	보호자 또는 보호자와 보육직원이 조합을 결성하여 설치·운영하는 어린이집
민간 어린이집	제1호부터 제6호까지의 규정에 해당하지 아니하는 어린이집

① 국공립 보육시설

국공립 보육시설은 국가와 지방자치단체가 설립 · 운영(위탁운영을 포함)하는 보육시설을 말한다. 국공립 보육시설의 설립근거는 「영유아보육법」 제12조(국공립 어린이집 설치 등)에 제시되어 있다.

- 국가나 지방자치단체는 국공립 어린이집을 설치 · 운영하여야 한다.
- 보건복지부장관, 시 · 도지사 및 시장 · 군수 · 구청장은 보육사업을 원활하게 추진하기 위하여 보건복지부장관의 경우에는 중앙보육정책위원회, 그 밖의 경우에는 각 지방보육정책위원회의 심의를 거쳐 어린이집 수급

계획 등을 포함한 보육계획을 수립·시행하여야 한다.

- 보육계획에는 국공립 어린이집의 공급에 관한 계획 및 목표가 포함되어야 한다.
- 보건복지부장관, 시·도지사 및 시장·군수·구청장은 보육계획의 수립·시행을 위하여 필요하면 어린이집, 보육 관련 법인·단체 등에 대하여 자료 제공 등의 협조를 요청할 수 있으며, 그 요청을 받은 어린이집과 보육 관련 법인·단체 등은 정당한 사유가 없으면 요청에 따라야 한다.
- 도시 저소득주민 밀집 주거지역 및 농어촌지역 등 취약지역, 「건축법」에 따른 공동주택 중 대통령령으로 정하는 일정 세대 이상의 공동주택을 건설하는 주택단지 지역에 우선 설치하여야 한다.

② 사회복지법인 어린이집

사회복지법인 어린이집은 「사회복지사업법」에 따라 사회복지법인이 시장·군수·구청장의 인가를 받아 설치·운영되는 어린이집을 말한다. 사회복지법인 어린이집의 설립 근거는 사회복지사업법에 다음과 같이 제시되어 있다.

- 사회복지법인 및 사회복지시설은 공공성을 가지며 사회복지사업을 시행하는 데 있어서 공공성을 확보하여야 한다.
- 시설을 설치·운영하는 자는 보건복지부령으로 정하는 재무·회계에 관한 기준에 따라 시설을 투명하게 운영하여야 한다.

상시 21명 이상의 영유아를 보육해야 하며, 명칭은 "○○ 어린이집"으로 사용하고 유치원, 학원 등 유사기관으로 오인할 수 있는 명칭을 사용해서는 안 된다.

③ 법인·단체 등의 어린이집

법인·단체 등 어린이집은 각종 법인(사회복지법인을 제외한 비영리법인)이나 단체 등이 설치·운영하는 어린이집을 말한다. 「영유아보육법」에서 법인

· 단체 등 어린이집의 종류를 규정하고 있다.

> **제18조의2(법인 · 단체 등 어린이집의 종류)**
> - 유아교육법, 초 · 중등교육법 및 고등교육법에 따른 법인 또는 학교법인이 설치 · 운영하는 어린이집
> - 종교단체가 설치 · 운영하는 어린이집
> - 산업재해보상보험법에 따른 근로복지공단이 설치 · 운영하는 어린이집
> - 교육훈련시설이 설치 · 운영하는 어린이집
> - 위에서 규정한 어린이집에 준하는 어린이집으로서 보건복지부장관이 정하는 어린이집

설립절차는 법인 · 단체 등 어린이집을 설치 · 운영하려는 법인 또는 개인이 관할 특별자치도지사 · 시장 · 군수 · 구청장에게 인가를 신청해야 한다. 인가를 신청 받은 관할 특별자치도지사 · 시장 · 군수 · 구청장은 신청한 어린이집이 설치기준에 적합한지 여부를 현장에서 확인한 결과 및 해당 지역의 보육 수요를 고려하여 인가를 결정하게 된다.

④ 직장 어린이집

사업주가 사업장의 근로자를 위하여 단독 또는 공동으로 사업장 내 또는 그에 준하는 인근지역과 사원주택 등 사업장 근로자 밀집 거주 지역에 설치 · 운영하는 어린이집(국가 또는 지방자치단체의 장이 소속 공무원 및 국가나 지방자치단체의 장과 근로계약을 체결한 사람으로서 공무원이 아닌 사람을 위하여 설치 · 운영하는 어린이집을 포함)을 말한다(「영유아보육법」 제10조 제4호). 상시 5명 이상 300명 이하의 영유아를 보육해야 한다.

직장 어린이집을 설치하려는 자는 관할 특별자치도지사 · 시장 · 군수 · 구청장에게 인가를 받아야 하고 인가를 신청 받은 관할 특별자치도지사 · 시장 · 군수 · 구청장은 신청한 어린이집이 설치기준에 적합한지 여부를 현장에서 확인한 결과 및 해당 지역의 보육 수요를 고려하여 인가를 결정하게 된다.

직장 어린이집은 영유아보육법의 설치기준을 모두 갖추어야 한다. 다만, 어린이집을 직장에 설치하는 경우에는 안전사고 및 재난에 대비한 어린이집을 갖추어 사옥 내 2층과 3층에 설치할 수 있다(「영유아보육법 시행규칙」 제9조 제1항).

직장 어린이집에 대하여 설치의무를 두어 상시 여성근로자 300명 이상 또는 근로자 500명 이상을 고용하고 있는 사업장은 직장 어린이집을 설치해야 한다(「영유아보육법 시행령」 제20조 제1항).

직장 어린이집 설치 의무사업장의 해당 여부를 판단하기 위한 상시근로자의 수(임시직, 정규직, 일용직 등을 총망라하여 평균적으로 사용하는 근로자를 말함)의 산정은 전체 기업규모가 아닌 단위사업장을 기준으로 한다.

의무사업장의 사업주가 직장 어린이집을 단독으로 설치하기 어려운 경우에는 사업주 공동으로 직장 어린이집을 설치・운영하거나 지역의 어린이집과 위탁계약을 체결하여 근로자의 자녀의 보육을 지원해야 한다(「영유아보육법」 제14조).

단독 또는 사업주 공동으로 직장 어린이집을 설치하거나, 지역의 어린이집과 위탁계약을 체결한 사업주는 그 어린이집의 운영 및 수탁 보육 중인 영유아의 보육에 필요한 비용의 100분의 50 이상을 부담해야 한다(「영유아보육법 시행령」 제25조).

⑤ 가정 어린이집

가정 어린이집은 개인이나 가정 또는 그에 준하는 곳에 설치・운영하는 어린이집을 말한다(「영유아보육법」 제10조 제5호). 상시 영유아 5명 이상 20명 이하를 보육해야 한다(「영유아보육법 시행규칙」 제9조 제1항).

가정 어린이집을 설치・운영하려는 자는 관할 특별자치도지사・시장・군수・구청장에게 인가를 신청해야 한다. 인가를 신청받은 관할 특별자치도지사・시장・군수・구청장은 신청한 어린이집이 설치기준에 적합한지 여부를 현장에서 확인한 결과 및 해당 지역의 보육 수요를 고려하여 인가를 결정하게 된다(「영유아보육법」 제13조 제1항 및 「영유아보육법 시행규칙」 제5조 제3항).

⑥ 협동 어린이집

협동 어린이집은 보호자 또는 보호자와 보육교직원이 조합(영리를 목적으로 하지 않는 조합에 한정)을 결성하여 설치·운영하는 어린이집을 말한다(「영유아보육법」 제10조 제6호).

상시 11명 이상의 영유아를 보육해야 한다(「영유아보육법 시행규칙」 제9조 제1항). 협동 어린이집은 보육영유아의 보호자 11명 이상 또는 보호자와 보육교직원을 합하여 11명 이상이 출자하여 공동으로 어린이집을 설치·운영할 것을 약정함으로써 그 효력이 발생한다(「영유아보육법 시행규칙」 제9조 제1항). 또한 협동 어린이집의 운영은 조합원 중에서 대표자를 선임하고, 어린이집 시설·운영에 관한 통상 사무는 원장이 전임하며, 주요사항은 조합원 과반수의 찬성으로 결정한다. 조합원이 최대한 보육과정 및 의사결정에 참여하여 소기의 설립 목적을 달성하도록 노력해야 하며, 「영유아보육법」 및 2018년도 보육사업안내 외의 사항에 대해서는 「민법」 제703조부터 제724조까지를 적용한다.

⑦ 민간 어린이집

민간 보육시설은 국공립 어린이집, 사회복지법인 어린이집, 법인·단체 등 어린이집, 가정 어린이집, 협동 어린이집, 직장 어린이집에 해당하지 않는 비영리단체나 비영리법인 또는 개인이 설치·운영하는 어린이집으로서 상시 21명 이상 300명 미만의 영유아를 보육해야 하는 어린이집을 말한다.

(2) 보육시간에 따른 분류

과거의 탁아 및 오늘날의 보육에 해당되는 영어표기는 'Day Care'로 낮 동안의 돌봄이라는 기간적 개념이 포함되어 있었던 것만큼 보육에서 시간은 중요한 고려 사항이다(김주아 외, 2012). 보육서비스는 일반적으로 낮 동안 일하는 보호자를 대신하여 아동을 보호하는 것을 의미한다.

① 종일제 보육

종일제 보육은 부모의 경제활동 시간에 맞추어 아동을 보육하는 것으로 일반적으로 오전 8시에서 오후 6시까지 이루어지지만, 맞벌이의 경우 직장에 머무는 시간이 다양하기 때문에 융통성 있게 이루어지고 있다. 맞벌이 부부의 증가에 의하여 종일제의 수요는 더욱 높아지고 있고, 유치원에서도 종일반을 운영하고 있다.

② 반일제 보육

반일제 보육은 주로 오후 2시 이전까지 아동을 보육하는 형태를 말한다. 반일제라는 명칭은 2012년도에 맞춤반이라는 명칭으로 정부가 추진했던 정책이었으나, 전업주부와 취업모를 차별한다는 반발에 부딪혀 중단되었다가 2016년 7월 맞춤형보육으로 다시 실시하게 되었다. 그러나 본격적으로 실시하기 전 시범사업의 결과(이용률 가평 2%, 서귀포 4%, 김천 6%)를 무시하고 실시하여 현장의 혼란을 가져왔고, 현재는 수정・보완을 위한 작업을 보건복지부에서 진행 중이다.

③ 시간제 보육

시간제 보육은 가정에서 양육하는 아동에게도 지정된 기관(어린이집, 육아종합지원센터 등)에서 시간단위로 이용하고, 이용한 시간만큼 보육료를 지불하는 보육서비스를 말한다. 시간제 보육서비스의 대상아동은 6~36개월 미만의 영아(유아반의 경우는 일부 기관에서 시범운영 중)를 대상으로 하며, 양육수당

수급자 중 가정양육 가구의 아동을 대상으로 한다. 월 80시간을 이용할 수 있고 보육료 일부를 정부로부터 양육수당과는 관계없이 지원받을 수 있다.

④ 야간 보육

야간 보육은 야간에 이루어지는 보육형태를 말한다. 일반적으로 맞벌이 부모의 취업형태가 낮 시간을 이용하여 이루어지지만 야간에 근무할 수밖에 없는 특수한 직종에 종사할 경우 아동의 야간 보육이 필요하다. 이러한 야간 보육은 다음에 소개할 24시간 보육과 유사하여 혼동할 수 있을 것이다. 24시까지 운영하는 보육을 야간 보육, 24시간 동안 보육하는 것을 24시간 보육이라고 할 수 있을 것이다(김주아 외, 2012).

⑤ 24시간 보육

24시간 상시 운영하는 것을 24시간 보육이라고 한다. 1994년도부터 24시간제라는 명칭으로 도입을 시도한 서울시에서는 상시 24시간 동안 계속 운영하는 것을 24시간 보육제라고 규정하고 있다(김주아 외, 2012).

⑥ 방과 후 보육

방과 후 보육이란 방과 후 아동지도와 유사한 개념으로 학자에 따라 차이가 있다. 서영숙 외(2003)는 "학교수업이 없을 때 성인의 적절한 보호를 받을 수 없는 학령기 아동을 허가를 받은 정규기관에서 정기적으로 돌보아 주는 것을 말한다."라고 정의하였으며, 이옥(2005)은 "학교에서 수업을 마치고 돌아와 부모를 만날 때까지 돌보아 줄 성인이 없는 학령기 아동을 위하여 가족지원과 아동복지 차원에서 비영리적으로 제공되는 보육서비스"로 정의하고 있다(김주아 외, 2012). 또는 방과 후 보육은 초등학생을 대상으로 방과 후 및 방학기간 동안에 아동을 보호하고 초등학교 정규 수업 외에 이루어지는 교육활동을 의미한다(김석준 외, 2018). 2006년 여성가족부에서는 "방과 후 어린이집은 초등학생을 대상으로 방과 후 보육서비스를 제공하는 시설을 말하며, 어린이집으로서의 역할보다는 맞벌이부부 등 아동을 맡길 곳이 없는 가정을 우선적으로 하여 보육함을 목적으로 한다."라고 하였다(김석준 외, 2018). 그러나 초등학교라는 대상의 특성에 의하여 교육적인 내용이 포함된다.

〈표 9-3〉 어린이집과 유치원의 차이점

구분	유치원	어린이집
소관부처	교육부	보건복지부
근거법	유아교육법	영유아보육법
기관성격	교육시설	사회복지시설
대상 유아	만 3~5세	만 0~5세
교사 신분	정교사(교원)	보육교사(교원 아님)

출처: 교육부 · 보건복지부.

4. 아동보육의 쟁점

1) 보육과 애착 형성

어린이집에 다니는 아동은 하루 대부분을 주된 애착 대상인 부모와 분리되어 보내게 되며 보육교사에 대해 애착을 형성해야 한다. 이러한 경험이 부모와의 안정적 애착 형성을 방해하는지, 아동이 보육교사와의 관계에서 형성하는 애착이 부모와의 애착과는 다른 것인지가 논란되어 왔다.

보울비(Bowlby)는 아동이 애착을 형성할 시기에 어머니와 오랜 시간 분리되는 경험이 안정적 애착 형성에 방해가 되며 정서적 안정감에도 부정적으로 작용한다고 보았다. 그러나 영아가 보육을 시작하기 전과 후에 어머니에 대한 애착이 달라지는지를 고찰한 연구(Ahnert, Gunnar, Lamb, & Barthel, 2004)에서 어린이집에 다니는 것이 어머니와의 불안정 애착을 유발하지는 않는 것으로 보고되었고, 어머니가 민감하고 수용적인 태도로 아동의 어린이집 적응을 도와주는 경우에 안정적 애착이 유지되거나 증진된다는 것을 발견하였다. 따라서 어린이집에 다니게됨으로써 부모로부터 장시간 분리되는 경험 여부만으로 아동의 안정적 애착 형성에 대해 예측할 수는 없으며 어린이집에 맡겨지더라도 평소에 부모가 어린이집 활동에 적절하게 관여하고 아동의 요구에 민감하게 반응히고 수용적인 태도로 상호작용한다면 부모와의 애착 형성에 지장을 초래하지는 않는다고 할 수 있다.

어린이집에 다니는 아동은 많은 시간을 부모에게서 떨어져 지내므로 어린이집에 있는 동안 부모를 대신하는 보육교사에 대해 안정적인 애착을 형성하는 것이 어린이집에 적응하고 건강하게 발달해 가는 데 필요하다. 보육교사와의 애착에 대해 살펴보면, 어린이집에 다니는 아동이라고 해도 보육교사에 대한 애착이 어머니에 대한 애착을 대체하는 것은 아니며 여전히 부모가 일차적 애착 대상이고, 보육교사에 대해서는 이차적인 애착을 형성하게 된다. 어머니에 대한 애착 안정성과 교사에 대한 애착 안정성을 비교한 연구결과에서 볼 수 있듯이 보육교사보다는 어머니에 대한 애착 안정성 점수가 더 높은 것으로 나타났다(김영명, 1997; Howes & Hamilton, 1992). 교사에 대한 애착은 이차적이긴 하지만 안정적 애착을 형성하는 데 필요한 조건은 부모에 대한 애착과 다르지 않다. 즉, 아동이 보육교사에 대해 안정적 애착을 형성하려면 부모와의 애착 형성의 경우와 마찬가지로 보육교사가 아동을 대하는 방식이 중요하다. 보육교사가 아동에게 반응적이며 민감하고 아동의 욕구에 대해 세심하게 배려하고 돌봐 준다면 안정적 애착을 형성하는 데 도움이 된다.

이상의 논의에서 알 수 있듯이, 어린이집에 다니는 것이 부모에 대한 아동의 애착을 손상시키는 것은 아니며, 부모와의 안정적 애착을 유지하며 교사와도 애착 관계를 형성하는 것이 가능하다. 더욱이 부모와의 애착이 안정적이지 않은 아동도 교사와 안정적 애착을 형성하고 유지할 수 있으므로 교사가 아동에게 따뜻하며 수용적이고 민감하게 대함으로써 어린이집에서 생활하는 경험이 아동에게 긍정적으로 작용하도록 할 수 있을 것이다.

2) 보육과 아동발달

보육이 증가하면서 과연 보육이 아동발달에 미치는 영향이 어떠한지에 관심이 집중되었으나, 그에 대한 답은 간단하지 않다. 보육이 아동발달에 미치는 영향은 보육의 질에 따라 다를 수 있으며 보육특성 이외의 다른 요인들을 함께 고려되어야 보다 정확하게 이해할 수 있기 때문이다.

보육경험이 아동의 신체 및 운동발달에 미치는 영향은 대체로 긍정적인 것으로 보고되고 있는데, 이는 아동의 가족 환경에 따라서 다르게 나타난다. 저소득층 아동의 경우 어린이집에 다니는 것이 운동발달과 활동성을 증가시키며 아동의 신체 성장에 긍정적인 영향을 미치고 아동기에 흔한 질병에 걸릴 가능성을 감소시킨다고 한다. 이처럼 저소득층 아동의 경우에 보육경험이 가정에서의 양육보다 신체적으로 긍정적인 결과를 가져오는 이유는 질적으로 우수한 어린이집일 경우 가정에서보다 균형 잡힌 영양을 공급해 주고 안전하고 위생적인 환경을 제공하기 때문이다. 1996년 미국의 복지개혁이 저소득 계층의 아동발달에 미친 영향도 긍정적인 것으로 평가되고 있는데, 그에 대한 가장 중요한 원인으로 높은 수준의 보육이 꼽히고 있다. 복지개혁 전에는 저소득계층 여성의 경우 일을 하지 않고 집에 있는 경우가 많았는데, 복지개혁을 통해 근로가 강제되면서 아동을 시설에 맡길 수밖에 없었고 이것이 아동발달에 긍정적인 효과를 가져왔다는 것이다. 즉, 일반적으로 인지적 자극이 낮고 학대나 방임의 가능성이 있는 집에서 벗어나 질 높은 보육시설을 경험함으로써 긍정적인 발달의 기초를 형성하였다는 것이다(정익중, 2004). 반면에 가정에서 안전하고 위생적인 환경과 적절한 영양을 공급받는 아동의 경우는 어린이집에 다니는지의 여부가 신체발달이나 운동능력발달에 영향을 미치지 않는 것으로 나타났다(서영숙 · 김경혜, 2003).

또한 보육이 아동의 사회정서발달에 미치는 영향에 관해서는 이른 시기에 장시 간의 보육을 지속적으로 경험하는 것이 아동의 사회정서발달에 부정적으로 작용한다고 보고한 연구(Bates et al., 1994; Belsky, 2001; Belsky & Eggebeen, 1991; Vandell, & Corasaniti, 1990)와 오히려 긍정적인 영향을 보고한 연구(Howes, 1988; Prodromidis et al., 1995)가 모두 존재하므로 일정한 결론을 내리기는 어려운 상황이다. 여기에서 보육의 질을 고려함으로써 보육이 아동의 사회정서발달에 미치는 영향을 보다 명확히 이해할 수 있을 듯하다. 즉, 영아기라는 이른 시기에 보육을 시작하였어도 적정 수준의 아동 인원이 초과되지 않는 질 높은 환경에서 보육된 아동은 오랜 기간이 지나도 집단생활에서 협조적이며 성인의 지시에 잘 따르고 사회적 상호작용 기술에서 앞서는 것으로 나타났다. 반면에 적정 수준보다 규모가 큰 집단에서 질이 낮은 보육을 장시간에 걸쳐 받은 경험은 아동이 공격성과 같은 문제행동을 보일 가능성을 높이는 것으로 나타났다(NICHD Early Child Care Research Network, 1999; DeMulder, Denham, Schmidt, & Mitchell, 2000).

부모-자녀 관계도 보육이 아동의 사회 정서 발달에 미치는 영향을 보다 명확히 이해하기 위해서 고려해야 할 요인이다. 장시간을 어린이집에서 보내며 부모와의 관계가 원만하지 못한 아동은 부모와 함께 있는 시간만큼은 친밀한 상호작용을 하는 아동에 비해 심한 공격성을 보이는 경향이 있는 것으로 나타났다(NICHD Early Child Care Research Network, 2003). 어린이집에 다니는 것이 아동의 사회정서발달에 미치는 영향은 보육의 질이나 부모-자녀 간의 관계 등을 함께 고려해 분석되어야 보다 명확하게 이해할 수 있다. 일반적으로 보육의 질이 양 호 하며 부모가 자녀와 좋은 관계를 유지한다면 어린이집에 다니는 것이 아동의 사회

정서 발달에 긍정적인 영향을 미칠 수 있다.

3) 통합보육의 기능

아동을 연령에 따라 구분하여 보육할 것인지, 서로 연령이 다른 아동들을 통합하여 보육할 것인지의 문제와 장애가 있는 아동과 비장애 아동을 분리할 것인지, 통합하여 보육할 것인지의 문제도 보육 내에서 쟁점이 되는 사항 중 하나다.

(1) 연령 통합보육

연령 통합보육은 한 반을 구성하는 아동의 연령 범위가 1년 이상이 되도록 반을 구성하여 보육하는 방식으로, 가장 어린 아동과 가장 나이 많은 아동의 연령 차이가 2년 이상일 수도 있다. 연령 통합교육과 보육은 핵가족화 및 형제 없는 아동 증가 추세에 따라 사회적 상호작용 범위가 제한적인 아동의 사회적 경험을 보완하기 위한 대안으로 주목받게 되었다. 연령 통합교육의 다양한 측면을 분석한 연구(Veenman, 1995)에서는 연령 통합교육이 장점만을 가지고 있다고 옹호하였으나, 메이슨과 번스는 이에 반박하며 연령 통합교육 및 보육의 효과에 대해 고찰할 때 간과해서는 안 되는 요인들을 지적하였다. 이들에 따르면, 연령이 다른 아동들로 구성된 학급을 담당하는 교사는 동일연령 학급 교사보다 스트레스 수준이 높으며 교육에 대한 동기나 열의가 낮을 수 있고 그 결과 교육의 질도 떨어질 수 있다고 한다. 이처럼 연령 통합보육은 서로 다른 측면에서 장단점을 모두 가지고 있다.

연령 통합보육의 장점을 살펴보면, 우선 사회성 발달 측면에서는 동일 연령 보육에서보다 다양한 대인관계를 경험할 수 있어 사회적 유능성을 기르는 데 도움이 된다. 연장 아동이 연소 아동을 도와주는 방식의 상호작용이 자연스럽게 일어나고 경쟁적인 행동이 덜 발생하기 때문에 동일연령 보육에서보다 아동 간의 공격적인 행동이 적게 나타난다. 인지발달이나 언어발달 측면에서 볼 때는 연소 아동이 연장 아동의 언어나 인지적 과제 수행을 모방할 기회를 많이 가지므로 발달이 촉진되는 경향을 보인다. 또한, 연장 아동은 연소 아동의 학습을 도와주면서 자신감을 증진하게 시키는 효과도 얻을 수 있다. 이처럼 연령 통합보육은 여러 가지 장점이 있지만, 동일연령 보육보다 계획하고 준비하는 데 시간과 노력을 더 많이 쏟아야 하는 어려움이 따르며 교사가 적절한 훈련을 받고 필요한 기술을 가지고 있지 않다면 교육의 질 저하를 초래할 가능성이 존재한다.

(2) 장애아 통합보육

장애아를 대상으로 하는 특수 교육은 초기에 비장애아와 분리된 교육이었으나 점차 비장애아와 분리하지 않는 통합교육을 추구하는 방향으로 나아가고 있다. 장애아 통합보육이 비장애 아에게 부정적인 영향을 미친다는 증거가 없으며 장애아에게는 소속감을 갖고 사회생활을 영위할 수 있는 기회를 제공하는 등의 장점을 가지고 있다.

장애아 통합교육은 비장애 영유아를 대상으로 한 프로그램 안에 장애 영유아를 함께 배치하여 보육하는 것으로, 우선 장애아가 통합교육을 통해 얻을 수 있는 긍정적 효과는 다음과 같다(이영석 외, 1999 재인용). 장애아는 장애아로만 구성된 특수학급에서 보다 통합학급에서 지적인 자극을 많이 받을 수 있으며 폭넓고 다양한 경험을 할 수 있기 때문에 발달에 도움을 받을 수 있다. 또한, 장애아에 비해 신체적 · 운동적 · 사회적 · 언어적 · 인지적 기능 수준이 높은 비장애아의 행동을 관찰하고 이들과 상호작용하는 기회를 가짐으로써 발달적으로 앞선 행동을 모방하며 학습할 수 있는 기회를 가질 수 있다. 한편, 비장애아의 경우에는 통합교육을 통해서 사람들의 다양성을 존중하며 자신과 다른 사람들을 이해하고 배려하는 태도를 배울 수 있는 장점이 있다. 특히 처음으로 또래 아동과 대인 관계 경험을 시작하는 영유아기에 보육 기관에서 장애아와 비장애아가 함께 지낸다면 장애 유무와 상관없이 자연스러운 또래 관계를 형성할 수 있으므로 장애아와 비장애아를 통합하기에 매우 적절하다(김수진, 2003).

장애아 통합보육을 경험한 아동은 장애 이외의 다른 측면에 대해서도 다양성에 대한 이해와 존중을 가질 수 있는 데까지 일반화될 수 있다. 장애아 통합보육은 이처럼 장애아와 비장애아에게 바람직한 결과를 줄 수 있지만 장애아 통합보육을 통해 긍정적인 결과를 얻기 위해서 보육교사의 장애아 통합보육에 대한 긍정적 태도와 체계적 훈련, 부모의 장애아 통합보육에 대한 협력이 선행되어야 한다.

4) 보육서비스와 사회복지사의 역할

어린이집에서 일하는 사회복지사는 아동의 보호와 교육에 일차적인 책임을 지는 보육교사와는 다른 업무를 수행해야 한다. 특히 보육 대상이 되는 빈곤 가정이나 결손 가정의 아동에게 종합적인 보육서비스를 제공하는 사회복지사의 역할은 매우 중요하다. 사회복지사가 아동, 가족, 교사, 지역사회에 대해서 해야 할 역할은 다음과 같다(김기환, 2000).

아동에 대해서 사회복지사는 아동의 문제와 욕구를 사정하고, 문제를 나타내는 아동을 상담하며, 적합한 지역사회자원을 개발하고 연계하는 역할을 해야 한다. 가정방문을 통하여 가족의 문제와 욕구를 파악하고, 부모교육과 부모 상담을 통해 가정의 심리, 정서적인 문제를 해결할 수 있도록 한다. 경제적인 어려움을 겪고 있는 가정에 정보를 제공하거나 지역사회자원을 연결해 주도록 한다. 또한, 부모가 보육프로그램에 적극적으로 관여할 수 있도록 부모-교사와의 관계를 촉진하는 역할을 해야 한다. 보육교사와는 팀 접근을 통하여 보육의 목적이 달성되도록 해야 한다.

보육 아동에 대한 심리 사회적 정보나 가정의 정보를 제공하고, 보육교사가 인지하지 못하는 사회복지적인 관점에서 문제 해결 방안을 제시하는 역할을 한다. 지역사회에 대한 서비스 제공 역할로서 사회복지사는 어린이집이 보육 아동만 보호하고 교육하는 기능을 넘어 지역주민이 시설을 활용하도록 하고, 어린이집도 지역의 자원 활용이나 지역행사에 적극적으로 참여할 수 있도록 해야 한다.

어린이집에서 이루어지는 사회복지서비스는 아동을 직접 보살피는 일을 제외하고 하나의 단 위로서의 가족과 가족원 개개인의 기능을 향상시키는 데 이바지하는 모든 지지적 서비스를 포함한다. 가정이 사회적·경제적 문제 등에 압도되어 있는 상황이라면 아동에 대한 개입 프로그램이 아무리 훌륭하다 하더라도 아동의 인지적·사회적·정서적·신체적 발달을 유지하거나 향시키는 데 성공할 수 없기 때문에, 사회복지는 가족 기능을 지원할 수 있는 포괄적인 서비스를 제공해야 한다. 어린이집에서 사회복지사의 역할을 구체적으로 열거하면 다음과 같다(Kadushin & Martin, 1988; 김현용 외, 2001).

- **초기 면접자로서의 역할**: 가족의 상황과 아동의 욕구 등을 파악하여 현시점에서 아동에게 과연 보육서비스가 적절한지, 아동에게 가장 바람직한 보육유형은 어떤 것인가를 결정하도록 돕는다.
- **상담자로서의 역할**: 어린이집에서 아동의 적응상태 및 가족의 상황을 지속적으로 사정하고 문제가 있을 때는 상담을 통해 아동 및 가족의 복지를 증진하는 역할을 한다.
- **연계자로서의 역할**: 어린이집과 가족, 어린이집과 지역사회 그리고 가족과 지역사회를 연결하는 역할을 한다. 아동과 가족이 필요로 하는 자원을 갖고 있는 기관들과 협의하고, 가족이 이러한 자원을 효과적으로 활용할 수 있도록 정보를 제공하고 적절한 기관에 의뢰하기도 한다. 특히 부모의 입장에서는 교사를 직접 만나기보다 사회복지사를 통해 간접적으로 만나는 것을 더 안전하게 느낄 수 있기 때문에 사회복지사는 어린이집에서 부모의 접촉과 관여를 높이는 데 크게 기여할 수 있다.

- **대변자로서의 역할**: 지역사회 내에서 아동들의 보육서비스에 대한 욕구를 잘 대변하고, 보육서비스의 발전을 위한 제안자의 역할도 한다.

어린이집에서 이렇게 다양한 역할을 수행하는 사회복지사가 필요함에도 불구하고 실제로 사회복지사가 배치된 어린이집은 많지 않다. 대표적으로 삼성 어린이집은 사회복지사 채용을 통해 '포괄적 보육서비스'를 실시하고 있다(박은미 · 정익중, 2012). 포괄적 보육서비스는 어린이집에 다니는 영유아와 그 가족을 대상으로 다양한 서비스를 서로 연계되고 통합된 방식으로 제공하는 것을 말한다. 취약 위기가정의 어린이를 위한 보육서비스는 어린이집에서 생활하는 영유아의 보호와 교육에만 국한되는 것이 아니라 영유아의 부모나 형제들에게까지 서비스를 제공해야 한다. 따라서 포괄적 보육서비스는 어린이집에 재원하고 있는 취약 위기가정 영유아의 보호와 교육은 물론 부모에게 부모교육, 취업을 위한 직업훈련이나 정보제공, 취업알선, 부부갈등이나 가족의 정서적 불화를 치료해 주는 등 심리적 · 정서적 · 사회적 서비스 등을 지역사회와의 연계를 통해 제공하는 통합적 서비스라고 정의할 수 있다(삼성 아동 교육문화센터 홈페이지). 영유아기에 발생할 수 있는 아동과 가족의 문제들에 대해 조기에 발견하여 어린이집의 사회복지사에 의해 전문적으로 사례관리가 진행된다면 아동이 겪을 수 있는 장기적인 문제를 예방할 수 있고, 아동과 가족의 강점을 향상시켜 궁극적으로 아동의 건강하고 전인적인 성장발달을 도모할 수 있을 것이다. 어린이집 내 사회복지사의 필요성이나 배치 형태에 대한 공론화 과정을 통해 그 확대에 힘써야 할 것이다.

5. 보육서비스의 과제

우리나라 보육서비스의 발전을 위해서 개선되어야 할 과제는 다음과 같다(유희정 외, 2003).

1) 아동중심성 강화

보육정책에서 아동 중심성을 강화하는 것이 필요하다. 저출산·고령화 시대에 따른 노동력 부족을 타개하기 위해 단순하게 여성 노동력을 확보하는 차원으로 보육이 자리매김하여서는 안 된다. 또한, 보육에 대한 정책이나 제도적인 측면의 논의 과정은 종종 성인의 관점을 중심으로 이루어지기 쉽다. 보육 시설·유치원·학원 등이 보건복지부, 교육부의 서로 다른 부처의 관할하에 각기 다른 법의 적용을 받고 있어, 성인의 필요나 입장, 기존의 이해관계에 대해 논쟁하면서 이익집단 간에 서로 대립하고 갈등하게 될 수 있다. 그러나 복잡해진 우리 사회 속에서 어느 한 편이 우리 아이들의 종합적인 발달, 전체적인 성장을 지원하는 일을 도맡을 수는 없고 각자 다 함께 노력하면서 우리 아동들의 행복을 보장해 주어야 한다. 따라서 때로는 아동중심적 관점에서 이해 관계자의 반발이 있더라도 통합적 보육 정책이 추진되어야 한다. 2013년부터 시행된 '만 3~5세 누리과정'은 이러한 가능성을 보여준 긍정적인 사례라고 판단된다. 이를 기반으로 부처 및 집단 이기주의를 넘어 아동 중심으로 보육서비스를 재편하는 수순을 밟아야 할 것이다.

2012년 실시된 만 0~2세 무상 보육은 시작된 지 얼마 되지 않아 예산 부족으로 인한 중단 위기를 맞기도 했다. 정책은 의도한 효과와 의도하지 않은 효과가 있기 때문에 면밀한 사전 준비를 통해 형성되어야 한다. 선진국의 경우 많은 국민에게, 특히 미래의 주체인 아동들에게 영향을 미칠 수 있는 정책 시행을 위해서는 상당한 시간을 들여 시범 사업을 진행하고, 그 결과에 바탕을 두어 미세 조정된 이후 전면 시행하는 것이 일반적이다. 준비되지 않은 만 0~2세 무상보육은 단기간 의도하지 않은 효과를 많이 낳았다. 대다수 부모는 자녀를 어린이집에 보내지 않으면 정부 지원을 못 받기 때문에 그만큼 손해를 본다고 생각하면서 아동발달에 대한 큰 고민 없이 만 0~2세 영아들을 어린이집에 들여보냈다.

따라서 실제 맞벌이 가구로서 보육이 꼭 필요한 부모들은 정작 아이를 맡길 곳이 없게 되었고, 가정에서 주양육자와의 충분한 상호작용을 통해 안정적인 애착과 신뢰 관계를 형성해야 하는 영아가 불필요하게 보육시설에 장시간 체류하는 결과를 낳았다. 또한, 일시적 돌봄수요 충족을 위해 마련했던 시간제 보육은 이를 이용하던 많은 부모가 종일제 보육 시설에 자녀를 입소시키면서 이용자를 찾지 못해 운영의 어려움을 겪었다.

만 3세 이상의 유아는 일정 시간 보육시설을 이용하는 것이 더 바람직하지만 만 0~2세 영아의 경우 선진국들은 가능한 가정에서 양육될 수 있는 기반을 갖추려고 노력하는데 우리나라는 거꾸로 가고 있다. 여성 취업률이 80%에 가까운 국가에서도 육아휴직, 유연 근무 등 일-가정 양립정책을 통해 부모가 가정에서 자녀를 직접 돌볼 수 있는 권리를 보장하려고 노력한다. 이는 부모와의 지속적인 접촉과 관여가 영아의 성장과 발달에 얼마나 중요한 역할을 하는지에 대한 아동 발달적 고려가 있었기 때문이다. 그러나, 우리나라는 영아를 둔 여성의 취업률이 그에 훨씬 못 미치는데도 불구하고 종일제 시설 보육료를 지원하는 쪽으로 보육정책이 맞춰져 있다. 무상 보육은 이러한 추세에 더욱 기름 붓는 격이 되었다. 이러한 정책으로 인한 피해는 도대체 누구에게 돌아갈 것인가? 아마도 질을 담보할 수 없는 어린이집에서 하루 종일 지내야 하는 아이들이 그 피해자일 것이다. 비생산적인 보편-선별 논쟁에서 벗어나 보육 예산이 어떤 대상에게 어떠한 방식으로 전달되는 것이 바람직한지에 대한 정책기획이 체계적으로 진행되어야 하고, 이러한 정책적 판단의 가장 중요한 근거는 최종 수혜자인 아동의 발달에 유익한지 유익하지 않은지의 아동중심이 되어야 한다. 아동 권리협약은 아동에 대한 보호 차원에서 뿐만이 아니라 발달 정도에 맞게 아동 스스로 적절한 삶과 교육의 선택을 결정할 수 있는 아동의 자율성을 인정한다(Freeman, 1992; UNICEF, 2007). 아동은 인권을 가진 자율적 존재로 성인과 같은 권리를 가지고 있지만 스스로 생존을 보장할 수 없는 존재로 성인에 의한 법적인 보호와 배려가 추가적으로 필요하다는 것을 인지해야 한다. 아동의 돌봄에 대한 사회정책을 아동을 단순히 보호와 원조를 필요로 하는 대상으로만 인식하고 성인의 관점에서 결정을 내리기보다 아동도 자신의 경험을 이해하고 감정과 의견, 요구를 분명히 표현할 수 있다는 점을 감안해(Smith, Tsylor, & Gollp, 2000) 아동의 입장을 보육 정책에 반영시킬 필요가 있다. 이를 위해서는 성인들의 이해관계에 의해서만 보육 정책이 결정되기보다는 당사자인 아동이 현재의 보육환경을 어떻게 인식하고 있는지를 고려해야 한다. 보육의 주체에는 교사와 부모뿐만 아니라 아동 당사자도 포함되기 때문이다. 아이들의 발달수준에 맞게 아동의 의사를 반영할 방안을 반드시 고민해야 한다. 그러지 않으면 아동의 의견은 항상 무시되고 고려되지 않는다.

2) 보육교사의 전문성 확보

보육교사의 질은 보육서비스의 질을 높이는 중요한 요인이 될 것이다. 보육교사의 자격기준에 대하여 정부는 대면교육의 강화 및 현장실습기간 확대 등의 방안을 마련하여 실시하고 있다(「영유아보육법 시행규칙」 개정 2016.1.12.). 보육교사의 양성과정뿐만 아니라 현직교사의 연수 및 보수교육, 원장 사전교육실시 등의 자격강화에 초점을 맞추어 많은 부분에서 보육교사의 전문성을 강화하기 위한 노력이 이루어지고 있다.

보육교사의 자격강화에 대한 노력에 비하여 실질적인 효과는 미비한 것이 현실이다. 보육교사의 전문성을 확보하기 위한 노력은 지속되어야 하고 이와 함께 보육교사의 근무환경의 개선이 함께 이루어져야 할 것이다.

참고 **어린이집 · 유치원 통합**

2025년부터 어린이집유치원 통합한다
이주호 장관 "지자체의 어린이집 관리권한, 교육청으로 넘겨"

정부가 오는 2025년부터 어린이집을 관리하는 권한을 지방자치단체에서 시도교육청으로 넘기기로 했다. 어린이집과 유치원 관리 체계를 하나로 합치는 이른바 '유보(幼保) 통합'을 본격 추진한다는 뜻이다. 이주호 교육부 장관은 11일 연합뉴스 인터뷰에서 "2025년 1월부터 유치원 · 어린이집 관리 체계를 교육청으로 완전히 통합한다"며 "부처 간 협의를 마쳤다"고 밝혔다.

'유보통합'은 초등학교 취학 전 영 · 유아 교육과 돌봄(보육)을 맡는 유치원(만 3~5세)과 어린이집(만 0~5세)을 합쳐서 한 군데서 관리한다는 게 목표다. 지금까지 유치원은 교육부와 시도교육청, 어린이집은 보건복지부와 지방자치단체가 담당했다. 이를 2025년부터 교육부(교육청) 한 곳에서 관리하게 한다는 것이다.

현 정부가 유보통합을 국정 과제로 내걸긴 했지만 구체적인 시기를 밝힌 건 처음이다. 이 장관은 "학부모로선 유치원과 어린이집 어디에 맡겨도 양질(良質) 돌봄과 교육을 받을 수 있게 된다"고 설명했다.

초등학교에 들어가기 전 아이들은 유치원이나 어린이집을 다닌다. 전국 유치원은 8,500여 개, 어린이집은 3만3,000여 개. 하지만 유치원이 교육에 중점을 두는 반면, 어린이집은 보육에 치중한다. 시설 기준과 교사 자격도 다르다. 교사 근로시간이나 급여 등에서도 차이가 나 교육이나 보육 질에 영향을 준다는 분석도 있었다. 더 나아가 영 · 유아 시절부터 발달 단계에 맞는 체계적인 교육을 원하는 학부모가 늘면서 교육부가 총괄해야 한다는 지적이 많았다. 영국 · 스웨덴 · 뉴질랜드 등 선진국이 그렇게 한다.

그런 차원에서 과거 정부도 꾸준히 유보통합을 추진했지만 번번이 뜻을 이루지 못했다. 이해 당사자 간 의견 차가 컸기 때문이다. 어린이집은 0~2세 영아를 유치원에도 똑같이 보낼 수 있게 되면 원아를 빼앗길 수 있다고 우려했다. 유치원 교사들은 어린이집 교사보다 자격 따기가 더 까다로운데, 유보통합으로 같은 대우를 받는 건 역차별이라고 주장했다. 유치원 교사가 되려면 대학 유아교육과를 나와 정교사 자격을 따야 하지만, 어린이집 교사는 학점은행제 등으로 과정을 이수하면 상대적으로 간단하게 자격을 딸 수도 있다. 유치원에 0~2세 영아까지 들어오면 업무량이 너무 늘까 봐 걱정하는 교사들도 적지 않았다.

하지만 '인구 절벽'이 눈앞에 닥치면서 기류가 바뀌고 있다. 민간 어린이집과 사립 유치원은 경영난으로 줄폐업 사태가 잇따르고, 어린이집이든 유치원이든 교육부가 책임지고 지원하는 게 유리하다는 공감대가 생겼다. 박창현 육아정책연구소 연구위원은 "저출생이 심각해지면서 인기 있던 국·공립 유치원마저 정원을 못 채우는 일이 자주 벌어진다"면서 "어린이집이나 유치원 모두 존립을 위협받고 있어 어떤 식으로든 변화해야 한다"고 말했다.

교육부는 연내 '유보통합추진단'을 꾸려 구체적 방안을 마련할 예정이다. 유치원과 어린이집을 합치려면 교사 양성 체계도 통합해야 하는데 여기에 돈이 들고, 어린이집을 유치원 수준으로 좋게 단장하는 데도 돈이 들어 간다. 유치원을 어린이집처럼 이용 시간(보육 기능 강화)을 늘리려면 여기에도 인건비·운영비가 든다. 육아정책연구소는 지난 7월 '유보통합'에 필요한 예산을 15조2000억 원 규모로 추산한 바 있다.

교육부 고위 관계자는 "유보통합 시도가 수십 년간 지지부진했지만 이번에는 정부가 강력한 의지를 갖고 있고 저출생이란 사회적 변화에 대한 대책을 마련해야 한다는 위기감이 강해 성과를 낼 수 있을 것"이라고 말했다.

<조선일보, 김은경 기자(2022.12.12.)>

3) 보육서비스의 공공성 확보

보육은 보호자 중심의 대리보육의 관점보다는 영유아의 발달을 도모하는 보편적 관점으로 접근되어야 한다(한미현 외, 2016). 즉, 보육사업은 국가의 책임하에 이루어져야 함에도 불구하고 우리나라의 보육사업은 민간주도로 이루어져 왔다.

그러나 지역에 따라 국공립 어린이집을 이용하는 격차가 발생한다면 보육의 공공성 정책에는 문제가 있다고 할 수 있을 것이다. 지역 간의 보육서비스의 격차를 줄이기 위한 노력이 필요하다. 이러한 공공성의 확보와 함께 어린이집의 설치에 대한 법 정비가 이루어져야 할 것이며, 이것은 보육의 기본인 안전의 확보에 중요한 요인이 될 것이다.

4) 다양한 보육서비스의 제공

정부는 급변하는 보육서비스의 욕구를 충족하기 위하여 2016년부터 맞춤형 보육을 실시하고 있다. 맞춤형 보육은 0~2세반(만 36개월 이하) 영아에 대한 보육체계를 하루 12시간까지 이용할 수 있는 '종일반'과 하루 최대 6시간(월 15시간 긴급 보육바우처 추가) 이용이 가능한 '맞춤반'으로 이원화한 제도이다. 맞춤형 보육은 보육서비스를 종일반과 맞춤반으로 나눠 양질의 보육을 제공하겠다는 취지였으나, 맞춤형 보육정책에 대한 실태조사 결과 학부모와 어린이집관계자(원장, 교사) 모두가 만족하지 못하고 있다고 조사되었다(서울시 여성가족재단 2018.5.9. 정책토론회발표).

이러한 결과를 토대로 보건복지부는 맞춤형 보육의 문제점 개선 등을 위해 보육지원체계 개편을 위한 TF를 구성・운영 중에 있고, 파트타임 근무자나 전업주부를 위해 3, 4시간가량 이용하는 '단시간 어린이집' 설립을 추진하고 있으며, 맞춤반은 긴급보육바우처를 폐지하는 대신 7시간으로 1시간 늘리는 방안도 검토되고 있다고 발표하였다(보건복지부 2018.6.18. 보도설명자료).

정부는 보육서비스의 개선을 통하여 저출산의 극복 및 여성의 사회진출을 높이기 위하여 많은 노력을 하고 있다. 그러나 이러한 노력에 비하여 현장과 학부모의 만족 수준은 기대 이하인 것이 현실이다. 이러한 정책이 본래의 취지에 맞게 국민의 만족도를 높이기 위해서는 현장의 의견을 적극 반영하여 현장과의 괴리를 좁혀나가야 할 것이다.

Chapter

10

위기아동과 지역사회보호

1. 빈곤아동
2. 한부모가족 아동
3. 이혼가정 아동
4. 장애아동
5. 장애아동 복지증진을 위한 정책과제

Chapter 10

위기아동과 지역사회보호

1. 빈곤아동

빈곤은 단순히 경제적인 궁핍의 문제가 아니라 보다 복잡한 문제이다. 물론 빈곤은 경제적인 문제이지만 그 결과는 아동과 아동을 둘러싼 가정과 사회의 심리적·사회적·문화적 요소에 막대한 영향을 준다. 예를 들어, 한 가족의 빈곤문제는 부부간의 불화로 인한 이혼, 아동의 비행, 학업문제 등 단순한 원인에 비해 다양한 결과를 드러낼 수 있다. 대부분의 빈곤문제는 인간의 삶을 황폐하게 만드는 부정적인 결과를 나타낸다. 이렇게 빈곤은 아동에게 정상적인 발달과업을 성취하는 데 장애를 가져올 뿐만 아니라, 성인이 되어서까지 부정적인 영향을 미치게 된다. 학교 실패, 실업의 가능성, 만성적인 복지 의존성, 강력범죄, 무기력감과 절망감 등이 모두 빈곤과 연결되어 있다고 보고되고 있다(공계순 외, 2016).

1) 빈곤의 개념

빈곤은 경제적 특성뿐만 아니라 사회적 또는 심리적으로 여러 가지 특성을 가지고 있다. 따라서 경제적 빈곤뿐만 아니라 사회적 특성을 반영한 빈곤의 개념이 필요하다.

경제적 빈곤은 물질적 필요에 대하여 부족을 느끼는 것으로 정의된다. 이러한 경제적 빈곤개념은 절대빈곤과 상대빈곤으로 나누어 살펴볼 수 있다.

절대빈곤(absolute poverty)은 가장 역사가 깊고 널리 사용되는 빈곤의 정의이다. 빈곤은 '한 가구의 소득(또는 지출)이 최저생활을 유지하는 데 필요한 생계비에 미달하였을 경우'로 정의된다. 여기서 빈곤선은 최저생활에 필요한 기본수요를 추정함으로써 정의된다. 이러한 기본수요에는 첫째, 최저생존을 위한 방식, 둘째, 질병보호와 의・식・주 시설을 포함한 계속적 생존에 필요한 수요, 셋째, 생산적 수요에 필요한 재화나 용역 기본수요, 넷째, 사회에서의 상대적・경제적 위치 및 사회참여도 등을 고려한 기본수요 등의 단계로 구분된다.

상대빈곤(relative poverty)은 한 사회의 기존 생활수준과 직접 비교하여 정의하는 개념이다. 절대빈곤의 추계가 실제적으로 매우 어려우며 상당한 임의성을 내포하기 때문에 상대빈곤의 개념이 널리 사용된다. 상대빈곤을 추정하는 방법으로는 첫째, 전체 사회의 계층별 소득 순서에서 하위층에 해당되는 일정한 비율을 빈곤층으로 정의하는 순수상대빈곤이 있는데, 소득순으로 하위 20%, 또는 하위 40%가 가장 보편적으로 사용되는 순수상대빈곤계수이다. 둘째, 전체 사회에서 평균소득에 해당되는 일정한 비율을 빈곤층으로 정의하는 유사상대빈곤방식이 있는데, 개발도상국의 경우 평균소득의 1/3을 빈곤계수로 정의한다.

경제적인 특성만으로 빈곤을 정의하기에는 불충분하다. 왜냐하면, 빈곤은 물질적 자원뿐만 아니라 가정환경, 자원의 보유, 교육 및 직업과 관련된 영역에서의 조건의 차이와 관련되기 때문이다. 따라서 빈곤에 대한 새로운 관점, 즉 빈민들의 생활과 관련되어 소득뿐만 아니라 주거조건, 직업의 안정성 그리고 교육기회 등을 포괄한 사회적 불평등이나 문화 개념의 도입이 필요하다. 이러한 사회적 설명의 대두 배경은 바로 도시의 저소득층 밀집 지역, 즉 슬럼(slum)에서의 주민들의 생활모습을 설명하는 것과 관련되어 있는 빈곤문화론이다.

빈곤문화론의 핵심은 사회의 주류문화와 달리 빈곤문화가 존재하고, 이러한 문화는 다음 세대로 전승된다는 것이다. 빈곤문화론은 루이스(Lewis)에 의해 1959년 처음 주창되었으며, 멕시코와 푸에르토리코인 가족에 대해 확대되었다. 루이스는 빈민들은 사회의 대다수의 사람에게서 소외되어 있으며, 그 결과 나름대로의 적응행동을 학습해야 하는데, 이러한 행동 메커니즘이 확장되어 사회의 문화 속의 문화를 형성하게 된다고 주장한다(Lewis, 1968).

루이스는 빈곤문화의 특징을 70가지의 상호 관련된 사회적 · 경제적 · 심리적 특성으로 설명하고 있는데, 이를 네 가지로 종합하여 본다(Lewis, 1968).

첫째, 지역사회 내에서 기존 경제 · 사회 · 정치제도에 대한 효과적인 통합과 참여가 결여되어 있다. 즉, 노동조합이나 자원봉사 활동에 참여하지 않거나 정당에 가입하지 않으며, 병원이나 백화점 등을 거의 이용하지 않는다. 사회제도에의 미참여는 지배계급의 기본적인 기구에 대한 비판적 태도, 경찰에 대한 적대감, 정부기관에 대한 불신, 심지어는 종교에 대한 냉소주의와 관련된다.

둘째, 빈곤문화의 특징은 핵가족이나 확대가족의 범위를 약간 뛰어넘는 최소한의 조직을 특성으로 한다. 비록 빈곤지역의 사람들이 사회의 공식적 조직에 참여하지는 않지만, 지역사회 공동체 의식을 형성할 수 있는 응집력을 가지고 있다.

셋째, 가족과 성생활 면에서 사회의 다른 집단과 많은 차이를 보이고 있다. 성의 조기발현, 사실혼, 가정에 대한 포기 등의 현상이 상대적으로 높게 나타나고 있다.

넷째, 심리적으로 무기력, 의타심 및 열등감을 가지고 있다. 빈민들은 체념주의와 숙명주의를 가지고 있어 근로 동기나 빈곤탈피 그리고 변화에 대한 동기를 거의 가지지 못한다. 게다가 강한 현실중심적인 생활을 하게 하는 빈곤의 특성은 미래에 대한 계획을 수립하거나 생활에 대한 만족감을 느끼지 못하게 한다.

2) 빈곤아동의 정의

빈곤아동이란 빈곤가정에서 생활하는 18세 미만의 아동이다. 「아동의 빈곤예방 및 지원 등에 관한 법률」 제3조에서는 아동빈곤을 "아동이 일상적인 생활여건과 자원이 결핍하여 사회적 · 경제적 · 문화적 불이익을 받는 빈곤상태"로 규정하고 있으며, "아동빈곤이란 아동이 일상적인 생활여건과 자원이 결핍하여 사회적 · 경제적 · 문화적 불이익을 받는 빈곤한 상태를 말한다."라고 규정하고 있다. 이러한 빈곤아동의 범위로는 「아동복지법」 제3조 제4호 및 제5호에 따른 보호대상아동 및 지원대상아동, 「국민기초생활보장법」 제2조 제2호에 따른 수급자인 아동, 「한부모가족지원법」 제4조 제2호에 따른 한부모가족 아동, 「다문화가족지원법」 제2조 제1호에 따른 다문화가족 아동으로 규정하고 있다.

〈표 10-1〉 빈곤아동의 정의

구분	정의
아동복지법	• 제3조 제4호 '보호대상아동': 보호자가 없거나 보호자로부터 이탈된 아동 또는 보호자가 아동을 학대하는 경우 등 그 보호자가 아동을 양육하기에 적당하지 아니하기나 양육할 능력이 없는 경우의 아동 • 제3조 제5호 '지원대상아동': 아동이 조화롭고 건강하게 성장하는 데 필요한 기초적인 조건이 갖추어지지 아니하여 사회적·경제적·정서적 지원이 필요한 아동
국민기초생활 보장법	제2조 제2호 '수급자': 이 법에 따른 급여를 받는 사람
한부모가족 지원법	• 제4조 제2호 '한부모가족': 모자가족 또는 부자가족 • 제4조 제3호 '모자가족': 모가 세대주(세대주가 아니더라도 세대원(世代員)을 사실상 부양하는 자를 포함한다)인 가족 • 제4조 제4호 '부자가족': 부가 세대주(세대주가 아니더라도 세대원을 사실상 부양하는 자를 포함한다)인 가족 • 제4조 제5호 '아동': 18세 미만(취학 중인 경우에는 22세 미만을 말하되, 「병역법」에 따른 병역의무를 이행하고 취학 중인 경우에는 병역의무를 이행한 기간을 가산한 연령 미만을 말한다)의 자
다문화가족 지원법	제2조 제1호 '다문화가족': 다음 각 목의 어느 하나에 해당하는 가족 가. 「재한외국인 처우 기본법」 제2조 제3호의 결혼이민자와 「국적법」 제2조부터 제4조까지의 규정에 따라 대한민국 국적을 취득한 자로 이루어진 가족 나. 「국적법」 제3조 및 제4조에 따라 대한민국 국적을 취득한 자와 같은 법 제2조부터 제4조까지의 규정에 따라 대한민국 국적을 취득한 자로 이루어진 가족

한편 정부가 지원하는 '저소득 한부모가족'에는 정부지원 대상인 빈곤아동이 포함된다.

'한부모'에는 한부모뿐만 아니라 조부 또는 조모가 손자녀를 양육하는 조손가족도 포함된다. 배우자가 있더라도 병역복무, 가출, 노동능력 상실 등의 이유로 실질적인 부양을 받을 수 없는 경우도 지원 대상이 된다. 지원 대상으로 선정되기 위해서는 소득과 재산을 고려한 소득인정액이 최저 생계비의 130% 이하여야 하고(소득기준), 자녀의 나이가 만 18세 미만(재학 시 만 22세 미만)이어야 한다.

3) 빈곤이 아동발달에 미치는 영향

빈곤은 아동에게 정상적인 발달과업을 성취하는 데 장애를 가져올 뿐만 아니라 그로 인해 바람직하지 못한 결과를 낳게 되며, 성인이 되어서까지 부정적인 영향을 미치게 된다. 성인초기의 학교실패, 실업의 가능성, 만성적인 복지 의존성, 강력범죄, 무기력감과 절망감 등이 모두 빈곤과 연결되어 있다고 보고되고 있다(노혁, 2002). 이렇게 빈곤이 아동에게 부정적 영향을 미치는 이유는 아동들이 타인에게 의존적이고, 아동 스스로가 가족의 경제적 상황을 변화시킬 수가 없기 때문이다. 최근의 연구에서는 빈곤이 아동에게 직접적으로 부정적인 영향을 미치기보다는 부모의 양육행동이나 태도, 또래집단과의 상호작용 그리고 지역사회의 특성 등을 통해 영향을 미치고 있는 것으로 나타나고 있다(정익중, 2003).

빈곤이 아동의 가정생활에 미치는 영향을 살펴보면, 빈곤아동들은 안정된 주거환경을 제공받지 못하거나 적절한 교육환경을 제공받지 못할 가능성이 크다. 빈곤가족은 경제적 이유로 아동에게 공부방 등 적절한 학습공간을 제공하거나 학업에 필요한 물품, 자료를 제공하지 못해 학업 성취를 저해하기도 한다. 즉 빈곤가족은 책, 장난감, 컴퓨터 등과 같은 물품을 구입할 수 있는 자원이 부족하고, 도서관이나 박물관 방문 등의 문화생활의 기회가 부족하기 때문에 인지적으로 자극받을 수 있는 환경에서 성장할 기회가 부족하게 된다.

빈곤아동의 부모들은 생계를 위해 장시간 노동을 하게 되어 피곤하거나 시간이 없어 자녀와의 상호작용이 부족하거나 부적절한 양육태도를 보이게 되어, 아동의 언어나 인지발달에 부정적인 영향을 미치게 된다.

그리고 빈곤한 사람들은 자신들이 처해 있는 환경을 스스로 통제할 수 없다는 무력감, 수치감 또는 자존감의 상실 등으로 스트레스나 우울증에 빠져들기 쉽다. 이러한 부모의 스트레스와 우울은 부부간이나 가족 간의 갈등을 유발하는 동시에 부모의 양육행동이나 태도에 부정적인 영향을 준다. 즉, 빈곤부모들은 아동의 행동 자체나 친구관계 등에 대한 지도감독을 제대로 하지 못하고, 언어적인 훈계보다는 신체적인 체벌을 더 자주 사용하고, 아동에 대한 정서적 지지의 수준도 낮은 것으로 나타나고 있다(Conger et al, 1994).

4) 빈곤아동이 경험하는 문제

빈곤아동이 경험하는 문제는 크게 아동의 신체적인 건강, 인지능력, 학업성취, 심리사회적 문제 등으로 나누어 살펴볼 수 있다(공계순 외, 2016).

(1) 신체적 건강

비빈곤가족의 아동과 빈곤가족의 아동들을 다양한 기준으로 비교해 볼 때 빈곤아동들은 신체 건강에 있어서 부정적인 결과를 보인다. 일례로 미국의 국민보건조사에 따르면, 비빈곤가족 아동의 경우 유아사망률이 100명당 0.8명인데 비해 빈곤가족은 1.4명으로 1.7배 높은 것으로 나타났으며, 0세부터 14세까지 아동기의 사망률은 비빈곤가족은 0.8명인데 비해 빈곤가족은 1.2명으로 나타났다. 또한, 부모가 건강상태가 아주 좋다고 평가한 비율은 비빈곤가족의 경우 55.2%인데 비해 빈곤가족은 37.4%에 불과했으며, 지난 1년간 병원에 입원한 기간을 살펴보면 비빈곤가족 아동의 경우 3.8일이나 빈곤가족 아동의 경우는 5.3일로 나타나는 등 빈곤가족 아동의 건강상태가 비빈곤가족 아동에 비해 전반적으로 낮게 나타나고 있음을 보여 준다.

(2) 인지능력

빈곤과 아동의 인지능력 발달과의 관계를 살펴보면, 빈곤가족 아동의 경우 비빈곤가족 아동에 비해 낮은 것으로 나타나고 있다. 일례로 미국의 국민보건조사에 따르면, 17세까지 아동기의 인지발달지체 비율은 비빈곤가족 아동은 3.8%이나 빈곤가족은 50%로 높게 나타났고, 학습장애비율도 비빈곤가족은 6.1%이나 빈곤가족의 아동은 8.3%로 높게 나타나고 있다(박언하 · 조미숙 · 하경표, 2019).

(3) 학업성취

빈곤가족 아동의 학업성취를 비빈곤가족 아동과 비교해 보면 낮은 것으로 나타나고 있다. 일례로 미국의 국민보건조사에서 유아부터 17세까지 아동을 비교해 볼 때, 학년 유급에 있어서는 비빈곤가족 아동의 경우 14.1%인데 비해 빈곤가족의 아동은 28.8%로 2배 이상 높은 것으로 나타났고, 정학이나 퇴학 등의 학교징계를 경험한 비율에 있어서도 비빈곤가족의 아동은 6.1%인데 비해 빈곤가족의 아동은 11.9%로 조사되었다(박언하 · 조미숙 · 하경표, 2019).

5) 빈곤아동을 위한 사회복지 대책

빈곤아동 · 청소년 대책의 필요성은 무엇보다 빈곤의 대물림에서 찾아볼 수 있다. 빈곤아동의 신체발육 부진 · 질병 · 장애는 평생 동안 학습 및 경제활동에 지장을 초래하고 있다. 또한, 부모의 보살핌 부족은 자신감 부족(정서발달 부진) 및 학교부적응으로 낮은 학업성취도를 초래한다. 취학 전 학습준비 부족 및 교육자원에의 접근 제약은 교육과정이 올라갈수록 빈곤아동의 학업성취 격차를 확대시키고, 지식사회에서 필수적인 고등교육 기회가 제약되거나 목표를 상실하게 한다.

빈곤세습은 희망 없는 사회의 지표이며, 사회통합을 저해하는 가장 중요한 원인이다. 가난한 부모는 자녀에 대한 '희망의 끈'을 버리고, 빈곤아동은 '미래에 대한 희망'을 버리게 되어 사회통합의 큰 장애가 되고 있다. 따라서 빈곤아동에 대한 정책접근 패러다임의 혁신이 요구된다. 먼저 빈곤아동 · 청소년의 기본생활 보장 차원을 넘어서, 미래의 인적 자원을 개발하고 가난 대물림을 차단하여 희망사회를 건설하는 사회적 투자 차원의 정책이 필요한 시점이다(박언하 · 조미숙 · 하경표, 2019).

(1) 아동의 빈곤예방 및 지원 등에 관한 법률

빈곤아동에 대한 가장 중요한 대책으로는 「아동의 빈곤예방 및 지원 등에 관한 법률」이 있다. 이 법률은 2012년 8월 15일부터 시행되는 법으로서, 빈곤아동이 복지 · 교육 · 문화 등의 분야에서 소외와 차별을 받지 아니하고, 한 사회의 구성원으로 건강하게 자랄 수 있도록 제도적 기반을 마련하기 위한 목적으로 제정되었다.

이 법에서는 아동이 경제적 · 사회적 · 문화적 · 정신적으로 빈곤상태에 있는 아동을 위하여 국가 및 지방자치단체가 빈곤아동정책의 수행에 필요한 법적 · 제도적 장치를 마련하고, 업무 수행에 필요한 재원을 안정적으로 확보하기 위해 노력하도록 규정하고 있으며, 빈곤아동이 어떠한 종류의 차별도 받지 않도록 필요한 시책 마련을 규정하고 있다.

무엇보다 보건복지부는 빈곤아동의 복지 · 교육 · 문화 등의 기본적인 욕구 등에 대한 실태조사를 실사하여 빈곤아동지원에 관한 기본계획을 매년 5년마다 수립하도록 규정하고 있으며, 기본계획에 따라 보건복지부 장관, 시 · 도지사, 시 · 도교육감은 연도별 시행계획을 수립 시행하도록 규정하고 있다.

또한, 종합적인 빈곤아동정책의 수립 및 관계기관 간의 연계 · 조정과 상호협력을 위하여 아동정책조정위원회의 분과위원회로 아동빈곤예방위원회를 설치하여 기본계획과 추진전략의 수립, 국제조약의 이행 · 평가 및 조정에 관한 사항을 심의 조정하도록 하였다. 그리고 시 · 도 및 시 · 군 · 구에는 지역아동빈곤예방위원회를 설치하여 지역의 아동빈곤 예방 및 지원에 관한 중요사항을 심의하도록 규정하고 있다.

(2) 드림스타트사업

드림스타트사업은 빈곤이 아동발달에 악영향을 유발하고 부적절한 양육환경과 기회불평등을 야기함에 따라 기존의 문제발생 이후의 단편적이고 사후관리적인 아동복지서비스를 탈피하여, 사전예방적 통합적 측면의 서비스를 통해 아동에게 공평한 기회보장을 제공하기 위한 새로운 서비스이다.

드림스타트사업은 저소득밀집지역에 거주하는 저소득 임산부와 12세 이하의 아동가구 전체를 대상으로 아동의 건강·복지·보육 등 전인적 발달을 지원하며, 부모에게는 양육부담 완화, 바람직한 양육기술, 직업훈련, 고용촉진 서비스 등을 지원한다.

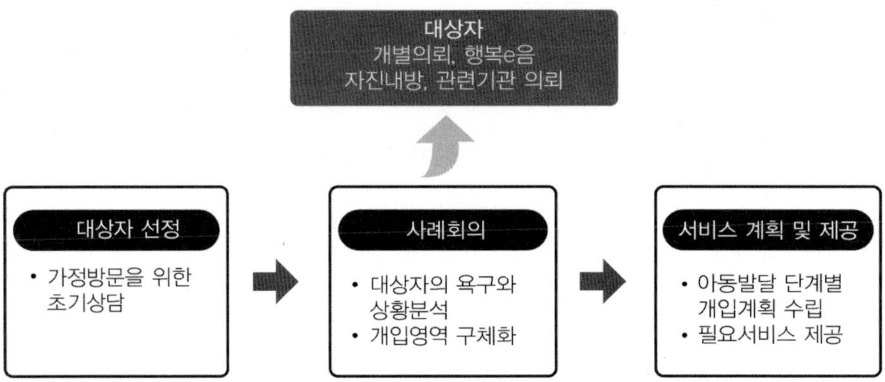

[그림 10-1] 드림스타트사업 수행 절차

사업수행을 위해 시·군·구 단위의 전담조직인 드림스타트센터를 설치하게 되는데, 센터를 통해 지역사회 아동의 신체·건강, 인지·언어, 정서·행동 등의 영역을 포괄하는 통합 서비스를 총괄 조정하게 된다. 센터의 주요 기능은 지역사회 내 통합 서비스 지원이 필요한 아동 발굴, 지역자원을 조사·발굴하여 서비스 연계망을 구축, 서비스 전달연계의 중심축 역할수행, 욕구조사, 위기도 검사를 통한 사례판정 및 연계 서비스 기획·조정, 사례점검, 재사정 등 통합

사례관리 실시(사례관리과정에서의 서비스 개입은 지역자원과 연계하여 지원) 등이다.

센터는 시・군・구 단위로 빈곤아동이 밀집한 면・동 등 거점지역에 설치한다.

(3) 지역아동센터 운영

지역아동센터의 기능을 살펴보면 첫째, 지역사회 안에서 아동의 권리보장과 안전한 보호 및 급식지원으로 결식을 예방하여 취약계층 아동의 지역 내 보호개념을 실현하며, 둘째, 아동의 학습능력 제고, 학교부적응 해소 등이 있다. 지역아동센터의 뿌리는 공부방으로서, 공부방은 저소득층이 밀집되어 있는 지역에서 민간단체나 개인이 건전한 문화경험 및 민주적 시민을 양성하기 위한 교육을 목적으로 학령기 아동 및 청소년들 대상으로 학습지도와 과제지도, 특별활동 지원을 중심으로 운영하고 있다. 공부방의 주요 역할은 첫째, 학습지도 공간으로서의 역할, 둘째, 청소년에 대한 보호와 상담의 역할, 셋째, 건전한 문화공간으로서의 역할 등을 수행하여 왔다.

공부방은 2004년 7월 개정된 「아동복지법」에 '지역아동센터'가 명시화됨으로써 사회복지시설로 인정을 받게 되었으며, 2004년 7월 발표된 '빈곤아동청소년 종합대책'의 발표로 인해 정부지원을 본격적으로 받게 되었다. 공부방은 IMF 이후 급증한 결식아동의 문제를 해결하기 위한 노력으로 많은 사회적 관심을 받았으며, 빈곤아동의 결식문제뿐만 아니라 가정의 문제, 지역사회의 문제까지 개입하게 되며, 지역의 각종 공공 및 시민사회 단체와 연대하며 아동보육서비스까지 담당하는 역할을 수행하기도 하였다. 현재 지역아동센터는 지역사회 아동의 보호・교육, 건전한 놀이와 오락의 제공, 보호자와 지역사회의 연계 등 아동의 건전육성을 위하여 종합적인 아동복지서비스를 제공하는 역할을 수행하고 있다.

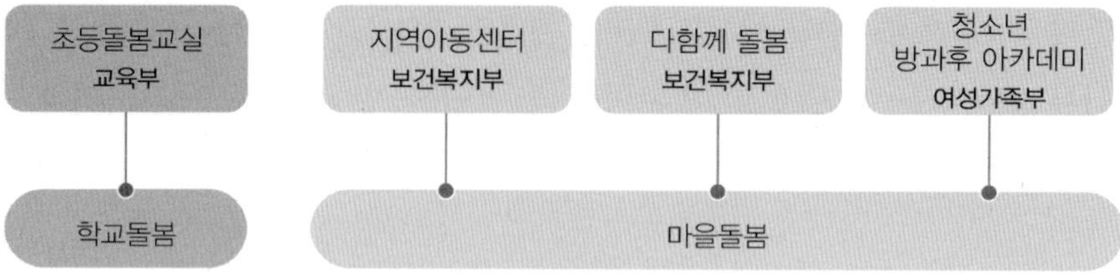

[그림 10-2] 아동돌봄 분류체계

출처: 아동권리보장원(2022).

(4) 교육복지투자우선지역 지원사업

교육과학기술부에서는 빈곤아동 및 청소년을 위한 중점 정책으로서 교육복지투자우선지역 지원사업을 실시하고 있다. 이 사업은 2002년 8·15 대통령 경축사에서 발표한 도시 저소득지역 교육환경 개선을 주 내용으로 하는 도시 저소득지역 교육복지 종합대책 수립계획을 구체화한 사업이다. 대도시 내에서 교육·문화적 환경이 상대적으로 열악한 지역을 교육복지투자우선지역으로 선정하여 다른 부문보다 많은 정책적 배려와 지원을 함으로써, 해당 지역의 교육·문화·복지 환경과 서비스의 질을 개선하는 것을 주요 골자로 하고 있다. 2011년 보통교부금을 사업재원으로 하는 교육복지투자우선지역 지원사업으로 전환되었으며, 종래 지역(zone)단위로 사업학교가 선정되었던 지정기준이 취약집단학생이 밀집한 단위학교로 전환되어 지역단위뿐만 아니라 개별학교 단위로도 지역사회와 연계한 사업 추진을 할 수 있도록 변경되었다.

① 의의와 추진배경

교육복지투자우선지역 지원사업의 의의는 크게 세 가지이다. 첫째, 저소득층 영유아 및 학생(청소년)의 출발점 평등을 통해 교육기회를 실질적으로 보장하는 국가 차원의 지원사업이며, 둘째, 저소득층의 교육·문화·복지 수준을 총체적으로 제고하기 위해 학교와 지역사회가 함께 하는 사업이다. 셋째, 학교가 중심이 되고 지역사회가 지원하는 지역사회 교육공동체 구축

사업이다.

사업 대상은 경제적 취약집단을 비롯한 다문화가정학생, 북한이탈주민학생, 학업부진학생 등 다양한 수준의 교육적 취약성을 지니거나, 교육적 성취에 있어 상대적으로 불리한 상황에 있는 교육취약 아동·청소년이 밀집된 학교 및 지역이다. 예전과 달리 취약집단이 밀집한 개별 학교도 사업 추진이 가능해지면서 지역접근뿐만 아니라 개별학교에서 지역사회를 연계하여 사업을 추진하는 접근도 가능하다.

아동의 발달단계에 따른 기본적 욕구해결과 문제를 예방하는 것이다. 이를 위해 취학 전 단계의 영유아에게는 양질의 취학 전 프로그램을 제공함으로써 출발점 단계의 교육·문화 접근기회의 형평성을 보장한다. 또한, 초등학생에 대해서는 학습결손 예방 및 치유, 방과 후 보호 등 기본적 복지서비스 제공에 중점을 둔다. 중학생에 대해서는 다양한 문화 활동을 통한 정서적 함양에 중점을 둔다. 두 번째 목표는 가정의 취약성으로 인한 정서·행동발달상의 문제를 극복할 수 있는 학교 및 지역사회의 교육·문화 환경을 조성함으로써 정서적 안정 속에서 성장할 수 있도록 하는 것이다. 또한, 건강한 신체 발달을 위해 필수적인 복지서비스를 제공함으로써 정상적인 학교생활 및 일상생활을 영위할 수 있도록 하는 것이다.

이러한 정책목표를 달성하기 위하여 두 가지 추진전략을 설정하였는데, 첫째, 학교가 지역사회의 구심체로서 지역의 교육·문화·복지 환경 개선의 중심적 역할을 할 수 있도록 학교의 기능을 강화하며, 교원의 적극적 참여와 전문성 신장을 위한 근무 여건을 마련한다. 둘째, 추진전략은 범운영을 통한 타 지역으로의 확산이라는 단계적 추진계획을 마련하고, 국가(지방자치단체)의 지원이 우선될 수 있도록 제도화하는 것이다.

2. 한부모가족 아동

전반적으로 한부모가족은 개인의 적응으로부터 사회 인식 및 제도적 차원에 이르기까지 어려움을 경험하고 있다. 즉, 한쪽 배우자의 부재로 인해서 가족생활에서의 변화가 불가피하게 일어남으로써 경제적 빈곤, 가족관계, 자녀양육 및 가사노동의 어려움, 역할수행상의 혼란과 사회적 위축 등의 문제를 수반하고 있다. 이러한 문제는 가족구성원의 심리사회적 적응과 사회생활, 학업생활 등에 부정적 영향을 미치고 있다.

결손가족 아동에 대한 선행연구들은 가족해체가 아동의 적응에 부정적인 영향을 미치고 있음을 보여 준다(오승환, 2000). 먼저 심리정서적 문제를 살펴보면, 결손가족의 아동은 우울, 불안, 사회적 철회 등의 문제를 경험하는 것으로 나타나고 있다. 또한, 교사나 부모들은 정상 가족의 자녀에 비해 결손가족 자녀가 더 우울한 것으로 평가하고 있으며, 인지적 및 사회적 능력이 더 낮다고 인식하는 것으로 나타났다.

둘째, 결손가족의 아동은 비행과 일탈 그리고 반사회적 행동 등의 문제행동을 더 많이 경험하는 것으로 제시되고 있다. 많은 연구에서 결손가족의 아동은 정상 가족의 아동에 비해 높은 공격성 및 행동장애 등 행동적 문제를 더 많이 경험하는 것으로 보고되고 있다.

또한, 가족결손은 아동에게 사회적 상호작용의 단절 또는 감소를 초래하여 대인관계상의 문제를 경험하는 것으로 나타나고 있다. 결손가족의 아동은 정상 가족의 아동에 비해 낮은 수준의 사회적 기술을 보이며, 친구가 적고 친구와 보내는 시간이 적은 것으로 나타났다. 가족의 결손으로 인한 가족 환경의 변화, 즉 이사 등의 물리적 공간의 변화와 부모의 사망이나 이혼으로 인한 사회적 관계망의 단절은 결손가족 아동에게 사회적 지지를 감소시키고 대인관계상의 문제를 발생시키게 된다.

그리고 가족결손은 아동의 학업성적에 영향을 미치게 된다고 제시되고 있는데, 정상 가족의 아동에 비해 더 낮은 학업성취를 보이며, 아동의 IQ를 통제한 전국적인 비교에서도 이혼가족의 자녀가 정상 가족의 자녀에 비해 학업문제를 더 많이 경험하고 있는 것으로 나타난 연구도 있다.

1) 빈곤 한부모가족 지원사업

여성가족부의 빈곤 한부모가족 지원정책을 살펴보면 첫째, 양육비·교육비 등 경제적 지원, 둘째, 가족역량강화 서비스 제공, 셋째, 복지시설 입소지원 등으로 나누어진다.

(1) 가족역량 강화를 위한 가족 서비스

가족역량 강화를 위해 건강가정지원센터 등에서는 가족상담, 취업·창업 훈련 지원을 실시하고, 특히 미혼모·부자 가족에게는 전국 17개의 지원기관을 통해 출산비, 자녀 예방접종, 분유, 기저귀 등을 지원하고 있다.

조손가족에 대해서는 손자나 학습도우미, 생활가사도우미를 가정에 파견하고, 도배 등 주거환경 개선도 지원한다.

또한, 이혼절차를 진행 중인 가족에게는 자녀양육비 분담을 원만히 합의할 수 있도록 이혼상담 서비스를 제공하고, 양육비 청구소송, 자녀인지 청구소송, 자녀양육비 이행확보 소송 등 무료 법률지원서비스도 실시한다.

(2) 시설 보호

무주택 가족은 전국 121개의 한부모가족복지시설에 자녀와 함께 입소하여 2~3년간 생활하면서 심리상담·직업교육 등을 제공받고 자립을 준비할 수 있다. 시설 입소자는 월 5만 원의 생활보조비를 받을 수 있다.

참고

한부모가족 복지서비스에는 범부처 한부모·조손가족 지원 서비스 주요 내용('22년 10월 기준 현행화)으로 임신·출산, 양육·돌봄, 시설·주거, 교육·취업, 금융·법률, 요금감면 등 17개 부처 및 기관, 60개 사업을 정리하면 다음과 같다(여성가족부, 2022).

〈2022년 한부모가족 복지서비스〉

분류	서비스명	
01. **임신·출산**	임신·출산·진료비 지원(국민행복카드) 산모건강관리 고위험 임산부 의료비 지원 산모·신생아 건강관리 지원	출산비용 지원 생애 초기 건강관리 사업 미혼모자 시설(기본형)
02. **양육·돌봄**	저소득 한부모가족 아동양육비 등 지원 청소년한부모 아동양육비 등 지원 청소년부모 아동양육비 등 지원 긴급복지지원 사회취약계층 환경성질환 예방 미혼모부자 초기지원 청소년 한부모 자립지원패키지 맞춤형 기초생활 보장 가족희망드림 지원 미숙아 및 선천성이상아 의료비 지원 선천성 대사이상 검사 및 환아관리 선천성 난청검사 및 보청기 지원 저소득층 기저귀, 조제분유 지원 아동수당 유치원 유아학비 지원(만 3세~5세 누리과정 지원)	보육료 지원 가정양육수당 지원 영아 수당 지원 아동통합서비스 지원: 드림스타트 아이돌봄서비스 지역아동센터 지원 여성청소년 생리용품 바우처 지원 가사·간병 방문 지원 희망복지지원단 통합사례 관리 육아종합지원센터 공동육아나눔터 초등돌봄교실
03. **시설·주거**	한부모가족 복지시설 공동생활가정형 매입임대주택 주거 지원	공공주택 지원
04. **교육·취업**	학생 미혼모 대안교육 위탁교육기관 여성새로일하기센터 청소년 방과 후 아카데미 운영지원 자녀 교육비 지원	청소년치료재활센터(국립중앙청소년디딤센터) 장학금 및 학자금 대출 지원 국민취업지원제도 한부모 근로자 육아휴직급여

05. **금융 · 법률 등**	양육비 이행지원 서비스 한부모가족 무료법률구조 미소금융 근로장려금 자녀장려금 소액보험 희망키움통장 I 희망키움통장 II	청년내일저축계좌 출생신고 완료 전 미혼부 자녀 지원 미혼부 자녀 출생신고 요금감면 혜택 양육비 이행확보 지원 서비스 스포츠 강좌 이용권 통합문화이용권(문화누리카드) 4대궁 · 종묘 · 조선왕릉 무료입장

2) 한부모가족 아동을 위한 복지정책 과제

한부모가족 아동, 한부모가정의 자녀양육 및 교육비 지원 현실화 및 대상 등의 확대가 필요하다. 현재 저소득 한부모가정의 양육비로 책정되어 있는 액수는 한 달 평균 5만 원에 불과해 '건강한 아동 양육과 균형 있는 영양공급'이라는 취지에는 매우 불충분하다. 또한 자녀학비지원, 특히 입학금과 수업료가 없는 초등학생의 경우 부대경비의 지원이 필요한 실정이다. 특히 한부모가정의 경제적 자립능력 강화를 위해 국민기초생활보장수급자 결정 시보다 유연한 기준을 적용할 필요가 있으며, 여성이 생계책임을 지는 경우 소득보장이 더욱 강화되어야 한다. 아직도 한부모가정을 결손가정으로 보는 학교나 이웃, 지역사회 등의 인식이 크게 개선되어야만 아동의 적응이 원활해질 수 있으리라 본다. 따라서 이에 대한 교육 · 홍보 등 적극적인 인식전환 노력이 필요하다.

한부모가정 문제해결을 위한 외국법 · 제도의 정비에는 호주제 폐지 및 주민등록제도 개선, 국민기초생활보장제도 보완(「국민기초생활보장법」 내에 한부모가정 지원근거 마련), 아동지원제도 개선, 자녀양육비 청구 의료보험제도 보완 등이 포함된다.

현재 각 기관 및 시설에서 제공되고 있는 프로그램 및 서비스는 크게 부모와 자녀 등 대상자 중심으로 구분되고 있다. 그러나 특히 아동의 경우 가족의 유기체적 기능에 영향을 받고 있고, 잠재력 개발이 중요하다는 점에서 복합적이고 통합적으로 지원해 줄 수 있는 가족정책 서비스와 프로그램의 제공이 필요하다.

(1) 한부모가정 지원을 위한 가족정책 활성화

정부 각 부처 소관분야별 한부모가정 정책에 관한 협의 및 조정기능을 강화하고 공공과 민간의 상호연계시스템을 구축할 필요가 있다. 특히 여성 가족부와 보건복지부의 연계 프로그램이 더욱 확대되어야 하고, 민간의 아동지원 프로그램도 더욱 강화되어야 한다. 뿐만 아니라 가족구성원들의 건강, 직장 및 학교적응문제, 질병 등 위기를 극복할 수 있도록 체계적이고 종합적인 가족복지상담 및 치료 서비스에 대한 지원체계를 강화해야 한다.

(2) 한부모가정 아동의 적응을 위한 다양한 복지 프로그램 개발

한부모가정의 부모자녀관계 교육 프로그램 개발, 주간 보호, 단기보호 및 방과 후 지도시설 확충, 자녀 학업지도 확대 및 다양한 특기적성, 취미교실 프로그램 마련, 자녀의 건강한 성장을 위한 신체적·정서적 대안 마련 등이 재검토되어야 한다.

또한, 아동의 정서적·심리적 안정을 위한 다양한 교육이 이루어져야 하고 아동의 연령에 따라 생애주기별 프로그램이 특성화되어야 한다. 저학년 아동의 경우에는 취업에 따른 모의 부재가 주는 영향을 최소화시켜야 하고, 고학년 아동의 경우 자기조절능력, 독립심 고취 등을 모색하는 프로그램이 필요하다.

적하였다. 이혼가정 아동들은 학습장애를 가지며, 종종 낮은 수준의 성취도를 보인다. 사회적인 측면에서 보면, 이혼가정 아동은 그 동료들과의 관계에서 사회성이 부족하고 공격적인 것으로 나타났다.

2) 이혼가정 아동을 위한 위기 개입

이혼과 관련된 어린이의 사고와 감정은 조심스럽게 평가되어야 하고, 그들이 이혼과 관련된 감정, 사고, 느낌에 대해 정확하게 인지할 수 있도록 도와야 한다. 부모의 이혼으로 자녀가 갖게 되는 심리적・정서적 영향은 성장 후에도 미래에 대한 두려움이나 자신의 결혼에 대한 부정적인 기대를 갖게 할 수 있다. 그러므로 이러한 부정적인 영향이 최소화되도록 개입이 있어야 한다.

이혼가정 자녀가 이혼에 적응하는 것은 부모의 태도, 아동의 인지능력 정도, 사회적 지지요인, 부모의 사회적 지지망에 따라 적응의 정도가 다르다. 또한, 이혼의 영향은 자녀의 성별, 연령, 부모와의 분리기간, 양육부모의 성과 자녀성에 따라 다르게 영향을 준다. 그러므로 이혼자녀에게 서비스를 제공할 때 사의 상황을 고려하여 적절한 서비스가 제공되어야 할 것이다.

월러스타인(Wallerstein, 1989)과 월러스타인과 블레이크슬리(Wallerstein & Blakeslee, 1989)는 이혼가정 아동의 심리적・정서적 위기를 극복하기 위한 과제를 여섯 가지 제시하고 있다.

(1) 제1과제

부모의 이혼에 대해 현실적인 것으로 받아들일 수 있도록 하여야 한다. 어린 아동들은 흔히 공포스러운 환상을 경험하고, 자신이 버려졌다고 느끼며, 가족이 처한 상황을 부인하는 경향이 있다. 경청, 반영, 명료화 및 문제해결과 같은 지지적 상담기법과 이완이나 심상 유도와 같은 스트레스 감소 기법이 이런 아동들에게 적절하다. 오이멘은 아동이 부정적인 감정에 압도되는 것을 막기 위해서는 빠르고 강력하게 그 상황과 직면하도록 하고, 이혼에 대한 그들의 감정을 표현하고, 대화를 통해 해결의 기회를 제공해야 한다고 주장한다. 월러스타인과 블레이크슬리(Wallerstein & Blakeslee, 1989)는 이혼을 경험한 아동들의 상담에 있어 가장 중대한 요소는 부모들의 지원(support)이라고 강조한다. 부모는 더욱 관심을 가지고 자녀가 이혼에 대해 정확하게 인식할 수 있도록 해주어야 자포자기, 두려움, 퇴행과 같은 위기를 극복할 수 있다.

(2) 제2과제

자녀는 부모의 갈등으로부터 분리되어야 한다. 가족은 상호작용체계이므로 부모 하위체계의 갈등과 불안은 자녀에게 그대로 전이될 수 있다. 그러므로 자녀는 부모로부터 빨리 분리되어 정상적인 일상생활로 돌아와 학교, 외부활동, 친구관계를 다시 할 수 있도록 해야 한다.

(3) 제3과제

자녀는 부모와의 삼각관계로부터 벗어나야 한다. 자녀가 부모로부터 분리가 불가능해지면 학업성적이 낮아지고, 무단결석, 이상행동을 나타내기도 한다. 한쪽 부모와의 계속적인 밀착은 우울, 우유부단함을 나타내고, 다른 한쪽 부모에게는 불복종으로 느껴져서 아동의 감정을 분산시키고, 이러한 이중적인(접근-회피) 갈등상태는 한쪽 부모의 수용이 다른 부모의 거절로 이해하기 쉽고 그중 한 부모만을 선택해야 하는 어린이는 위험에 빠지게 된다. 불행하게도 대다수의 아동은 헤어진 부모와 이와 같은 가족관계를 맺지 못하고 다년간 실망감만 느끼게 된다. 그들은 헤어진 부모로부터 버림받았다는 생각에 자신이 사랑받지 못하는 무가치 한 사람이라고 느끼게 된다. 역할극, 꼭두각시 놀이, 글쓰기, 그리기,

느끼기, 동작 게임 등의 치료 방법들이 아동들의 감정을 표현할 수 있게 한다. 자존감을 고취시키는 데 초점을 둔 개인 또는 집단상담이 유용하고, 장점 검증하기, 또래 교수법 및 인지 재구조화와 같은 기법을 활용할 수 있다.

(4) 제4과제

이혼 후 자녀는 자기 비난이나 부모에 대한 분노를 해결해야 한다. 자녀들이 갖는 부모의 이혼에 대한 느낌은 부모 당사자들의 느낌과는 다르다. 언젠가는 부모가 함께 살 것이라는 희망을 갖고 있어 자신은 원가족을 유지하려고 노력하나, 무반응적인 부모에 대해 분노를 느끼고 이혼을 결정한 부모에 대해 분노를 느낀다. 특히 맏아이인 경우는 더욱 민감하고 오래간다.

(5) 제5과제

이혼이 불가변한 것이라고 인식시켜야 한다. 월러스타인(Wallerstein, 1989)은 가정의 재결합에 관한 환상이 이혼 가정의 아동에게 나타나고 심지어는 부모가 재혼한 후에도 지속된다고 지적한다. 부모가 죽은 경우에는 그러한 환상이 빨리 사라지지만 이혼한 양쪽 배우자가 살아 있다는 사실은 이전의 가족으로 되돌아갈 수 있다는 환상을 지속시키게 한다. 현실치료는 아동들이 이혼의 불변성을 수용하는 데 도움을 줄 것이다. 현재 가정이 이혼의 상황에 놓여 있거나 이전에 부모의 이혼을 경험했던 다른 아동들과의 집단상담도 도움이 될 것이다. 이혼 전과 현재의 가족을 그리기, 이혼 후로 변화한 가정의 좋은 점과 나쁜 점, 이혼과 다른 가정의 생활방식(혼성가정 혹은 편부모가정)에 대한 영상 슬라이드와 책이 대개 효과적인 토론을 유도하게 된다.

(6) 제6과제

자신과 관련된 미래에 대해 현실적인 희망을 성취할 수 있도록 해주어야 한다. 이혼 가정의 아동은 청소년기에 여러 관계를 둘러싼 문제를 해결해야 한다. 자신이 관계를 맺는 데 실패하거나 성공할 수도 있다는 사실을 알게 되고 관계를 형성하는 법을 배워야 한다. 그러기 위해서 아동들은 자기 자신을 사랑하고 자신을 가치 있다고 느낄 수 있어야 한다. 성장 후 대인관계를 두려워하게 되는데 이는 대인관계의 영원성과 불안, 슬픔, 분노가 잠재되어 있기 때문이다. 월러스타인과 블레이크슬리에 따르면, “사랑을 선택하기”와 같은 마지막 심리적 과제의 효과적인 해결 방법은 이혼의 정신적인 충격으로부터 자유로워질 수 있게 하고 이러한 가정의 아동들에게 두 번째 기회를 주는 것이라고 한다. 월러스타인과 블레이크슬리는 이혼의 영향은 기존의 생각보다 더 널리 더 오래 영향을 미친다고 결론을 내렸다.

월러스타인이 제안한 과제와 거의 같지만 스밀란스키(Smilansky)도 이혼가정 아동들에게 알려주어야 할 개념들을 여섯 가지 제시하고 있다. 그중에서 월러스타인에게서 빠진 것은 다음과 같다.

- 이혼이란 보편적이지만 불가피한 현상은 아니다.
- 이혼은 돌이킬 수 없다.
- 자녀는 부모 이혼의 원인이 아니다.
- 이혼 후에도 자녀들은 계속 두 부모의 자녀이다.
- 이혼으로 인해 가족은 새로운 구조와 특징들을 가지게 될 것이다.
- 이혼한 부모들은 재혼할 수 있고, 그들의 자녀들은 친부모와 새부모 모두와 관계를 유지할 수 있다.

상담자들은 이혼가정의 부모들에게 자문적 조언을 함으로써 그들을 도울 수 있다. 부모에게 알려주어야 할 제안은 다음과 같다.

- 아동의 인지 수준에 따라 이혼에 대하여 이야기하라(상담자들은 부모들과 이를 미리 연습하는 것이 좋다). 아동의 이해 수준에 따라 일어났었던 일을 설명하고 아동이 경험했던 일과 연관시키도록 하라. 아동에게는 아무 잘못이 없다는 것을 강조하라. 아동의 공포와 오해를 곧바로 인지할 수 있도록 열린 의사소통을 유지하라. 한쪽 부모를 비난하거나 좋지 않았던 세부적인 일을 연관시키지 말아라.
- 비록 변화가 필요할 수도 있지만 아동의 삶이 가능한 한 안정되고 일관될 수 있는 방법을 계획하라. 집안의 일상적인 일, 학교 일정 및 일관성 있는 훈육은 아동들이 자신의 세계가 완전히 파괴되지 않았다는 것을 이해하는 데 도움이 된다. 상담자, 성직자, 조부모, 그리고 다른 지원 체제를 포함시켜라.
- 아동들을 소식(아이 양육비가 늦잖아!)을 전달하는 중개자로 또는 한쪽 부모의 생활을 파헤치는 데(아파트가 어떻게 생겼니?) 이용하지 말라. 아동들은 양쪽 부모를 모두 사랑하고 이미 부모에 대한 자신의 사랑에 대한 갈등으로 상처를 입었다.
- 자신들이 양쪽 부모의 사랑을 받고 있다는 것을 확신시키기 위하여 떠난 부모를 정규적으로 방문하도록 하라. 아동들은 떠난 부모가 자신의 이름을 불러 주지 않거나 방문하러 오지 않을 때 실망하게 된다. 아이를 보호하고 있는 부모는 이 시기에 특히 많은 사랑과 확신을 줄 필요가 있다.
- 아동들과 미래에 대해 이야기하라. 문제들로 당황하지 않고 계획을 세울 때 아동들을 연루시켜라. 그들은 기대하는 것을 알 필요가 있다.
- 부모의 이혼을 경험한 아동들은 아직도 특별 발달과정에 있는 아동일 뿐이다. 아동들에게 가정의 남자로서의 일, 어린 동생을 돌보는 일, 과다한 집안일 등 그들 능력 이상의 것을 책임지도록 요청하지 말아라.

비록 이혼가정의 많은 아동이 사회적으로나 정서적으로 가중된 위험과 교육적인 어려움을 경험하지만 일부 아동들은 그러한 파탄에 성공적으로 적응하고 그러한 경험을 한 후 나타나는 심각한 증상을 보이지 않는다.

게이틀리와 쉬베벨(Gatelly & Schwebel, 1992)은 아동들의 경험이 일부 영역에서 좋은 성과를 가져오는 것을 발견하였다.

- 그들이 집안일에서 더 큰 책임을 떠맡으려고 했기 때문에 성숙하게 되고,
- 그들이 변화된 삶의 환경을 효과적으로 극복했기 때문에 자존감이 향상되고,
- 가족구성원에 대한 걱정이 증가되었기 때문에 공감능력이 향상되고,
- 확실하게 규정된 성역할을 행하는 모델이 없었기 때문에 양성성을 발달시킬 수 있다.

이러한 특성의 발달에 기여하면서 부모의 이혼으로 인해 아동들은 긍정적인 성격, 협력적인 가정환경 및 협력적인 사회환경 등을 경험하게 된다.

4. 장애아동

모든 아동은 건강하게 성장하여 행복한 생활을 누리는 데 필요한 욕구를 충족할 권리를 가진다. 그런데 장애아동의 경우 그들이 지니고 있는 독특한 심신의 장애로 인해서 정상적인 사회참여에 제한을 받고 있고, 독립된 인격체로서 존엄성을 침해당하고 있기 때문에 이들의 복지증진을 위한 대책이 필요하다. 장애아동복지사업이란 장애아동의 발생을 예방하고, 장애아동이 가지고 있는 잠재능력과 잔존능력을 최대한 발휘하여 정상적인 생활이 가능하도록 지원하는 사회적 제반 활동을 말한다. 장애아동을 위한 복지가 중요한 이유는 인간발달 과정

에서 유아 및 아동기에 가장 빠른 성장이 이루어지기 때문이다. 아동의 잠재능력과 잔존능력을 최대한으로 개발하고 장애로 인한 심리사회 및 발달적 손상을 최소화하기 위해서는 장애아동의 예방 및 재활을 위한 개입이 가능한 한 빨리 시작되어야 한다.

1) 장애의 개념

장애아동을 정의하기 위해서는 무엇보다 장애에 대한 개념 정의에서부터 출발하는 것이 바른 순서일 것이다. 그러나 장애에 대한 개념을 보편화시키기란 쉬운 일이 아니다. 그것은 장애의 양태나 그것이 지니는 문제의 양상이 다양할 뿐만 아니라 사회적인 관념의 차이에 따라 장애를 규정하는 기준이나 관심이 상이하게 나타나기 때문이다(공계순 외, 2016).

1975년 12월에 있었던 유엔 장애인권리선언에서는 "선천적이든 후천적이든 신체적·정신적 능력의 결여 때문에 개인 혹은 사회생활에 필요한 것을 자기 스스로 완전히 혹은 부분적으로 확보할 수 없는 사람"을 장애인으로 정의하고 있다. 또한, 1979년 유엔 총회에서는 "장애는 개인과 그 환경 간의 관계로 파악되어야 한다."라고 정의함으로써 장애의 정의에 기능상의 장애뿐만 아니라 사회적인 불리도 포함되어야 함을 명시하고 있다.

이렇게 장애의 개념은 크게 협의의 개념인 의학적인 개념과 광의의 개념으로 나누어 볼 수 있다. 먼저 협의의 개념인 의학적 개념은 장애 인식에 있어서 가장 전통적인 관점으로 장애를 신체 또는 정신의 기능 저하, 이상, 상실 또는 신체 일부의 훼손 등으로 지칭한다. 이는 장애를 개인의 비극적인 문제로 간주하는 개별적이고 의학적인 관점이다.

그러나 시대의 흐름과 아울러 장애는 더 이상 한 개인의 문제가 아니라 신체적인 불편함과 서비스에 대한 욕구가 있는 집단에 대한 사회적 대응의 실패로 보는 사회적이고 소수집단 운동적인 시각이 더욱 힘을 얻어 가고 있다. 이러한 관점이 장애에 대한 광의의 개념이다. 세계보건기구(WHO)가 국제질병기준(International Classification Diseases)을 구간으로 하여 1980년에 장애를 새로운 접근으로 제안하고 있는데 ICIDH(International Classification of Impairments, Disabilities and Handicaps)는 이러한 광의의 개념에 기반하고 있다.

광의의 개념에 따르면 장애는 세 가지 차원인 기능장애와 능력장애 그리고 사회적 불리의 개념으로 정의된다(아산사회복지재단, 1997: 718-721).

첫째, 기능장애(Impairment)는 '심리적·생리적 또는 해부학적 구조나 기능의 상실 또는 비정상'을 뜻한다. 일시적 또는 영구적인 손실이나 비정상이 특징이며, 사지, 기관, 피부 또는 정신적 기능체계를 포함한 신체의 다른 구조의 비정상, 결손 또는 손실의 발생이나 존재를 포함한다. 이는 질병을 다른 사람이 인식할 수 있게 됨을 의미하며, 원칙적으로 기관 수준에서의 장애를 반영하는 것이다. 기능장애에는 지적장애, 언어장애, 청각장애, 시각장애, 내과적 장애, 골격계 장애, 신체기형, 전신적 장애 등이 포함된다.

둘째, 능력장애(Disability)는 '기능장애로부터 야기된 것으로서 인간에게 정상적인 것으로 간주되는 범위 내에서 또는 그러한 방식으로써 활동을 수행하는 능력의 제약 또는 결여'를 뜻한다. 능력장애는 기능장애의 직접적 결과로서 일상적으로 기대되는 활동수행 및 행동의 과다 또는 결핍이 특징이다. 이는 개인의 활동상의 능력제한이 발생하여 여러 가지 생활능력, 예를 들면 신변처리능력이나 운동활동능력이 떨어지게 됨을 말한다. 능력장애에는 태도장애, 의사소통장애, 개인 일상생활동작장애, 운동장애, 가사활동장애, 상황적 장애 등이 포함된다.

셋째, 사회적 불리(Handicap)는 사회적 차원에서의 장애의 개념으로 '기능장애나 능력장애로부터 야기되는 것으로서 연령, 성, 사회적·문화적 요인에 따른 정상적인 역할의 수행을 제약 또는 방해하는 개인에 대한 불이익'을 의미한다.

이는 기능장애나 능력장애가 사회화된 것으로서, 개인의 손상이나 기능제약으로 인해 사회생활에 대한 참여에서 제한을 받거나 지장을 초래하는 것을 말한다. 불이익은 개인이 속한 사회의 기대나 규범을 따르는 데에 실패하거나 따를 능력이 없는 데서 발생한다. 따라서 사회적 불리는 불이익이나 개인들의 분류가 아니라 사회의 규범 면에서 볼 때, 동료들에 비하여 장애를 가진 사람을 상대적 불이익에 처하게 하는 상황들의 분류이다. 사회적 불리에는 신체적 자립 핸디캡, 이동성 핸디캡, 직업상 핸디캡, 사회통합 핸디캡 등이 포함된다.

2) 장애인의 정의

장애인의 정의는 「장애인복지법」에 따른 복지적 관점과 장애인 등에 대한 「특수교육법」에 의한 교육적 관점에서 나누어 살펴볼 수 있다. 장애인복지법에서는 장애인을 신체적·정신적 장애로 인하여 장기간에 걸쳐 일상생활 또는 사회생활에 상당한 제약을 받는 자로 정의하고 있다. 장애는 신체적 장애와 정신적 장애로 구분하고, 신체적 장애는 외부신체기능의 장애와 내부기관의 장애로 구분하였다. 외부 신체기능의 장애는 다시 지체장애, 뇌병변장애, 시각장애, 청각장애, 언어장애로 구분하고, 내부기관장애는 신장장애, 심장장애로 분류하였다. 정신적 장애는 지적장애, 정신장애, 발달장애로 분류하였다. 「장애인복지법 시행령」 제2조에 나타난 장애 유형에 따른 장애인의 종류와 기준을 구체적으로 살펴보면 다음과 같다.

1. 지체장애인

가. 한 팔, 한 다리 또는 몸통의 기능에 영속적인 장애가 있는 사람

나. 한 손의 엄지손가락을 지골(손가락 뼈) 관절 이상의 부위에서 잃은 사람 또는 한 손의 둘째 손가락을 포함한 두 개 이상의 손가락을 모두 제1지골 관절 이상의 부위에서 잃은 사람

다. 한 다리를 리스프랑(Lisfranc: 발등뼈와 발목을 이어주는) 관절 이상의 부위에서 잃은 사람
라. 두 발의 발가락을 모두 잃은 사람
마. 한 손의 엄지손가락 기능을 잃은 사람 또는 한 손의 둘째 손가락을 포함한 손가락 두 개 이상의 기능을 잃은 사람
바. 왜소증으로 키가 심하게 작거나 척추에 현저한 변형 또는 기형이 있는 사람
사. 지체에 위 각 목의 어느 하나에 해당하는 장애 정도 이상의 장애가 있다고 인정되는 사람

2. 뇌병변장애인

뇌성마비, 외상성 뇌손상, 뇌졸중 등 뇌의 기질적 병변으로 인하여 발생한 신체적 장애로 보행이나 일상생활의 동작 등에 상당한 제약을 받는 사람

3. 시각장애인

가. 나쁜 눈의 시력(만국식시력표에 따라 측정된 교정시력을 말한다. 이하 같다)이 0.02 이하인 사람
나. 좋은 눈의 시력이 0.2 이하인 사람
다. 두 눈의 시야가 각각 주시점에서 10도 이하로 남은 사람
라. 두 눈의 시야 2분의 1 이상을 잃은 사람

4. 청각장애인

가. 두 귀의 청력 손실이 각각 60데시벨(dB) 이상인 사람
나. 한 귀의 청력 손실이 80데시벨 이상, 다른 귀의 청력 손실이 40데시벨 이상인 사람
다. 두 귀에 들리는 보통 말소리의 명료도가 50퍼센트 이하인 사람
라. 평형 기능에 상당한 장애가 있는 사람

5. 언어장애인

음성 기능이나 언어 기능에 영속적으로 상당한 장애가 있는 사람

6. 지적장애인

정신 발육이 항구적으로 지체되어 지적 능력의 발달이 불충분하거나 불완전하고, 자신의 일을 처리하는 것과 사회생활에 적응하는 것이 상당히 곤란한 사람

7. 자폐성장애인

소아기 자폐증, 비전형적 자폐증에 따른 언어·신체표현·자기조절·사회적응 기능

및 능력의 장애로 인하여 일상생활이나 사회생활에 상당한 제약을 받아 다른 사람의 도움이 필요한 사람

8. 정신장애인

지속적인 정신분열병, 분열형 정동장애(여러 현실 상황에서 부적절한 정서 반응을 보이는 장애), 양극성 정동장애 및 반복성 우울장애에 따른 감정조절 · 행동 · 사고 기능 및 능력의 장애로 인하여 일상생활이나 사회생활에 상당한 제약을 받아 다른 사람의 도움이 필요한 사람

9. 신장장애인

신장의 기능부전으로 인하여 혈액투석이나 복막투석을 지속적으로 받아야 하거나, 신장기능의 영속적인 장애로 인하여 일상생활에 상당한 제약을 받는 사람

10. 심장장애인

심장의 기능부전으로 인한 호흡곤란 등의 장애로 일상생활에 상당한 제약을 받는 사람

11. 호흡기장애인

폐나 기관지 등 호흡기관의 만성적 기능부전으로 인한 호흡기능의 장애로 일상생활에 상당한 제약을 받는 사람

12. 간 장애인

간의 만성적 기능부전과 그에 따른 합병증 등으로 인한 간기능의 장애로 일상생활에 상당한 제약을 받는 사람

13. 안면장애인

안면 부위의 변형이나 기형으로 사회생활에 상당한 제약을 받는 사람

14. 장루 · 요루장애인

배변기능이나 배뇨기능의 장애로 인하여 장루(腸瘻) 또는 요루(尿瘻)를 시술하여 일상생활에 상당한 제약을 받는 사람

15. 간질 장애인

간질에 의한 뇌신경세포의 장애로 인하여 일상생활이나 사회생활에 상당한 제약을 받아 다른 사람의 도움이 필요한 사람

이러한 장애인복지법상의 정의를 살펴볼 때, 장애아동이란 18세 미만의 아동으로서 「장애인복지법」에 규정된 장애를 가진 아동으로 정의할 수 있다. 「장애아동복지지원법」에서도 18세 미만의 사람 중 「장애인복지법」에 따른 등록한 장애인을 장애아동으로 규정하고 있으며, 다만 6세 미만의 아동으로서 장애가 있다고 보건복지부 장관이 별도로 인정하는 사람을 장애아동으로 포함하고 있다.

(1) 장애인 등에 대한 특수교육법의 정의

「장애인 등에 대한 특수교육법」에서는 시각장애, 청각장애, 정신지체, 지체장애, 정서・행동장애, 자폐성장애(이와 관련된 장애를 포함한다), 의사소통장애, 학습장애, 건강장애, 발달지체, 그밖에 대통령령으로 정하는 장애 등을 가진 사람을 특수교육 대상자로 정의하고 있다.

특수교육 대상자 선정 기준(제10조 관련)

1. **시각장애를 지닌 특수교육대상자**
   시각계의 손상이 심하여 시각기능을 전혀 이용하지 못하거나 보조공학기기의 지원을 받아야 시각적 과제를 수행할 수 있는 사람으로서 시각에 의한 학습이 곤란하여 특정의 광학기구・학습매체 등을 통하여 학습하거나 촉각 또는 청각을 학습의 주요 수단으로 사용하는 사람
2. **청각장애를 지닌 특수교육대상자**
   청력 손실이 심하여 보청기를 착용해도 청각을 통한 의사소통이 불가능 또는 곤란한 상태이거나, 청력이 남아 있어도 보청기를 착용해야 청각을 통한 의사소통이 가능하여 청각에 의한 교육적 성취가 어려운 사람
3. **지적장애를 지닌 특수교육대상자**
   지적 기능과 적응행동상의 어려움이 함께 존재하여 교육적 성취에 어려움이 있는 사람
4. **지체장애를 지닌 특수교육대상자**
   기능・형태상 장애를 가지고 있거나 몸통을 지탱하거나 팔다리의 움직임 등에 어려움을 겪는 신체적 조건이나 상태로 인해 교육적 성취에 어려움이 있는 사람

5. **정서 · 행동장애를 지닌 특수교육대상자**
   장기간에 걸쳐 다음 각 목의 어느 하나에 해당하여, 특별한 교육적 조치가 필요한 사람
   가. 지적 · 감각적 · 건강상의 이유로 설명할 수 없는 학습상의 어려움을 지닌 사람
   나. 또래나 교사와의 대인관계에 어려움이 있어 학습에 어려움을 겪는 사람
   다. 일반적인 상황에서 부적절한 행동이나 감정을 나타내어 학습에 어려움이 있는 사람
   라. 전반적인 불행감이나 우울증을 나타내어 학습에 어려움이 있는 사람
   마. 학교나 개인 문제에 관련된 신체적인 통증이나 공포를 나타내어 학습에 어려움이 있는 사람
6. **자폐성장애를 지닌 특수교육대상자**
   사회적 상호작용과 의사소통에 결함이 있고, 제한적이고 반복적인 관심과 활동을 보임으로써 교육적 성취 및 일상생활 적응에 도움이 필요한 사람
7. **의사소통장애를 지닌 특수교육대상자**
   다음 각 목의 어느 하나에 해당하여 특별한 교육적 조치가 필요한 사람
   가. 언어의 수용 및 표현 능력이 인지능력에 비하여 현저하게 부족한 사람
   나. 조음능력이 현저히 부족하여 의사소통이 어려운 사람
   다. 말 유창성이 현저히 부족하여 의사소통이 어려운 사람
   라. 기능적 음성장애가 있어 의사소통이 어려운 사람
8. **학습장애를 지닌 특수교육대상자**
   개인의 내적 요인으로 인하여 듣기, 말하기, 주의집중, 지각(知覺), 기억, 문제 해결 등의 학습기능이나 읽기, 쓰기, 수학 등 학업 성취 영역에서 현저하게 어려움이 있는 사람
9. **건강장애를 지닌 특수교육대상자**
   만성질환으로 인하여 3개월 이상의 장기입원 또는 통원치료 등 계속적인 의료적 지원이 필요하여 학교생활 및 학업 수행에 어려움이 있는 사람
10. **발달지체를 보이는 특수교육대상자**
   신체, 인지, 의사소통, 사회 · 정서, 적응행동 중 하나 이상의 발달이 또래에 비하여 현저하게 지체되어 특별한 교육적 조치가 필요한 영아 및 9세 미만의 아동

3) 장애아동 출현율

우리나라에서 전국적으로 장애아동의 실태를 조사한 결과는 매우 드물다. 전

수조사는 정확한 자료를 얻게 하는 장점이 있지만, 투입되어야 하는 인적·물적 자원의 방대함이나 장애라는 특성의 노출을 기피하는 현실적인 제한점 등의 문제 때문에 실제로 시행하기에는 어려움이 많다. 따라서 대부분의 조사가 표본조사를 통해 장애아동의 비율을 추정하고 있다.

장애아동 출현율 조사를 통한 장애아동 수의 산출은 장애아동 복지정책 수립의 토대가 된다. 장애아동의 수가 산출되어야만 장애아동 복지를 구성하는 제반 분야의 정책들이 합리적으로 수립될 수 있고, 효율적으로 추진될 수 있다. 그러나 우리나라는 정부 수립 이후 장애아동 수의 파악을 위해 전국을 대상으로 조사한 일이 한 번도 없다.

4) 장애아동·청소년의 복지욕구

(1) 장애아동·청소년의 특성 및 욕구

장애아동은 외부세계에 대한 적극적인 탐색이 제한되며, 다른 아동에 비해 활동이나 선택이 제한된다. 특히 신체적 장애를 가진 아동은 신체적 능력의 제한뿐만 아니라 치료 상황이 주는 제한에 직면하게 될 것이며, 다른 경험을 시도할 기회를 박탈당하는 상황에 놓일 수 있다. 그리고 새로운 것을 시도하고 다소간의 위험을 감수하는 도전적인 행동이 차단되며, 자신의 장애를 부적절한 행동의 결과에 의한 벌이라는 부정적인 느낌을 가질 수 있다.

또한, 다른 아동들과 어울려 놀 기회가 적고 친구들을 사귀는 데 어려움이 따르게 된다. 이런 문제들은 장애아동이 아동기에 나타나는 발달이나 역할들을 제대로 수행할 수 없게 하며, 장애에 대한 적응도 현저히 감소하고, 그로 인해 자기 개념의 형성에 부정적인 영향을 끼칠 수도 있다. 그 결과 비장애아동과의 상호교류가 적어지고 사회활동의 감소로 인해 사회에 재진입할 기회를 상실하게 된다.

한편 학령기 아동의 경우 이 시기는 학령기 전기(6~12세: 초등학생기) 장애아동과 학령기 후기(13~18세: 중·고등학생기) 장애청소년으로 나누어 볼 수 있다. 먼저 학령기 전기 장애아동의 특성을 살펴보면, 이 시기는 비장애아동과 마찬가지로 장애아동도 전 생애주기에 걸쳐 가장 크게 성장하는 시기이다. 학교와 동료의 수가 증가하고 사회적·지리적으로 아동의 세계는 확장된다. 구체적인 문제를 풀어 기는 기술의 증가는 아동이 새로운 상황에 대해서 대처하는 데 도움을 준다는 측면에서 중요하다. 특히 이 시기는 장애아동이 가족으로부터 떨어지는 최초의 시기이기 때문에 많은 기회를 얻는 시기일 수도 있지만, 발달이 제한될 수 있는 문제의 시기이기도 하다. 이러한 관점에서 이시기의 교육적 환경은 장애아동에게 매우 중요하다.

학령기 후기의 장애청소년에게 있어 개인의 삶에 대한 의미와 개성에 대한 연구는 비장애아동과 마찬가지로 이 시기의 주요한 요소들이다. 장애를 가진 청소년들도 장애를 가지지 않은 청소년들과 같은 변화를 갖게 되지만, 정체성의 발달은 장애와 동반되는 문제들로 인하여 곤란을 겪게 된다. 동료와의 관계와 장애에 대한 역할 방식, 장애를 가진 사람이 무능하다는 인식 그리고 그들의 장애를 판단하는 환경 등에 대한 상황은 자신의 이미지에 대해 장애를 확신하게 하고 수치심에 기반하여 정체성을 거부하게 한다.

(2) 장애아동가족의 복지욕구

장애아동과 그 가족을 효과적으로 원조하기 위해서는 장애아동에 대한 이해뿐만 아니라 장애아동가족이 경험하는 스트레스와 욕구에 대해 이해할 필요가 있다. 장애아동의 탄생은 가족의 생애주기 전반에 걸쳐 부부관계와 장애를 지니지 않은 다른 자녀와의 관계에 영향을 미치게 된다. 부모가 가지는 장애아동에 대한 심리적 반응은 개인의 성격이나 결혼생활의 질, 사회적 지위 등의 여러 가지 요인에 의해 영향을 받는다. 그러나 죄의식, 절망, 분노, 수치심, 슬픔 등의 감정은 누구에게나 나타나는 일반적인 감정이다. 이러한 감정들을 적절하게 극복하지 못할 때 가족 긴장과 갈등이 만성화되고, 극단적인 경우에는 아동에 대한 유기나 가족의 해체가 일어날 수도 있다. 이렇듯 장애아동이 있는 가정은 장애아동에 대한 수용의 어려움, 아동에 대한 적절한 대처지식과 능력의 결여 그리고 아동에게 투하되는 시간적・신체적・정신적 한계와 보호능력의 탈진으로 인한 스트레스로 가족긴장 및 갈등을 공유하고 있는 등 여러 가지 문제로 인해 큰 고통을 당하고 있다.

특히 장애아동가족이 경험하는 스트레스는 가족구성원의 정서적 긴장, 가족 내 하위체계 간의 갈등, 발달단계에 따른 긴장의 반복, 부적절한 서비스 전달체계, 아동의 미래에 대한 불안, 경제적 부담 등 매우 다양한데, 장애아동가족이 경험하는 스트레스를 정리해 보면 다음과 같다.

첫째, 정서적 긴장은 정상적인 아동이 태어나지 않은 것에 대한 슬픔, 우울, 거부 등을 포함한다. 가족은 장애아동의 요구에 반응하면서 변화・적응해 간다. 경제적 부담의 증가, 가족 수입 경감, 특히 일차 보호부담자의 직업생활의 유예, 가족역할의 재구조화 등의 문제가 발생한다. 이 과정에서 정서적 긴장이 반복되어 나타난다.

둘째, 부부간 불화이다. 조사결과에 따르면 전통적인 부부 중심의 가족에서는 장애아동이 발생하더라도 일반 가족과 비슷한 수준의 스트레스만을 경험한다. 그러나 한부모가족이나 기존의 부부간, 가족원 간의 갈등을 경험하고 있던 가족에서는 장애아동으로 갈등이 더 악화될 가능성이 있다.

셋째, 형제간 갈등이다. 장애아동은 가족의 자원을 독점하는 경향이 있으며 형제간 갈등의 원인이 된다. 특히 장애아동의 누이들은 장애아동에게 엄마와 같은 보호자의 역할을 하도록 기대받는다. 일반적으로 정상아인 형제들의 불만, 투정 등 부정적인 감정에 대해서는 부모들이 관대하지 못하므로 형제들의 죄의식이나 불안 등 내적 갈등이 커질 수 있다.

넷째, 발달단계에서 반복되는 긴장이다. 장애아동으로 인한 가족의 스트레스는 아동이 발달단계들을 통과할 때마다 반복된다. 예를 들어, 취학과 졸업에서 정상아동의 출생에서 가족들이 경험했던 긴장이 다시 나타난다. 그러므로 이전의 발달단계에서 이러한 스트레스에 어떻게 대처했는지가 현 단계의 적응에 중대한 영향을 미친다.

다섯째, 장애인복지 전달체계에서 비롯되는 스트레스가 있다. 가족들은 장애아동으로 인한 스트레스뿐만 아니라 부적절한 서비스 전달체계로 인한 스트레스도 경험한다. 즉, 욕구에 부합하지 못하고 분절적이고 비인간적인 서비스 전달체계로 인한 스트레스가 바로 이것이다. 장애아동이 서비스를 받을 때 자신들까지도 낙인을 부여받는 듯한 느낌을 받는 것으로 보고한다. 서비스의 계획과 전달의 전 과정에서부터 충분히 참여하는 것이 효과적이라는 견해가 지배적임에도 불구하고, 현실적으로 부모 참여에는 몇 가지 제한점이 있다. 시간과 경비 등 자원의 부족, 계획과정에 적절히 참여할 수 있는 지식과 기술의 부족, 전문가에게 자신들의 경험과 기대를 전달할 수 있는 의사소통 기술의 부족 등이다. 따라서 이들 제한점에 대한 고려가 없는 전문가와의 접촉은 가족에게 부가적인 스트레스를 줄 수 있다.

여섯째, 장애아동의 미래와 관련된 스트레스가 있다. 장애인들의 수명이 길어짐에 따라 부모나 형제의 사망 후 장애인 보호 문제가 가족들의 스트레스가 된다. 이것은 사회 일반의 장애인에 대한 낙인(스티그마)과 깊은 관련이 있다. 최근의 장애아동 가족에 대한 욕구조사에 따르면 미래의 장애아 보호에 대한 걱정이 높은 수준으로 나타났다.

일곱째, 경제적 부담이 크다. 장애아동의 경제적 부담을 직접적 비용과 간접적 비용으로 나누어 설명할 수 있다. 직접적 비용으로는 일시보호나 탁아, 의료비, 특수 치료비, 특수 장비 구입비, 그 외에 장애아동이 이용할 수 있는 가옥구조를 마련하기 위한 비용 등이 있다. 간접적 비용은 장애아동으로 인해 직업기회를 상실하는 데에 따른 손실을 의미한다. 실제로 장애아동을 갖게 됨으로써 어머니들은 사회활동을 포기하는 일이 번번하다.

또한, 장애가족은 장애아동의 성장에 따라, 즉 가족의 생활주기에 따라 영향을 받게 된다. 가족의 스트레스는 아동이 각 발달단계를 통과할 때마다 반복된다. 장애아동 생애발달단계를 살펴보면 크게 3단계로 나누어 살펴볼 수 있다.

첫째, 학령 전 아동기로서 조기교육에 대한 욕구가 매우 큰 집단이다. 이 시기에 있어서 부모의 일차적인 문제는 장애에 대해 대처하고 자기 자신을 장애아동의 부모로 재정의하는 것이며, 여기에는 불안과 죄책감, 분노 등의 갖가지 부정적 반응들이 나타난다. 또한, 장애아동의 특별한 요구를 일상에 통합시키라는 시도들이 주된 관심사항이라고 할 수 있다. 그러나 이러한 장애가족이 경험하는 문제들은 일반아동의 부모들의 문제와 크게 다르지 않다는 점이다.

둘째, 학령기의 아동으로 주로 특수학교나 일반학교의 특수학급 등에서 교육을 받는 아동으로 재활치료 및 방과 후 교실, 사춘기에 따른 상담에 대한 욕구가 큰 집단이다. 이 시기에 장애아동 부모들은 새롭고 다양한 문제들을 경험하게 된다. 취학으로 인해 부모들은 일시적인 휴식을 갖게 되지만, 아동들이 지닌 장애의 가시성 때문에 아동들이 특수학교나 특수학급에 들어가면, 더 큰 사회적 결과들이 파생될 수 있다. 이처럼 밖으로 나타나는 장애의 가시성이 커짐에 따라 장애아의 형제와 부모들은 사회적 영향을 아동기 때보다 더 크게 받을 수 있다.

셋째, 아동기 후기로서 장래의 직업이나 고등교육에 대한 욕구에 따라 상담 및 직업훈련, 취업정보 등에 대한 욕구가 큰 집단이다. 또한, 신체적인 성숙이 완전히 이루어지기 때문에 청소년기에 장애아동의 부모들은 자기 자녀의 의존성을 인식하게 되고, 또래아동들과의 불균형이 훨씬 커지게 된다. 청소년들은 장애의 수준에 따라 사회적 관계나 성적인 측면 등에 있어서 욕구가 존재할 수 있지만, 사회적 기능의 결여로 인해 이러한 욕구에 따라 행동하지는 못한다고 할 수 있다. 청소년기에는 성욕의 등장과 독립성의 문제, 더 나아가 장애의 영속성에 대한 인식과 관련된 특정한 문제들이 다른 시기와는 달리 존재한다고 할 것이다.

따라서 장애아동을 가진 부모들은 다음과 같은 욕구를 가지고 있다. 첫째, 자녀가 갖고 있는 장애의 성질과 그들의 발달에 대한 필요한 정보, 둘째, 부모들이 느끼는 감정들을 공감할 수 있고 상호 의존할 수 있는 지지집단, 셋째, 양육책임으로부터 임시적인 휴식을 가능케 해 줄 수 있는 기관 또는 사람, 넷째, 원만한 가족관계를 형성・유지하는 방법과 효과적인 자녀양육방법에 대한 교육과 훈련, 다섯째, 장애아동을 교육, 치료하는 전문가들과의 편안한 접촉 등이다.

5) 장애아동을 위한 복지대책

(1) 장애아동복지지원법

장애아동의 개인적인 존엄성과 가치가 인정되고, 스스로 사회에 참여하고 적용할 수 있는 가운데 만족된 삶을 영위할 수 있도록 해 주는 것이 장애아동복지의 이념이라 할 수 있다.

이러한 이념을 실현하기 위해서는 어떠한 특정인의 노력만으로는 불가능하다. 우선 장애아동의 문제는 장애를 가진 아동 자신의 것인 동시에 소속 가족 전체의 문제이기 때문에 가족의 참여가 필요하다. 또한, 그러한 문제의 형성에 영향을 주고받기도 하는 지역사회가 관여해야 한다. 장애아동을 중심으로 한 제반 문제에 전문적으로 접근하는 전문가들이 중요한 기능을 하는가 하면, 이 모든 활동을 제도적・기술적・재정적으로 뒷받침해 줄 지방정부와 중앙정부의 개입도 필요하다.

선진국에서는 장애아동과 관련된 여러 입법적 조처들이 일찍부터 진행되어 왔다. 일본의 경우 1940년대의 「아동복지법」, 「학교교육법」, 「심신장애자복지법」 이래 1976년의 「심신장애자대책기본법」 등에 이르기까지 많은 법체계를 발전시켜 왔다. 그러나 우리나라는 장애인에 대한 법 제정이 매우 늦게 이루어졌으며, 장애아동에 대한 구체적인 규정은 1961년에 제정한 「생활보호법」과 「아동복지법」에 의해 이루어졌다. 이후 1977년에 제정된 「특수교육진흥법」에 의해 특수교육 규정이 명문화되었으며, 장애인 복지의 경우 1981년에 「심신장애자복지법」이 제정되고, 1989년에 「장애인복지법」으로 전면 개정되어 장애아동과 관련된 서비스를 제공하여 왔다.

한편 장애아동의 복지정책은 생애주기에 따른 장애예방, 보건의료, 교육, 직업, 주거, 정보 등의 다양한 서비스가 필요하기 때문에 보건복지부, 교육인적자원부, 노동부, 정보통신부, 건설교통부 등 매우 다양한 정책 주관부서와 관련하여 종합적이고 통합적인 대책 수립이 필요하다. 이러한 장애아동에 대한 종합적인 서비스를 통합적으로 제공하기 위한 기반을 마련하기 위해 「장애아동복지지원법」이 제정되어 2012년 9월 1일부터 시행되었다.

(2) 주 전달체계

「장애아동복지지원법」에서는 장애아동의 복지지원을 위해 보건복지부에 중앙장애아동지원센터를, 시・군・구에 지역장애아동지원센터를 설치・운영하도록 규정하고 있다.

지역장애아동지원센터에서는 장애의 조기발견을 위한 홍보, 장애아동의 복지지원사업에 관한 정보 및 자료 제공, 장애아동과 그 가족에 대한 복지지원 제공기관의 연계, 장애아동의 사례관리, 장애아동 및 그 가족을 지원하기 위한 가족상담 및 교육의 실시, 기타 업무 등을 실시하게 된다.

중앙장애지원센터에서는 장애아동의 복지지원에 관한 조사연구, 지역 장애아동지원센터에 대한 평가 및 운영지원, 장애아동의 복지지원정책에 관한 정보 및 자료 제공, 장애아동의 장애 유형별 지원 프로그램의 개발, 가족지원업무 수행

기관에 대한 운영지원 및 평가, 지역장애아동지원센터, 복지지원 제공기관 등 복지지원 관련 기관에 대한 정보의 수집 및 제공 등의 업무를 수행한다.

보건복지부에서는 장애아동 및 그 가족의 복지지원과 관련된 실태조사를 매 3년마다 실시하도록 규정하고 있다. 또한, 시장・군수・구청장은 장애아동에게 적합한 복지지원을 제공하기 위하여 장애아동 개인별 지원계획을 수립할 수 있다.

(3) 보육지원정책

장애아동의 보호와 양육을 지원하기 위해서 정부에서는 장애아동 보육 지원 서비스를 제공하고 있다. 장애인복지카드를 발급받은 어린이집을 이용하는 만 12세 이하의 장애아동과 발달지체를 보이는 특수교육 대상자인 만 3세에서 만 8세 이하의 아동에게 보육료를 지원하고 있다. 또한, 어린이집 및 유치원을 이용하지 않는 취학 전 만 5세 이하 장애아동에게는 소득수준에 관계없이 양육수당을 지원하고 있다.

(4) 교육정책

교육정책은 장애아동들이 가지고 있는 잔존능력을 최대한 개발하고 보호하여 실질적인 재활이 이루어지도록 하기 위해 그 초석이 되는 각종 교육적 조치와 방법을 총칭하는 것으로서 이른바 특수교육으로 표현되고 있다. 특수교육은 일반아동에게 실시되는 교육 프로그램을 어떤 특정한 조건에 놓여 있는 아동에게 실시하는 교육이다.

장애아동을 위한 교육정책으로 가장 기본적인 법률은 2007년에 제정된 「장애인 등에 대한 특수교육법」으로서, 이 법은 특수교육진흥법을 대체한 법이다. 이 법에서 특수교육은 특수교육 대상자의 교육적 요구를 충족시키기 위하여 특성에 적합한 교육과정 및 특수교육 관련 서비스 제공을 통하여 이루어지는 교육으로 규정되고 있다.

또한, 동법에서는 유치원·초등학교·중학교 및 고등학교과정의 교육은 의무교육으로 하고, 고등학교과정을 졸업한 특수교육 대상자에 대한 진로 및 직업교육과정인 전공과와 만 3세 미만의 장애영아교육은 무상으로 한다고 규정하고 있다.

이 외에도 장애학생에 대한 차별금지, 특수교육운영위원회 구성, 특수교육지원센터의 실치 운영, 특수교육실태조사, 장애조기발견, 통합교육, 개별화 교육, 진로 및 직업교육 지원, 순회교육, 방과 후 과정 운영, 가족을 위한 가족지원 및 물리치료, 작업치료 등의 치료지원 등의 특수교육 관련 서비스 등을 규정함으로써 장애아동에 대한 특수교육이 실제적으로 이루어지도록 지원하고 있다.

(5) 소득보장정책

장애아동을 위한 소득보장정책은 장애아동이 최소한도의 인간적인 생활을 유지할 수 있도록 경제적인 지원을 하는 정책이다.

장애아동을 보호 양육하는 보호자의 경제적 생활을 원조하기 위해 장애아동부양수당을 지급한다. 장애인 자녀교육비는 장애인이 부양하는 자녀 또는 장애인인 자녀의 교육비를 지원하는 것이다. 교육비 지원수준으로는 중학교와 고등학교 그리고 특수학교의 입학금·수업료·기타 교육에 소용되는 비정을 포함한다.

(6) 의료보장정책

장애아동을 위한 의료재활정책은 임산부의 임신 중에 취하는 장애아동 발생 사전예방대책부터 출산 직후에 행할 수 있는 모자보건 등의 예방대책과 산업재해나 일반사고를 예방하기 위한 교육·계몽 등의 대책이 있다. 또한 조기치료를 포함하여 국가의 치료비 보조 등에 이르는 치료적 대책까지 포함된다.

정부에서는 1994년 의료비 부담이 과중한 장애인들이 저렴한 요금으로 의료재활 서비스를 제공받을 수 있도록 국립재활병원을 개원하였다. 또한, 장애인복지시설에 부필 된 재활의료기관 활성화를 위해 운영비를 지원하고 있으며, 종합병원에 재활의학과를 설치하는 등 전문의료기관을 확대해 나가고 있다.

선천적 장애발생 예방을 위한 사업으로는 임산부 및 영유아에 대한 검진 및 건강관리사업 등을 강화하고 있고, 1991년부터는 정신지체아동의 발생 예방을 위해 선천성대상이상검사사업을 실시하고 있다.

(7) 장애아동 가족지원사업

보건복지부에서는 성장기의 정신적·감각적 장애아동의 기능 향상과 행동 발달을 위한 적절한 재활치료 서비스 지원 및 정보를 제공하고, 높은 재활치료 비용으로 인한 장애아동 양육가족의 경제적 부담을 경감하기 위하여 장애아동 가족지원사업을 제공하고 있다.

장애아동 가족지원사업으로는 장애아동 재활치료와 장애인 부모를 둔 비장애아동의 언어발달지원 서비스, 그리고 장애아가족 양육지원사업 등이 있다. 먼저 장애아동 재활치료 지원은 전국 가구 평균소득 100% 이하의 가구 중 만 18세 미만 장애아동(뇌병변, 지적, 자폐성, 언어, 청각1 시각장애)을 둔 가구를 대상으로 언어치료, 청능치료, 미술음악치료 등 원하는 재활치료서 비스를 선택하여 이용할 수 있도록 매월 16~22만 원의 재활치료 바우처를 지원하는 사업이다.

둘째, 언어발달 지원사업은 전국 가구 평균소득 100% 이하의 가구 중 양쪽 부모가 시각·청각·언어·지적·뇌병변·자폐성 장애인인 만 18세 미만 비장애아동들을 대상으로 언어발달진단 서비스, 심리상담 서비스, 언어치료, 청능치료, 언어재활 서비스 및 독서지도, 놀이지도, 수화지도 등 원하는 서비스를 선택하여 이용할 수 있도록 매월 16~22만 원의 재활치료 바우처를 지원하는 사업이다.

셋째, 장애아가족 양육지원사업은 상시적인 돌봄이 요구되는 장애아 가정의 돌봄부담을 경감하고 이를 통해 가족안정성을 강화하기 위한 사업이다. 크게 돌봄 서비스와 휴식지원 프로그램 사업이 지원되고 있다. 돌봄 서비스는 만 18세 미만의 자폐성・지적・뇌병변 장애아 등 중증 장애아와 생계・주거를 같이 하는 전국가구평균소득 100% 이하 가정을 대상으로 양육자의 질병, 사회활동 등 일시적 돌봄 서비스 필요시 일정한 교육과정을 수료한 돌보미를 파견하여 장애아동 보호 및 휴식을 지원하는 서비스이다. 아동당 연 320시간 범위 내 지원한다.

휴식지원 프로그램은 소득기준에 상관없이 만 18세 미만의 모든 장애아 가족으로 돌봄 서비스를 받지 않는 가정도 참여 가능하지만, 돌봄 서비스를 받는 가정을 우선 지원하며, 가급적 돌봄 서비스 대상가정 50% 이상에 휴식 지원 프로그램을 제공한다. 내용으로는 가족관계 회복 및 돌봄노동 분담을 위한 장애아가족 문화・교육 프로그램, 휴식 박람회, 가족 캠프 등을 제공한다.

(8) 사회환경적 대책

장애아를 둘러싼 생활환경, 사회적 편견 등을 개선하려는 목적을 지니는 것으로 사회적 재활 서비스와 연관이 된다. 사회가 올바른 장애인관을 정립하도록 작용하고, 장애자를 위한 정책을 재평가하며, 건물 등의 구조와 설비 등의 장애인을 위한 편의시설 설치, 장애인구를 전제한 공공시설, 교통체제 등에 관한 도시계획을 수립하도록 하는 노력이 이에 속한다. 이를 위해서는 광범위한 사회교육과 계몽활동을 행하기도 하며, 사회의 다양한 주민들이 참여하는 주민활동을 벌이기도 한다.

5. 장애아동 복지증진을 위한 정책과제

1) 장애발생 예방정책의 강화

장애아동의 발생을 예방하는 정책은 기초적이면서도 가장 효과적인 정책이다. 따라서 후천적 장애를 예방할 수 있는 교통사고의 예방정책으로부터 선천적 장애를 예방할 수 있는 임산부에 대한 교육과 모자보건사업을 강화하는 것이 필요하다. 무엇보다 장애의 예방이 중요하기 때문에 산모의 약물남용, 음주, 흡연 등에 대한 산전・산후 교육 및 관리의 강화와 영유아에 대한 건강진단의 내실화를 통해 질병의 조기발견 및 조기 치료가 필요하다.

2) 치료・재활 서비스 시설의 확대

장애아동에게 있어 가장 당면하고 있는 문제는 장애의 치료와 재활이다. 성인 장애인과 달리 장애아동의 경우 조기의 치료와 재활훈련을 통해 상당 부분 장애 상태가 호전될 수 있지만, 장애아동에 대한 전문적인 치료재활시설이 부족하여 적절한 재활 서비스를 받기가 어려운 실정이다. 따라서 장애아동들을 적시에 치료할 수 있는 재활시설이나 클리닉을 장애인복지관, 사회복지관, 재활병의원에 확대 설치하는 것이 필요하다.

3) 소득보장정책의 강화

소득보장정책으로는 다음과 같은 사항들이 강화될 필요가 있다.

첫째, 장애아동 가구의 경우 장애아동으로 인해 경제적 어려움이 가중되는 것으로 나타나고 있다. 그러나 우리나라에서 제공되는 소득보장정책은 매우 제한적으로 제공되고 있다. 따라서 장애아동을 양육하는 장애가족에 대한 소득지원을 확대할 필요가 있다.

둘째, 장애아동 부양수당 또한 지급대상을 단계적으로 확대하고, 실질적인 보호비용과 명목상으로 규정되어 있는 중증장애인 보호수당제도를 현실화하는 것이 필요하다.

셋째, 자녀교육비 지원 대상 계층을 확대하고 대학 재학의 장애인들을 위한 교육비 지원도 검토가 필요하다.

4) 특수교육의 확대와 다양화

장애인의 주요한 특성 중의 하나가 장애로 인해 취업이 어렵고, 취업이 어려운 이유 중의 하나가 교육수준이 낮다는 점이다. 따라서 장애로 인하여 교육받을 기회를 갖지 못하는 경우가 없게 하기 위해 장애특성에 적합한 교육이 필요하다.

만 3세 이상 유치원과정 및 고등학교과정에 의무교육이 전면 실시되었으나, 의무교육을 위한 특수학급 교육인력은 부족한 상황이다. 따라서 장애학생 수요에 적합한 지원을 제공하기 위한 특수교육지원센터 운영을 확대하며, 일반교육교원 및 특수교육교원을 대상으로 특수교육전문성을 강화할 필요성이 있다.

또한 특수교육 대상 학생이 일반학생과 동일한 교육환경에서 학교교육 기회를 보장받을 수 있도록 재택 장애아동 학교교육을 지원하고, 유아 특수교육을 지원하며, 모든 유・초・중・고등학교에 특수학급을 증설하는 등의 대책이 필요하다.

더 나아가 특수교육 대상 학생의 진로 및 직업교육체계를 확립하기 위해 현장실습 위주의 직업교육을 제공하는 고등학교 특수학급을 확대하며, 직업재활훈련 강화를 위한 전공과를 지속적으로 확충할 필요가 있다.

5) 재가복지서비스 및 가족지원 서비스의 확대

장애아동에 대해서는 주의 깊은 보호가 필요하지만 맞벌이 등으로 여성의 경제활동이 증가함에 따라 장애아 보호를 위한 서비스 욕구가 증가할 것이다. 그러므로 장애아동의 문제를 전문적으로 상담하고 도움을 제공할 수 있는 재가복지기관을 확충할 필요성이 있다. 이를 위해서는 시・군・구 1개소에 설치하게 되어 있는 장애아동 전담보육시설의 확충과 모든 장애인복지관에 주・단기보호시설을 확충하는 것이 필요하다.

또한 장애아동가족을 위한 재활치료 및 가족지원 서비스가 제공되고 있으나 서비스 대상자가 한정되어 있으며, 연간 지원대상 및 지원시간도 충분하지 못한 실정이다. 따라서 장애아동 재활치료 서비스 대상 장애 유형을 확대하며, 연간 지원대상도 확대하는 것이 필요하다. 특히 장애아가족 양육 및 돌봄 수요증가에 따라 서비스의 대상을 확대할 필요성이 있다. 이를 위해 서비스 이용대상에 대한 소득기준제한을 완화하여 더 많은 장애아동 가족이 이용할 수 있도록 하여야 한다.

(1) 장애아동 가족 프로그램의 개발

현재 재활 프로그램으로서 개별적으로 부모교육이나 가족상담, 형제캠프 등 다양한 프로그램이 제공되고 있으나, 장애아동 가족 중심의 프로그램으로는 미흡하다. 따라서 장애아동 가족 스스로가 자기 자신과 아이를 도울 수 있도록 가족의 능력을 고취시킬 수 있는 장애아동 가족 중심의 지원 프로그램 개발이 필요하다. 이를 위해서는 재활 프로그램 운영에 있어서 가족체계적 관점의 반영과 장애가족에 대한 종합적인 사례관리를 할 수 있는 체제의 구축, 사회통합적 관점에서의 장애아동과 가족에 대한 서비스를 제공하는 것 그리고 가족중심의 지원 프로그램을 운영하기 위한 각종 기술과 기법의 개발 등이 필요하다.

(2) 아동권리로서의 사회적 보호

우리가 세상을 살면서 가지고 싶은 것(want)과 꼭 필요한 것(need)이 있다. 이 중에서 우리에게 없어서는 안 될 꼭 필요한 것을 '권리'라고 한다. 그리고 이런 것들은 우리 모두에게 똑같이 공평하게 필요하다. 우리 아이들도 성인과 똑같은 '권리'를 가지고 있다.

유엔 아동권리협약(The Convention on the Rights of the Child)에 따르면 세 가지 기본원칙하에 아동의 기본 권리를 네 가지로 규정하고 있다.

첫째, 어린이의 연령기준으로서 이 협약의 대상인 어린이를 18세 이하의 자로 정의하고 있다.

둘째, 무차별의 원칙으로 아동의 권리는 인종, 국적, 종교를 초월하여 모든 어린이에게 해당된다.

셋째, 아동 최선의 이익우선 원칙으로 모든 조치, 정책들은 어린이에게 가장 유익한 방향으로 결정되어야 함을 말한다.

이러한 기본원칙하에 어린이는 생존할 권리, 보호받을 권리, 발달할 권리, 참여할 권리의 네 가지 기본 권리를 누려야 함을 규정하고 있는데, 이는 아동이 사회적으로 보호받을 정당한 권리로 이어진다. 각각의 권리를 구체적으로 설명하면 다음과 같다.

① **생존할 권리**: 생명을 유지하기 위하여 영양가 있는 음식, 깨끗한 공기와 물을 섭취하며, 안락한 주거지에서 적절한 생활수준을 누리고, 최상의 건강을 지키기 위하여 의료혜택을 받을 권리

- **위협요인들**: 굶주림과 영양실조, 신체적 학대를 포함한 성인에 의한 공격, 빈곤, 위험한 노동환경, 범죄(갱, 구걸, 마약, 절도 등)에 개입되는 것, 다양한 종류의 질병
- **피해아동들**: 15세 미만의 노동자 아동(근로기준법), 학대당하는 아동, 성적

으로 착취당하는 아동, 부모에게 버려지는 아동(미혼모 아동 포함), 장애아동, 소수민족 아동, 난민아동, 인체면역바이러스 양성반응 아동, 보호시설의 아동, 거리의 아이들(비행, 가출아동)

② **보호받을 권리**: 각종 차별대우와 착취, 학대와 방임, 가족과의 인위적인 분리, 형법 등의 폐습으로부터 보호받을 권리

- **위협요인들**: 경제적 착취, 신체, 정서, 성학대, 방임과 유기, 전쟁, 혹사, 치별대우
- **피해아동들**: 위법행위를 한 아동, 돌봐주는 사람이 없는 아동(유기아), 학대를 당하는 아동, 성적 상품이 된 아동, 거리의 아이들, 재난을 당한 아동(전쟁, 자연재해로 인한 난민 아동)

③ **발달할 권리**: 신체적·정서적·도덕적·사회적 성장에 필요한 정규교육, 비정규교육을 포함한 모든 종류의 교육을 받고 놀이, 여가, 정보, 문화 활동, 사상, 양심, 종교의 자유를 누릴 권리, 국적과 이름을 가질 권리

- 발달을 위한 필요조건: 정보와 자료, 교육, 놀이와 오락 활동, 문화 활동의 참여, 사상, 양심 및 종교의 자유, 정체성(국적, 성명 등), 건강과 신체적 발달, 표현의 권리

④ **참여할 권리**: 자신의 의사를 표현할 자유와 자기 생활에 영향을 주는 일에 대하여 말할 수 있는 권리, 책임감 있는 어른이 되기 위해 어린이 자신의 능력에 부응하여 적절한 사회활동에 참여할 기회를 가질 권리(문화행사, 지역 사회활동에 참여할 권리, 사상, 양심, 종교의 자유를 누릴 권리, 아동의 의견을 신중하게 받아들여질 권리)

Chapter 11

가정위탁과 입양

1. 가정위탁 보호아동
2. 입양아동

Chapter 11

가정위탁과 입양

1. 가정위탁 보호아동

카두신(Kadusin)은 협의의 아동복지를 부모가 아동에 대한 책임을 이행할 수 없거나, 아동 및 가족이 요구하는 자원과 보호를 제공하지 못할 때 그러한 아동에 대하여 사회봉사를 하는 것이라 말한다(김주아 외, 2012). 가정위탁과 입양은 아동복지의 유형 중 대표적인 대리적 서비스의 유형이다.

아동이 자신의 친가정에서 안정된 양육보호를 받을 수 없는 상황에서는 시설에 보호하는 방법 외에도 친가정의 기능이 회복될 때까지 일정 기간 다른 가정에서 보호하는 가정위탁이 있다. 또한, 아동이 속한 친가정의 기능 회복이 어렵거나 존재가 없어진다면 법적으로 다른 가정을 찾아주어 보호하는 것이 입양이다.

1) 가정위탁 보호아동의 개념 및 유형

(1) 가정위탁의 개념

우리나라에서는 유엔 아동권리협약에 기초하여 '선 가정보호, 후 시설보호'를 추진하였고, 2005년에는 「아동복지법」에 가정위탁에 대한 법적 근거를 마련하는 등 가정위탁을 탈시설화 정책의 하나로서 정책적으로 강조하고 있지만, 입양을 위한 전 단계의 조치에 머무르거나 대리 양육 또는 친인척 가정위탁 중심으로 운영되고 있는 실정이다. 가정위탁이 활발하게 전개되지 못하는 원인으로는 ① 혈통을 중시하는 가족제도, ② 경제적 불안정, ③ 주택문제(주거공간의 부족), ④ 아동수당 등 사회보장의 미비 등을 들 수 있다.

가정위탁은 입양을 앞둔 일부 아동을 위한 중간 조치로서가 아니라 결손가정이나 극빈 가정의 아동을 보호하기 위한 본래의 의의를 살리는 방향으로 전환되어야 할 것이다. 그리하여 불우한 가정환경의 아동을 보호함으로써 보호 대상 아동의 발생을 예방하고 건전한 가정의 환경 속에서 양육될 수 있도록 사회적 차원의 인식개선과 정책지원이 뒤따라야 할 것이다.

가정위탁 보호(foster care)는 아동복지서비스의 하나로서 친생부모가 일시적 또는 장기적으로 아동을 양육할 수 없거나 양육하기에 부적절할 때 일정 기간 위탁가정을 제공하여 보호하고 양육하는 아동복지제도이다. 미국 아동복지연맹(Children Welfare League)은 가정위탁을 '아동복지기관의 승인을 받은 위탁가정에서 아동의 일시적 보호와 양육이 이루어지는 계획적이고 목표지향적인 서비스'라고 하였다. 우리나라의 아동복지법 제3조에 의하면 "가정위탁"이란 보호대상아동의 보호를 위하여 성범죄, 가정폭력, 아동학대, 정신질환 등의 전력이 없는 보건복지부령으로 정하는 기준에 적합한 가정에 보호대상아동을 일정 기간 위탁하는 것을 말한다. 그러므로 가정위탁은 아동의 원가정을 지킬 수 있다는 점과 가정의 보호를 받을 수 없는 아동에게 일시적이라도 가정 경험을 제공한다는 점에서 매우 중요하다. 가정위탁 보호도 입양과 마찬가지로 출생가정이 아닌 타 가정에 의해서 주어지는 보호이지만, 영구 보호의 형태인 입양과 달리 계획된 한정 기간에 양육이 제공된다는 점에서 차이가 있다. 가정위탁 보호는 법적으로 새로운 부모-자녀 관계를 창설하는 입양과 달리 주민등록만 옮겨 동거인의 자격으로 아동을 돌보게 된다. 이때 위탁가정아동은 18세 미만으로 보호를 필요로 하는 아동 중 가정위탁으로 보호 조치된 아동을 의미한다.

한편, 가정위탁 보호는 친생부모가 친권을 포기해야 하는 것이 아니라 아동이 친가정으로 다시 돌아가도록 하는 데 목적이 있으며, 가정에서 보호되는 것이 장점이다. 하지만 원가정으로 복귀하지 못하고 장시간 동안 여러 위탁가정을 전전하게 된다면 아동의 심리적·정서적 발달에 더 심각한 결과를 초래하기도 한다.

가정위탁 보호가 필요한 상황은 아동의 부모가 가정에서 아동을 보호할 수 없거나 보호하지 않으려고 하는 경우가 해당된다. 가정위탁 보호가 필요하게 되는 상황은 ① 부모와 관련된 여러 가지 어려움, 가령 부모의 사망, 이혼, 별거, 신체적 혹은 정신적 질병, 유기, 학대, 적절한 재정자원의 결핍 등, ② 아동과 관련된 여러 가지 어려움, 가령 아동의 신체적 장애, 지적장애, 사회적 일탈 행위, 정서적 혼란 등으로 구분할 수 있다.

따라서 가정위탁 보호사업은 아동이 부모의 학대, 방임, 질병, 수감, 경제적 이유 등 여러 가지 요인으로 친가정 내에서 양육될 수 없는 경우 일정 기간 동안 친가정을 대신한 대리가정을 제공하여 아동을 보호함으로써 아동이 건전하게 성장할 수 있도록 하고, 원가정이 정상적인 기능을 회복할 수 있도록 지원하는 서비스를 말한다.

(2) 가정위탁 보호의 유형

위탁가정유형은 일반가정위탁, 전문가가정위탁, 일시가정위탁으로 나누어 살펴볼 수 있다.

일반가정위탁(친인척, 친인척 외)	전문가정위탁보호	일시가정위탁보호
보호대상아동을 보호 · 양육하는 것을 목적으로 하는 일반적인 가정위탁보호가정으로 아동과 위탁가정의 관계에 따라 친인척(혈연관계)과 친인척 외(비혈연관계)로 나뉘어져 있습니다.	특별한 보호가 필요한 보호대상아동(학대피해아동, 2세 이하(36개월 미만) 아동, 장애아동, 경계선지능아동(종합심리검사 결과 경계선지능으로 진단받은 아동 등)을 전문적으로 보호 · 양육하는 것을 목적으로 하는 가정위탁보호제도를 말합니다.	보호대상아동을 일시 위탁하여 보호 · 양육하는 것을 목적으로 하는 가정위탁보호제도를 말합니다.

[그림 11-1] 위탁가정의 유형

출처: 서울가정위탁지원센터(2022).

2) 위탁가정의 자격기준

(1) 일반가정위탁

- 위탁아동을 양육하기에 적합한 수준의 소득이 있는 가정
- 위탁아동에 대하여 종교의 자유를 인정하고 건전한 사회구성원으로 자랄 수 있도록 양육과 교육환경을 갖춘 가정
- 위탁부모의 나이가 25세 이상(부부의 경우 부부 모두 해당)으로서 위탁아동과의 나이 차이가 60세 미만인 가정
- 자녀가 없거나 자녀의 수가 위탁아동을 포함하여 4명 이내인 가정(18세 이상 자녀 제외)
- 가정에 성범죄, 가정폭력, 아동학대, 마약, 알코올, 약물중독, 정신질환 등의 전력이 있는 사람이 없는 가정
- 매년 기본 5시간 이상 일반가정위탁 부모교육을 이수할 수 있는 가정

(2) 전문가정위탁

- 일반가정위탁의 기준을 충족하고, 위탁부모 중 1인 이상이 전문가정위탁 부

모교육을 이수하고 다음 요건 중 어느 하나의 기준을 충족하여야 함

- 위탁부모 경험이 3년 이상일 것
- 다음의 어느 하나에 해당하는 자격을 갖출 것
  - 「사회복지사업법 시행령」 제2조 제1항에 따른 사회복지사
  - 「영유아보육법」 제21조 제2항에 따른 보육교사
  - 「유아교육법」 제22조 제2항에 따른 교사
  - 「초・중등교육법」 제21조 제2항에 따른 교사
  - 「의료법」 제2조 제1항에 따른 의료인
  - 「청소년 기본법」 제22조 제1항에 따른 청소년상담사
  - 「고등교육법」 제2조에 따른 학교 또는 「평생교육법」 제32조 제1항・제33조 제3항에 따라 교육부장관의 인가를 받아 전문대학・대학졸업자와 동등한 학력・학위가 인정되는 평생교육시설에서 심리 관련 학과를 졸업한 사람으로서 해당 분야의 경력이 3년 이상인 사람
  - 기타 학대피해아동, 장애아동, 경계선 지능아동 중 어느 하나에 관한 교육과정을 이수하였거나 그동안의 활동상황이나 경험에 비추어볼 때 전문위탁부모로서 적합하다고 시・도지사, 시・군・구청장이 인정한 자

※ 전문위탁가정 내 위탁아동 1명 배치 원칙. 단, 형제・자매가 함께 전문위탁가정에 배치되어야 할 경우, 위탁부모의 역량, 헌신, 위탁가정의 제반 환경을 고려하여 판단(현재 다른 위탁아동을 양육하고 있는 경우, 위탁아동 및 친자녀(18세 이상 자녀 제외)를 포함하여 위탁가정 내 아동이 3명을 초과하지 않도록 함)

(3) 일시가정위탁

- 일반가정위탁(공통 기준)의 기준을 충족하고, 서울시아동복지센터의 일시위탁부모 선정결과 통보일이 일시가정위탁 의뢰일로부터 1년 이내일 것

(4) 위탁부모 신청절차

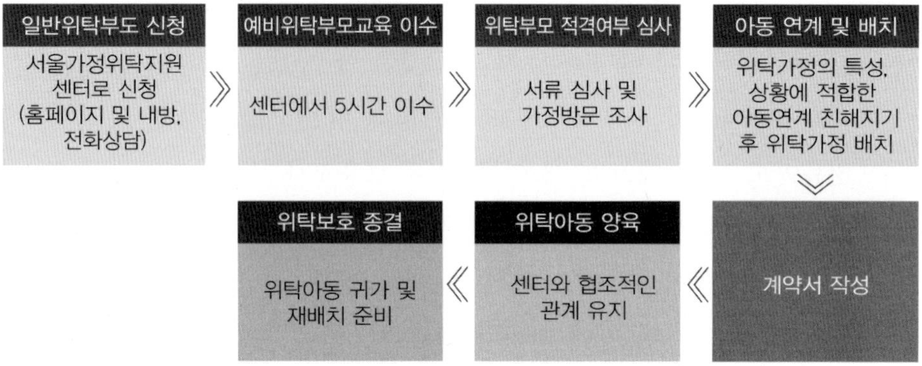

[그림 11-2] 위탁부모 신청절차

출처: 서울가정위탁지원센터(2022).

3) 가정위탁 보호의 구성요소

가정위탁보호서비스의 구성요소는 위탁아동, 친가정(부모), 위탁가정(부모) 그리고 가정위탁지원센터 등 4요소로 구성된다.

① **위탁아동**: 보호가 필요한 아동 중 가정위탁으로 보호 조치된 아동

② **친가정**(부모): 위탁아동의 친권을 갖고 있는 친부모로 아동의 정상적인 보호 또는 양육이 어렵게 되어 일정 기간 가정위탁보호를 요청한 부모

③ **위탁가정**(부모): 일정 기간 동안 친가정(부모)의 역할을 대신해 위탁아동을 보호, 양육하며 친가정 복귀를 돕는 가정(부모)

④ **가정위탁지원센터**: 시 · 도 및 시 · 군 · 구의 가정위탁보호 업무를 지원, 협력하며 위탁아동이 건강하고 안정적인 가정 내에서 보호, 양육될 수 있도록 지원하는 기관

4) 위탁가정이 되기 위한 조건(아동복지법 제2조: 위탁가정의 기준)

위탁가정의 선정을 위해서는 다음과 같은 조건 및 기준이 필요한데, 어떤 가정위탁이 적절할지에 대해 미리 가족집단사례회의(family group conference)를 통해 판정한다. 위탁가정 선정에 있어서 가장 중요한 일은 아동에게 행복의 기회를 제공할 수 있는 가정에 위탁하는 일이다. 따라서 적절한 위탁가정을 발견하는 일에 세심한 주의를 기울여야 한다. 이를 위하여 우선 바람직한 가정을 찾아 명단에 올려 그 자격과 역량을 평가해 가면서 아동의 욕구와 필요에 따라 선택되는 과정을 거쳐야 한다. 올바른 위탁가정의 발굴은 위탁보호의 성공에 기본이 된다.

좀 더 구체적으로 적절한 위탁가정을 선택하기 위해서는 능숙한 사회복지 실천 방법을 활용해야 하며, 경험 있는 전문사회복지사를 통해서 수행되어야 한다. 적절한 위탁가정을 발견하지 못한다면 아동을 가정에 연결시켜주는 위탁보호의 가치가 상실될 수 있다. 따라서 위탁가정이 되기 위해서는 그 가정의 정서적인 힘, 양육하고자 하는 동기, 가정 내 구성원의 온건하면서도 적극적인 상호작용, 위탁 아동에 대한 가족구성원의 동의 등에 대해 적절한 사정을 해야 하며, 이를 통해 위탁가정의 가부를 결정하는 신중한 과정이 있어야 한다. 이와 같이 위탁가정의 선택은 사회복지의 가장 핵심적인 지식과 기술을 활용해야 하는 것이다(정익중 외, 2021).

훌륭한 위탁가정이란 아동의 안전과 안정의 욕구를 잘 충족시켜주는 가정이다. 따라서 위탁가정은 이러한 욕구를 충족시켜주기 위한 충분한 자격을 지니고 있어야 한다. 프레데릭슨(Frederickson, 1948)에 의하면 훌륭한 위탁부모가 될 수 있는 자격은 다음과 같다.

- 위탁부모는 확고한 인생철학, 건전한 도덕적·윤리적 규준 및 정신적 가치평가를 가지고 있어야 한다.

- 위탁부모는 아동 성격의 정서적 결함을 채워 줄 수 있을 정도로 민감해야 하며 이해력이 있어야 한다.
- 위탁부모는 그 아동을 수준에 맞게 다룰 수 있어야 한다. 일반아동들의 수준보다 위탁 아동의 과거 기록 등을 참작하여 보살펴야 한다.
- 위탁부모는 아동의 행동이나 성격의 결함을 다룸에 있어서 기관의 도움을 받아 기꺼이 활용할 수 있어야 한다.
- 위탁부모는 아동의 활동과 성장에 관심을 두고 있어야 하며, 필요할 때 언제나 도움과 지지를 해줄 용의가 있어야 한다.

사회복지사들은 이러한 사항에 유의하여 위탁가정을 발견할 수 있어야 할 것이다. 좀 더 구체적으로는 위탁가정은 연장아동(나이많은 아동)의 가정위탁이 많으므로 아동 양육 경험이 있어 아동발달을 인지하고 아동을 아동의 수준에 맞게 다룰 수 있어야 한다. 또한, 가정에서의 분리 경험에서 오는 연장 아동의 정서적 문제나 행동적 문제에 대한 이해가 충분해야 한다. 연장아동이기 때문에 그동안 건강한 돌봄을 받지 못한 상황에서 아동의 행동이나 정서상의 문제가 누적되어 있을 가능성이 있으므로 이 문제를 다룸에 있어 기관이나 전문가의 도움을 받아 기꺼이 활용할 수 있어야 한다.

우리나라에서는 친인척이든 일반인이든 보호 대상 아동의 보호를 희망하는 건전한 가정 중에서 시장·군수·구청장이 위탁가정을 선정하며, 위탁가정의 선정기준은 「아동복지법 시행규칙」 제2조에 다음과 같이 규정하고 있다.

① 위탁된 보호대상아동을 양육하기에 적합한 수준의 소득이 있을 것
② 위탁아동에 대하여 종교의 자유를 인정하고 건전한 사회구성원으로 자랄 수 있도록 양육과 교육을 할 수 있을 것
③ 가정위탁보호를 하려는 사람은 25세 이상(부부인 경우에는 부부 모두 25세 이상)으로서 위탁아동과의 나이 차이가 60세 미만일 것. 다만, 특별시장·광

역시장・도지사・특별자치도지사 또는 시장・군수・구청장이 위탁아동을 건전하게 양육하기에 위탁가정의 환경이 적합하다고 인정하는 경우에는 그러하지 않음

④ 자녀가 없거나 자녀(18세 이상인 자녀는 제외)의 수가 위탁아동을 포함하여 4명 이내일 것

⑤ 가정에 성범죄, 가정폭력, 아동학대, 정신질환 등의 전력이 있는 사람이 없을 것

⑥ 그 밖에 보건복지부장관이 필요하다고 인정하는 기준(보건복지부, 2020a)

한편, 가정위탁을 희망하는 사람(위탁 부모 중 1명 이상)은 반드시 기본 5시간의 위탁부모 양성 교육을 이수하여야 하는데, 대리 양육 및 친・인척 위탁가정의 경우에는 가정위탁 후 6개월 이내에 교육을 이수하고, 가정위탁 후에는 반드시 확인을 받아야 한다. 가정위탁을 하고 있는 일반 위탁부모, 대리 양육 및 친인척 위탁 부모도 반드시 매년 5시간 이상의 보수교육을 이수하게 되어 있다. 교육 내용은 위탁 양육에 대한 이해, 위탁 아동의 특성, 좋은 부모의 역할 등이다. 교육 이수 대상자가 노령, 질병 등의 불가피한 경우 직접 가정을 방문하여 교육할 수도 있다(보건복지부, 2020b).

이상의 조건에 모두 부합하고 예비위탁부모교육을 이수할 것 등을 아동복지법에서 규정하고 있다. 또한 위탁가정에 대한 지원은 대리양육, 친인척 가정위탁가정에 대한 전세자금, 소득공제, 상해보험가입, 부모교육, 가정위탁관련 각종 행사 초청 등의 지원을 제공하고 있다.

5) 위탁가정 교육의 목적과 유형

(1) 목적

가정위탁 교육은 가정위탁사업을 신청, 접수한 위탁부모를 대상으로 예비위탁부모 양성교육, 보수교육을 지속적이고 정기적으로 실시하여 가정위탁 보호사업 전반에 대한 이해를 도모할 수 있도록 하고, 아동을 적절히 보호하고 양육할 수 있는 정보, 기술, 지식을 획득할 수 있도록 하는 것을 목적으로 한다.

(2) 부모교육의 유형

예비위탁 부모교육은 위탁보호를 희망하는 가정의 부모를 대상으로 한다(단, 대리양육가정 및 친인척 가정위탁의 경우에는 가정위탁 후 6개월 이내에 교육이수). 교육시간은 4시간이며, 교육 시기는 아동 배치 이전을 원칙으로 하며, 교육내용은 다음과 같다.

① 가정위탁사업의 이해
② 위탁보호자의 역할과 의무
③ 위탁아동의 특성과 위탁양육의 실제
④ 문제행동의 원인과 대처방법
⑤ 효과적인 부모역할 실시
⑥ 집단 프로그램(위탁 사례발표, 질의 응답)

또한, 위탁부모 보수교육은 예비위탁 부모교육을 이수한 뒤 현재 위탁아동을 보호하고 있는 부모를 대상으로 한다. 교육시간은 4시간이며, 교육 시기는 연 1회, 교육의 내용은 다음과 같다.

① 위탁보호자의 역할과 의무

② 아동문제행동의 대처방법 및 양육기술훈련

③ 효과적인 부모자녀 관계 및 대화기술(친자녀 및 위탁아동)

④ 친가정에 대한 이해

⑤ 양육 사례 연구

위탁아동의 친부모 및 부양 의무자를 대상으로 연 6회 이상, 아동 위탁 후 6개월 이내 친부모 교육 및 상담이 이루어지며, 교육내용은 양육기술 습득을 통한 상실감 해소 및 심리적 안정을 위한 친부모 역할과 지침에 대하여 교육을 하며 구체적인 내용은 다음과 같다.

① 자녀의 특성과 좋은 부모 역할

② 스트레스 대처 기술

③ 심리검사

④ 부모의 역할 훈련

⑤ 자립을 위한 준비

6) 가정위탁보호의 과정 및 절차

가정위탁서비스를 책임지고 있는 기관은 아동권리보장원과 각 시·도의 가정위탁업무를 위임받은 지역의 가정위탁지원센터이다. 2020년 중앙가정위탁지원센터의 업무가 아동권리보장원으로 이관되었으며, 시·도별 가정위탁지원센터는 전국에 17개소가 설치되어 있다. 가정위탁지원센터는 2016년 「아동복지법」의 개정으로 아동복지시설에 포함되었다(보건복지부, 2021). 아동권리보장원은 「아동복지법」 제48조 제6항에 근거하여 가정위탁지원센터에 대한 지원, 효과적인 가정위탁사업을 위한 지역 간 연계체계 구축, 가정위탁사업과 관련된 연구 및 자료

발간, 가정위탁 사업을 위한 프로그램의 개발 및 평가, 상담원에 대한 교육 등 가정위탁에 관한 교육 및 홍보, 가정위탁사업을 위한 정보기반 구축 및 정보 제공 등을 수행함으로써 가정위탁 사업 활성화를 위한 업무를 하게 되어 있다. 또한, 가정위탁지원센터는 가정위탁사업의 홍보 및 위탁가정의 발굴, 가정위탁을 하고자 하는 가정 및 가정위탁 대상 아동에 대한 상담, 가정위탁 부모의 교육, 위탁가정의 사례관리, 친부모 가정으로의 복귀 지원, 가정위탁 아동의 자립계획 및 사례관리, 관할 구역 내 가정위탁 관련 정보제공 등의 업무를 수행한다(「아동복지법」 제49조). 마지막으로 시・도는 가정위탁 지원센터 설치 및 운영을 지원하고 가정위탁지원센터 직원 신분증 발급, 가정위탁아동 지원예산 확보 및 지원, 가정위탁보호사업 지도관리가정위탁 관련 통계관리, 가정위탁아동 상해보험에 대한 지원을 담당한다(보건복지부, 2020b). 가정위탁 보호의 추진 절차는 다음과 같다. 먼저 주변에 보호해야 하는 아동이 발생하였거나 보호해야 하는 아동의 위탁 보호를 희망하는 경우 관할 읍・면・동 주민센터 및 가정위탁 지원센터와 상담해야 한다. 가정위탁에 대한 상담과 문의는 아동권리보장원과 전국의 17개 가정위닥지원센터 홈페이지 또는 상담전화(1577-1406)로 할 수 있다.

(1) 위탁아동의 선정

가정위탁지원센터는 보호 대상 아동을 시설에서 보호하는 것보다 가정에 위탁하여 보호하는 것이 바람직하다고 판단될 경우 보호 대상 아동을 보호하는 시설의 장과 협의하여 위탁 보호 대상 아동을 선정한다. 또한, 위탁 보호가 필요한 아동이 발견될 경우에는 시・군・구나 가정위탁지원센터에 아동보호를 신청한다. 위탁보호 대상아동에는 국외 입양 대상아동, 소년소녀가정 세대를 포함한다.

시・군・구는 보호를 필요로 하는 가정과 그 아동을 조사하여 위탁보호 여부를 결정하여 관할 가정위탁지원센터에 위탁 결정을 통보하고 관련 서류를 7일

이내에 발송하여 적합한 위탁가정을 연계하도록 한다. 한편, 시・도 또는 시・군・구는 아동을 보호 조치하기 전에 보호대상아동에 대한 상담, 건강검진, 심리검사 등을 실시하고 아동에 대한 개별 특성을 정확히 판단하여 아동 카드를 작성・비치하여야 한다. 또한. 아동카드를 3부 작성하여 1부는 위탁부모, 1부는 가정위탁지원센터, 1부는 자치 단체에 비치하고, 관계 공무원이 가정위탁 보호에 관한 사후 지도 상황과 그 아동에게 지급되는 금품의 급여상황을 기록한다 (보건복지부, 2020b).

(2) 위탁가정의 선정과 교육

보호대상 아동의 보호를 희망하는 가정은 아동보호 신청서를 작성하여 가정위탁 지원센터에 제출한다. 아동보호 신청서를 접수한 가정위탁지원센터는 이 신청서를 시장・군수・구청장에게 제출하여 위탁가정으로 선정을 의뢰한다. 시・도지사 또는 시장・군수・구청장은 아동의 가정위탁 보호를 희망하는 사람에 대하여 범죄경력을 확인하여야 하며, 이 경우 본인의 동의를 받아 관계기관의 장에게 범죄의 경력 조회를 요청하여야 한다. 시장・군수・구청장은 공무원이나 가정위탁지원센터 상담원이 위탁희망 가정을 방문하여 가족 사항, 주변 환경을 조사하도록 하고, 조사결과를 토대로 위탁가정 선정 여부를 결정하여 그 사실을 센터에 통보한다. 가정위탁지원센터의 장은 위탁아동, 가정위탁보호를 희망하는 사람, 위탁아동의 부모 등의 신원 확인 등의 조치를 시・도지사 또는 시장・군수・구청장에게 협조 요청할 수 있으며, 요청을 받은 시・도지사 또는 시장・군수・구청장은 정당한 사유가 없는 한 이에 응하여야 한다. 가정위탁지원센터는 위탁가정으로 선정된 가정에 아동을 인계하기 전에 아동 양육에 필요한 교육을 실시한다.

한편, 가정위탁 보호신청 아동 중 2세 이하이거나 학대 피해 아동, 경계선 지능 아동, 그 외 전문적이고 특별한 보살핌 이 필요하다고 인정되는 경우에는 전문가정위탁위탁보호로 책정 가능하다. 전문위탁부모는 일반위탁부모의 선정 요건을 충족하고, 보건복지부에서 정하는 일정한 교육과 자격을 갖춘 사람으로 한다(보건복지부, 2020b).

(3) 위탁아동의 배치와 사후관리

시・도지사 또는 시장・군수・구청장은 아동복지전담공무원 등 관계 공무원으로 하여금 대리 양육 또는 가정위탁하여 보호 중인 아동의 가정을 방문하여 해당 아동의 복지증진을 위하여 필요한 지도・관리를 하게 하여야 하며, 아동복지전담공무원 등 관계 공무원이 대리양육 또는 가정위탁보호에 관한 사후관리 상황과 그 아동에 게 지급되는 금품의 지급 상황을 기록하도록 하고 있다. 또한 가정위탁지원센터의 장은 보호 대상 아동의 개별 보호・관리 계획을 세워 위탁 아동을 보호해야 하고 계획 수립 시 위탁 아동의 보호자를 참여시킬 수 있다. 만약 양육상 애로사항이 있을 경우 필요한 지원을 하거나 위탁가정을 변경 조치 해야 한다. 친부모가 다시 위탁 아동을 양육하고자 할 경우 센터장의 의견을 통해 해당 아동을 귀가 조치할 수 있다.

7) 가정위탁 보호의 이슈

아동복지의 기본 전제로서 아동은 좋은 가정환경에서 건전하게 양육 받아야 한다는 원칙에 따라 가정위탁 보호는 선진국에서 널리 권장되고 활용되어 왔다. 그러나 그 성과는 기대했던 바와는 다르게 많은 문제점과 이슈를 드러냈다.

첫째, 가정위탁 보호의 일시적 보호라는 것이 그 개념대로 시행되지 못했다. 대부분 실행되는 과정에서 일정 기간 내의 귀가나 입양조치 등의 영구적인 조치가 취해지지 못했다. 가정위탁 보호는 일정한 기간 내에 아동이 원가정으로 다시 돌아가는 데 목적이 있는데, 친가정 이 아동을 다시 받아들일 수 있는 상태가 되지 못하는 경우가 많으므로 장기간 위탁가정에서 지내야 했다. 미국의 경우, 5년 반에서 7년 정도의 장기간 위탁가정에서 지내는 사례가 보고되기도 하였으며, 우리나라도 사정이 다르지 않다. 먼저 예상하지 않았던 장기적 체류는 특히 아동에게 좋지 않은 결과를 낳았다. 위탁가정과의 애착으로 인한 원가정으로의 복귀 어려움, 언제 떠날지 모른다는 불안정감은 위탁가정 구성원과의 관계를 안정적으로 맺을 수 없는 정서적 결핍을 가져 왔고 이러한 정서적 결핍은 자존감이나 타인에 대한 신뢰감을 기질 수 없는 부적응 증상으로 나타나기 쉽다.

둘째, 배치 초기에 보이는 허니문 시기(honeymoon period)에는 위탁아동이 과도한 감정 반응을 보이지 않으면서 모범생처럼 잘 지내는 것처럼 보이지만 실제로는 외형상으로만 잘 적응하는 것처럼 보이려는 위장된 행동일 수 있다. 위탁아동이 잘 적응하는 것으로 오해하지만 불신과 단절에 대한 방어기제로 작동하는 것이므로 초기에 위탁 부모와 상담원의 적절한 개입이 없다면 위탁가정에서 부적응할 수 있다. 이렇게 적절한 초기 개입이 없거나 위탁가정을 제대로 선정하지 못한 탓으로 빈번하게 위탁가정을 바꾸지 않으면 안 되는 경우가 많았다. 네다섯 번까지 위탁가정을 옮기는 일은 흔히 있었고, 많게는 스무 번 이상 되는 경우도 있다. 아동기에 보호체계 표류를 경험한 성인을 대상으로 한 질적 연구에서 위탁가정 재배치를 56회까지 경험했다는 사례를 보고하고 있다. 표류(drift)라고 불리는 이러한 빈번한 위탁가정의 변동은 계속된 애정과 신뢰 속에서 성장해야 할 아동들에게 반복적인 인간에 대한 불신, 안정적인 생활의 단절, 정서적 불안정 등의 악순환을 초래하였다. 배치변경이 거듭되면 아동은 애착의 어려움을 겪고, 친밀한 관계로 발전에 어려움을 느꼈다. 또한, 새로운 환경에 순응해야 하고 이전 양육자와 친구들과의 관계 단절의 어려움도 느끼고 있었다. 나아가 배치변경에 따른 부정적 영향은 성인기까지 지속되어 관계의 형성이나 신뢰를 갖는 데 어려움을 겪기도 한다.

셋째, 위탁가정 내에서 학대와 방임을 당하는 경우도 생겨나기 시작했는데,

2017년 기준 38건(0.2%)의 위탁가정 내 학대가 일어난 것으로 나타났다(중앙아동보호전문기관, 각 연도). 비록 적은 수이지만 이미 한 번 상처를 받은 아동에 대한 대리보호에서 이러한 학대 사건이 발생한다는 것은 절대 간과할 수 없는 사실이다. 위탁가정의 수가 급격하게 증가하면서 사례관리가 제대로 이루어지지 못하여 교육과 훈련을 받은 위탁가정에서도 일반가정과 마찬가지로 학대나 방임이 일어나고 있다.

넷째, 위탁가정에서 제대로 된 보호가 되지 못하는 경우가 발생하고 있다. 특히 혈연관계에 의한 연고자 우선 보호로 대리양육 및 친·인척 가정위탁에 대한 사정 이 안 된 상태에서 배치되는 경우가 발생하면서 아동에게 제대로 된 위탁보호를 제공하지 못하는 경우가 있다. 대리양육 및 친·인척 위탁가정의 선정을 공무원이 담당하고 있으므로 가정위탁지원센터의 개입이 최소화되어 있으며, 일반위탁과 달리 위탁 부모에 대해 검증할 수 있는 부분이 적은 편이다. 일반위탁의 부모는 선정요건이 까다롭고 교육도 충실히 받아야 하지만 대리 양육 및 친·인척 위탁의 경우 혈연관계라는 이유로 선정과 교육이 매뉴얼 대로 이루어지기 어려운 실정이다. 대리 양육 및 친·인척 가정위탁의 사례가 훨씬 많지만, 지원센터 업무의 비중은 일반위탁이 높은 상황이라 대리양육 및 친·인척 가정위탁은 제대로 사례관리가 이루어지지 못하고 있다. 가정위탁에 대한 전문적인 지식이 부족한 일선 공무원이 배치하기 때문에 사실 고령이나 지병이 있는 조부모와 친인척이 아동을 보호하기 부적합할 수 있지만, 혈연관계를 이유로 배치하는 경우도 많다. 또한, 전문위탁가정의 부재로 학대피해 아동이나 장애아동의 경우 제대로 된 보호를 제공하기 매우 어렵다.

다섯째, 친권으로 인하여 문제가 발생하기도 하는데, 아동의 친부모가 위탁아동의 친권자임을 내세워 아동의 안전을 위협하거나 친권자가 위탁 아동의 명의를 도용하여 자신의 빚을 아동에게 상속시키는 등 신체적·정신적·경제적으로 피해를 주는 일이 생길 수 있다. 또한, 위탁부모가 아동에 대한 법적 권한을 전혀 가지고 있지 않음으로 인해 아동을 양육하는 과정에서 여러 가지 어려움을 겪기도 한다. 위탁 부모가 겪는 어려움으로는 미성년자인 아동의 공문서를 발급받거나 여권을 발급받을 때 친권자가 아니기 때문에 발급이 거부되거나 복잡한 절차를 거쳐야만 하고, 아동 명의의 통장 개설 또 는 휴대전화 개통 등에서도 비슷한 상황이 발생하는 것이다. 따라서 이러한 문제를 해결하기 위하여 위탁부모 권한 강화, 직접지원 확대 등 제도적 개선이 필요하다(권지성 · 정익중, 2013; 강현아 · 정익중, 2015).

8) 가정위탁 보호의 실천원칙

① **아동중심의 원칙**: 아동의 건전한 인격형성을 최우선으로 고려

② **가족보존의 원칙**: 친가정의 가족기능을 회복시켜 아동이 친가정으로 복귀하는 것을 돕고, 친가정 유지가 어려운 경우에는 대리가정을 발굴하여 건강한 위탁가정을 유지

③ **친인척가정 우선 배치의 원칙**: 친인척가정에 특별한 결격사유가 없는 한 아동의 문화적 · 정서적 충격을 최소화하고자 아동 본인의 의사를 고려하여 친인척가정에 우선 배치

④ **연계성의 원칙**: 아동의 건강한 성장과 친가정의 가족기능 회복을 위해 지역사회 협력기관과 네트워크 체계를 구축하여 맞춤 서비스 제공

⑤ **적절성의 원칙**: 아동 및 위탁가정의 특성이 고려된 적합한 위탁가정에 아동을 배치하고 사례 개입에 요구되는 적절한 서비스 제공

⑥ **전문성의 원칙**: 위탁보호과정에서 발생되는 다양한 문제에 효과적으로 대처하기 위해 각 분야별 전문적인 서비스를 제공하고 지속적인 교육을 통한 전문성 향상

2. 입양아동

1) 입양의 개념

입양은 대리적 서비스의 대표적인 유형으로 아동의 친부모가 직접적으로 양육하기 곤란한 상황에서 아동에게 새로운 가정을 제공하는 서비스이다. 카두신(Kadushin)은 입양을 '출생 이후의 법적 · 사회적 관계에 의해서 영원한 친자 관계를 맺게 하는 것'으로 설명하였다. 즉, 친부모가 아동을 양육할 수 없는 어떠한 이유로 인하여 원(친)가정에서의 양육을 포기한 경우 아동의 건전한 성장과 육성을 위하여 법적으로 새로운 가정을 마련해 주는 것이다.

입양이 이루어질 경우 아동의 친부모가 가지는 권리나 의무는 새로운 입양가정의 부모에게 이양된다. 입양하는 가정의 부모는 법적 절차를 통하여, 생물학적 과정을 통한 부모-자녀 관계가 아닌 형태의 다른 아동을 자신의 아이로 삼는 것이다.

사회사업 백과사전에서 "입양이란 부모가 되는 사회적이고 법적인 과정이며, 입양 후에 부모와 아동은 그들이 생물적으로 관련되는 것과 똑같은 상호 권리와 의무를 갖는다."라고 규정하고 있다(공계순 외, 2016). 근대적 의미의 입양사업은 초기에는 주로 고아들을 대상으로 전개되었지만, 근래에는 미혼모의 아동들이 주를 이루고 있다.

이러한 내용을 종합하여 입양의 개념을 정리하면, 입양이란 혈연적으로 친자관계가 없는 사람 사이에 법률적으로 친자관계를 맺는 신분행위라고 할 수 있다. 이러한 입양은 양부모가 되려는 사람과 양자가 될 사람의 합의가 있거나(「민법」 제883조 제1호), 가정법원의 허가(「민법」 제867조 제1항, 「입양특례법」 제11조 제1항)를 얻을 때 입양신고를 하여야 그 효력이 발생한다.

2) 입양의 목적과 원리

(1) 입양의 목적

카두신은 입양의 목적과 기본원리에 대하여 다음과 같이 설명하고 있다.

① 아동에게 입양이 아니면 얻을 수 없는 영구한 가정과 지속적이며 건전한 가족관계를 갖게 한다.
② 불임부부가 부모역할을 할 수 있는 기회를 얻는다.
③ 가문의 계승 수단이 된다.
④ 유산을 물려주는 수단이 된다.
⑤ 자녀를 양육, 보호할 능력이 없거나 자녀를 원치 않는 부모를 위한 대체 수단이 된다.
⑥ 자녀가 있는 사람이 아동을 더 양육하려는 욕구와 능력이 있을 때, 이를 만족시키는 수단이 된다.

모든 아동은 태어나면서 부모의 보호를 받으며 건강하게 성장할 수 있는 권리를 가지고 있지만, 부모가 없거나 버림을 받아 보호를 받을 수 없는 아동이 존재하는 것이 현실이다. 입양이라는 제도는 이러한 아동들에게 새로운 가정을 찾아주고, 안정된 가정에서 성장하여 건강한 사회구성원으로 성장할 수 있도록 하기 위한 제도이다.

(2) 입양의 기본원리

① 아동은 자신의 가족, 지역사회 그리고 국가에서 양육되는 것이 최우선이고 가장 바람직하다. 입양은 아동의 가족을 지키고자 하는 모든 노력을 기울이고 난 후에만 고려해야 한다. 즉, 입양은 언제나 아동의 원 가정을 대신해서 이루어지는 것이기 때문에, 아동의 가족이 아동이 필요로 하고 받

을 권리가 있는 보호를 제공할 수 없다는 것이 명백할 때에만 적용하여야 한다.

② 대리모가 필요할 경우에는 아동이 속해 있는 인종집단, 국가, 문화집단과 종교 집단에서 가정을 찾는 노력이 우선되어야 한다. 아동이 속한 지역사회 밖에서 입양가정을 찾는 노력은 그것이 불가능하다는 것이 명백해졌을 때에만 시도되어야 한다.

③ 입양의 일차적인 목적은 친부모에 의해 양육될 수 없는 아동에게 영구적인 가족을 제공하는 것이다. 따라서 입양사업은 아동의 복지, 욕구, 관심을 기초로 해야 효과적으로 이루어질 수 있다. 가정은 아동을 위해서 선택되어야 하며, 가정을 위해 아동이 선택되어서는 안 된다.

④ 아동의 가족을 대신할 영구적인 보호가 필요할 경우에는 입양이 가장 바람직한 방법이다. 입양은 가정위탁보호나 시설보호보다 안정된 영구적인 대리보호의 형태로서, 동일한 부모가 아동에게 필요한 장기적 안정과 애정 있고 친밀한 보호를 제공해 줄 수 있는 가능성이 크다.

⑤ 아동의 복지를 위해서는 영구적 대리보호의 필요성 여부에 대한 결정이 가능한 한 빨리 내려지고 지체나 주저함 없이 이행되어야 한다. 또한, 입양의 완결도 가능하면 빨리 달성되어야 한다.

3) 입양의 유형 및 구성요소

입양의 유형에는 입양아동과 입양부모 사이의 가족관계 유무에 따라 친족입양과 비 친족입양, 입양의 기관 유무에 따라 독립(개인)입양과 기관입양, 입양사실의 공개 여부에 따라 비밀입양과 공개입양, 입양국가에 따라 국내입양과 해외입양으로 나누어진다.

(1) 입양의 유형

① 친족입양과 비친족입양

친족입양은 입양아동이 계부, 계모 등 친부나 친모의 재혼으로 인한 가족관계 또는 큰아버지, 작은아버지 등 친인척의 혈연관계를 이루고 있는 사람에 의해 입양되는 경우를 말한다. 비친족입양은 입양아동이 전혀 가족관계나 혈연관계를 갖고 있지 않은 입양부모에 의해 입양되는 경우이다. 이전 혈통을 중시하는 우리나라 사회의 관습에 따라 대를 잇는 수단으로 친족입양이 성행하였으나 최근에는 친족입양의 수가 격감하고 있다(서보준 외, 2013: 158).

미국에서는 친척에 의한 입양이 영구계획의 하나로서 좋은 평가를 받고 있다. 친족입양은 가정위탁 보호보다 많은 장점이 있으며 가족보존의 한 형태로 간주되고 있다. 또한 확대가족, 친지의 지원 속에서 아동이 양육될 수 있으며, 아동은 생물학적·문화적 동질성으로 적응에 큰 어려움을 겪지 않는다는 장점으로 인해 좋은 호응을 얻고 있다.

② 독립입양과 기관입양

독립입양은 개인이 독자적으로 입양하는 것을 의미한다. 즉, 입양기관을 통하지 않고 개인적으로 입양하는 것이다. 독립입양의 유형을 세 가지로 나누어보면 다음과 같다.

- 직접 배치하는 입양: 법적인 부모 혹은 친부모가 자신이 알고 있는 사람에게 직접 아동을 입양시키는 것이다.
- 무료중개를 통해 배치하는 입양: 이는 아무런 대가를 바라지 않는 제3자에 의해 이루어지는 것이다. 실제로 입양부모와 친부모 간에는 금전(예: 임신으로 인한 비용이나 생활비 등)이 오갈 수 있겠지만 입양 자체가 금전을 목적으로 한 것은 아니다.
- 유료중개를 통해 배치하는 입양: 대상 아동이 암시장에서 수익의 수단으

로 팔리므로 아동을 위험에 빠뜨릴 우려가 있다.

미국의 몇 개 주에서는 아이를 가질 수 없는 불임부부가 아이를 구하는 광고를 하는 것을 법적으로 허용하고 있다. 그러나 우리나라에서는 「입양촉진 및 절차에 관한 특례법」(현, 「입양특례법」)에서 입양기관을 통한 입양을 명시하고 있어 독립입양은 불법이다(서보준 외, 2013: 159). 그러나 입양기관에서의 절차를 까다롭게 생각하고 또 절대비밀을 우려한 입양부모로 인해 독립입양이 성사되고 있는 것이 사실이다. 이러한 독립입양은 다음에 소개할 비밀입양과 같이 법적인 보호나 전문적인 기관의 도움을 받을 수가 없어 기관을 통한 공개입양이 바람직하다.

기관입양이란 보건복지부의 인가를 받은 아동복지기관에서 이루어지는 입양을 의미한다. 입양기관에서 전문가에 의해 친생부모로 하여금 친권을 포기하게 하고, 기관이 모든 법적 대리인이 되어서 입양절차를 밟게 되는 경우를 말한다(서보준 외, 2013). 우리나라의 경우 입양기관을 통해서만 입양이 가능하도록 법에 규정하고 있다. 기관입양은 서류상의 절차가 약간 복잡하며, 입양을 기다리는 기간이 길다는 단점이 있지만, 입양에 대한 전문가의 도움을 받을 수 있고, 신중하게 아동을 위한 가정을 선정하는 것이 가능하며, 아동복지를 고려한 입양을 실천할 수 있는 장점이 있다(서보준 외, 2013).

③ 비밀입양과 공개입양

비밀입양은 입양의 사실을 입양아동을 포함한 주위의 모든 사람에게 비밀로 하며, 입양부모가 직접 출산한 것으로 하기 때문에 입양아동 친부모와의 교류는 단절된다. 우리나라에서 비밀입양을 선호한 것은 우리나라의 전통적인 혈연관계 중시 풍토에서 찾아볼 수 있을 것이다.

이러한 비밀입양은 한국사회의 뿌리 깊은 혈연중시 풍토에 따른 가계 계승 및 사회적인 편견으로부터 자유로울 수 있는 방법이다. 하지만 비밀입양의 경우 아동이 성장하면서 입양 사실을 알게 되면 인지한 시기에 따라 다르지만 많은 충격과 혼란에 빠질 수 있다. 또한, 법적인 보호를 받을 수 없어 입양아동에 대한 친부모의 법적인 권리 주장 등으로 불이익을 당할 경우 외부의 도움을 받기가 어렵다는 것이다.

비밀입양의 단점을 막기 위해서는 공개입양이 바람직하다. 공개입양은 입양 사실을 입양아동 및 주위에 공개하여 입양하는 것을 의미한다. 그러나 공개의 범위 및 친부모에 대한 정보교류는 입양부모의 사정에 따라 차이를 보이며, 공개입양에서 한 걸음 나아가 친부모와의 정보교류를 가지는 경우를 개방입양이라고 한다.

참고

비밀입양을 하는 입양부모들이 입양 사실을 숨기고 친자녀처럼 보이기 위해 어떤 노력을 할까? 부모님이 친생부모라고 생각하는 이유는 무엇인가?

- 아주 어릴 적 부모님과 함께 찍은 사진이 있다. ⇒ 우리나라 입양은 생후 12개월 이전에 이루어지기 때문에 입양아동이라도 당연히 어릴 적 사진이 있다.
- 혈액형이 가족의 유전가계도와 일치한다. ⇒ 입양 시 혈액형을 맞추는 것은 물론 심지어 외모까지도 비슷하게 하려고 노력한다. 여아 입양이 선호되므로 여자인 경우 부모가 친생부모가 아닐 가능성이 더 높다.
- 우리나라에는 비밀입양이 많기 때문에 친자확인을 위한 유전자 검사로 확인하지 않았다면 입양아동일 가능성이 있다.

참고 입양동의

입양이 이루어지기 전에 친생부모와 13세 이상인 아동을 대상으로 진행되는 절차이다. 입양 동의는 아동 출생일로부터 1주일(이하 숙려기간)이 지난 후에 이루어져야 하며, 숙려 기간 동안에는 친생부모가 아동을 보호하는 것을 원칙으로 한다. 입양기관은 입양이 이루어지기 전, 친생부모에게 입양의 동의, 입양의 효과 및 파양, 입양정보공개 청구 관련, 입양 동의의 철회 등에 대한 충분한 상담을 제공해야 한다. 또한, 입양기관은 13세 이상인 아동을 입양하고자 하는 경우 친생부모 또는 후견인 동의 외에 입양될 아동의 동의도 받아야 하며, 입양 동의 전에 입양의 법률적 효력 및 파양, 입양 동의의 요건 및 입양 동의의 철회, 입양절차, 관련 법 제36조에 따른 입양정보 공개 청구, 양친이 될 사람에 대한 정보의 내용을 포함하는 상담을 제공해야 한다(보건복지부, 2020b).

④ 국내입양과 해외입양

입양아동의 출생국가에서 입양이 이루어지는 경우를 국내입양, 출생국가 외의 다른 국가에 입양되는 경우를 해외입양이라고 한다. 우리나라는 과거 입양에 대한 부정적인 인식에 의하여 해외입양이 주를 이루어 오면서 '아동수출국'이라는 오명을 받아왔지만, 2000년대 이후 국내입양의 활성화 노력에 의하여 해외입양의 수가 감소하고 있다. 그러나 장애아동 입양의 경우 국내입양보다는 해외입양에 의존하고 있다는 문제점을 안고 있다.

참고 입양인의 뿌리 찾기

‘입양인의 뿌리 찾기’는 선진국에서도 일반적으로 성인이 된 이후의 권리로 인정되고 있으며, 국내에서도 「입양특례법」에 규정된 비밀보장원칙 때문에 성인이 된 이후에 법적으로 뿌리 찾기를 진행할 수 있다. 그러나 현실에서 뿌리 찾기는 학령기 이전부터 시작되는 입양인의 전생애적 발달과업이다. 뿌리 찾기 하는 많은 입양인은 친생부모 자체가 아니라 정보를 찾는 것이다(이수연 역, 2009). 뿌리 찾기의 양상은 매우 다양한 형태로 나타난다. 일부 입양아동은 친생부모에 대한 환상을 갖는 것만으로 뿌리 찾기에 만족한다. 다른 일부 입양아동은 입양부모에게 친생부모에 대한 정보를 묻고 답을 듣는 수준에 그친다. 또 다른 일부 아동들은 입양부모와 함께 친생부모를 찾아 나선다. 그러나 이들 중에서 실제로 친생부모를 만나게 되는 경우는 소수에 불과하다(권지성, 정익중, 2013).

입양아동에게 뿌리 찾기는 입양인으로서의 자아 정체감 형성에 핵심적인 역할을 하게 된다. 입양부모에게도 뿌리 찾기는 매우 중요한 사건이다. 일반적으로 자녀를 양육하는 데 있어서 유전 정보는 매우 중요한 역할을 하므로 입양부모는 입양아동의 특성을 이해하기 위해 친생부모의 정보를 알고 싶어 한다. 또한 대부분의 입양아동들이 뿌리 찾기를 원하기 때문에 입양부모들은 자발적이든 비자발적이든 뿌리 찾기를 시도해야 한다. 하지만 뿌리 찾기를 진행하는 과정에서 입양아동과 가족들은 여러 가지 어려움을 경험할 수 있다(권지성, 정익중, 2013). 관련 정보가 전혀 없거나 이미 연락이 두절되어 아예 만나지 못할 가능성이 있다. 또는 연락이 되더라도 친생부모 쪽에서 만남을 거부할 가능성도 있다.

물론 친생부모의 사생활 보호와 비밀보장은 앞으로도 유지되어야 할 것이다. 그러나 입양인의 욕구와 권리도 존중되어야 한다. 친생부모의 권리와 입양인의 권리를 모두 존중하면서 뿌리 찾기를 진행하는 것은 결코 쉬운 일이 아닐 것이다. 하지만 입양 관련 정보를 철저하게 관리하고 보관할 수 있는 체계를 갖추는 것이 출발점이다. 개정된 「입양특례법」에 따라 입양인은 아동권리 보장원 또는 입양기관이 보유하고 있는 자신의 입양정보 공개를 청구할 수 있다. 예전에는 입양아동이 성장한 후에 친생부모를 찾고자 할 때 정보를 알 수 없어서 힘든 경우가 많았는데, 이 체계가 정착되면 보다 쉽게 친생부모의 정보를 찾을 수 있을 것이다. 다만 이 경우에도 친생부모의 동의가 있어야 한다.

⑤ 법적 근거에 따른 입양의 종류

〈표 11-1〉 법적 근거에 따른 입양의 종류

구분	입양특례법상 입양	친양자입양	양자입양
근거	「입양특례법」	「민법」 제908조의 2부터 제908조의 8까지	「민법」 제866조부터 제908조까지
성립요건	가정법원의 허가	재판으로 성립	협의로 성립
양자의 성(姓)과 본(本)	양친의 성(姓)과 본(本)으로 변경	양친의 성(姓)과 본(本)으로 변경	친생부의 성(姓)과 본(本)을 유지
친생부모와의 관계	종료	종료	유지
입양의 효력	재판이 확정된 때부터 혼인 중의 자로서 신분을 취득하여, 친생부모와의 관계는 종료됨	재판이 확정된 때부터 혼인 중의 자로서 신분을 취득하여, 친생부모와의 관계는 종료됨	입양한 때부터 혼인 중의 자로서의 신분을 취득하나, 친생부모와의 관계는 친권 이외에는 유지 됨

* 「입양특례법」에 따라 입양된 아동은 민법상의 친양자와 동일한 지위를 가진다.

참고 친권 포기

'친권 포기'는 자녀의 입양을 위해 법적으로 조치되는 것을 말한다. 입양 동의는 결과적으로는 친권 포기와 유사하나, 입양에 대한 동의와 함께 곧바로 입양이 결정되는 것은 아니기 때문에, 즉 입양에 동의하는 시점과 입양이 결정되는 시점 사이에 '시간적 간격'이 존재하기 때문에 입양 동의에 대해서 친권 포기처럼 친권 박탈의 법적 효과를 부여할 수는 없다(이준일, 2011).

(2) 입양의 구성요소

입양의 구성요소는 입양대상인 아동 그리고 친부모, 입양부모, 입양기관 등으로 나누어 볼 수 있다.

① 입양아동

입양대상 아동은 18세 미만의 아동으로 부모, 직계존속이나 후견인의 동의가 있는 아동이며, 15세 이상의 이동인 경우에는 본인의 동의가 있어야 한다. 「입양특례법」(제9조 양자가 될 자격)에 명시되어 있는 입양대상 아동의 법적 규정은 다음과 같다.

> 요보호아동으로서 다음 각호의 어느 하나에 해당하는 사람이어야 한다.
> 1. 보호자로부터 이탈된 사람으로서 특별시장・광역시장・도지사 및 특별 자치도지사(이하 "시・도지사"라 한다) 또는 시장・군수・구청장(자치구의 구청장을 말한다. 이하 같다)이 부양 의무자를 확인할 수 없어 「국민기초 생활 보장법」에 따른 보장시설(이하 "보장시설"이라 한다)에 보호 의뢰한 사람
> 2. 부모(부모가 사망이나 그 밖의 사유로 동의할 수 없는 경우에는 다른 직계존속을 말한다) 또는 후견인이 입양에 동의하여 보장시설 또는 제20조에 따른 입양기관에 보호 의뢰한 사람
> 3. 법원에 의하여 친권상실의 선고를 받은 사람의 자녀로서 시・도지사 또는 시장・군수・구청장이 보장시설에 보호 의뢰한 사람
> 4. 그 밖에 부양 의무자를 알 수 없는 경우로서 시・도지사 또는 시장・군수・구청장이 보장시설에 보호 의뢰한 사람

② 입양부모

혈연관계가 아닌 법적 절차에 따라 부모가 되는 자를 의미한다. 입양부모가 입양을 하고자 하는 이유는 다양하다. 불임으로 인하여 자신의 친자녀를 가질 수 없는 경우 또는 더 많은 자녀를 원하지만 불가능한 경우 또는 자신의 자녀와 성별이 다른 자녀를 양육해보고자 하는 경우 등 다양한 이유에서 입양을 선택한다.

국내입양부모들의 입양 동기에 관한 연구에 의하면 불임이 주된 원인이고, 최근에는 유자녀 입양이 증가하고 있어 아동복지를 우선적으로 고려하는 방향으로 입양 동기 및 태도가 서서히 변화하고 있음을 알 수 있다(한미현 외, 2016).

「입양특례법」 제10조(양친이 될 자격 등)에 규정하고 있는 양부모의 조건은 다음과 같다.

> ① 이 법에 따라 양친이 될 사람은 다음 각호의 요건을 모두 갖추어야 한다.
> 1. 양자를 부양하기에 충분한 재산이 있을 것
> 2. 양자에 대하여 종교의 자유를 인정하고 사회의 구성원으로서 그에 상응하는 양육과 교육을 할 수 있을 것
> 3. 양친이 될 사람이 아동학대·가정폭력·성폭력·마약 등의 범죄나 알코올 등 약물중독의 경력이 없을 것
> 4. 양친이 될 사람이 대한민국 국민이 아닌 경우 해당 국가의 법에 따라 양친이 될 수 있는 자격이 있을 것
> 5. 그 밖에 양자가 될 사람의 복지를 위하여 보건복지부령으로 정하는 필요한 요건을 갖출 것
>
> ② 양친이 될 사람은 양자가 될 아동이 복리에 반하는 직업이나 그 밖에 인권침해의 우려가 있는 직업에 종사하지 아니하도록 하여야 한다.
>
> ③ 양친이 되려는 사람은 입양의 성립 전에 입양기관 등으로부터 보건복지부령으로 정하는 소정의 교육을 마쳐야 한다.

③ 친부모

친부모는 입양아동과 혈연적으로 맺어지는 친자관계의 자로서 출생한 아동에 대하여 당연히 친권을 가지게 된다. 그러나 경제적인 이유, 가정의 해체 등으로 인하여 자발적으로 친권을 포기하고 입양을 의뢰하는 경우가 있다. 또는 아동에 대한 학대, 유기 등으로 인하여 법적으로 친권을 상실하였을 경우에 아동은 입양아동의 대상에 포함된다.

④ 입양기관

> ① 입양기관을 운영하려는 자는 사회복지사업법에 따른 사회복지법인으로서 보건복지부장관의 허가를 받아야 한다. 다만, 국내입양만을 알선하려는 자는 시·도지사의 허가를 받아야 한다.
> ② 제1항에 따라 허가받은 사항 중 대통령령으로 정하는 중요한 사항을 변경하려고 하는 경우에는 신고하여야 한다.
> ③ 외국인은 입양기관의 장이 될 수 없다.
> ④ 입양기관의 장과 그 종사자는 입양아동의 인권을 보호하고 건전한 입양문화를 정착시키기 위하여 정기적으로 보건복지부령으로 정하는 보수교육을 받아야 한다.
> ⑤ 입양기관의 장이 입양을 원하는 국가나 그 국가의 공인을 받은 입양기관과 입양업무에 관한 협약을 체결하였을 때에는 보건복지부장관에게 보고하여야 한다. 이 경우 입양업무에 관한 협약에 포함되어야 할 사항은 대통령령으로 정한다.
> ⑥ 입양기관의 시설 및 종사자의 기준과 허가 및 변경신고 등에 필요한 사항은 보건복지부령으로 정한다.

4) 입양아동, 입양부모, 친생부모의 심리적인 문제

입양삼자(입양아동, 입양부모, 친생부모)는 생물학적이며 기능적인 관계의 모순을 감수해야만 한다. 친생부모는 낳아준 생물학적 부모이지만 키워준 부모는 아니다. 입양부모는 길러준 부모이지만 낳은 부모는 아니다. 입양아동은 입양부모의 자녀이지만 입양부모의 친자녀가 아니고 친생부모의 친자녀이지만 친생부모가 키우는 자녀가 아니다. 입양의 모든 구성원(입양삼자)은 생물학적으로 한세대에서 다음 세대로 이어지는 유전적 계승의 결핍을 경험한다. 각기 다른 관계가 결핍되었지만 모든 구성원이 일부를 상실했고, 이것이 스트레스를 유발할 수 있다는 공통점을 가지고 있다. 이 때문에 입양서비스의 대상이 되는 입양아동, 입양부모, 친생부모는 각각 독특한 심리적인 문제를 경험한다(김현용 외, 2001). 입양 관계의 모든 구성원은 이러한 역설적 관계를 인정하고 심리적인 문제를 대면하여 극복해야 한다. 또한, 임상전문가도 입양삼자에게 도움이 필요한 경우 효과적인 치료결과를 얻기 위해서는 입양에 대한 충분한 교육이 필요하다. 만약 이에 대한 이해가 부족하다면 임상 문제에 대한 입양의 관련성을 최소화하거나 과장할 위험성이 따르게 된다.

(1) 입양아동

입양아동은 입양의 필연적인 역설 속에서 살아간다(노혜련 외, 2018). 즉, 그들이 지금의 사랑하는 가족과 부모를 갖기 위해서는 또 다른 부모로부터 포기되었어야만 한다. 따라서 모든 입양아동은 동기가 어찌 되었든 간에 친생부모가 자신을 포기한 현실을 직면해야 한다. 이러한 역설을 이해하는 능력은 아동의 성장과 성숙에 따라 변화하는데, 입양부모는 기회가 있을 때마다 아동에게 이러한 현실에 직면할 수 있도록 허락하여야 한다. 입양아동에게 일생의 과제는 그들의 생물학적 유산과 그들의 입양가정에서의 경험을 통합하는 것이다. 입양아동은 또한 '유전적 당혹감(genealogical bewilderment)'을 경험하게 되는데 이는 친생부모로부터 떨어져서 성장하는 사람들은 누구나 갖는 욕구로, 인간으로서 완전하게 느끼기 위해 자신의 배경과 개인력, 가족사와 가계에 대해서 알고자 하는 것이다. 대다수 입양아동은 공허감을 채우고 자신에 대한 이해를 증진시키기 위해 뿌리 찾기를 통해 친생부모에 대한 정보를 얻기를 원한다. 그러나 자신이 딛고 설 수 있는 생물학적 기초를 필요로 하는 것이지 입양부모가 아닌 또 다른 부모를 원하는 것은 아니다(노혜련 외, 2018).

(2) 입양부모

전통적인 입양부모의 경우 주로 불임과 관련된 여러 심리적인 어려움을 경험하게 된다(노혜련 외, 2018). 입양아동과 생물학적으로 연결되지 않은 입양부모는 아동이 실제로 자신들에게 속해 있다고 믿기 어렵기 때문에 불안을 경험한다. 이러한 태도는 아동에게도 불안과 긴장감을 유발하여 결과적으로 전체 가족관계에 영향을 미칠 수 있다. 이러한 불안은 자녀의 출산과 양육이라는 사회적 역할수행에 실패했기 때문에 입양을 선택해야 하는 대안이나 낙인으로 받아들이는 경우 더더욱 심해진다. 따라서 불임인 입양부모들은 자신과 유사한 모습의 아이를 입양하고, 양육하면서도 아동이 입양된 사실과 아동의 배경에 대해 부인하거나 다른 사람들이 관심을 두지 못하도록 하면서 입양과 출산의 차이를 최소화하려는 경향을 보인다. 또한, 불임은 입양부모에게 있어 매우 중요한 상실을 의미한다. 불임은 자존감의 손상뿐만 아니라 개인과 가족의 유전적 지속성에 대한 상실, 인생에 대한 통제력의 상실 등을 경험하게 된다. 따라서 불임부부는 적절한 애도의 과정을 통해 불임에 대한 수용의 단계에 이르러야 입양할 준비가 된다. 그렇지 않으면 입양아동은 늘 차선책이 되거나 자신이 낳지 못한 '이상적인 자녀'를 대체해 줄 수 있는 완벽한 아동이 되어야 하고 아동이 경험하는 모든 문제는 나쁜 혈통 탓으로 돌려질 수 있다(노혜련 외, 2018).

입양부모는 또한 부모 역할에 대한 불안감을 느끼는 경향이 있다. 그들은 입양아동이 친생부모를 찾아 나서고 친생부모를 더 좋아하게 될 것이라는 두려움을 가질 수 있다. 입양부모는 종종 아동이 친생부모에 대해서 호기심을 갖는 것을 자신들이 부모로서 실패하였거나 아동이 자신들을 사랑하지 않는 증거라고 생각한다.

(3) 친생부모

친생부모도 많은 심리적인 어려움을 경험하지만 아이를 버렸다는 죄책감 때문에 대부분 등한시된다. 먼저 대부분의 미혼부모는 입양 이외의 다른 대안에 대한 정확한 정보, 친생부모의 권리, 그리고 입양과정에 대한 정보 등 아동에 대한 입양을 동의하기 전 친생부모에게 필요한 서비스나 정보를 제대로 받지 못하는 경우도 있다. 친생부모는 부수적인 존재로 간주되고 친권 포기 후에 얼마나 강한 상실감과 심리적 고통을 경험하게 될 것인지, 그런 감정을 표현해도 되는지에 대해 충분한 조언을 받지 못하는 경우도 있다. 입양을 선택한 친생부모들이 임신과 출산 기간 동안 고립감, 외로움, 슬픔을 느꼈다고 자주 보고된다. 특히 친권을 포기하고 입양을 선택한 여성들은 독특한 행동을 보이는 경향이 있는데, 이를 친모 증후군(birth mother syndrome)이라고 명명하고 있다. 이에는 ① 충격적인 회상, 악몽, 불안, 기피, 공포반응 등과 같은 외상 후 스트레스 장애, ② 손상된 자존감과 피동적인 자세, ⑤ 겉으로는 정상인척 행동하면서 내적으로는 수치심, 자기 저주, 고립감 등을 느끼는 정체감의 이분화 현상, ④ 친권 포기의 순간에 고착된 것 같은 감정상태의 정지, ⑤ 학대받는 관계의 형성, 약물 남용, 알코올 남용 등과 같은 자기학대, ⑥ 삶 전반에 있어 감정과 행동이 양극단을 오가는 생활 등과 같은 증상들이 포함된다(노혜련 외, 2018). 이렇게 친생부모들이 입양 결정 이후에도 지속적으로 상실감을 느끼고 우울증을 앓았을 뿐만 아니라 새로운 관계를 맺는데도 심각한 영향을 받았다고 보고한다. 친생부모들은 '자녀를 버렸다'는 죄책감으로 인해 스스로를 '죄인'이라고 규정하며, 평생 동안 심각한 정서적 위험에 노출되기도 하고, 그 위험은 너무 커서 긴급한 상담개입과 사회적 지원이 필요한 경우가 많다(강태인, 2014). 친생부모들은 자신의 정서적 문제를 해결하기 위해 종종 '자녀 찾기'를 시도하게 된다. 우리나라에서도 해외입양인 친생부모의 '자녀 찾기'는 중요한 입양실천의 이슈가 되고 있다. 최근 3년간 해외입양인이 해마다 평균 3,400명 정도 방문하였으며 그만큼 친생부모들의 자녀 재회 기회가 높아지고 있다. 그러나 아쉽게도 자녀 재회를 경험하는 친생부모들은 방문 해외 입양인의 2.7%에 그치고 있는 형편이다(강태인, 2014).

참고 베이비박스(Baby Box)

서울 관악구의 한 교회 목사가 절박한 상황에서 영아를 무책임하게 유기하여 사망으로 이어지는 것을 피할 수 있도록 2009년부터 '베이비박스(Baby Box)'를 운영하고 있다. 베이비박스는 아기 포스트, 생명의 요람, 안전한 피난소 등으로 불린다. 신생아는 외부에 대한 적응력이 약하고, 기아로서 외부에 방치되면 저체온증, 열사병 등 위험에 노출될 수 있으므로 겨울에는 적당히 보온되고 여름의 무더위를 막을 수 있도록 설치되어 있다. 미국 텍사스주에서도 1999년에 「안전한 피난소 법(Safe Haven Law)」이 실시되어 그 후 47개 주가 함께 실시하고 있나. 이 법안은 부모가 합법적으로 또는 익명으로 자신의 신생아(생후 72시간 이내)를 병원이나 소방서 등의 '안전한 피난소'의 장소에 보내는 것을 허가하고 있다. 베이비박스의 설치에 관해서는 무책임한 영아유기를 용인하는 것이라는 비판과 기아가 존재하는 이상 단 하나의 생명이라도 건질 수 있다면 신생아 유기는 시급하고 안전하게 보호되어 마땅하다고 하는 찬성도 있어 그 논란이 뜨겁다.

좋은 의도에서 시작한 일이기 때문에 그 선의까지 매도해서는 안 되지만 이는 실정법 위반사항에 속하는 일이다. 아동을 유기하는 행위는 「형법」 제271조와 제272조를 위반하는 범죄행위임은 물론이고, 신원을 알 수 없는 아동을 신고하지 않고 가정에서 보호하는 행위도 「아동복지법」과 「실종아동법」에 저촉되는 사항이다. 또한 유엔 아동권리위원회는 2011년에 체코의 베이비박스에 대하여 유엔 아동권리협약에 위반한 행위임을 명시하며 심각한 우려를 표명하였고, 이를 즉각적으로 중단하라고 권고한 바 있다. 우리나라도 이에 대해 권고를 받았고 전 세계적으로도 베이비박스를 없애라고 권고하고 있다.

한편, 베이비박스의 법 위반 여부를 넘어서 이러한 선의가 아동의 입장 그리고 친생부모의 입장에서도 바람직한가를 살펴보아야 한다. 아동이 건강하게 성장하기 위해서는 가정이 필요하고, 친가정이 이러한 기능을 하지 못할 때는 입양을 통해서 양육될 수 있다. 이러한 공식절차를 통해 프라이버시는 철저하게 보호되면서 아동을 안전하게 가정에서 양육할 수 있는 기회가 존재함에도 익명을 통해 영아를 유기하는 것은 무책임한 행위다. 이후 입양과정을 통한다고 하더라도 이러한 아동은 사후관리가 불가능하다. 아동의 출생상황을 알 수 없기 때문에 이후 발달상황을 정확하게 예측하기 어렵고, 아동이 내세 이후가 되었을 때 친생부모를 찾을 수 있는, 뿌리 찾기 권리마저 박탈하게 된다.

또한, 친생부모의 입장에서도 아동을 포기하는 행위에는 죄책감과 외상 후 스트레스 장애에 시달릴 가능성이 있지만 이에 대한 사후관리나 치료는 이루어지기 어렵다. 이렇게 익명으로 맡기는 것은 아동에게도 친생부모에게도 바람직하지 않기 때문에 베이비박스를 찾아가기보다는 아동과 친생부모에게 도움이 되도록 주변에 있는 입양기관을 찾아가는 것이 바람직하다.

이러한 논란은 우리나라 아동복지의 현주소를 보여 주는 것이다. 가장 먼저 모든 아동이 출생 순간부터 병원에서 자동 등록되는 보편적 출생등록제와 비밀 출산제를 갖추어야 할 것으로 판단된다. 현재처럼 부모가 아동 출생 후 한 달 이내에 출생신고를 하도록 하는 구조에서는 이러한 익명에 의한 아동유기가 사라지기 어렵다. 또한, 모든 가정이 양육부담을 느끼고 있고 이 때문에 국가적으로 저출산 문제가 심각해지고 있음에도 불구하고 부모가 자녀를 건강하게 양육할 수 있도록 하는 사회적 지원은 충분치 않다. 이 때문에 자녀를 양육하기 가장 어려울 것으로 예상되는 미혼부모에 대한 정책은 미혼부 모 자녀의 입양에 중점을 두어 왔으나, 앞으로는 충분한 가족지원과 미혼부모에 대한 사회적 편견 해소를 통해 미혼부모 출산도 직접 양육으로 연결될 수 있는 사회적 환경을 만들어 가는 데 초점을 맞추어야 한다. 이러한 지원에도 불구하고 직접 양육하기 어려울 때 입양으로 사회적 양육이 가능해야 한다.

5) 파양

양친자관계는 파양에 의해서만 해소된다. 가능한 한 이 단계에 진입하지 않도록 노력해야 한다. 파양은 유효하게 성립된 양친자관계를 장래에 있어 소멸시키는 것이다. 즉, 입양을 해소시키는 것이다. 파양은 입양 성립 후에 생긴 사유로 인하여 입양을 해소하는 것이기 때문에, 친생부모가 적법한 절차를 거쳐 입양동의를 할 수 없었던 경우에 한하여 청구할 수 있는 입양의 취소와는 다르다. 양친이 양자를 학대 또는 유기하거나 그 밖에 양자의 복리를 현저히 해하는 경우, 양자의 양친에 대한 패륜 행위로 인하여 양자 관계를 유지시킬 수 없게 된 경우에 양친, 양자, 검사는 가정 법원에 파양을 청구할 수 있다. 입양부모는 파양 심판 확정일로부터 1개월 이내에 친양자 파양 신고서를 시・군・구에 제출하여야 한다. 가정 법원은 파양이 청구된 아동이 13세 이상인 경우 입양아동의 의견을 청취하고 그 의견을 존중하여야 한다. 「민법」상 파양에는 협의상 파양과 재판상 파양이 있다. 첫째, 협의파양은 양친자관계를 해소하려는 양친과 양자 사이에 합의해야 한다. 다만 양자가 미성년자 또 는 피성년 후견인인 경우에는 성년후견인의 동의를 받아 파양을 협의할 수 있다. 둘째, 재판상 파양은 법률에 정해진 파양 원인에 의하여 재판상 청구하는 파양이다. 재판상 파양의 원인은 입 양부모가 양자를 학대 또는 유기하거나 그 밖에 양자의 복리를 현저히 해친 경우, 입양부모가 양자로부터 심히 부당한 대우를 받은 경우, 입양부모나 양자의 생사가 3년 이상 분명하지 아니한 경우 등이다. 파양의 청구권자는 양친과 양자, 검사에 한정된다. 단, 양자가 13세 미만인 경우에는 법정대리인이 양자를 갈음하여 파양을 청구할 수 있다. 재판상 파양의 원인은 입양부모가 양자를 학대 또는 유기하거나 그 밖에 양자의 복리를 현저히 해친 경우, 입양부모가 양자로부터 심히 부당한 대우를 받은 경우, 입양부모나 양자의 생사가 3년 이상 분명하지 않은 경우, 그 밖에 양친자관계를 계속하기 어려운 중대한 사유가 있는 경우(「민법」 제905조) 중 어느 하나에 해당하는 경우이다.

파양에 의하여 입양으로 인한 양친자관계는 소멸하고, 입양 전의 친족관계는 부활하며 아동 기록이 다시 친생부모의 가족관계등록부상에 기재된다. 재판상 파양을 한때에는 당사자 일방은 과실 있는 상대방에 대하여 이로 인하여 발생한 손해 배상을 청구할 수 있다. 이러한 파양은 부모에게 버림받는 유기와 유사하며 한 번 상처가 있는 아동에게 한 번 더 상처를 주는 행위이므로 아동에게 심각한 영향이 있을 수 있다. 배치과정이나 사후관리과정을 철저하게 진행하여 파양은 가능한 한 자제되어야 한다. 파양은 우리나라가 불합리하게 법적으로 입양과 친자를 구분하는 것이다. 궁극적으로는 양자와 친자를 구분하는 민법의 파양 조항은 삭제하고 양자와 친자 상관없이 친자관계의 해소는 친생부인, 친생자관계 부존재, 친권상실 등으로 통일하는 방안이 추진되어야 한다. 또한, 우리나라는 비밀입양이 많을 뿐만 아니라 파양 역시 비공개적으로 이루어지다 보니 파양에 관한 연구가 미흡한 것이 현실이다.

참고 사후관리 VS 사후지원

입양 후 일정 기간 사후관리는 중요하다. 그러나 이 과정은 입양가정을 지원하기 위한 목적이지 입양가정의 학대를 의심하여 진행하는 것이 아니다. 출산과 마찬가지로 입양도 새로운 아이가 가정에 들어오는 것이므로, 쉽지 않은 적응과정이 필요하다. 출산과 입양을 동일한 개념으로 접근해야 하며, 지금처럼 지나치게 구분해서는 안 된다. 출산과 입양 모두 지원이 필요하며, 이런 의미에서 사후지원이 충분히 이루어질 필요가 있다. 입양은 불쌍한 아이를 구원하는 선행이 아니라 때로는 상처받은 아이의 부모가 된다는 게 무엇인지를 깨닫는 과정이다(이설아, 2021). 입양에서 아이를 만나 적응하는 기간에 사후지원이 다각적으로 제공되어야 하지만 아직 그 지원이 부족하다. 입양을 가족 이 되는 과정이라 수용하고 입양 이슈를 정확하게 이해했다면 아이의 상실이 얼마나 깊은지, 부모로서 어떤 노력이 필요한지, 때마다 적절한 도움을 청하며 좋은 부모가 되어 간다. 그러나 입양 동기가 단지 선함에 머물러 있는 부모는 입양아동의 상실을 이해하기 어렵다. 통제되지 않는 아이와의 관계에서 힘들고, 상황이 쉽게 나아지지 않으면 실패감과 수치심을 느끼게 된다. 그렇게 되면 이 모든 상황의 원인이 된 아이에 대한 분노는 더욱 커지고 목적을 상실한 입양부모는 파양을 결정한다(이설아, 2021). 입양에 대한 부족한 이해를 가지고 시작한 입양부모가 상처받은 입양아동을 건강하게 양육할 수 있도록 사전에 교육훈련하는 과정과 사후에 지원하는 전문가가 없다면, 입양은 파국을 맞기 쉽다. 특히 이들에게 입양부모가 학대하는지를 점검하는 사후관리가 아니라 좋은 부모가 될 수 있도록 도움이 필요할 때 적절하게 사후지원하는 것이 반드시 필요하다.

참고 연장 입양아동의 발달과 적응

늦은 나이에 입양될수록 적응문제를 겪을 가능성이 크다. 특히 신생아 때 입양된 아동들에 비해 만 12개월이 지난 뒤 입양된 연장아들은 인지, 언어, 정서, 사회성 발달이 늦을 뿐만 아니라 입양부모와 애착을 형성하기 어렵고 심리사회적 부적응을 더 많이 경험한다고 보고되고 있다(정익중 · 권지성 · 민성혜 · 신혜원, 2010). 하지만 나이 자체가 중요한 것은 아니다. 나이가 들어서 입양되었더라도 입양 전 경험이 안정적이고, 입양부모가 충분히 준비된 상황에서 입양했을 때는 적응에 큰 어려움이 없을 수 있다.

또한 유치원 이상의 연장아들이 처음 입양가정에 왔을 때는 대부분 완벽에 가까운 행동을 보이기 때문에 '허니문 시기'라고 일컫는다. 이후에는 시험기간이 이어진다. 두 시기에 보이는 아이들의 모순된 행동은 친생부모를 잃은 슬픔과 새 가족에게 애정을 형성하는 과정과 연관된다(이수연 역, 2009). 시험기간에는 아이 안의 괴물이 있는 것처럼 보이거나 '끝이 보이지 않는 터널'을 막막하게 통과해 가고 있는 것처럼 보이기도 한다. 이를 해결하기 위해 결국 파양을 선택하는 가정들도 발생하고 있다. 파양 사례도 신생아 입양에 비해 연장아 입양의 비율이 더 높은 것으로 나타나고 있다. 이처럼 연장입양 가족들이 많은 어려움을 경험하고 있지만 이들을 위한 개입은 전무하다고 해도 과언이 아니다.

연장입양아동의 적응을 위한 조기개입 프로그램 비용의 추가지원이 필요하다(정익중 · 권지성 · 민성혜 · 신혜원, 2011). 경중의 차이는 있으나 상당수의 연장입양아동들이 소아정신과에서 진료를 받거나 민간아동서비스기관에서 놀이치료나 미술치료. 음악치료와 같은 치료서비스를 이용하고 있다. 정부에서는 만 18세 미만 입양아동에 대하여 월 20만 원 한도 내에서 심리 정서 치료비를 지원하고 있으나, 정부 지원만으로 충분한 서비스를 받기에는 한계가 있고, 이 때문에 상당수의 연장입양부모들이 경제적 부담을 경험하고 있다. 따라서 입양아동과 가족에게 제공되는 기존의 지원제도 외에 연장입양아동과 가족들을 위한 추가적인 지원이 필요하다(정익중 외, 2011).

참고 헤이그 국제아동입양협약

1993년 제17차 헤이그국제사법회의에서 채택된 '국제입양에 관한 아동의 보호 및 협력에 관한 협약(Convention on Protection of Children and Cooperation in Respect of Intercountry Adoption, 이하 헤이그협약)'은 2019년 기준 101개국이 협약에 가입한 상태이며 우리나라는 2013년에 협약에 서명하였으나 아직까지 가입하지 못하고 비준을 준비하고 있다. 헤이그협약은 유엔의 1989년 '아동권리협약(Convention on the Rights of the Child: CRC)'에 근거한 것으로, 이 협약의 주목적은 국제입양 시 아동의 기본권 및 최선의 이익을 보호하고 입양을 통한 유괴 및 인신매매를 방지하며, 체약국 간의 중앙기관에 의한 입양승인을 통해 입양아동의 복지증진 및 보호를 추구하는 것이다. 전문과 7개의 장, 48개의 항목으로 구성된 이 협약은 우리나라의 국내 및 해외입양에 많은 영향을 줄 것으로 사료된다(노충래, 2011).

이 협약의 주요 내용을 살펴보면 가정 보호의 우선 정책으로 친가정보호 및 국내가정 보호(입양 및 가정위탁)를 적극 추진한 후 여의치 않을 때 아동을 해외 입양시킬 수 있도록 하며, 입양대상은 실제 거주지(habitual residence)의 이동이 필요한 18세 미만의 모든 아동으로 하고 있다. 특히 이 협약은 친양자제도를 추구하고 있고(협약 제2조 제2항), 우리나라는 개정된 「입양특례법」에서 가정법원의 허가에 의한 친양자제도를 도입함으로써 이전에 친양자제도와 일반입양을 인정하고 있는 우리나라의 민법보다 발전된 모습을 보이고 있다. 나아가 헤이그협약은 국제입양을 담당하는 중앙기관을 지정토록 정하고 있으며, 입양아동 출신국의 권한 있는 국가 중앙기관의 허가에 의해 진행된 입양은 아동 수령국에서도 효력이 인정되도록 하고 있다(노충래, 2011).

Chapter
12

시설보호

1. 시설보호아동의 개념 및 유형
2. 시설보호아동의 특성
3. 선진국 시설보호의 동향
4. 시설보호아동의 지원 서비스
5. 아동시설보호의 문제
6. 시설보호아동을 위한 복지정책 및 실천
7. 시설보호서비스의 과제

Chapter 12

시설보호

1. 시설보호아동의 개념 및 유형

우리나라의 아동복지는 1961년 「아동복리법」을 근거로 하여 해방 및 한국전쟁에서 발생한 요보호아동을 위한 복지로부터 시작되었다. 1981년 「아동복리법」을 전면 개정하여 「아동복지법」을 제정함으로써 본격적인 아동복지가 실시되었다고 할 수 있다. 최근에는 요보호아동에 대한 단순한 보호 차원을 넘어 아동의 개성을 신장시키고 원가정과 같은 느낌의 시설보호를 실시하기 위하여 노력하고 있다. 대단위의 집단시설에서 소규모로 이루어지는 공동생활가정의 비율이 점차 늘어나고 있는 추세이다. 또한 보호 차원이 아니라 보호아동이 시설을 떠나 자립할 수 있는 방향으로 시설보호의 개념은 확대되고 있다. 아동복지시설은 사회복지시설의 일부분이다. 사회복지시설(social agency)은 「사회복지사업법」 제

2조의 사회복지사업을 행할 목적으로 설치된 시설을 의미한다. 그중에서 아동을 대상으로 하는 시설보호서비스는 매우 포괄적인 개념을 갖고 있다. 미국아동복지연맹에서는 집단보호를 제공하는 시설을 아동집단보호시설, 아동치료시설, 그룹홈, 위기센터, 일시보호시설 등으로 규정하고 있다.

우리나라 아동복지시설의 설치는 「아동복지법」 제50조(아동복지시설의 설치)에 다음과 같이 근거하고 있다.

① 국가 또는 지방자치단체는 아동복지시설을 설치할 수 있다.
② 국가 또는 지방자치단체 외의 자는 관할 시장・군수・구청장에게 신고하고 아동복지시설을 설치할 수 있다.
③ 아동복지시설의 시설기준 및 설치 등에 필요한 사항은 보건복지부령으로 정한다.

1) 시설보호서비스의 개념 및 기능

(1) 시설보호서비스의 개념

아동복지시설에서 이루어지는 시설보호서비스는 아동이 속해 있는 친가정의 기능 상실 및 해체에 따라 일시적 혹은 영구적으로 아동에게 생활할 수 있는 공간을 제공하여 주는 것이다. 혈연적으로 관계가 없는 아동들과 함께 시설 종사자의 보호를 받으며, 24시간 아동에게 안정적인 보호서비스를 제공하는 것을 의미한다.

즉, 부모의 문제로 인하여 아동이 안정된 양육보호를 받지 못하는 경우 혹은 아동 자신의 문제로 인하여 친가정에서의 양육보호가 어려운 경우 제공되는 대리적 서비스이며, 대리양육 등과 같은 가정위탁, 입양 등의 서비스 대상으로 적합하지 않은 아동을 시설에 입소시켜 건전한 사회인으로 성장・발달시키는 것을 목적으로 하는 아동복지서비스를 의미한다(김명희, 2006; 한미현 외, 2016 재인용).

시설보호서비스의 개념은 다음과 같이 구분해 볼 수 있다(이소희, 2005; 한미현 외, 2016 재인용).

① **역할론적 개념**: 부모의 역할을 대신하는 대리보호를 의미

② **장소적 개념**: 가정이 아닌 시설이라는 공간에서 이루어지는 시설보호서비스를 의미

③ **시간적 개념**: 시설에 장기간 거주함으로써 이루어지는 시설보호서비스를 의미

④ **형태적 개념**: 아동에 대한 보호가 개별적으로 이루어지는 것이 아니라 집단적으로 이루어지는 것을 의미

⑤ **제도적 개념**: 아동에 대한 보호의 주체가 일반 개인이 아닌 사회 전체임을 의미

(2) 시설보호서비스의 기능

아동복지시설은 그 역할에 따라 다양한 기능을 가지고 있지만 크게 기초기능, 고유기능, 파생기능으로 구분해서 살펴볼 수 있다(주수길 외, 2003; 한미현 외, 2016 재인용). 그 기능을 간략하게 서술하면 다음과 같다.

① **기초기능**

시설보호의 가장 기본적인 기능을 의미하며, 시설이 종래부터 담당해 오던 기능으로 생명보존 활동에 필요한 의식주의 서비스를 지속적으로 제공하는 일상적 보호와 이에 필요한 생활환경의 정비를 수행하는 보호기능, 발달이 다른 아동이 각자의 발달과정에 도달할 수 있도록 지원하는 교육적 기능, 아동이 해결하거나 도달해야 할 생활과제를 설정하여 이를 해결하기 위한 치료・교육・훈련・자립지원 등의 서비스를 제공하는 전문적 기능

을 의미한다(이용주 외, 2016).

② 고유기능

수용보호 중심의 시설에서 아동이 주체적으로 자립생활을 할 수 있도록 하는 기능이다. 아동의 문화생활, 사회참여, 문화적 생활 기반 확충뿐만 아니라 지역사회에 시설을 개방하여 시설과 지역사회의 상호교류를 촉진하여 사회복지센터로서의 역할을 수행하는 문화적 기능을 포함한다. 또한, 아동에 대한 권익을 옹호하고 친권대행, 후견 등을 수행하는 변호적 기능도 포함한다.

③ 파생기능

①의 기초기능과 ②의 고유기능이 상호관계를 유지하면서, 시설이 확충, 강화해 나가야 하는 기능을 의미한다. 단위 시설로는 대처하기 어려운 아동들의 복잡하고 다양한 문제에 대하여 사회적인 지원을 개발・조정하고 네트워크를 통해 해결해 나가는 조정개발기능과 긴급한 상황에 처한 아동에게 일시보호 혹은 단기보호서비스를 제공하여 응급상황을 극복할 수 있도록 지원하는 긴급・단기 지원기능이다.

2) 시설보호서비스의 유형

사회복지시설은 구분하는 기준에 따라 다양하게 유형화할 수 있다. 「아동복지법」에 의하여 설치되는 아동복지시설(「아동복지법」 제52조)을 중심으로 살펴보면 다음과 같이 정리할 수 있다.

① **아동양육시설**: 보호대상아동을 입소시켜 보호, 양육 및 취업훈련, 자립지원 서비스 등을 제공하는 것을 목적으로 하는 시설

② **아동일시보호시설**: 보호대상아동을 일시보호하고 아동에 대한 향후의 양육대책수립 및 보호조치를 행하는 것을 목적으로 하는 시설

③ **아동보호치료시설**: 아동에게 보호 및 치료 서비스를 제공하는 다음 각목의 시설

가. 불량행위를 하거나 불량행위를 할 우려가 있는 아동으로서 보호자가 없거나 친권자나 후견인이 입소를 신청한 아동 또는 가정법원, 지방법원소년부지원에서 보호위탁된 19세 미만인 사람을 입소시켜 치료와 선도를 통하여 건전한 사회인으로 육성하는 것을 목적으로 하는 시설

나. 정서적・행동적 장애로 인하여 어려움을 겪고 있는 아동 또는 학대로 인하여 부모로부터 일시 격리되어 치료받을 필요가 있는 아동을 보호・치료하는 시설

④ **공동생활가정**: 보호대상아동에게 가정과 같은 주거여건과 보호, 양육, 자립지원 서비스를 제공하는 것을 목적으로 하는 시설

⑤ **자립지원시설**: 아동복지시설에서 퇴소한 사람에게 취업준비 기간 또는 취업 후 일정 기간 동안 보호함으로써 자립을 지원하는 것을 목적으로 하는 시설

⑥ **아동상담소**: 아동과 그 가족의 문제에 관한 상담, 치료, 예방 및 연구 등을 목적으로 하는 시설

⑦ **아동전용시설**: 어린이공원, 어린이놀이터, 아동회관, 체육・연극・영화・과학실험전시시설, 아동휴게숙박시설, 야영장 등 아동에게 건전한 놀이・오락, 그 밖의 각종 편의를 제공하여 심신의 건강유지와 복지증진에 필요한 서비스를 제공하는 것을 목적으로 하는 시설

⑧ **지역아동센터**: 지역사회 아동의 보호・교육, 건전한 놀이와 오락의 제공, 보호자와 지역사회의 연계 등 아동의 건전육성을 위하여 종합적인 아동복지서비스를 제공하는 시설

⑨ **아동보호전문기관**

⑩ **가정위탁지원센터**

3) 통합 및 추가 시설

또한 「아동복지법」(제52조 제2항)에서 아동복지시설에 대한 통합 설치조항을 두었다. 그리고 제52조 제3항에서는 다음 시설에 대한 사업의 추가사항을 규정하였다.

① **아동가정지원사업**: 지역사회아동의 건전한 발달을 위하여 아동, 가정, 지역주민에게 상담, 조언 및 정보를 제공하여 주는 사업

② **아동주간보호사업**: 부득이한 사유로 가정에서 낮 동안 보호를 받을 수 없는 아동을 대상으로 개별적인 보호와 교육을 통하여 아동의 건전한 성장을 도모하는 사업

③ **아동전문상담사업**: 학교부적응아동 등을 대상으로 올바른 인격형성을 위한 상담, 치료 및 학교폭력예방을 실시하는 사업

④ **학대아동보호사업**: 학대아동의 발견, 보호, 치료 및 아동학대의 예방 등을 전문적으로 실시하는 사업

⑤ **공동생활가정사업**: 보호대상아동에게 가정과 같은 주거여건과 보호를 제공하는 것을 목적으로 하는 사업

⑥ **방과 후 아동지도사업**: 저소득층 아동을 대상으로 방과 후 개별적인 보호와 교육을 통하여 건전한 인격형성을 목적으로 하는 사업

「아동복지법」 제52조에서 규정하고 있는 아동복지시설 중 공동생활가정(그룹홈)은 2016년 현재 전국에 510개소가 설치되어 운영 중이며, 1,514명의 종사자가 2,758명(남자 1,444, 여자 1,314)의 아동을 보호하고 있다.

2. 시설보호아동의 특성

일반적인 가정에서 성장하는 아동들에게 가정환경은 아동의 발달에 매우 중요한 영향을 미친다. 그러나 가정에서 생활하는 대신 시설에서 성장하는 시설보호아동에게는 가정을 대신하여 아동의 발달에 긍정적인 영향을 줄 수 있는 환경의 제공이 매우 중요하다고 할 수 있다.

가정환경이 아동에게 미치는 중요성에 대해서 보울비(Bowlby, 1989)는 아동의 지적·정서적·사회적 발달에 영향을 주는 대부분의 조건이 모성과 직결되어 있기 때문에 모성의 존재와 양육태도, 애정 및 언어모델은 아동의 발달 특성을 결정하는 중요한 변인들이라고 하였다(김주아 외, 2012). 또한 시설보호아동의 대부분은 유아기 혹은 아동기에 부모와의 분리 경험을 하며, 환경적인 면에서도 일반가정 아동보다 학습조건, 물리적·정서적·사회적 환경에서 양적·질적인 면이 결핍된 상태라고 할 수 있다(김주아 외, 2012).

1990년대 이후 시설아동의 발달 현황이나 시설아동이 겪는 어려움이 연구쟁점으로 부각되기 시작하여, 시설아동들이 보호시설에서 오랜 기간 생활하면서 겪는 다양한 어려움이 보고되기 시작하였다(김경희 외, 2009).

이러한 연구결과에 따르면 아동보호시설에서 생활하는 아동들의 구성 변화는 과거에는 주로 부모가 없는 고아들을 수용하였으나, 최근에는 부모가 생존해 있음에도 불구하고 시설에서 생활하는 아동의 수가 점차 증가하고 있다. 1999년 보건복지부의 통계에 따르면 아동복지시설에 수용되어 있는 아동 중 93.8%가 부 또는 모가 생존해 있는 것으로 나타났다.

또한 가족해체로 인해 시설에서 보호받고 있는 유아 및 초등학교 저학년 아동을 대상으로 이들의 발달 및 적응 특성에 관한 연구의 결과, 시설보호 유아의 발달 및 적응과 관련된 위험요인이 다수 발견되었다(이순형 외, 2006).

먼저 사회적 기술의 측면을 살펴보면, 시설보호아동은 협동, 자기주장성 및 자아통제에 있어 일반아동에 비해 낮은 수준의 점수를 보였으며, 타인의 정서 상태를 이해하는 정서조망 능력이 낮은 것으로 나타났다(권세은, 2002; 이순형 외, 2006). 그리고 시설에서 생활하고 있는 초등학교 저학년 아동은 초등학교 입학 초기에 학교생활에 적응하는 데 어려움을 보이고, 그중에서도 또래관계의 문제가 큰 것으로 나타났다(성미영 외, 2001; 이순형 외, 2006).

3. 선진국 시설보호의 동향

페코라, 휘태커, 말루치오와 바쓰(Pecora, et al, 2019)에 의하면, 아동보호의 형태는 자신의 가정 외부에서 24시간 주거보호를 받으면서 생활하는 아동의 71.4%는 위탁가정, 18.6%는 그룹홈, 치료시설, 임시보호시설, 10%는 기타 시설에서 생활하고 있다(정익중 외, 2021).

지역사회에 기초한 위탁가정에로의 전환은 20세기 초로 거슬러 올라가며, 시설보호원칙으로부터의 이탈이었다. 1980년 이후 시설보호로부터 가정위탁보호로의 전환은 위탁아동을 위한 영구가정을 찾아주려는 운동과 병행하였다. 가정위탁 보호아동은 1962년의 272,000명에서 1972년에는 319,800명, 1977년에 500,000명으로 증가하였고, 1983년에는 다시 269,500명으로 감소하였으나 이후에 다시 증가하여 1991년에 429,000명, 1995년에는 500,000명 수준을 다시 능가하였다. 특히 1983년 이후의 증가현상은 가정재결합이 영구배치계획에서 중요한 목표가 되었기 때문이다. 1990년 당시 미국에서 가정위탁보호는 아동보호의 형태에서 74.5%, 그룹홈은 16.4%로서 절대 다수를 차지하고 있다(NASW, 1995: 383). 「사회보장법」에 의하여 1985년 이후 지속적으로 증가하는 추세이며, 1999

년 현재 가정위탁보호지원금을 받는 아동은 308,300명, 입양가정지원금을 받는 아동은 150,200명으로 추정되고 있다.

18세 미만 아동을 위한 아동복지시설의 활용 비율은 1933년부터 1973년 사이에 48% 감소하였다. 더욱 중요한 것은 아동을 위한 시설이 일반적 주거 목적보다는 특수한 문제를 지닌 아동에 초점을 맞추고 있다는 것이다. 영국에서는 1946년 커티스위원회의 보고서가 출간된 이후 요보호아동을 위한 대체서비스 중에서 가정보호가 시설보호보다 우월하다는 인식이 확산되면서 시설보호는 감소되고 가정위탁보호는 증가하였다. 또한 시설보호에서도 그 기능과 형태가 다양하게 변화하였다. Wagner 보고서(Wagner Report, 1988: 96-97)에 의하면, 시설보호는 임시보호, 영구적 가정배치를 위한 준비, 가족관계의 유지, 안전과 통제, 치료의 제공 등의 기능을 가지며, 그 유형은 지역사회에 기반을 둔 주거홈, 특수학교, 교호시설, 요양홈과 같은 의료시설 등으로 분류되고 있다.

영미의 시설보호의 변화는 다음과 같이 평가할 수 있다. 제2차 세계대전 이후 탈시설화와 관련된 시설의 개념으로 1950년대부터 약 20년간 중간시설의 개념이 사용되었으나 그 후 지역사회에서의 주거와 보호를 위한 다양한 형태의 시설들이 개발되면서 중간시설의 개념보다는 다양한 시설의 새로운 용어들이 사용되고 있다. 아동복지 분야에서는 특수시설 등 다양한 기능의 시설들이 발전하고 있다. 지역사회의 거점 서비스로서 아동관(children's center)은 Sure Start 프로그램을 중심으로 아동보호, 조기교육, 방과 후교육, 가족지원 등의 서비스를 제공하는 서비스 제공의 중심축으로서의 역할을 수행하고 있다(정익중 외, 2021).

사회복지시설의 발달과정을 평가해보면 다음과 같은 변화가 나타났다. 첫째, 소규모시설을 향한 변화가 있었다. 대규모 시설들은 감소하고 소규모의 시설로 나뉘거나 새로운 형태의 소규모시설들이 설립되었다. 둘째, 서비스 내용에 있어서 다양한 보호서비스의 분화가 있었다. 수용시설은 인구 대상별로 다양한 욕구에 대응하는 특수목적의 시설들로 전환되거나 새로운 형태의 기능과 목적을 가진 시설들이 설립되었다. 셋째, 시설의 변화는 운영 주체의 다원화와 함께 진행되고 있다. 공공부문이 직접 운영하는 시설이 감소하였고, 민간의 비영리·영리기관들이 새로운 형태 시설의 운영 주체로서 등장하고 있다. 넷째, 재정부문에서 민간부문의 참여가 확대되면서 서비스 계약방식으로 공공기관이 민간시설의 운영을 지원하고 있고 이러한 내용이 법률상의 제도에 반영되어 있다. 다섯째, 지역사회의 거점 서비스 제공은 저소득층을 대상으로 하되 일반아동을 포함하는 보편적 서비스를 제공하며 아동보호와 교육, 건강, 상담 등 포괄적 서비스를 제공하는 경향이 있다.

탈시설화를 가져온 사회환경적 요인은 영미에서 공통적으로 나타나고 있는데, 그것은 인도적 차원의 시설문제가 사회적 쟁점으로 등장함으로써 개혁이 시작되었다는 점이다. 그리고 정치적 스펙트럼의 차이에 관계없이 탈시설화는 지지를 받았다는 점이다.

운영 주체에 있어서는 공공시설 외에 민간의 비영리시설, 영리시설이 발전하고 있다. 영국의 경우는 지방정부가 제2차 세계대전 이후 시설을 설립하고 직접 운영하여 왔으나, 최근에는 민간 비영리조직, 영리조직에 의한 운영이 증가하고 있다. 민간부문은 1990년의 「커뮤니티케어법」에 의한 정부의 장려정책에 의하여 증가하고 있고 장차 시설공급의 가장 큰 부분으로 등장하고 있다. 지방정부 사회서비스국이 서비스 제공자로부터 매니저로 그 역할이 변화하면서 과거 지방정부 운영의 시설들이 감소하였으며, 현재 시설의 90%가 등록된 민간 비영리, 영리기관, 소규모 등록홈에 의하여 운영되고 있다(정익중 외, 2021).

미국의 경우는 대부분 민간기관을 중심으로 운영되고 있으며, 연방 정부와 주정부가 이를 지원하는 체계로 되어있다. 민간부문의 영리기관과 비영리기관은 서비스 제공의 직접적인 책임을 갖는 운영 주체다.

4. 시설보호아동의 지원 서비스

우리나라의 아동보호사업은 한국전쟁 이후 수많은 전쟁고아와 기아・미아들을 수용해야 했던 사회적 요구로 인하여 시설보호중심의 서비스를 전개하면서 그 수가 증가되어 오다가 1970년대 이후 인구학적・사회환경적 요인의 변화로 아동 수용시설과 수용아동의 수가 점차 감소되어 왔다. 뿐만 아니라 과거에 아동복지시설에 속하였던 직업훈련시설, 아동단기보호시설, 아동복지관은 지속적인 감소 추세 속에 2012년 개정 「아동복지법」에 따라 아동복지시설의 종류에서 삭제되었다.

아동인구의 절대수 감소와 기아・미아 발생의 감소로 일반적인 보호양육 목적의 양육시설은 앞으로도 줄어들 전망이다. 그러나 특별한 욕구와 문제를 가진 보호 아동은 증가 추세에 있으므로 특수기능의 아동복지시설에 대한 수요는 증가할 것이다.

아동복지생활시설에 대한 최근의 실태조사에서 보호아동의 가족관계를 보면, 부모가 있는 아동이 대다수를 차지하고 있다. 따라서 아동에 대한 가족과의 연계강화가 중요한 문제임을 확인할 수 있다. 양육시설의 주거형태에 있어서는 아직도 많은 시설이 집단기숙사 형태를 취하고 있어 집단수용에서 벗어나지 못하고 있다. 그러나 그룹홈의 증가와 아울러 소숙사의 형태로 점차 주거형태의 바람직한 변화가 이루어지고 있음이 나타나고 있다(정익중 외, 2021).

1) 시설보호아동의 발생원인

(1) 시설아동의 발생원인

보건복지부의 통계자료 2021년 요보호아동 현황의 자료를 살펴보면, 다음과 같다.

> 보호대상아동이라 함은 보호자가 없거나 보호자로부터 이탈된 아동 또는 보호자가 아동을 학대하는 경우 등 그 보호자가 아동을 양육하기에 적당하지 아니하거나 양육할 능력이 없는 경우의 아동을 말한다(「아동복지법」 제3조 제4호).

2021년 신규 보호대상이 된 아동은 3,657명으로, 2020년 4,120명에 비해 463명이 감소하였다. 매년 보호조치를 받는 아동은 전체 아동의 약 0.05% 수준으로 유지되고 있다. 보호대상아동 총 3,657명 중 남아는 1,852명(50.6%), 여아는 1,805명(49.4%)으로, 남녀 비율 차이는 전년도('20.12월말 기준) 6.2%p에서 1.2%p로 줄어들었고, 이들 중 140명(3.8%)은 장애아동으로 보고되었다.

보호대상아동 발생원인은 ① 학대(1,733명, 47.4%), ② 부모이혼 등(417명, 11.4%), ③ 미혼부모・혼외자(379명, 10.4%), ④ 부모사망(297명, 8.1%), ⑤ 비행・가출・부랑(289명, 7.9%) 순이었다.

최근 5년간 발생원인으로 학대 비율*은 계속 증가하는 추세이고, 유기, 미혼부모・혼외자 비율은 감소하고 있는 것으로 나타난다.

> * 아동학대 비율
> ('17) 35.0% → ('18) 36.1% → ('19) 36.7% → ('20) 42.9% → ('21) 47.4%

출처: 보건복지부(2022).

보호대상아동에 대한 보호조치 유형으로는 시설입소가 2,308명(63.1%)이고, 가정보호는 1,349명(36.9%)이었다.

시설입소 인원은 ① 양육시설 1,116명(48.4%), ② 공동생활가정 549명(23.8%),

③ 보호치료시설 282명(12.2%), ④ 일시보호시설 245명(10.6%) 등 순으로 많았다.

가정보호 아동 수는 ① 가정위탁 1,123명(83.2%), ② 입양 전 위탁 151명(11.2%), ③ 입양 75명(5.6%)이었다.

(양육시설) 보호대상아동에 보호, 양육 및 취업훈련, 자립지원 서비스 등 제공 시설 **(공동생활가정)** 가정과 같은 주거여건과 보호, 양육, 자립지원 서비스 제공 시설 **(보호치료시설)** 불량(우려) 아동에 대한 치료・선도 및 정서적・행동적 장애아동・학대피해아동을 일시격리하여 아동을 보호・치료하는 시설 **(일시보호시설)** 보호대상아동을 일시보호하고, 향후 양육대책수립 및 보호조치 수행 시설(「아동복지법」 제52조 참고)

참고

우리 사회의 급변하는 인구・사회적 여건과 정책 환경 변화에 따라 아동복지시설의 기능과 역할 전환에 대한 필요성이 꾸준히 제기돼 왔다. 최근 보호대상아동 수 감소로 그 요구가 커지고 있다.

보건복지부 최근 자료에 따르면, 2018년 말 기준 아동 정원 대비 현원 비율 아동양육시설이 약 70%, 공동생활가정이 약 75% 수준이다.

한국보건사회연구원(원장 조흥식)이 지난 9일 발간한 '보건복지 ISSUE & FOCUS' 제394호는 '보호대상아동의 특성 및 정책 환경 변화에 따른 아동복지시설 기능 전환의 방향성'을 담았다.

과거에는 보호자가 없는 보호대상아동이 많았으나 인구・사회・경제적 변화로 부모가 생존해 있음에도 시설에 입소하는 아동의 비율이 증가하고 있다.

또한, 아동복지시설 아동의 69.9%가 주의력 결핍 과잉행동 장애(ADHD), 외상 후 스트레스 장애(PTSD), 우울증, 학습장애, 분노조절장애, 품행장애, 말더듬(언어장애) 등의 증상을 보이는 등 전문 치료를 필요로 하는 아동의 비율도 증가 추세다.

◇ 시설 1개당 평균 보호대상아동 수 아동양육시설 46.1명

2018년 말 기준, 전국에 ▲ 아동양육시설은 241개 ▲ 아동일시보호시설은 12개 ▲ 자립지원시설은 12개 ▲ 아동보호치료시설이 11개 ▲ 공동생활가정은 558개다.

시설 1개당 평균 보호대상아동 수는 ▲ 아동양육시설 46.1명 ▲ 아동보호치료시설 40.6명 ▲ 아동일시보호시설 22.7명 ▲ 자립지원시설 18.9명 ▲ 공동생활가정 3.1명.

시설 공급의 지역 편차가 큰 것으로 나타났다. 아동양육시설과 공동생활가정으로 쏠림이 심하고 아동보호치료시설, 자립지원시설, 아동일시보호시설은 미설치 지역이 많은 상황이다.

임성은 부연구위원은 "기초자치단체별로 아동보호 인프라가 완비되지 않거나 예산상의 이유로 지역별 '칸막이'가 있어 아동보호에서 격차와 차별이 발생한다"면서 "유엔 아동권리위원회의 권고에도 불구하고 우리나라는 가정보호가 활성화될 수 있는 여건이 마련되지 못해 여전히 시설보호에 의존할 수밖에 없는 상황도 문제"라고 지적했다.

◇ 아동복지시설 기능 전환 '아동·가족 중심 서비스 제공' 원칙 제시

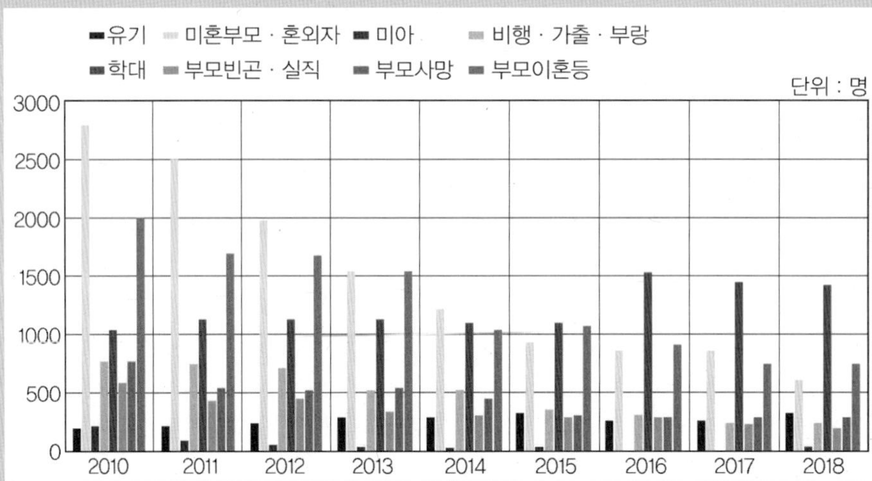

[그림 12-1] 보호대상아동 발생 원인 추이(2010~2018년)

자료: 통계청. KOSIS 국가통계포털, 보호대상아동 현황보고

해당 보고서는 아동복지시설 기능 전환의 원칙과 방향성에 대해 제시했다.

첫 번째 원칙은 아동·가족s 중심 서비스 제공. 입양을 제외한 가정외보호는 원가정 복귀를 위한 '일시적인 보호'임에도 대부분의 아동이 보호종료 연령에 도달할 때까지 장기간 시설보호를 받고 있어 본래 목적에 부합하는 방향의 기능 정립이 필요하다는 것이다.

두 번째 원칙은 전문성 강화. 보고서는 연령, 특별한 치료나 보호의 필요 여부, 보호 기간 등 다양한 아동의 특성을 반영한 아동보호가 가능하도록 시설의 기능을 '세분화·전문화'해야 한다고 제언했다.

그리고 아동·가족의 욕구에 부합하는 서비스 제공을 위해 전문성 기반의 '체계화된 사례관리'를 실시해야 한다고 지적했다. 전문적인 서비스 제공을 위해 종사자 '자격 기준'이 강화돼야 하고, 종사자 역량 강화를 위해서는 종사자 '교육·훈련'이 체계적으로 제공될 필요가 있다는 것이다.

세 번째 원칙은 단계적 전환. 아동복지시설의 기능 전환은 단기 및 중장기적으로 이루어질 필요가 있다는 것이 보고서의 지적이다. 지방이양사업의 특성상 예산으로 인해 지역별 시설 공급 및 서비스 제공에 '격차'가 발생하는 것을 해소할 필요가 있으며, 장기적으로 아동의 가정외보호는 국고보조사업으로 전환해 거주 지역에 상관없이 아동보호의 '형평성'을 보장해야 한다는 것이다.

임 부연구위원은 아동복지법상 아동복지시설 유형과 기능 일부 개정을 제시했다. "'아동양육시설'은 단기적으로 현재와 같이 보호대상아동에게 보호, 양육 및 취업훈련, 자립 지원 서비스 등을 제공하는 것을 목적으로 하는 시설로 규정하되, 자립지원시설에서 수행하는 기능을 추가할 것"을 제언했다.

또한 "보호대상아동 중 학대피해아동이 증가하고 있으므로 현재의 '아동일시보호시설'과 공동생활가정 중 '학대피해아동쉼터'는 '아동일시보호시설'로 일원화할 것"을 주문했다.

지역사회 중심의 관련 기관 간 연계 활성화 및 협업 체계 구축도 필요하다. 임 부연구위원은 "현재와 같이 시설의 종사자(주된 양육자)에게 모든 역할과 책임을 떠맡기는 구조의 적합성 여부를 판단할 필요가 있다"고 강조했다.

베이비뉴스 권현경 기자, 2020.11.12.

5. 아동시설보호의 문제

우리나라 아동복지시설의 문제점은 다음과 같이 지적할 수 있다(김응석, 1995). 첫째, 환경변화에 대응한 시설수급이 이루어지지 못하고 있다. 아동의 절대인구 감소와 더불어 전통적 의미의 보호대상아동은 감소하고 있고, 부모의 이혼, 별거, 가출에 의한 보호아동과 비행, 가출, 정서장애 등으로 인한 특수보호를 필요로 하는 아동은 증가하고 있으나 이에 대비한 적절한 대책이 마련되지 못하였다.

둘째, 시설보호의 전문성이 부족한 것으로 나타나고 있다. 아동의 욕구에 대응한 전문적 서비스와 프로그램이 부족하고 사회복지사자격을 갖춘 종사자가 제한되어 있어 전문적 보호를 제공하는 데 한계가 있다.

셋째, 시설주거환경의 집단성과 폐쇄성의 문제가 있다. 최근 시설의 형태가 집단기숙사 형태에서 공동생활가정(그룹홈) 형태로 변화되고 있으나 아직도 많은 비율이 집단기숙사 형태를 취하고 있다. 그리고 지역사회와 멀리 떨어진 곳에 위치하고 있는 시설은 지역사회와의 통합에 장애가 되고 있다. 특히 보호치료시설의 경우 폐쇄적인 운영이 문제가 된다.

넷째, 시설운영을 위한 정부지원체계가 불합리하다. 아동시설에 대한 재정지원이 지방이양정책으로 지방정부의 책임하에 이루어지게 되었다. 그러나 재정자립도가 낮은 지방정부는 시설에 대한 충분한 재정지원이 어려워 시설운영의 지역 간의 격차가 심화되는 경향이 나타나고 있다. 그리고 입소인원 비례의 지원방식은 시설 수용아동이 적을수록 운영에 어려움을 겪게 되고, 이러한 점은 시설운영의 소규모화를 역행하는 요인이 된다.

참고 그룹홈

그룹홈은 문제행동이나 치료의 목적 때문에 부모가 적절히 돌볼 수 없는 아동 청소년을 대상으로 공동생활가정에서 계획된 프로그램과 특별한 서비스를 결합하여 지역사 회 경험의 기회, 지속적인 보호와 치료를 제공하는 곳이다. 그룹홈은 또래집단 내의 상호작용을 통하여 바람직하지 못한 행동들을 조절하고 수정하도록 돕는 장점이 있으며, 특히 청소년들을 위한 치료적 잠재능력을 갖고 있다. 또한 그룹홈은 소집단이기 때문에 아동에 대한 개별처우가 가능하고, 지역사회 안에서 아동의 생활경험을 풍부하게 하고, 일반가정의 아동이 경험하는 것과 유사한 경험을 하게 하며, 아동의 문제행동을 수정하고 통제하는 데 소집단의 상호작용이 제공될 수 있다는 점에서 가정위탁보호보다 유리한 측면이 있다고 보고 있다(Kadushin & Martin, 1988).

우리나라에서 그룹홈은 5인을 표준으로 하여 7인 이내의 아동이 공동생활하는 주거보호시설이다. 보건복지부에서 보호자 인건비와 관리운영비 등을 지원한다.

6. 시설보호아동을 위한 복지정책 및 실천

1) 시설보호아동의 입소

요보호아동이 아동복지시설에 입소하는 경로는 **그림 12-2**와 같다. 일반적으로 아동의 부모, 후견인, 보호자가 아동상담소(아동복지센터) 등의 기관에 직접방문하거나 전화상담을 실시한다. 이후 상담원의 개별상담을 통하여 적합성의 유무를 판단하게 되고, 적합하다고 판정되면 서류를 제출하고 생활관에 입소하여 일시보호를 받게 된다. 이후 아동복지시설에 배정되기까지 각종 상담과 심리검사, 건강진단, 학습지도, 생활지도를 받는다.

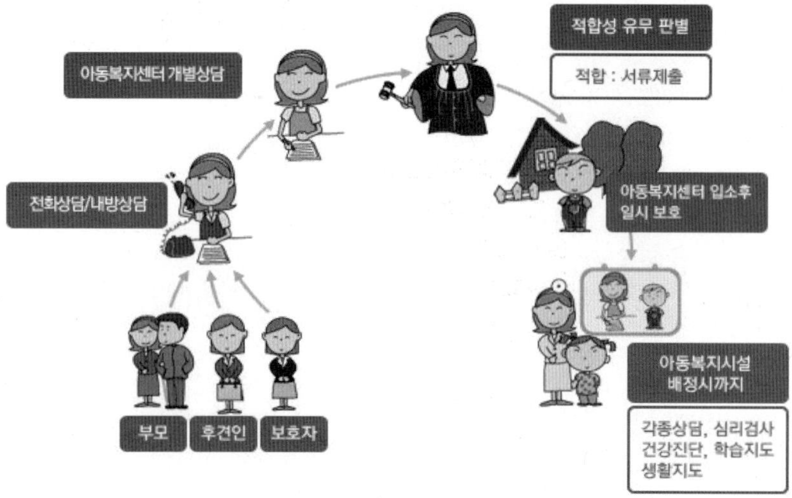

[상담 후 적합 판정 결과]

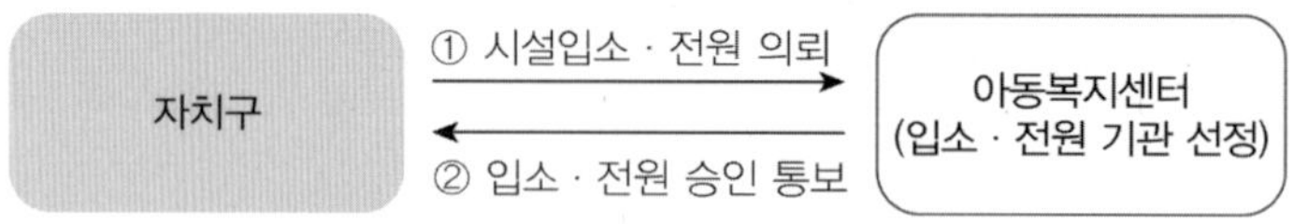

[그림 12-2] 시설보호사업 대상 아동의 입소 처리도

출처: 서울특별시 아동복지센터 홈페이지(2022).

아동상담소(아동복지센터)에서 상담 후 아동보호시설 입소 적합 판정을 받게 되면 아동상담소는 소속 지방자치단체의 가족상담관에게 아동복지시설의 배정을 의뢰하게 된다. 가족상담관은 해당 시・군・구의 사회복지과에 아동복지시설 배정을 통보하게 되며, 사회복지과는 아동복지시설에 해당 아동의 배정을 통보하고, 아동상담소는 일시보호 중인 아동을 아동복지시설에 인계하게 된다.

2) 시설보호아동의 퇴소

(1) 시설아동을 위한 자립지원 서비스

시설에서 보호되는 아동들은 일정한 기간이 지나면 보호시설에서 퇴소해야 한다. 「아동복지법」 제16조에 의한 퇴소 규정은 다음과 같다.

아동복지법 제16조(보호대상아동의 퇴소 조치 등)

- 제15조 제1항 제3호부터 제5호까지의 보호조치 중인 보호대상아동의 연령이 18세에 달하였거나, 보호 목적이 달성되었다고 인정되면 해당 시·도지사, 시장·군수·구청장은 대통령령으로 정하는 절차와 방법에 따라 그 보호 중인 아동의 보호조치를 종료하거나 해당 시설에서 퇴소시켜야 한다. 〈개정 2016.3.22.〉
- 제1항에도 불구하고 제15조에 따라 보호조치 중인 아동이 다음 각호의 어느 하나에 해당하면 시·도지사, 시장·군수·구청장 또는 아동복지시설의 장은 해당 아동의 보호기간을 연장할 수 있다.
  1. 「고등교육법」 제2조에 따른 대학 이하의 학교(대학원은 제외한다)에 재학 중인 경우
  2. 제52조 제1항 제1호의 아동양육시설 또는 「근로자직업능력 개발법」 제2조 제3호에 따른 직업능력개발훈련시설에서 직업 관련 교육·훈련을 받고 있는 경우
  3. 그 밖에 각종 아동복지시설에서 해당 아동을 계속하여 보호·양육할 필요가 있다고 대통령령으로 정하는 경우

2016년의 경우 281개소의 시설에서 4,774명이 퇴소하였다. 이러한 아동들을 대상으로 자립할 수 있도록 아동자립지원단[1)]을 설치 운영하고 있다.

아동자립지원단은 「아동복지법」[시행 2014.9.29. 법률 제12361호, 2014.1.28. 일부개정]의 제40조[2)]에 의거 아동복지시설 및 가정위탁 서비스를 받고 있는 아동들의 자립준비와 아동의 진학, 주거, 생활, 기술, 취업 등 퇴소준비 및 퇴소 후 위기사례관리를 위한 전문적이고 체계적인 서비스를 지원함으로써 안정적인 사회적응과 자립을 통한 건전한 사회구성원을 양성하는 데 목적을 두고 있다.

자립지원의 의미는 보호대상아동의 위탁보호 종료 또는 아동복지시설 퇴소 이후 자립에 필요한 주거·생활·교육·취업 등의 지원, 자립에 필요한 자산의 형성 및 관리 지원(자산형성 지원), 자립에 관한 실태조사 및 연구, 자립지원 대

---

1) 1993년 한국아동복지 연합회에서 자립지원사업을 위탁하여 운영하였으나, 2012년 한국보건복지 인력개발원으로 위탁기관이 변경되어 아동복지협의회 자립지원센터는 폐지되고 아동자립지원단으로 바뀌게 되었다.

2) 제40조(자립지원전담기관의 설치·운영 등) 국가와 지방자치단체는 자립지원 관련 데이터베이스 구축 및 운영, 자립지원 프로그램 개발 및 보급, 사례관리 등의 업무를 전담할 기관을 설치·운영하거나, 그 운영의 전부 또는 일부를 법인, 단체 등에 위탁할 수 있다.

상아동의 사후관리체계 구축 및 운영, 자립생활 역량강화를 위한 프로그램 개발 및 운영, 아동복지시설 및 가정위탁지원센터의 종사자에 대한 자립지원 관련 교육, 자립에 필요한 자립정착금의 지원 등을 포함한다(「아동복지법」 제38조).

또한 자립지원 대상아동의 범위를 확대하여 대리양육 또는 가정위탁보호 중인 아동, 아동복지시설에서 보호 중인 아동, 가정위탁보호가 종료되거나 시설에서 퇴소한 지 5년이 지나지 아니한 아동 등을 포함한다(「아동복지법 시행령」 제38조).

구체적인 자립지원제도를 살펴보면 경제적인 지원을 위하여 보호 종료 후 자립정착금을 지급하고 있다. 지방자치단체에 따라 대부분 1인당 500만 원을 지급하고 있으나, 대구, 인천 등은 300만 원을 지원하고 있다. 또한 임대주택을 공급하거나 공동생활가정(그룹홈) 입주를 지원하고 있다.

(2) 자립지원 표준화 프로그램(Ready? Action!) – 아동자립지원단

목적	• 보호기간 중 체계적이고 지속적인 프로그램 보급을 통해 자립 지원의 효율화 및 내실화 제고 • 보호 종료 전 보호아동에 대한 적절한 예방적 서비스 제공을 통해 아동복지증진 및 삶의 질 향상
추진방향	• 현장 속에서 이루어지는 생활 중심 서비스 • 삶을 영위하는 데 필요한 전반적인 기술 습득을 위한 통합적인 서비스 • 단계별 프로그램 및 사례관리를 통한 맞춤형 서비스
프로그램 구성/대상	• Ready?: 보호 중인 아동 • Action!: 보호 종료 아동

① Ready Action 자립지원 프로그램의 핵심가치

- R: Real – 자립지원 프로그램은 삶 그 자체이다. 실제적이고 현실적인 삶의 지식과 지혜이다.
- E: Experience – 자립지원 프로그램은 경험이다. 경험과 체험이 프로그램 참여방법이고 수단이다.
- A: Aim – 자립지원 프로그램은 목표가 분명하다. 목표지향적인 프로그램 계획이 필요하다.
- D: Duty – 자립지원 프로그램은 의무이다. 의무와 책임은 자립의 기본 요건이다.
- Y: Year – 자립지원 프로그램은 년 단위 프로그램이다. 1년을 주기로 계획하고 실행하며 평가한다.
- A: Active – 자립지원 프로그램은 자발적이고 능동적이다. 자발성과 능동성은 자립의 중요한 요소이다.
- C: Case management – 자립지원 프로그램은 지속적인 사례관리이다. 변화를 주시하고 지속적인 관심을 유지해야 한다.
- T: Training – 자립지원 프로그램은 훈련과 연습이다. 반복되는 훈련과 연습이 자립을 앞당긴다.
- I: Individual – 자립지원 프로그램은 개별화가 중요하다. 자립 자체가 개별적인 문제이다.
- O: Opportunity – 자립지원 프로그램은 기회이다. 자립을 준비하고 실제 자립할 수 있는 좋은 기회이다.
- N: Network – 자립지원 프로그램은 인맥을 형성한다. 인적 자원은 자립의 중요한 지지체계이다.

② 프로그램의 구성

Ready? **미취학부터 보호 종료 전까지 자립준비 프로그램**(8대 영역)			
Level 1 **미취학 ~ 초2**	Level 2 **초3 ~ 초6**	Level 3 **중1 ~ 중3**	Level 4 **고1 ~ 퇴소 전**
• 기초학습지도 • 독서지도 • 원가족 유대 강화 • 집단 프로그램	• 심리 · 정서 지지체계 • 학습지도 · 경제교육	• 진로적성검사 • 자립예비사정 및 계획 • 자립 준비척도	• 자립사정 • 취업 및 진학상담 • 자립 준비척도
• 일상생활기술 • 자기보호기술 • 지역사회지원활용기술 • 사회적 기술	• 일상생활기술 • 자기보호기술 • 돈관리기술 • 사회적 기술 • 진로탐색 및 취업기술	• 일상생활기술 • 자기보호기술 • 지역사회지원활용기술 • 돈관리기술 • 사회적 기술 • 진로탐색 및 취업기술	• 일상생활기술 • 자기보호기술 • 지역사회지원활용기술 • 돈관리기술 • 사회적 기술 • 진로탐색 및 직장생활 기술 • 다시 집 떠나기

Action! **보호 종료 후 자립생활 정착까지의 사례관리 및 서비스 지원 프로그램**	
목표	보호 종료 후 효과적인 사례관리 서비스 지원을 통해 건강한 사회인으로의 자립유도
대상	보호 종료 후 5년 이내 아동
자립점검	• 시기: 매년 1회 • 방법: 자립점검 후 자립지원통합관리시스템 입력 • 내용: 취업, 직업훈련, 주거, 진학, 경제, 생활, 의료, 기타 등

출처: 아동자립지원단(2022).

7. 시설보호서비스의 과제

새로운 시설의 발전은 변화하는 가치와 결합되어 이루어져야 하며, 시설의 운영 방식, 운영 주체, 재정형태, 가족체계와의 관계에도 반영되어야 한다.

1) 시설운영방식으로서 기능의 다양화

사회의 환경변화에 적합한 시설의 기능 조정이 필요하다.

- 인구구조의 변화, 사회복지에 대한 욕구의 변화 등 21세기의 새로운 환경변화에 적합한 복지시설의 기능을 강화하여야 한다.
- 아동인구의 감소하는 추세에 비추어 시설의 기능전환과 목적사업의 변경이 시설에 대한 수요에 맞게 이루어질 수 있어야 한다.
- 새로운 유형의 문제: 아동·청소년의 가출과 비행, 게임중독 등에 대비한 시설의 기능 조정과 배치가 필요하며, 각종 장애아동의 욕구 증가에 대비한 치료와 재활시설의 확충이 필요하다.
- 분야별, 기능별 시설의 적정 수요에 대한 조사가 이루어져야 하며, 이러한 수요 예측에 따른 시설의 적정한 배치가 요구된다.
- 시설의 적정 수요에 따른 시설의 기능 전환과 통폐합이 추진되어야 한다.
- 지역사회에 기초한 소규모 단위 생활시설(그룹홈)의 설치가 쉽게 이루어질 수 있도록 제도적 지원이 필요하다.
- 지역사회의 생활환경과 통합된 시설의 환경을 조성하고, 개방적이고 투명한 운영이 이루어져야 할 것이다.

「아동복지법」에 의한 아동복지시설은 「아동복지법」 제52조에서 아동양육시설, 아동일시보호시설, 아동보호치료시설, 공동생활가정, 자립지원시설, 아동전용시설 등으로 구분되고 있으며, 이러한 시설의 유형은 아동복지시설의 기능 다양화 추세를 반영하고 있다.

현재 정부의 아동복지시설에 대한 정책의 기본방향은 기존 아동복지시설의 고유 목적사업 외에 아동가정지원사업, 아동주간보호사업, 아동전문상담사업, 학대아동보호사업, 공동생활가정사업, 방과 후 아동지도사업 등을 추가하는 아동복지 시설의 기능 다양화를 추진하고 있다. 아동복지시설의 특성과 여건에 따라 보호아동의 보호・양육기능에서 지역사회아동을 위한 종합복지서비스 시설로 운영 가능하다.

2) 시설운영 주체의 다원화

우리나라의 시설운영 주체는 사회복지법인이라는 민간비영리법인 중심으로 운영되고 있고, 그 외 약간의 공공시설, 영리시설, 미신고시설 등이 존재한다. 우리의 실정에서도 시설운영의 합리성과 서비스의 향상, 경쟁력 강화를 위하여 운영 주체의 다원화를 추진하는 것이 필요하다. 운영 주체의 다원화를 가져오기 위해서는 공공운영시설, 비영리법인의 시설, 영리 부문의 시설, 신고에 의한 비영리시설이 공존하는 체제가 되어야 한다. 각각의 운영 주체는 그 특성과 장점이 활용되어야 할 것이다. 공공운영시설은 민간부문이 운영하기 어려운 비행아동보호치료시설 등에서 운영될 필요가 있으며, 민간 비영리 부문과 영리 부문은 그 효율성에 따라 자율적으로 설립되고 운영될 수 있는 제도적 지원이 필요하다.

3) 다양한 재정지원 체계

시설운영에 대한 재정은 공공재정 지원, 계약구매, 서비스이용권(바우처) 제도, 민간재정, 본인이용료부담 등 다양한 재정방법이 활용될 수 있는 제도적 기반이 마련되어야 한다. 공공재정의 지원방법도 운영비에 대한 일괄 지원방식 외에 프로그램에 대한 지원방식, 배합자금방식, 민간서비스의 계약구매방식, 서비스이용권 방식 등 다양한 방식을 개발하여 활용하는 것이 필요하다. 민간재정에서는 1998년부터 사회복지공동모금이 활성화되어 시설운영과 프로그램에 대한 민간재정지원이 활발하게 이루어지고 있다. 또한, 수용인원 비례의 재정지원방식을 개선하여 시설의 대형화를 선호하는 운영이 되지 않도록 하는 것이 필요하다.

4) 생태학적 체계의 강조

새로운 시설의 운영은 지역사회와의 통합이 강화되며, 가족과의 연계프로그램을 활성화하고 가족기능의 회복과 강화를 위한 지원이 강화되어야 한다. 특히 아동의 가정복귀를 유도하고 아동과 가족과의 관계를 유지하고 강화시켜야 한다.

시설은 실패한 가정의 대안이 아니라 위기를 당한 가정의 아동을 위한 일시적 지원을 강조한다. 특히 시설보호의 발전방향으로 생태학적 보호와 가족참여가 강조되고 있다. 생태학적 관점이란 시설보호의 성공이 현재의 문제나 제공되는 치료의 형태보다는 지역사회환경에서 가용한 지지와 관련된다는 것이다. 이 관점은 가정중심적 프로그램과의 일련의 연속선상에 시설보호를 두고 있으며 가족치료, 부모 훈련 등 가족참여를 강조한다.

5) 전문인력 확보와 프로그램의 개발

아동복지시설이 다양한 아동복지서비스를 효과적으로 제공하기 위해서는 훈련된 전문인력과 프로그램의 개발이 필수적이다. 전문인력의 훈련을 위해서는 정부가 보건복지인력개발원 등을 통하여 훈련프로그램을 마련하고 직원이 정기적으로 연수하도록 한다. 또한, 아동복지시설과 서비스센터들이 함께 참여하는 공공연구와 프로그램 개발로 서비스 질의 향상을 기한다.

① 아동보호시설에 대한 연구 및 시설아동에 대한 다양한 연구를[3] 통하여 시설생활에서 오는 부정적인 영향을 최소화하기 위해서는 아동시설의 규모를 축소하여야 한다. 시설규모의 축소는 유엔 아동권리협약의 이행에 대한 책임이기도 하다. 최근 증가하고 있는 공동생활가정(그룹홈)은 시설 소규모화의 대안으로 활용될 수 있을 것이다. 현재 증가하고 있는 공동생활가정(그룹홈)제도를 보다 발전시켜 나아가야 할 것이다.

② 아동에 대한 복지서비스를 담당하는 정부부처는 크게 보건복지부, 여성가족부, 교육부가 관련되어 있다. 이렇게 나누어져 있는 아동 관련 업무는 시설보호아동들에게도 효율적인 서비스를 제공하는 데 많은 문제점으로 지적할 수 있다. 사업 유형별로 나누어진 복지전달체계는 보호아동들의 이익을 최우선으로 하는 방향으로 협력관계의 네트워크를 형성하여야 할 것이다.

③ 시설아동이 퇴소 시 안정된 자립을 할 수 있도록 지원정책을 강화해야 할 것이다. 시설 퇴소 아동들에 대한 연구에[4]의하면 퇴소 아동들은 경제적인 어려움 외에도 심리적·정서적인 불안감을 가지고 퇴소하게 된다. 이러한 시설 퇴소 아동들을 대상으로 경제적으로 현실적이고, 심리적·정서적으로 도움이 될 수 있는 지원에 관하여 많은 연구와 함께 지원정책이 강화되어야 할 것이다.

④ 시설보호서비스는 지역사회의 여건을 고려하여 다기능화해야 할 것이다. 「아동복지법」(제52조 제2항)에서는 아동복지시설에 대한 통합 설치조항을 두었고, 제52조 제3항에서는 시설에 대한 사업의 추가사항을 규정하고 있

---

3) 이은주·박명숙(2016). 양육시설아동들의 인권실태에 관한 탐색적 연구. 아동보호연구. 1; 오정수·이병승(2008). 아동양육시설의 다기능화 조직혁신욕구와 관련 요인분석. 한국아동복지학. 25 외.

4) 강철희(2002). 시설보호아동의 자립실태에 관한 연구. 이화사회복지연구.; 윤명숙·박신애(2014). 퇴소를 앞둔 아동양육시설 청소년의 재분리 준비경험에 관한 질적 사례연구. 한국사회복지학. 66(4) 외.

다. 이러한 규정을 지역의 특성에 맞추어 기능을 더욱 다양화하고 지원할 수 있는 근거를 마련해야 할 것이다.

⑤ 시설아동을 위한 프로그램의 개발과 시설 종사자에 대한 전문성을 확보해야 한다. 연구에 따르면 보호시설(이은주 · 박명숙, 2016)에서 생활하는 아동들은 평균 7~9년간 장기간 시설에서 생활하게 된다. 이러한 현실을 토대로 아동의 발달단계와 지역과 시설의 특수성을 고려한 프로그램의 개발과 프로그램의 효율적인 활용을 위한 시설 종사자의 전문성을 높일 수 있는 방안이 검토되어야 할 것이다.

Chapter

13

아동실종과 아동안전

1. 아동안전사고
2. 아동실종
3. 실종아동의 보호 및 지원
4. 실종아동의 발생 현황
5. 아동실종 후 파생문제
6. 아동안전보호
7. 아동안전보호를 위한 노력
8. 실종아동정책
9. 독일의 안전교육 사례

Chapter 13

아동실종과 아동안전

1. 아동안전사고

인간은 누구나 안전하기를 바란다. 안전에 대한 욕구는 성인뿐만 아니라 아동에게도 중요한 욕구로서, 생리적 욕구와 함께 기본적인 욕구에 해당된다. 아동안전의 개념을 보면, 협의의 개념으로는 아동이 신체적인 상해 없이 건강하게 성장할 수 있는 상태를 말하며, 광의의 개념으로는 정신적·신체적으로 건강한 성장을 할 수 있는 상태를 말한다. 아동은 건강하게 출생하여 건전하게 육성되고 안전한 가정 및 사회생활을 영위할 권리가 있다. 이는 아동복지의 기본적인 이념으로 국제적 아동권리선언에도 잘 나타나 있으며, 「아동복지법」 제1조에서도 "아동이 건강하게 출생하여 행복하고 안전하게 자라나도록 그 복지를 보장함을 목적으로 한다."라고 제시되어 있다.

「헌법」 제10조에는 “모든 국민은 인간으로서의 존엄과 가치를 가지며, 행복을 추구할 권리를 가진다.”라고 되어있다. 국가는 개인이 가지는 불가침의 기본적 인권을 확인하고, 이를 보장할 의무를 지닌다. 아동의 안전은 광범위한 연구대상에 포함되어 있을 뿐, 이에 관련된 법률은 광범위하게 분산되어 있어 혼란을 가중시키고 있다. 따라서 아동의 행복권을 우선으로 하는 「아동복지법」에서의 아동안전에 관한 개정을 위한 논의는 필수적으로 이루어져야 한다.

2005년 한 해 안전사고로 사망한 아동은 755명으로 아동 10만 명당 8.17명이었다. 계획 수립 당시 상황과 비교하면 안전사고로 사망한 아동 수가 5년 만에 약 450%가 감소하는 획기적인 성과를 거둔 것이다. 2010년에는 안전사고로 사망한 아동이 386명으로 아동 10만 명당 4.88명이었다. 10년 만에 약 70%가 감소하여 OECD 2005년 평균보다 낮아졌다. 사망원인별로 살펴보면 교통사고 339명에서 194명, 익사 156명에서 44명, 추락 67명에서 41명, 화재 19명에서 15명으로 2005년에 비해 2010년에 아동안전사고 사망자 수가 급격히 감소하였다. 사망자 수가 OECD 국가 평균수준으로 빠르게 낮아지고 있으나, 주요 국가들과 비교하면 안전사고 사망률을 더욱 감소시켜야 한다. 아동보행안전을 확보하고 교통사고 예방을 위해, 어린이보호구역을 개선하고, 스쿨존캠페인 전개와 보호구역 내 지도・단속활동을 강화하였다. 「도로교통법」을 개정(2006년 6월 시행)하여 특수학교・보육시설 주변까지 어린이보호구역으로 확대하고, 6세 미만 어린이 앞좌석 승차 시 보호장구 착용을 의무화하였다. 물놀이 사고예방을 위해 사고다발지역에 위험지역 안내표지판을 설치하고, 119시민 수상구조대를 운영하여 수천 명의 인명을 구조하는 성과를 거두었다. 또한, 주택난간 설치기준을 강화하여 추락사고를 예방하고, 어린이가 개봉하기 어렵게 설계된 어린이 보호포장 의무화 시행, 바퀴운동화・레이저용품 등 18개 사고 다발용품에 대하여 안전검사의무 대상 및 세관장 확인대상으로 지정되는 등 위해요인에 대한 근본적인 대책을 강구하고 있다.

또한, 아동급식의 안전성 확보를 위해 급식시설 현대화와 위탁급식 직영전환을 추진하고 있으며, 아동 기호식품 제조·판매업소 단속강화 등 불량식품 방지 노력을 하고 있다. 초등학교 안전교육시간 확보(학기당 연간 21~23시간)와 매월 4일 안전점검의 날 운영, 안전체험차량을 이용한 순회 안전교육 실시, 다양한 안전체험 행사 개최, 아동 안전정보 제공 강화 등 안전교육과 안전문화 확산을 추진하고 있다.

현재의 추세를 감안할 때 어린이 안전종합대책의 목표달성은 긍정적이다. 그동안의 노력처럼 아동보호구역 개선, 아동용품 등 위해요소에 대한 안전성 강화, 이동안전 통계시스템 구축 등 분야별 과제를 지속적으로 추진해야 할 것이다. 그러나 어린이 안전종합대책의 목표가 달성되었다고 해서 충분히 아동이 안전한 국가가 되었다라고 평가하기에는 아직 이르다. 아동 10만 명당 안전사고 사망자가 급격히 감소하고 있으나, 이것도 OECD 국가 평균수준의 달성에 불과 한 것이기 때문이다. 빠른 시기 내에 아동안전의 성과가 나타난 점에서 아동안전이 성인의 적극적 관심과 노력에 따라 쉽게 확보할 수 있다는 것을 확인할 수 있었다. 따라서 세계 최고 수준의 스쿨존 만들기, 지역사회 중심 교통예방체험관 설치, 아동통학차량체제 정비, 학교 내 안전교육 강화 등이 지속적으로 추진되어야 한다. 또한 놀이공간의 축소와 인터넷 이용확대, 새로운 아동용품의 출현, 여성의 경제활동 증가로 나홀로 아동의 증가, 인스턴트식품 의존 등에 의한 아동건강 악화 등 아동안전을 위협하는 새로운 요인들은 계속 발생되고 있으므로 아동의 안전한 성장여건을 마련하는 노력은 앞으로도 계속되어야 할 것이다.

이와 더불어 앞으로는 아동연령별 발달수준에 맞는 맞춤형 안전대책을 개발하고 교육해 나가며, 새로운 안전 위협요소들에 대응하여 특히 취약계층 고위험군 아동의 안전한 성장을 위한 집중적인 정책개발과 지원책이 필요할 것이다.

2. 아동실종

가정은 사회구성의 기본단위이며 아동의 건전한 성장발달의 기본토대를 이루고 있으므로, 아동의 안정된 가정생활은 아동복지 실현의 가장 중요한 기초로서 인식되고 있다. 모든 아동은 누구나 건전하고 안정적인 가정환경에서 보호받고 양육되어야 할 권리를 가지고 있다. 하지만 실종은 이러한 안정된 가정생활을 위협하는 가장 심각한 아동안전사건 중의 하나이다. 실종사건의 발생으로 인해 아동이 원가정에서 이탈되면 안전한 양육의 기회를 박탈당하게 된다. 이처럼 정상적인 발달이 이루어져야 할 성장기의 아동이 어떠한 형태로든 자신의 보호자와 헤어지게 되는 것은 아동 자신이나 그 가족에게 큰 충격이 아닐 수 없다. 따라서 실종문제는 아동안전 등 보편적 서비스의 일환으로 철저하게 다루어야 한다.

아동 및 가족의 의사가 전혀 반영되지 않았거나 예상치 못했던 갑작스러운 헤어짐은 그 자체로도 엄청난 심리적·정서적 충격을 불러올 수 있으며, 문제가 해결되지 않고 장기간 지속되면 그 영향은 가정생활과 사회생활에 광범위한 영향을 미치게 된다. 이렇듯 실종아동의 발생은 아동의 정상적인 발달을 저해할 뿐만 아니라 자녀를 잃은 실종아동가정에게도 심각한 영향을 미치게 된다. 실종아동이 발생한 가정은 자녀를 잃어버린 데 따른 충격과 죄책감을 가지며, 이는 부부관계 부모-자녀 관계에도 부정적인 영향을 끼치게 된다. 또한, 실종아동가정은 무엇보다도 실종자녀 찾기를 최우선적으로 진행하게 된다. 이러한 과정이 장기화될수록 실종아동가정은 모든 일상생활을 정상적으로 영위하지 못한 채 경제적으로 곤란을 겪고 대인관계에도 소홀해지는 등 가정생활, 직장생활, 사회생활 전반에 걸쳐 많은 문제를 경험하게 된다. 이러한 문제들이 복합적으로 작용하면 가족관계 마저 흔들려 결국 가정해체로까지 이어질 수 있다. 결국 수많은 노력을 기울여서 실종아동을 찾는다고 하더라도 아동이 돌아갈 수 있는 가정이 없어져 버리게 되는 악순환이 초래될 수 있다(정익중, 2006).

우리나라에서는 실종아동문제가 사회문제로 인식되기보다는 적절한 보호 감독을 제대로 하지 못한 부모 개인의 책임으로 인식되는 경향이 강했으며, 아동학대, 결식 등과 같은 다른 아동 관련 사회문제에 비해서 상대적으로 덜 중요하게 다뤄져 왔고 국가가 적극적으로 대처하지도 못했다. 하지만 실종아동문제는 비단 한 가정의 문제로 끝나는 것이 아니라 사회적 문제로 발전할 수 있다는 데에 그 심각성이 있다. 따라서 대부분의 선진국에서는 실종아동의 발생을 사회적 문제로 인식하고 국가와 민간단체가 이를 해결하기 위해 체계적인 노력을 기울이고 있다.

3. 실종아동의 보호 및 지원

우리나라의 경우도 이 문제에 대해 보다 종합적이고 효과적으로 대처하기 위하여 「실종아동 등의 보호 및 지원에 관한 법률」을 제정하여 2005년 12월 1일부터 시행하고 있다. 이는 실종아동의 발생을 예방하고, 신속한 가정복귀를 도모하기 위한 제도적인 기틀을 마련하고, 아동의 안전하고 건강한 성장을 보장하기 위한 보편적·사회적 인프라를 확대하였다는 점에서 큰 의미가 있다고 하겠다.

「실종아동 등의 보호 및 지원에 관한 법률(약칭: 실종아동법)」 제정 이후 달라진 제도개선 내용을 요약하면 다음과 같다.

첫째, 실종아동 등의 대상을 확대하였다. 법 시행 이전에는 8세 이하 아동을 실종아동 대상으로 하였으나, 이 법에는 14세 미만 아동으로 대상을 확대하고 「장애인복지법」상의 지적장애인, 자폐성장애인, 정신장애인을 새롭게 추가하였다.

둘째, 실종아동 업무를 전담할 실종아동전문기관을 설치하였다.

셋째, 아동, 장애인관련시설에서의 신상카드 송부를 의무화하여 시설보호 대상자 중 보호자가 확인되지 아니한 아동 자료를 전산화하여 실종아동 찾기에 활용될 수 있도록 하였다.

넷째, 경찰의 수색·수시를 의무화하여 경찰의 초동수사가 신속하게 이루어지고 장기실종아동을 위한 적극적인 수사가 이루어질 수 있도록 하였다.

다섯째, 미신고보호행위를 금지하여 개인의 불법 입양이나 미신고시설 등의 아동의 불법보호를 원천적으로 차단하였다.

여섯째, 보호시설에 대한 경찰의 현장조사 권한을 명시화하여 시설에서 거부하는 경우에도 필요한 조사를 실시할 수 있게 하였다.

일곱째, DNA 검사의 법적 근거를 마련함으로써 유전자 검사를 통해 실종아동을 찾을 수 있게 하였으며, 최근 이러한 조치에 힘입어 장기실종아동들이 가정에 복귀하는 비율이 높아지고 있다.

여덟째, 실종아동 등의 조속한 발견과 복귀를 위하여 아동 등의 보호자가 신청하는 경우 아동 등의 지문 및 얼굴 등에 관한 정보를 등록하고, 아동 등의 보호자에게 사전신고증을 발급할 수 있도록 하였다.

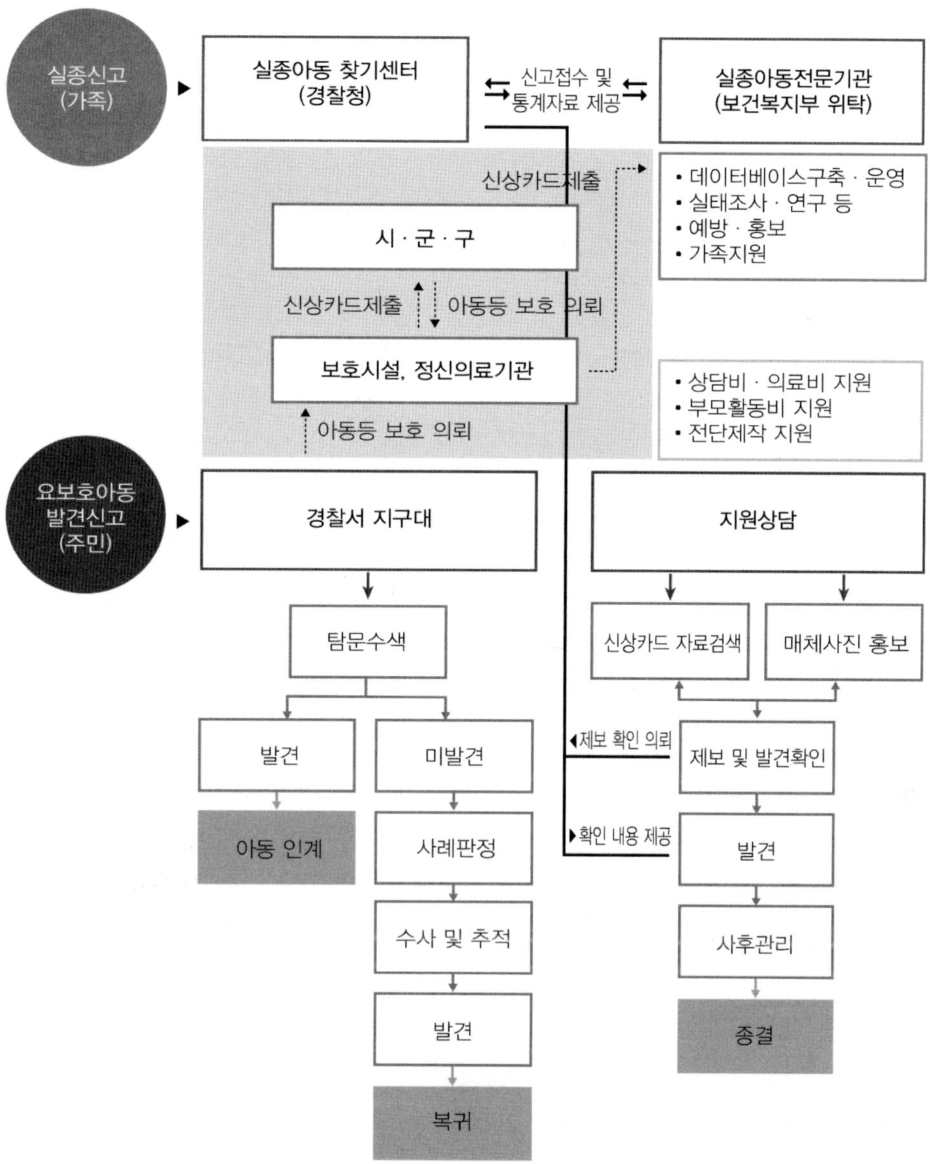

[그림 13-1] 실종아동의 보호 및 지원 절차 체계

출처: 실종아동전문센터 홈페이지(2022).

참고 실종아동법의 핵심내용

- 실종아동 등의 신고접수(법 제3조 제2항 제1호, 제6조 제1항)
  - 실종된 아동 등에 대한 신고. 경찰청 신고체계 구축 및 운영
- 직무상 실종아동 등을 알게 되었을 때는 경찰청장이 구축하여 운영하는 신고체계에 지체 없이 신고하여야 한다.
- 신상카드 송부(법 제6조 제2항, 제3항)
- 지방자치단체의 장이 관계 법률에 따라 아동 등을 보호조치할 때는 아동 등의 신상을 기록한 신고접수서를 작성하여 경찰신고체계로 제출하여야 한다.
  - 보호시설의 장 또는 「정신보건법」 제3조 제5호에 따른 정신의료기관의 장이 보호자가 확인되지 아니한 아동 등을 보호하게 되었을 때는 지체 없이 신상카드를 작성하여 지방자치단체의 장과 전문기관의 장에게 각각 제출하여야 한다.
- 미신고 보호행위의 금지(법 제7조)
- 누구든지 정당한 이유 없이 실종아동 등을 경찰관서의 장에게 신고하지 아니하고 보호할 수 없다.
- 실종아동 등의 조기발견을 위한 사전신고증 발급(법 제7조의2 제1항)
  - 경찰청장은 실종아동 등의 조속한 발견과 복귀를 위하여 아동 등의 보호자가 신청하는 경우 아동 등의 지문 및 얼굴 등에 관한 정보를 등록하고 아동 등의 보호자에게 사전신고증을 발급할 수 있다.
- 유전자검사 실시(법 제11조)
- 경찰청장은 실종아동 등의 발견을 위하여 유전자검사대 장물을 채취할 수 있다.
- 유전자검사를 실시하고 그 결과를 데이터베이스로 구축·운영할 수 있다.

4. 실종아동의 발생 현황

아동이 실종되면 부모들은 경찰청 실종아동찾기센터에 신고하게 되고, 실종된 아동 역시 경찰서, 지구대를 통해 실종아동찾기센터에 접수된다. 실종아동 수는 매년 증가하는 양상을 보인다. 하지만 다행히 실종 후 1일 이내에 대다수

가 발견되어 부모에게 인계되고, 1일 이상 찾지 못하는 아동은 실종아동전문기관이 관계 자료를 넘겨받아 찾는 작업을 계속 수행하게 된다.

「실종아동법」이 시행되기 전까지 경찰청 실종아동찾기센터에서는 9세 이상 아동은 가출로 보아 8세 이하의 아동만을 실종아동의 범주에 넣었으며, 어린이재단 어린이찾아주기종합센터에서는 「아동복지법」 제2조에 근거하여 18세 미만까지 포함하여 실종아동 발생의 통계를 산출하였다. 법이 시행된 후에는 대상 연령을 14세 미만으로 통일시켰다.

5. 아동실종 후 파생문제

1) 아동의 문제

아동은 건강하게 출생하여 안전하게 성장할 수 있도록 적절한 보호를 받을 권리가 있다. 그러나 아직도 우리 사회는 실종문제 등으로 아동의 안전이 늘 위협받고 있다. 아동에게 있어 단기간 혹은 장기간 부모와 떨어져 격리되는 경험은 극도의 불안감, 분노, 스트레스를 야기할 뿐만 아니라, 평생토록 지워지지 않는 심리적 충격으로 남게 되고, 심한 경우 외상 후 스트레스 장애(post-traumatic stress disorder, PTSD)를 경험하게 된다. 특히 어린 나이에 부모와 생이별을 하면서 받게 되는 정신적인 고통은 아동의 올바른 성격 형성에 지울 수 없는 상처가 되며 아동들의 건전한 성장과 발달에 지장을 초래하게 된다(정익중, 2006).

2) 가족의 문제

실종아동의 가족은 아동에 대한 그리움과 염려, 근심, 걱정 등으로 정서적 불안감을 갖고 있으며, 자신의 실수로 실종되었다고 하는 죄의식, 죄책감 등으로 정신적인 고통을 겪고 있다. 또한, 이러한 심리적인 갈등을 해소하기 위해 자학과 과도한 음주, 흡연으로 신체적인 문제까지 유발하게 된다(어린이찾아주기종합센터, 2004).

실종아동가족의 경제상태 변화를 살펴보면 아동의 실종 이후 경제적으로 '좋아졌다(33.9%)'보다 '나빠졌다(43.5%)'가 많은 것으로 보아 비교적 경제상태가 악화되었음을 볼 수 있다. 또한, 그 원인이 실종아동을 찾는 비용(69.2%) 때문이라고 대답한 것을 통해 아동의 실종으로 인해 많은 경제적인 문제가 초래된다고 볼 수 있다. 즉, 실종아동을 찾는 데 신경을 쓰다 보니 생업에 지장을 초래하여 경제적인 어려움이 있고, 아동사진 전단지 제작비, 시설방문 교통비, 각종 제보 현장 답사 확인비, 무속(점, 굿) 등의 비용, 심지어 실종가족 대상의 사기피해 등 여러 가지 사유로 경제적인 문제를 갖게 된다.

실제로 58.3%의 실종아동부모가 실종아동 발생 후 직장생활에 소홀해졌다고 응답했으며, 그 이유로 85.7%는 자녀를 찾기 위한 과정을 진행하기 위해서, 14.3%는 자녀를 잃은 후로 의욕이 상실되었기 때문에 직장생활에 소홀해졌다고 응답하였다. 이를 통해 실종발생 후 직장생활에 소홀해지는 원인은 모두 실종으로 인한 영향 때문인 것으로 파악될 수 있다. 이 때문에 실종아동 발생 이후 37.7%의 실종아동부모가 실직을 경험한 것으로 나타났다. 실종아동 발생 이후 정도의 엄청난 비용이 발생하는 것으로 나타났다(정익중, 2006).

6. 아동안전보호

「아동복지법」에서는 안전에 관한 내용이 거의 규정되지 않고 있으나 국가가 아동의 안전을 책임질 의무가 있다는 근거를 살펴봄으로써, 이를 토대로 「아동복지법」의 개정을 위한 조정안을 모색할 수 있을 것으로 본다. 아동복지법의 안전에 대한 내용분석에 앞서 국가와 사회가 아동안전보호에 대한 의무의 근거를 살펴보면 다음과 같다.

1) 헌법상의 근거

「대한민국 헌법」 전문에는 "우리들과 우리들의 자손의 안전과 자유와 행복을 영원히 확보할 것을 다짐하면서"라고 하면서 국가는 국민의 안전의 확보를 위하여 노력하여야 하는 의무를 지고 있음을 보여주고 있다. 이것은 「헌법」에서 국가목적 중과 가치, 행복추구권, 자유의 보장을 개별 기본권에서 규정하고 있다.

「헌법」 제34조 제6항에서 규정하고 있는 국가는 재해를 예방하고 그 위험으로부터 국민을 보호하기 위하여 노력하여야 한다는 규정에서도 국가가 아동을 재해로부터 보호해야 할 의무를 도출할 수 있다.

2) 유엔 아동권리협약상 근거

아동은 성인들과 마찬가지로 일반국제인권법상의 기본적 인권을 보장받아야 할 뿐만 아니라, 더 나아가 그들의 특수한 지위와 필요에 의해 그들에 대한 특유한 권리와 자유의 특수국제인권법적 보장이 요청된다. 이러한 요청에 부응하여 아동의 보호와 그들의 특유한 권리의 보장에 관한 법적 구속력을 가지는 국제문서가 유엔의 노력에 의해 성립하게 되었다. 이것이 바로 아동권리협약이다(김태천, 1996). 이 협약은 아동의 전반적인 권리를 포함하고 국가가 아동의 보호에 책임 있는 기관 및 시설에 대해 아동의 안전과 위생에 관한 기준을 설정하여 건강과 안전을 보장하도록 해야 한다는 의무를 부여하고 있다. 이 협약을 비준한 우리 역시 협약으로부터 아동의 안전을 보호해야 할 의무가 도출된다. 이러한 점에서 아동권리협약도 아동안전보호의무의 근거로 보아야 한다(김현자, 2008).

3) 이론상 근거

국가의 안전보장임무의 헌법적 정당화의 핵심점도 기본권에서 도출된다. 기본권은 주관적 측면과 객관적 측면을 동시에 지니고 있다. 주관적 공권으로서의 기본권은 직접적인 국가의 침해로부터 보호되어야 하고, 국가가 이미 행한 행위에 중대한 원인을 제공하는 경우 기본권의 방어권적 차원에서 대항할 수 있다는 것이다.

국민의 건강에 대한 국가의 보호과제는 기본권이 가지는 객관성에서 나온다. 이러한 객관적 질서의 기본요소가 국가에게 행위과제를 부여하게 되므로 생명권과 건강 유지권을 보호하여야 하는 의무가 나오게 되는 것이다. 아동의 생명, 건강을 보호하여야 하는 국가의 과제는 바로 이러한 보호의무에서 나오게 된다. 아동의 안전과 관련해서 많은 부분은 국가로부터의 침해라기보다는 아동용품으로 인한 상해, 교통사고 위험, 불량식품의 위해 등등 일반사인에 의해 침해받는 것이 대부분이다. 그러나 국가는 사인의 침해에 대한 개인의 수인의무의 범위를 오로지 기본권 제한의 범위영역 내에서 정할 수 있고, 이러한 국가의 의무는 이미 발생한 침해뿐만 아니라 미래에 기본권보호에 위협이 될 수 있는 위험에 대해서도 타당한 것으로 받아들여지고 있다. 따라서 국가는 기본권의 객관적 법질서의 성격으로부터 도출되는 기본권보호의무로부터 아동의 법익을 위협하는 위험에 대한 안전배려의무, 즉 안전보장의무를 지게 된다(김현자, 2008).

7. 아동안전보호를 위한 노력

스웨덴에서는 어린이 안전정책을 국가의 중요 정책으로 정하고 범국가적으로 어린이의 안전사고 줄이기 위한 노력을 기울였다. 정부 주도로 제도적 기반을 구축하고 민간의 협력으로 노력한 끝에 1950년대 중반에 400건이었던 아동 사고 사망자 수를 1999년대 초에는 100건으로 줄여 아동의 안전을 확보하였다. 또한 스웨덴의 지방자치단체에서는 주민 및 아동의 안전을 위하여 노력하고 있으며, 스카라보그 지방자치단체는 사고 위험이 높은 곳을 공지하여 지역주민의 발생률을 30%나 감소시켰다(이진숙 외, 2004).

일본의 경우에는 지방자치단체 차원에서 안전한 사회 만들기 조례를 각 도도부현에서 제정, 시행하고 있으며, 아동안전을 위해 지역사회가 나서서 우리 아이의 안전을 위해 시와 교육청, 경찰서, 부모조직, 시민사회조직이 함께 대책을 강구하고 역할을 규정해 안전한 지역사회 만들기에 온 힘을 쓰고 있다. 이와 같이 국가는 아동안전보호의 의무를 갖고 있으며 노력하고 있다. 아동의 안전보호를 위한 정부의 노력을 살펴보면 다음과 같다.

1) 안전관리 업무의 종합조정기능 강화

2000년 국무총리실 산하에 안전관리 업무의 종합・조정기능을 강화함으로써 정부의 안전관리 능력을 극대화하고자 하는 목적으로 안전관리개선기획단을 설치하였다. 그러나 이 기획단은 주로 교통안전, 소방안전, 자연재해 및 대량재해 문제에 관심을 두고 있으며 행정자치부, 건교부, 경찰청 등의 부처가 중심이 되어 보건복지부의 참여는 미비하였으며, 더욱이 2005년 4월 말에 해체되었다. 이후 보건복지부에 아동안전권리팀이 설치되어 총괄업무를 관장하고, 국무총리를 위원장으로 하는 아동정책조정위원회와 보건복지부 차관을 위원장으로 한 아동정책실무위원회를 가동하였다. 그러나 이러한 체계 속에서 부처 간 협력 문제는 아직도 숙제로 남겨져 있다고 할 수 있다(송현종, 2006).

2) 아동 안전보호대책

정부는 2002년 이래 어린이 보호・육성대책, 어린이 안전종합대책, 빈곤아동・청소년종합대책의 3대 종합대책을 통해 "아동이 존중받고 안전하게 성장하는 사회"의 실현을 위해 노력하고 있으며, 이는 종래의 요보호아동 보호 중심에서 탈피하여 아동에 대한 조기투자를 확대하고 모든 아동에게 공평한 출발의 기회를 보장해 나가고자 하는 정책적 의지를 반영한 것이다(박언하・조미숙・하경표, 2019).

어린이 안전종합대책으로는 대통령이 2003년을 어린이 안전 원년으로 선포함으로써 사망사고, 유형별 안전대책과 안전문화 확대방안 등을 포함한 어린이 안전종합대책 12개 분야 58개 과제를 수립・추진 중에 있다. 여기에는 교통안전, 어린이 통학차량제도 개선, 익사 및 사고 예방대책, 아동학대 및 폭력예방, 화재・약물・놀이용품 등 사고 예방대책, 어린이 기호식품 안전대책, 실종아동 찾기, 어린이 안전교육, 안전문화 확산대책 등이 포함되어 있다.

2004년 12월 아동안전사고 감소에서 안전대책의 범위를 아동학대・성폭력, 실종아동보호로 확대하였으며, 아동을 중독사고로부터 예방하기 위해 2005년 '어린이용구포장의무제도'를 신설하였고, 「도로교통법」 개정으로 어린이 보호구역 지정범위를 특수학교와 영・유아 100인 이상의 보육시설까지 확대하였다. 또한, 2005년 12월 새로 시행된 「실종아동의 보호 및 지원에 관한 법률」에 의해 실종아동 보호 및 지원체계를 구축하였으며, 아동학대 및 방임으로부터의 아동을 보호하기 위해 2007년 현재 전국 43개의 아동보호전문기관과 피학대아동 일시보호시설인 그룹홈 28개소를 설치하였다.

8. 실종아동정책

어린이재단 어린이찾아주기종합센터에서는 실종아동 예방에 대한 중요성을 인식하고 예방사업의 일환으로 아동들을 대상으로 예방교육을 2003년부터 본격적으로 실시하였다. 현재 실종아동전문기관에서는 손인형극, 막대인형극, 달인형극, 유괴예방교육체험존 등을 이용한 예방교육 프로그램을 개발하여 어린이집, 유치원, 초등학교 등에 방문하여 미아예방지침, 미아발생 시 대처방법, 유괴예방법 등의 내용을 중심으로 교육하고 있다. 그러나 일일이 어린이집이나 유치원을 개별 방문하여 교육하는 데는 한계가 있어(정익중, 2006) 2011년부터는 교사 대상 교육을 통하여 보다 많은 아동이 교육을 받을 수 있는 기회를 제공하고 있다. 또한 교육과학기술부의 협조를 받아 유치원, 초등학교, 중학교, 고등학교에 3개월에 1회 이상(연간 10시간) 실종예방교육을 의무화하려고 노력하고 있다.

1) 일반인 및 교사, 부모를 위한 교육

실종예방의 중요성에 대해 일반인들에게 알리기 위해 실종예방 책자를 발간하여 배포하고 또한 가정에서 부모와 자녀가 쉽게 예방교육을 할 수 있는 워크북을 제작하며, 교사들을 위한 예방교육 매뉴얼도 제작하여 전국 어린이집, 유치원에 배포하고 있다. 그러나 아직 일반인들은 예방에 대해 그 중요성을 인식하지 못하고 있다. 실종아동은 언제, 누구에게, 어디서, 어떻게, 발생될지 아무도 모른다. 어린 자녀를 가진 부모에겐 누구에게나 발생할 수 있는 사회문제라는 국민적인 인식 전환이 필요한 것이다. 일례로 실종아동을 찾기 위해 부모가 실직을 경험한 원인을 살펴보면, 자녀를 찾기 위해 실종아동부모 스스로 퇴사를 결정한 경우가 60%로 나타났으며, 자녀를 찾기 위한 과정을 진행하다가 직장 생활에 소홀해지게 되어 퇴사하게 된 경우는 20%로 나타나 80%의 부모가 실종아동 발생이 원인이 되어 실직했음을 알 수 있었다(어린이찾아주기종합센터, 2004).

가족관계 문제 실종아동을 찾는 것에만 급급하다 보니 다른 가족들에게 서로 신경을 쓰지 못하여 잦은 가정불화로 가족관계가 악화되며, 생업에 지장을 초래하여 가정 경제에 악영향을 주어 정상적인 가정생활이 어려워지기 쉽다. 또한, 실종에 대한 가족 간 책임을 전가하면서 가족 간 대립관계로 발전하여 별거, 가족해체 등의 문제로까지 악화되는 경우도 존재한다. 실종아동 발생 초기에는 잃어버린 자녀를 찾기 위해서 가족 내 다른 자녀에게는 별로 신경을 쓰지 못하기 쉽다. 따라서 실종아동의 형제자매는 그들의 실종 형제자매 때문에 본인들은 버려졌다는 생각이 들기 쉽고, 아동에 걸맞지 않게 자신의 욕구를 과도하게 제한하는 모습을 보이기도 한다. 이 때문에 그들은 상당한 스트레스를 가지며 이는 다시 우울, 불안, 신체증상, 흥미 상실, 행동문제 등으로 이어지기 쉽다(어린이찾아주기종합센터, 2004).

실종아동이 가정에 복귀되지 못할 경우 보호 양육에 따른 사회적 경비는 물론, 아동의 신체적·정신적인 문제 유발에 따른 추가 경비 또한 사회적인 손실이다. 이뿐만 아니라 실종가족의 심리적·경제적 문제와 더불어 가족 간의 문제로 인해 가정이 해체되고 별거, 이혼 사례가 속출함에 따라 사회적 손실이 발생하고, 그에 따른 사회적인 비용이 늘어날 수밖에 없다. 아동실종을 사회경제적 비용으로 추계한다면, 1명의 장기실종아동이 발생하였을 경우, 약 5억 7천만 원의 중요성을 알리고 그에 따른 예방교육 방법들이 새롭게 마련되어야 한다.

예방에 대한 중요성을 일반인들에게 알리기 위해 지하철역이나 놀이공원 등에서 미아예방 이름표 달아주기 등 실종예방 캠페인을 실시하고 있다. 이 캠페인은 매년 5월 5일에 실종아동전문기관뿐만 아니라 여러 기업체와 자원봉사단체들의 협조를 얻어 어린이재단 내 40여 개 지방 산하 기관에서도 별도로 진행한다. 또한, 실종아동전문기관에서는 아동 찾아주기를 위한 실종아동 사진 전시회 등을 함께 하면서 예방캠페인을 수시로 전개하고 있으며, 각종 행사에 봉사단체나 복지기관, 행정기관 등에서도 자체적으로 미아보호소를 겸하여 이름표 달아주기 등 예방캠페인을 전개하고 있다. 실종아동을 기억하고 가정으로 안전하게 돌아오길 희망하는 '세계 실종아동의 날'을 기념하여 5월 25일에 매년 행사를 개최하고 실종아동예방을 위한 가두캠페인을 벌인다. 그러나 이러한 캠페인은 일회성 행사로서 그 효과가 크지 않은 편이다. 보다 적극적인 예방 홍보를 위해 정기적이고 지속적인 캠페인 행사가 이루어져야 한다.

2) 실종아동찾기사업

실종아동이 발생되면 우선 경찰청 실종아동찾기센터(국번없이 182)에 신고접수하게 된다. 실종아동전문기관에서도 유선・내방・인터넷 등으로 신고접수를 받지만 경찰청과 자료를 통합하여 자료를 공유하고 있다. 이때 24시간 내에 찾지 못하는 장기실종아동은 실종아동전문기관에서 그 자료를 넘겨받아 부모와 상담을 하고 찾는 작업을 계속하게 된다. 그런데 아이를 잃어버린 후 당황해서 어떻게 해야 하는지 몰라 신고접수가 늦어지는 경우가 있고, 182센터에 대한 홍보 부족으로 어디에 신고해야 하는지 몰라 신고가 지연되는 경우도 있다.

2007년 제주 양지승 어린이 유괴피살 사건을 계기로 미국의 앰버경보제도를 우리나라 실정에 맞게 도입하여 운영하고 있다. 유괴나 실종이 의심될 경우 유괴경보(지방경찰청 수사국에서 결정)나 실종경보(지방경찰청 생활안전국에서 결정)를 경찰청은 물론 방송사, 공공기관, 신문사, 이동통신사, 인터넷업체, 금융기관 등 협약기관에 발령하여 찾고 있다.

장기실종아동 질적 전담반 운영 경찰청에서는 장기실종아동들의 문제 해결을 위해 2004년부터 지방경찰청 여성청소년계에 장기실종아동 추적전담반을 조직하여 수사토록 하고 있다. 하지만 실종아동찾기 이외의 타 업무를 겸직하고 있어 실종아동관계 업무가 우선순위에서 밀리게 될 수도 있다(오정수 외, 2013).

- 의료기관일 경우 의료관계법의 환자 신상내용 비공개 조항과 이 법의 내용이 상충된다.
- 실종아동이 미신고 및 종교시설 등 제도권 밖의 시설에 입소되어 법령의 사각지대에 있다.

실종된 아동 찾기를 위해 다양한 온라인 및 오프라인 매체를 활용하여 실종아동의 사진을 홍보하는 것은 매우 중요하다. 이러한 사진 홍보는 아동을 찾는 효과도 있지만 실종아동 사진을 널리 홍보하여 실종아동문제에 대한 일반 국민의 관심과 의식을 고취하는 효과도 있다. 실종아동을 찾기 위해 사진을 홍보해 준 협력업체가 매년 늘어나고 있다. 현재 270업체가 협력하여 실종된 아동 사진을 게재해 주고 있지만, 더 많은 업체가 참여하고 홍보 효과가 높은 다양한 매체에 사진이 게재될 수 있도록 노력해야 할 것이다.

소통을 위한 각종 훈련 및 치료 서비스도 제공하고 있다. 이와 같이 복귀 후 여러 가지 서비스를 제공하고 있으나, 서비스를 받아 보았거나 받고 있는 가정의 수는 아직 얼마 되지 못한다. 그 원인을 살펴보면 첫째, 사후 서비스 제공에 대한 홍보 부족, 둘째, 개별화된 서비스 내용의 부족, 셋째, 예산 부족으로 지원 범위 협소, 넷째, 가정의 경제적 어려움으로 생업에 종사해야 하므로 서비스를 받을 시간의 부족, 다섯째, 인근 지역의 필요한 자원의 부족 등으로 분석해 볼 수 있다.

우리나라 실종아동정책의 가장 큰 특징은 실종아동문제의 해결과 예방을 위한 실종아동보호가 단일한 체계가 아니라 실종아동전문기관과 경찰청의 이원화된 체계로 구성되어 있는 것이다. 이는 경우에 따라서는 강점이 될 수도 있고 문제점이 될 수도 있다. 예전에는 실종아동에 대한 경찰청의 자료들은 개인의 사생활 보호와 보안상의 이유로 쉽게 접근하기 어려운 상황에 있었다. 현재는 실종아동전문기관과 경찰청이 연계되어 복지시설과의 신상정보와 실종신고자가 공유되고 있다. 이러한 전산자료의 공유와 같이 두 체계 간의 상호연계가 점차 강화되고는 있지만 여전히 미흡한 것으로 평가된다. 이 때문에 이원화된 체계가 강점이라기보다는 문제점으로 작용하고 있는 실정이다. 하지만 이러한 이원화된 체계는 실종아동과 관련한 외국의 민관협력 체계를 본다면 이후 충분히 강점으로 작용할 가능성이 높다.

또한 실종아동정책의 발전을 위해서는 실종아동전문기관과 경찰청 이외에 지금까지 가장 중요한 당사자이면서 정책에서는 주체로 나서기보다 대상자에 머물러 있었던 실종아동가족도 중요한 관계자로 포함되어야 한다. 실종아동전문기관, 경찰청, 실종아동부모 당사자 세 관계자가 협력해야 실종아동과 관련한 문제의 많은 부분을 해결될 수 있을 것이다. 실종아동전문기관은 예방과 가족지원사업에 집중하고 경찰청은 실종아동 찾기 사업에 전념한다면 각자의 최고 장점을 발휘할 수 있을 것이다. 경찰은 실종신고 접수, 초동조치와 장기실종에 대한 수사를 담당하고, 실종아동가족이 아동을 찾기까지 겪는 문제에 대한 사회복지적 측면에서의 사례관리, 실종예방, 홍보 등의 업무는 실종아동전문기관에서 담당하도록 하여 실종아동가족 및 아동이 적절한 서비스를 제공받도록 해야 할 것이다. 이를 위해서는 실종아동과 관련한 자료 및 정보는 모두 공유되어야 한다. 또한, 실종아동 담당경찰관과 실종아동전문기관의 사례관리자는 유기적인 협조체계로 파트너십을 형성하여 서로 사례관리 내용을 공유하고, 진행과정을 논의하는 등 긴밀한 관계를 유지하여야 할 것이다. 반면 실종아동부모는 정책의 발전을 위해 로비활동을 해나가고 자조모임을 조직화하는 등의 역할을 주도적으로 해나가야 한다(정익중, 2006).

3) 실종아동전문기관의 역할

(1) 예방

실종은 누구에게나 일어날 수 있는 일이며 예방이 찾기보다 훨씬 더 중요하다는 관점에서 예방에 집중할 필요가 있다. 집 근처, 백화점, 놀이동산 등 언제 어느 곳에서라도 실종이 발생할 기능성이 존재한다는 것을 국민 모두에게 주지시킬 필요가 있다. 현재 5월 5일이나 5월 25일 연례행사로 진행되는 일회성 캠페인도 중요하지만, 정기적인 캠페인과 더불어 각종 전광판 홍보, 온라인 홍보 등을 전개하면서 공익광고 차원에서 캠페인이 수시로 진행되어야 한다. 또한, 다양한 언론 및 방송매체를 활용하여 실종아동에 대한 관심을 촉구하고, 실종아동찾기사업에 대한 국민적인 인식이 바르게 정립될 수 있도록 하며, 예방의 필요성을 느낄 수 있도록 홍보해야 한다. 특히 전 세계적으로 매년 5월 25일을 '실종아동의 날(Missing Children' 5 Day)'로 정하여 국민의식을 고취하는 것처럼, 우리나라도 '실종아동의 날'을 제정하여 실종아동문제에 대한 국민의 관심과 예방의 중요성을 인식시켜야 한다.

아동들을 대상으로 전개하는 예방교육은 인형극을 이용한 어린이집 방문 예방교육 수준을 넘어서 애니메이션 영상 프로그램, 로고, CI 캐릭터 등을 이용한 다양한 홍보와 예방 교육방안을 연구 개발하여 활용해야만 한다. 아동실종 예방수첩, 실종 예방 워크북, 유괴 예방 워크북 등 예방교육 자료를 대량 제작하여 어린이집, 초등학교 등에 배포하거나 인터넷을 통해 활용하여 교육하면 효과를 극대화할 수 있을 것이다. 한편 교사와 부모 등을 위한 예방교육방법도 마련하여 다각적으로 진행되어야 할 것이다.

(2) 홍보

2001년 이후 현재까지 실종아동기관에 접수되어 가정에 복귀한 사례를 상봉

동기별로 분석해 보면 홍보의 효과가 가장 높게 나타났다. 이처럼 실종아동을 찾는 데 대단히 중요함을 알 수 있다. 홍보를 위해 협력해 주는 업체가 매년 늘어나고 있지만, 홍보효과가 높은 방법을 찾아 더 많은 실종아동의 사진이 홍보될 수 있게 해야만 한다. 따라서 기존에 활용하고 있는 매체들은 지속적으로 협조할 수 있도록 잘 관리해야 하고, 신규로 실종아동의 사진을 홍보해 주기를 희망하는 업체가 쉽게 참여할 수 있게 신청방법을 간소화하고, 전산화할 수 있도록 해야만 한다. 이는 일반적인 규정안, 진행업무 메뉴얼 등을 만들어 해당 공공장소의 책임 기관장에게 협조를 얻어 시행하고 여타 기관으로 파급될 수 있게 해야 할 것이다.

또한 새로운 홍보 방법들을 구상하고, 다양한 프로그램을 개발하여 실종아동을 찾기 위해 보다 적극적인 노력을 경주해야만 한다. 개발 활용이 가능한 구체적인 프로그램을 예를 들면 다음과 같다. 이 중 포털사이트 활용, 앰버경보, 코드 아담 등은 현재 실행 중이다.

- **이메일이나 포털사이트**: 유명 포털사이트 화면에 정기적으로 실종아동을 홍보하거나 긴급 발생한 실종아동 사진을 게재하고 홍보하는 방법 그리고 가입회원들에게 실종아동의 사진을 발송하여 찾아주는 프로그램
- **앰버 경보**(긴급 방송 시스템): 미국의 Amber Alert 프로그램처럼 긴급 실종아동 사례를 방송매체에 노출하여 신속하게 찾을 수 있게 하는 프로그램
- **메신저, SNS, 모바일, 앱 등을 활용한 프로그램**: 메신저, SNS, 모바일, 앱 등을 이용하는 모든 사용자에게 실종아동 발생을 경보해 주어 찾아주는 프로그램
- **코드 아담**(비상 안전경보시스템): 미국의 code Adam 제도처럼 대형마트, 백화점, 놀이공원 등 공공장소에서 아동이 실종되면 아동에 대한 인상착의, 특징, 연령 등을 안내방송하고, 신속하게 출입구를 차단하여 외부로 나가는 아동은 확인한 후 나갈 수 있도록 하고, 자체 내에서는 아동을 신속하게 찾아 부모에게 인계하는 제도

- **위치정보 시스템:** GPS(Global Positioning System) 기지국 통신망을 통한 위치정보 조회로 실종아동의 위치를 파악하여 신속 정확하게 발견하여 귀가시키는 것

실종아동가족은 두 번째 피해자이다. 이들이 희망을 잃지 않고 일상적인 삶을 살아갈 수 있도록 부모뿐만 아니라 가족 내 다른 형제자매, 조부모 등 갑작스러운 실종으로 인해 상처받는 가족에 대한 심리정서적 지원은 무엇보다 중요하다. 단순히 지원이 있으니까 신청하라고 할 것이 아니라 적극적으로 심리・정서적 자원과 연결시켜주는 노력이 있어야 할 것이다. 이를 위해서는 실종아동가족에 대한 체계적인 사례관리가 이루어져야 한다. 하지만 현재 실종아동전문기관의 인력은 매우 부족한 실정이다. 또한, 서울에 위치해 있이 전국에 산재되어 있는 사례에 대해 심층적으로 관리하기에는 어려움이 있으며, 매년 늘어나는 사례수를 모두 담당하여 각종 자원을 연결하고 방문상담하기엔 한계가 있다. 그러므로 즉각적인 서비스 지원 및 전국적인 사례관리를 위해 전국 광역시・도별로 사회복지사를 한 명씩 추가 배치하는 것이 필요하다.

실종아동전문기관에서는 직접 또는 각계 전문가를 유인하여 적극적인 연구 기능을 수행하여 기초 자료를 축적해야 한다. 지금까지 20년간의 어린이찾아주기종합센터 자료를 정리하여 이후 정책이나 서비스에 반영될 수 있도록 해야 한다. 예를 들어, 실종경험이 있는 아동에 대한 조사, 실종아동부모의 삶, 실종아동의 적응과정, 상봉하는 과정에 대한 연구 등이 진행될 수 있을 것이다.

4) 경찰청의 역할

(1) 실종아동 관련 전문경찰관 양성

아동납치 후 살해의 대부분(74%)은 첫 3시간 내에 이루어진다. 무고한 희생을 줄이기 위해서는 무조건 빨리 대응하는 것이 필요하다. 또한, 아무리 상습적 가

출청소년이라 하더라도 새로운 위험에 닥칠 수 있음을 명심하고 수사에 착수해야 한다. 장기실종을 예방하기 위해 중요한 것은 실종신고 접수 즉시 약취・유인인지, 사고인지, 가출인지, 유기인지, 단순히 길을 잃은 경우인지를 정확히 판정하는 것이다. 이에 풍부한 경험과 전문성을 겸비한 실종아동 담당경찰관은 실종신고 접수 당시 즉각 사례판정하여 수색, 수사의 방향을 설정하고 실종아동의 발견을 위한 필요한 조치를 취해야 한다. 즉, 정확한 사례판정에 따라 신속한 초동조치를 취하고, 보다 과학적이고 체계적인 수사를 전개할 수 있도록 실종아동 찾기에 대한 경험과 노하우를 겸비한 전문경찰관의 양성이 필요하다. 그럼에도 경찰조직의 성격상 잦은 인사변동으로 인해 실종아동 전문경찰관을 양성할 여건이 마련되지 않고 있다. 이에 대한 철저한 보완이 요구되며 또한 별도의 실종아동 특별수사팀을 신설하고 경찰청에 배속하여 실종아동찾기 추적 수사에 전담토록 해야 한다.

(2) 장기실종아동 추적

장기실종 사례는 절대 잊히지 않는다는 것을 실종아동부모는 물론 국민에게 알릴 필요가 있다. 이는 이후 범죄나 실종에 대한 예방적 효과를 동시에 갖는다. 현재 장기실종아동 추적 전담반은 실종아동 사건만을 담당하는 것이 아니라 다른 업무도 담당하고 있어 실종아동찾기를 소홀히 하고 있다고 지적되고 있다.

따라서 현재 지방경찰청 여성청소년계에 배치된 실종아동 전담 경찰관이 실종아동 업무에만 전담할 수 있도록 하는 제도적 장치가 마련되어야 한다. 장기실종 추적 전담반은 장기실종아동 수사만을 담당하여 실종아동에 대한 재수사로 미진했던 부문을 보완해가며 추적을 집중적으로 해야 한다. 이러한 일련의 과정들은 실종아동부모의 의견을 충분히 수렴하여야 하며 수사 진행과정을 수시로 안내해 주는 등 실종아동부모의 욕구에 맞게 진행되어야 할 것이다.

실종아동 성장얼굴 변환 프로그램(Age Progression Program)은 실종아동의 성장

후의 모습을 추정하여 표현하는 프로그램으로 미국, 캐나다 등에서 실종아동 찾기 사진홍보에 활용하고 있다. 우리나라에서도 이러한 선진국의 얼굴변환 기술을 익혀 실제 장기실종아동을 찾는 데 활용해야 할 것이다.

5) 실종아동가족단체의 역할

실종아동 관련 세 당사자로서의 역할을 하기 위해서는 실종아동찾기협회(www.fmca.kr) 등 실종아동가족단체가 제대로 서야 하며, 초기단계에는 제대로 역할을 해낼 수 있는 상근 간사가 1명 이상 필요하다. 상근 간사의 임금은 처음에는 국가에서 지원을 받더라도 나중에는 자체 예산으로 기능하도록 역량을 키워야 한다. 또한 당사자들이 보기에 아무리 미진해 보인다고 하더라도 실종아동 전문기관과 경찰은 파트너라는 생각을 가지고 접근해야 하며, 실종아동가족 당사자 모임은 불만을 토로하는 집단으로 비춰져서는 안 된다. 또한, 이러한 모임은 소수의 희생으로 운영되어서는 안 된다. 실종아동부모만으로 역량이 부족할 때는 다른 단체와의 연대도 생각하고 외연을 어떻게 넓힐 것인가를 고민해야 한다.

(1) 로비활동

실종아동가족단체는 실종아동정책 형성과정에서 가장 의미 있고 영향력 있는 로비집단이다. 실종아동가족단체는 정부의 실종아동 관련 정책결정과정이나 집행, 국회의 입법과정 등에 영향력을 행사하기 위하여 정책입안자나 결정자 등을 상대로 정보를 제공하거나 로비활동을 할 수 있다. 정책입안자나 결정자들은 다른 사람들의 얘기는 듣지 않더라도 실종부모들의 얘기는 진지하게 듣는다. 따라서 경찰이나 전문기관과 긴밀히 협조하여 법이나 정책상의 개선될 사항을 로비를 통해 이루어 낼 수 있다. 적극적인 정책제안 및 개선사항을 제시하여 실종아동 관련 제도 및 정책에 대해 모니터링의 역할을 수행해야 할 것이다. 또한, 이러한 로비를 위해서는 국가로부터 지원을 받지 않고 자체 역량을 길러 나가는 것이 필요하다.

자식을 잃어버린 부모의 마음은 똑같은 경험이 있는 사람이 가장 잘 이해할 수 있다. 아마 자식을 찾게 되면 다시는 기억하고 싶지 않은 사건이 되겠지만, 실종아동가족으로 구성된 자조모임을 조직하여 상호 간의 지지자가 되어 주고, 의사소통의 창구를 마련해 주며, 그들의 욕구를 파악하여 그에 맞는 서비스를 제공하는 등 실종아동가족들의 심리적 지지체계를 마련하는 것이 필요하다. 실종아동부모에 대해 데이터베이스화해서 실종아동부모들이 가장 가까운 곳에서 실종경험이 있는 부모로부터 도움을 받을 수 있도록 노력해야 한다. 현재 장기 실종부모들이 실종아동전문기관을 통해 실종가족 지지 리더로 활동하면서 혼란스러운 신규 실종가족들에게 도움을 주고 있다. 또한 정기적인 자조모임을 통해 실종아동가족 간의 정서적 지지와 더불어 서로의 정보를 공유하고, 접근성을 고려한 지역별 소규모모임도 조직하여 실종아동 가족의 정서적 문제를 해결하는 것도 필요하다.

실종아동가족단체가 이후 역량이 좀 더 커지면 미국의 NCMEC(National Center for Missing and Exploited Children)나 캐나다의 MCSC(Missing Children Society of Canada)처럼 퇴직경찰관이나 사립탐정 등을 고용하여 간접적인 수사지원까지도 고려해 볼 수 있다. 실종아동전문기관에서는 홍보를 통한 간접적인 찾기사업은 가능하지만 직접적인 찾기사업을 수행하기는 어렵다. 또한, 경찰은 최근 일어난 사례 이외에 장기실종 사례에 대한 관심은 시간이 갈수록 떨어지기 쉽다. 따라서 당사자가 직접 나서서 수사지원을 할 수 있는 방법도 장기적으로 검토되어야 한다.

(2) 신고전화 182 홍보

자녀가 실종되면 전국 어디서나 국번 없이 182 전화에 신고하게 되면 체계적인 도움을 받을 수가 있다. 182 전화에 신고・접수된 사례는 전산등록이 되고 해당 경찰서에 지시되어 적극적인 수색・수사로 실종아동을 신속히 발견할 수 있도록 시스템이 구축되어 있다. 그러나 아직 '182 전화번호'에 대한 홍보가 부족한 실정이다. 따라서 아이를 잃었을 경우 '182 전화번호'를 "아이 빨리 찾아주는 곳"이라는 의미를 인식시켜, 즉시 신고할 수 있도록 적극적인 홍보가 이루어져야 한다.

(3) 보호체계의 일원화

아동의 실종 후 이동경로는 실종의 유형에 따라 조금씩 다르지만 일반적인 이동경로는 다음과 같다.

일반적으로 실종아동은 경찰서, 지구대를 통해 시・군・구를 경유하여 일시보호시설에 입소되었다가 다시 장기보호시설인 영・육아시설로 전환된다. 그러나 시민들에 의해 바로 일시보호시설이나 장기보호시설로 입소되는 경우도 있고, 불법양육이나 사건과 연루되는 경우도 있다. 또 장기보호시설 중에서 미 신고시설, 종교시설, 강제노역장 등으로 이동해 갈 수도 있다. 또한 경찰에서 시・군・구를 경유하지 않고 바로 일시보호시설이나 장기보호시설로 입소되는 경우도 있는데, 특히 해당 시・군・구 관내에 일시보호시설이나 영・육아시설이 없을 경우 미신고시설이나 종교시설로 갈 수도 있다.

따라서 아동이 실종되었을 경우 실종아동의 이동경로를 고정화하여, 실종아동이 필히 일시보호시설의 경유를 의무화하고, 일시보호시설에서는 아동의 신상카드를 작성하여 실종아동전문기관에 송부하는 시스템을 구축해야만 할 것이다. 이렇게 하면 길을 잃어버려서 실종된 아동들은 일시보호시설에서 모두 찾을 수 있게 된다. 만약 일시보호시설이 없다면 기존 시설 중 일부를 일시보호 기능을 할 수 있게 지정하고, 그 기능을 전문화하여 추후 아동들의 전원조치를 전문적이고 효율적으로 한다면 시설보호가 한 단계 성숙할 수 있을 것이다.

현재 「국민기초생활보장법」에 의해 아동의 보호자를 확인할 수 없으면 그 아동은 수급권자로 책정되어 정부지원금을 받을 수 있다. 일부 미신고시설이나 종교시설 등 제도권 밖의 시설에서 이런 점을 악용하여 수급권자에게 개별적으로 지급되는 정부보조금을 중간에서 착복하고 버려진 아이들을 돌봐 주는 것처럼 행세하며 각종 후원을 받기 위해 낙후된 환경에서 실종아동들을 보호하면서 아동들의 인권을 침해하고, 심지어 안전과 건강을 위협하는 행위를 하는 경우도 종종 있다. 실종아동의 신상카드가 100% 접수되기 위해 선행되어야 할 것은 먼저 이러한 미신고시설이 양성화되고, 개인이나 종교시설 등에서의 불법양육이 근절되어야 한다.

또한, 모든 시설에서 보호자가 확인되지 않은 아동을 보호하면서 수급권자로 책정하여 정부보조금을 지원 받고자 할 경우에는 개별 신상카드를 지방자치단체와 실종아동전문기관에 제출해야만 지원되도록 지원방식이 개선되어야 한다.

실종으로 추정되는 모든 아동의 카드를 접수하여 데이터베이스화한다면 부모들이 시설을 일일이 방문하여 아동을 찾는 번거로움과 수고를 덜 수 있을 뿐만 아니라 신속한 가정 복귀가 가능하게 될 것이다. 그러나 앞에서 지적했듯이 여러 가지 이유로 신상카드 접수와 데이터베이스 구축이 잘 안 되고 있다. 따라서 보호시설종사자와 시 · 군 · 구 관계 공무원들에게 법률에 규정된 실종아동신고의 의무사항 등을 안내하고 교육하여야 하며, 신상카드접수 방법을 전산화 · 간편화하여 쉽게 신상카드의 접수가 가능하도록 해야 할 것이다.

(4) 실종아동 확인 · 통보 의무화

실종아동이 제도권 밖의 시설에서 생활하거나, 불법 양육되고 있을 경우라도 학령기 아동이라면 아동 연령에 맞게 진학하여 학교에 다닐 수 있다. 초・중・고등학교 연령대별로 실종아동들의 사진 전단지를 제작하여 각 학교에 우송하고, 각급 학교 담임교사나 학생들을 통해 해당 학교의 재학 여부를 확인해 볼 경우 쉽게 재학 중인 실종아동을 찾을 수 있을 것이다.

실종아동전문기관에서는 초등학교에 해당 연령대에 맞는 실종아동들의 사진이 담긴 책자를 교육부를 통해 각 시・도 교육청을 경유, 각 학교에 우송하고 해당 아동들의 재학 여부 확인을 협조・요청했지만 회신이 온 것은 전체학교 6,170개교 중 17개교로 0.27%밖에 협조해 주지 않는 것으로 나타났다(박언하・조미숙・하경표, 2019). 따라서 매 학년 신학기 때마다 실종아동전문기관에서는 전국 초・중・고등학교에 해당 연령대의 실종아동 사진 전단지를 제작하여 우송하고, 해당 학교장은 학년별 담임교사와 학생들을 통해 해당 학교의 재학 여부를 확인하여 교육인적자원부를 통해 실종아동전문기관에 회신 통보토록 하는 것을 의무화하고, 전단지를 모든 학생이 보고 제보할 수 있게 의무적으로 게시판에 일정 기간 이상 부착하도록 관계 법률을 개정해야 할 것이다.

지금까지 실종아동문제는 아동복지분야에서도 공식적으로 이슈화된 적이 없으며 학술적인 연구도 거의 전무한 실정이다(김형모・조정아, 2003). 하지만 특정 사회문제의 해결과 예방을 위한 체계의 구축은 활발한 연구와 논쟁이 뒷받침될 때 더욱 효과적으로 발전할 수 있다는 점을 감안할 때, 실종아동문제에 대한 체계적 연구와 사회적 이슈화는 필수적인 작업이라 할 수 있다. 또한, 실종아동문제는 사회문제라는 국민의 인식전환이 요구된다. 더 이상 실종아동문제는 소수의 부주의한 부모 혹은 불운한 아동에게 일어나는 개인적인 문제가 아니다. 즉, 실종아동문제는 모든 아동과 부모에게 언제, 어느 곳에서든지 발생할 수 있는 사회문제로서, 실종아동 발생 시 아동을 찾아내어 부모와 상봉하게 하고, 나아가 실종아동의 예방을 위한 국가 차원의 사회적 대책 마련이 시급히 요구된다는 점을 전 국민이 인식할 필요가 있다. 이제는 단 한 명의 아동도 아동권리의 사각지대에서 고통받는 일이 없이 모든 아동이 안전하고 건전하게 성장할 수 있는 여건을 마련하여야 할 때이다.

현재 실종아동전문기관은 경찰청과의 유기적인 협조를 통해 해마다 수천 명씩 발생하는 실종아동을 대부분 신속하고 안전하게 귀가시키고 있다. 하지만 짧게는 1~2년 동안, 길게는 20여 년이 지날 때까지 가정으로 돌아가지 못하고 있는 실종아동이 존재한다는 것이 엄연한 현실이다. 이렇게 장기간 찾지 못하는 실종아동은 시간이 지나면 지날수록 찾을 수 있는 확률이 낮아지고, 또한 실종아동가정에서 발생할 수 있는 문제는 더욱 심각해진다. 아동이 실종되면 당사자 아동은 물론 가족의 고통은 치명적이며, 사회복지 측면에서도 아동 및 가족의 복지를 저해함은 물론 이에 따른 사회적 비용도 많이 드는 것을 알 수 있다. 다른 사회문제와 마찬가지로 실종아동문제는 사전에 예방하는 것이 가장 중요하다. 따라서 실종아동이 발생하지 않도록 예방하는 것이 최우선적으로 이루어져야 하고, 이미 실종아동이 발생했다면 가능한 한 빨리 보호자를 찾아주는 것이 우선 과제이다(정익중, 2006).

이렇게 실종아동문제는 사전에 예방하고 실종아동 발생 시 조직적인 체계에 의해 신속하게 찾아주는 것이 핵심이다. 이러한 체계 구축을 위해 법률이 제정되어 2005년 12월 1일부터 시행되었고, 매년 법률이 일부 개정되고는 있으나 아무리 완벽한 법과 제도가 있어도 이를 시행하는 사람의 노력 없이는 무용지물이 될 수밖에 없다. 따라서 실종아동 관련 체계의 원활한 운영을 위해서는 관계자들의 관심과 책임감이 매우 중요하다. 실종아동가정의 당사자들은 물론 신고 접수 후 초동조치를 하는 경찰관의 책임감, 신고 및 신상카드 송부 의무를 다하는 시・군・구청 담당공무원, 최선을 다해 실종아동가족을 지원하는 실종아동전문기관의 직원, 실종아동문제를 자신의 일처럼 관심 갖고 도와주는 일반 국민, 이 모든 이의 애정 어린 관심만이 실종아동문제를 예방하고 실종아동을 애타게 찾고 있는 가정으로 신속하게 돌려보낼 수 있을 것이다.

- 미국의 Amber Alert(America's Missing Broadcast Emergency Response Alert): 납치, 실종된 어린이의 인상착의 등 관련 정보를 매체, 전광판 등에 공개해 신고와 제보를 독려하는 시스템
- 미국의 Code Adam: 코드 아담은 1981년 미국 플로리다 시이스 백화점에서 실종된 뒤 살해된 채 발견된 아담 월시 사건 이후로 대형마트 등에서 미아신고가 들어오면 경보를 발동하고 10분 동안 출입구를 차단해 집중 수색을 펼치는 제도. 복지부는 대형마트, 백화점, 놀이공원 등 다중이용시설에 이 시스템을 도입하여 경찰 신고 전에 체계적인 미아찾기가 가능하도록 할 예정
- Age Progression Program(실종아동 성장얼굴 변환 프로그램): 미국 NCMEC (National Center for Missing and Exploited Children)에서 시행 중인 것으로 장기실종아동을 대상으로 성장 후의 모습을 추정하는 프로그램

9. 독일의 안전교육 사례

독일은 학교교육 운영 전반에 있어 안전에 관한 의식이 철저하다. 안전교육에 관한 법, 규정, 지침이 세부적이며, 광범위하게 마련되어 있어 학생 안전교육이 단계별로 포괄적·실질적으로 이루어지고 있으며, 학교 안전교육과 관련하여 여러 유관기관이 활발히 협력하여 다양한 체험 프로그램을 실시하고 있다.

또한, 학교교육이 안전하게 실시될 수 있도록 전체 학교가 사고보험에 가입되어 있으며, 부모의 서면동의가 없으면 휴식시간에도 학교 외부 출입이 금지되고, 수학여행 동안 교사의 동행 없이는 개인 활동이 금지되는 등 학교가 휴식시간, 학교 외부 프로그램, 수학여행 등이 안전하게 실시될 수 있도록 이를 철저히 감독하고 있다.

독일은 알려진 바와 같이 연방주의로 인해 주 정부가 학교교육에 관한 전권을 가지고 있으므로 안전교육의 시초나 운영양상도 주에 따라 상이하다. 바이에른주는 교통량의 증가로 학생들의 교통사고 사망률이 증가하자 1955년 주 의회에서 교통 관련 수업과 교육을 학교의 보편적 과제로 삼도록 결정하였다. 1964년에는 주 교육부가 이를 실질적으로 확대하기 위해 교통교육을 모든 학교 1~6학년 교과과정의 한 부분으로 확립하고, 실행을 위해 ADAC(독일자동차협회)와 협력하여 다방면의 프로그램을 실시하였다. 이 당시 바이에른주의 교통사고 사망률은 독일 주 가운데 잘란트주와 함께 최고를 기록하였다. 이후 1972년 상설 연방주교육부장관회의(이하 KMK)에서도 학교 교통교육에 관한 지침에 합의하여 학생 교통과 안전교육을 학교의 필수 교육과제로 확립하였고, 이후 지속적으로 개선 및 보완하며 오늘에 이르고 있다.

> **참고 주교육장관회의(KMK)**
>
> 연방과 주와의 원할한 협력을 위해 주교육장관회의(KMK), 교육계획과 연구진흥을 위한 연방·주위원회(BLK), 학술위원회(Wissenschaftsrat)를 두고 있다. KMK는 1949년 주교육장관장관들의 자발적 업무협의체로 설립되어 연방내의 교육제도의 통일성을 도모하기 위해 협의하며, 결정사항은 각 주에서 법령화를 통해 제도화되고 있다

1) 안전교육정책 및 제도[1)]

(1) 법령 및 규정

학교 안전교육과 관련하여 KMK가 독일 전역에 적용할 학교에서의 이동성과 교통교육에 관한 기본 지침을 제시하고 있고, 각 주 또한 안전교육과 관련한 다양한 규정을 두고 있다. 바이에른주의 경우 자전거교육, 교통과 이동성교육,

1) 출처: 교육부 공식 블로그, https://if-blog.tistory.com/4298

통학, 수학여행, 관리 · 감독, 응급조치, 체육수업, 안전교육, 소방대책, 미디어교육, 학생사고보험 등 학교 안전교육과 관련한 다수의 상세규정을 두고 있다.

이 가운데 바이에른주의 학교안전과 법적 학생사고보험에 관한 지침에 따르면 학교의 안전은 전체 학교교육 참여자의 과제이며, 모두가 협력하여 학생이 안전의식을 가지고 행동하도록 교육하고, 학교를 안전하게 조직하도록 명시하고 있다. 사고예방과 안전교육은 학교의 교육과 훈육 과제의 하나이며, 안전교육은 건강교육, 사회성교육, 환경교육과 밀접한 관련이 있고, 교통교육, 체육교육, 소방대책교육을 포괄한다. 해당 규정에 따르면 바이에른주 전체 일반학교와 직업학교의 학생들은 사회법 7에 따라 1971년부터 의무적으로 사고보험에 가입되어 있어 학교수업 및 프로그램에 참여하는 동안과 통학 구간에 발생하는 사고에 대해 보장을 받는다.

교내 안전, 학생과 교육인력의 안전, 안전교육에 관한 전반적인 책임은 학교장에 있으며, 교사 가운데 학교 안전 관리자를 두고 학교장을 지원하고 동료교사들에게 안전교육 관련 정보를 제공하도록 한다. 모든 교사는 학생들이 위험을 인지하고 예측하여, 이를 방지하거나 해결할 수 있도록 교육할 과제가 있으며, 사고가 발생할 경우 응급조치를 할 수 있도록 이에 관한 연수를 지속적으로 받는다.

(2) 정책 및 제도, 프로그램

바이에른주는 안전, 교통교육을 학교 수업과 교육의 중요과제로 보고 학교가 학생들의 연령에 적합하게 단계별로 안전과 교통에 필요한 지식을 중재하고 실생활에서 필요한 능력을 함양할 수 있도록 교육하고 있다. 이에 안전교육 실시를 위해 학교가 필요한 수업자료와 교육을 지원하고자 바이에른주 교육부 산하 딜링엔 교사연수와 인력관리 아카데미에서 바이에른 교통과 안전교육 연구소를 운영하고 있다.

바이에른 교통과 안전교육 연구소는 학교 안전교육 주제인 통학, 자전거교육, 체육과 수영, 자연과학 분야 수업과 관련된 안전교육, 대중교통, 기차, 응급조치, 소방대처, 안전교육과 건강예방, 온종일학교 프로그램과 관련한 수업 및 교육에 적용할 자료를 제공하고 이를 위한 콘셉트를 개발하고 있다. 예를 들어, 통학 길 안전교육 주제의 경우 통학 길 안전을 위한 학생안내자, 통학버스 안내자, 통학버스 동행자, 통학 길 도우미에 관한 법적 규정을 제공하고, 교통교육에 필요한 표지판 자료, 학생 연령에 따른 난계별 수업자료, 아동과 청소년 교통안전을 위한 경찰의 방침 등의 자료와 교통교육을 위해 필요한 영상자료를 제공하고 있다. 더불어 교통교육과 관련하여 학생들이 직접 체험하며 학습할 수 있는 프로젝트를 소개하여 학교가 활용하도록 한다.

바이에른 교통과 안전교육 연구소는 교통과 안전교육에 관련된 다양한 법적 규정과 지침 및 현재 교통과 안전교육과 관련하여 가장 중점이 되는 정보를 제공하는 한편 체험교육을 위한 다양한 프로젝트를 실시하여 보급하고 있다. 외부 기관과도 활발히 협력하며 각 기관이나 단체에서 실시하는 관련 프로그램을 연결하여, 이를 학교교육에 적용하도록 하는 한편 안전교육이 학교에서 올바로 실시될 수 있도록 주제에 따라 교사연수도 실시하고 있다.

참고 독일 초·중등학교 안전교육 현황 사례

[독일] 초·중등학교 안전교육 현황(출처: 정수정(독일통신원) http://if-blog.tistory.com/4298 [아이디어 팩토리]) 2014.10.15. 10:00 ~2016년 교육부 이야기/국가별 교육 동향에서

[그림 13-2] 바이에른 교통과 안전교육 연구소 사이트 화면

2) 학교에서의 안전교육 현황

KMK는 이동성과 교통교육을 학교가 반드시 수행해야 할 교육과제로 보고, 1972년 최초로 학교 교통교육 지침을 마련한 이래, 1994년과 2012년에 이를 개정하여 독일의 전체 주가 교통과 안전교육을 위한 교과과정과 교사교육의 기본 지침으로 활용하도록 하고 있다. 교통과 안전교육이 교과과정에 확립되어 있어 교사교육과정에도 이를 고려하고 있으며, 안전교육이 시의적절하게 이루어질 수 있도록 교사연수도 지속적으로 실시되고 있다.

KMK는 교통교육이 안전교육, 사회성교육, 환경교육, 건강교육의 과제를 동시에 수행한다고 보고, 학생들이 현시대의 교통수단이 인간과 환경에 주는 영향에

대해 알고 미래 지속개발을 고려하여 교통수단을 올바로 활용할 수 있도록 이에 필요한 능력을 함양하도록 교육하는 것에 목표를 두고 있다. KMK는 학교에서 교통과 안전교육을 실시할 때 교육단계별로 다음의 내용을 교육하도록 지침으로 제시하고 있다.

교육단계별 교통, 안전교육 내용		
1~4학년(초등단계)	5~10학년(중등 1단계)	11~13학년 (중등 2단계)
• 등하교훈련: 안전한 통학 • 학교와 거주지 주변의 교통 • 도보의 유익 • 운동능력과 지각연습 • 자전거교육 • 교통규칙과 교통수단 이용 시 사회적 태도 • 근거리 대중교통 • 자동차 함께 타기 • 버스, 기차 동승 • 친환경적인 교통수단	• 안전한 통학 • 자전거와 환경, 자전거와 교통 • 자립적 근거리 대중교통 이용 • 장거리 교통수단 학습 • 동력화된 교통수단: 오토바이, 동력 자전거 • 이동성과 사회적 태도 • 교통과 법 • 도로교통에 있어 술, 마약 • 교통, 환경, 기후 • 대안적인 동력기술과 자동차 • 이동수단의 형태 • 환경을 고려한 수학여행	• 이동성과 사회적 태도 • 동력화된 개인 교통수단, 동행자와 함께하는 운전 • 도로교통에서의 술과 마약 • 경제적 · 생태적 관점의 이동수단 • 미래지향적 이동수단을 위한 교통조성과 개발 • 관광, 교통, 경제 • 이동수단의 기회와 한계 • 대안적인 동력기술과 자동차, 자동차기술

출처: KMK(2012).

바이에른주 교육부는 주 교육부 장관회의 지침을 고려하여 1학년과 4학년은 매년 20시간, 2학년과 3학년은 매년 10시간, 5학년과 9학년은 매년 20시간, 6, 7, 8, 10학년은 매년 10시간 교통과 안전교육을 실시하고 있다. 안전교육은 통학, 자전거교육, 체육과 수영, 자연과학 분야 수업, 교통수단 및 교통체계, 응급조치, 소방대처, 건강예방 등 안전교육 전반의 여러 분야에서 다양하게 이루어지고 있으며, 정규 교과수업 및 프로젝트, 수학여행, 각종 대회참여의 형태로 실시되고 있다. 보다 실질적인 교육을 위해 학교뿐만 아니라 여러 기관과 협력하여 작업장, 실험실, 법원, 경찰서, 병원, 교통훈련장 등 다양한 현장에서 이루어지고 있다. 초등학교의 경우 안전교육과 관련하여 수영수업과 자전거교육이 필수적으로 실시되고 있어 독일에서 초등학교에 다닌 사람은 기본적인 수영능력을 갖추고 있으며, 자전거를 못 타는 경우가 없다.

바이에른주도 교통과 안전교육이 안전, 건강, 사회성, 환경교육의 과제를 수행한다고 보고 학생들이 안전교육을 통해 다음의 능력을 함양하는 데 목표를 두고 있다.

교통, 안전교육을 통해 함양할 능력사항			
안전교육	사회성교육	건강교육	환경교육
• 유동적 태도 • 위험요소 대처능력 • 위험을 최소화할 방법 습득 및 적용	• 자신과 타인에 대한 존중 • 배려 • 감정조절 기술습득	• 스트레스 극복 • 육체적 문제인지 • 인지와 움직임(반응) 조화	• 책임의식 • 환경체계 • 환경파괴의 원인

출처: http://dozenten.alp.dillingen.de/2.8/sem/bildungsstandards.pdf

(1) 학교 안전교육 프로그램의 예 – 자전거교육

자전거는 아동이 최초로 스스로 활용하게 되는 교통수단으로 자전거교육은 실제로 필요가 높아 아동이 교통체계를 실질적으로 이해하고 안전에 대한 경각심을 가지도록 교육하는 데 매우 효과적이다. 바이에른주의 경우 1973년 초등학교에서 자전거교육을 실시한 이후 아동들의 교통사고 발생 비율이 급격히 감소한 것으로 나타나고 있다.

자전거교육은 이론과 실기교육으로 나뉘어 실시되며 실기교육은 실제 도로에서 이루어진다. 교육의 전반적인 책임은 학교에 있으며 경찰과 밀접한 협력하에 실시하도록 한다. 자전거교육 시 아동들의 시력검사도 하도록 권고하고 있다. 이론교육은 초등학교 2, 3학년부터 실시되고 실제 도로에서의 교육은 대부분 4학년 2학기 때 실시된다. 이론교육 대부분은 교사가 하지만 교통경찰도 헬멧착용, 교통법규, 현장 경험에 관한 교육을 직접 실시하며 지속적으로 협력한다.

이론교육이 종료되면 실제 도로에서의 교육이 실시되는데, 수업시간 두 시간에 해당하는 연습이 총 4회 실시되며 전체 실기 교육기간은 10주를 넘지 않도록 한다. 가능한 개인 자전거를 사용하도록 하며 교육 이전에 자전거 안전점검이 실시된다. 모든 학생은 헬멧을 의무적으로 착용하여야 한다. 자전거 운행 기술, 보행자 주의, 거리확보, 교통법규를 고려한 교육이 이루어지며 특히 자동차 사각지대에 관한 교육이 실시되고 있다. 교사 또는 경찰의 동행하에 실기교육이 이루어지며 전체 책임은 담임교사에게 있다. 최종적으로 이론과 실기시험을 통과하면 자선거 운전면허증을 교부하며 실기시험은 경찰의 동행하에 이루어진다.

3) 지역사회와의 연계협력

독일은 연방주의로 인한 연대체계가 전통적으로 확립되어 있어 모든 분야에서 유관기관 간의 협력이 원활히 이루어지고 있는 편이다. KMK에서는 학교가 교통, 안전교육을 실시할 때 주 교육부, 학교청뿐만 아니라 학부모, 경찰, 교통 관련 기업, 협회, 연구소, 기관 등 다양한 외부기관과 협력하도록 명시하고 있다.

안전교육은 현장에서 체험적으로 이루어질 때 실효성이 높으므로 관련 기관의 협력 없이는 안전교육이 단편적으로 실시될 수밖에 없다. 따라서 독일의 학교는 자전거교육이나 교통교육을 실시할 때 담당 지역 경찰과 필수적으로 협력하고 있으며, 학생사고보장을 책임지고 있는 주 사고보험에서는 학교 안전교육 실시를 위한 지침 및 여러 프로그램을 제공하는 등 지역의 다양한 관련 기관들이 학교를 지원하거나 직접 이를 위한 프로그램을 운영하고 있다.

4) 특징

독일은 교통, 안전교육을 학교의 중요과제로 삼아 이를 교과과정에 확립하였으며, 이에 학교 안전교육 시행을 위한 토대가 되는 법 규정이 관련 분야별로 세부적으로 마련되어 있다. 연방주의적 연대체계로 인해 여러 유관기관 간 협력의 기반이 마련되어 있어 필요에 적합한 관련 기관들의 협력이 조화롭게 이루어지고 있으며, 이에 단위학교가 학교와 지역사회의 여건을 고려하여 자기 책임적·자율적으로 여러 프로그램을 실시하고 있다. 또한 이러한 협력을 토대로 학교 안전교육이 학생들이 직접 참여하는 체험적 프로그램으로 이루어지고 있어 실생활 적용이 용이하도록 효과적으로 실시되고 있다.

한편 안전교육이 사회 전반 및 타인과 밀접하게 유기적으로 연관되어 있다는 것을 인지하고 안전교육을 타인을 배려하는 사회성교육 및 지속성 개발을 위한 환경교육까지 포괄하는 개념으로 시행하고 있다.

Chapter
14

아동복지의 과제와 전망

1. 아동복지의 과제
2. 아동복지의 전망
3. 아동복지의 발전방향

Chapter 14

아동복지의 과제와 전망

1. 빈곤아동아동복지의 과제

아동복지의 실현을 위한 접근은 복지국가적 접근으로 모든 보편적인 서비스를 제공해야 한다는 의무를 강조하고 있다. 모든 아동은 이러한 서비스를 제공받을 권리를 가지고 있으며, 공적 자원에서의 서비스가 더욱 우선되어야 함을 나타내는 것이다. 국가가 서비스의 제공자이어야 한다는 점과 이 서비스는 누구나 혜택받을 수 있어야 한다는 점을 의미한다. 즉, 국가 주도의 자원 관리와 공적 책임성이 강조된 것이라 할 수 있다.

가족이 아동을 보살피는 노력은 과거에 비하여 약화되었지만, 성인의 보살핌을 필요로 하는 아동의 욕구는 오히려 복잡하고 다양화되었다. 가정불화로 인한 부모의 이혼 등 가족해체, 가정폭력, 정신질환, 성 개방 풍조, 향락 추구의 생활

문화, 교통사고 등의 재해 증가 등은 직·간접으로 아동에게 여러 가지 악영향을 주고 있다. 이러한 불리한 사회적 조건으로부터 아동을 보호함으로써 모든 아동이 건전하게 성장할 수 있도록 하는 예방적 차원의 아동복지정책이 중요하다. 또한 문제 상황에 아동 본인에 대한 개입과 치료, 문제해결 등의 아동복지정책도 필요하다. 이러한 아동은 아동복지법에서 정의한 도움이 필요한 아동이고, 협의의 아동복지 대상자라 할 수 있다. 현대사회를 사는 아동에게 가족, 이웃의 기능이 약화됨으로써 충족되지 못한 욕구를 충족시키고, 유해환경으로부터 아동을 보호해야 하는 것이다.

이와 더불어 우리나라의 아동복지는 시설 위주의 서비스에 중점을 두어 왔지만, 사회의 변동 추이에 따라서 지역사회를 기반으로 하는 재가복지서비스 혹은 탈시설화가 추진되고 있다. 그리고 아동복지정책의 위상을 정립하기 위하여 아동복지의 패러다임(paradigm)을 명확히 설정해야 하는데, 이를 위해 아동복지의 기본적 인식, 가치, 존재를 새로운 관점에서 정립시켜 나가고 있다.

1) 아동복지 관련 법의 개정[1)]

(1) 가족보존과 가족복지의 강화

최선의 아동복지는 최선의 가족복지를 통해서 이루어질 수 있다는 점이 아동복지서비스의 기본원칙이므로, 모든 아동은 영구적인 가정에서 성장할 수 있는 사업들이 진행되어야 할 것이다. 아동학대와 관련해서는 아동과 가족을 모두 보호하는 가족보존 서비스를 우리나라 실정에 맞게 개발하고 적용하는 것이 필요하다. 가족주의적 전통을 갖고 있는 우리나라의 문화적 특성상 아동의 진정한 보호는 가능한 한 가족 내에서 이루어지는 것이 중요하므로, 이를 최우선적으로 고려될 수 있는 근거를 마련하는 것이 중요하다.

1) 김성경 외(2013) 인용.

(2) 아동학대 규정의 강화

아동이 가정에서 학대받거나 아동의 복지가 위기에 처한 상황에서는 가정이나 부모에 대하여 강제적인 공권력의 개입이 이루어질 수 있는 사회적 인식의 확대와 법적·제도적 장치의 강제성이 강화되어야 한다. 법적 효과성을 높이기 위한 다양한 규제 방안 등이 마련되어야 하며, 아동 서비스 기관의 확충, 관련 기관의 연계, 지역 내 아동복지 자원의 확충이 필요하다. 또한, 인력의 전문성 제고와 지역사회에 근거한 프로그램 개발을 통해 가족을 보호하고, 강화하는 데 주력해야 한다. 아동학대 신고 의무자 정기교육 의무화, 아동보호전문기관의 역할 수행 강화, 전문 상담원의 자격 강화 그리고 학대부모에 대한 제재 조치, 행정부서의 철저한 관리감독이 요구된다.

(3) 공동생활가정 지원 강화

보호가 필요한 아동을 위한 효과적인 대리보호 형태로 존재하고 있는 공동생활가정(그룹홈)에 대한 체계적인 지원과 관리를 더욱 강화하여야 한다. 아동복지법이 사후 처방적인 측면이 아닌 예방적 측면을 가질 수 있는 장치들이 요구되는 것이다. 보편주의적인 접근을 추구하여 아동복지서비스가 예방적이고 가족보존적인 방향으로 나아가야 한다.

(4) 지역아동센터 지원 강화

지역아동센터는 지역사회 안에서 방치된 빈곤아동을 위해 자생적으로 생겨난 아동복지실천 프로그램이다. 이러한 지역아동센터는 지역사회 아동의 보호·교육, 건전한 놀이와 오락의 제공, 보호자와 지역사피의 연계 등 아동의 건전육성을 위하여 종합적인 아동복지서비스를 제공해야 한다. 지역아동센터의 프로그램을 전문화, 다양화하고, 지역아동센터를 확대 설치하는 등 적극적인 지원정책이 필요하다.

(5) 저출산 극복과 건강가정기본법의 개정

건강가정기본법은 우리나라의 급속한 저출산 현상이 진행됨에 따라 종합적인 가정육아 및 차세대 아동의 육성 지원 대책을 추진하는 관점에서 대책 수립과 추진체계를 확립하기 위한 법이다. 이 기본법이 여러 관련 법을 포괄하고 하나의 체계를 이루도록 개별 법령 제정 또는 개정 시 이 법에 부합하도록 해야 한다.

일본에서는 차세대 육성 지원 대책 촉진법으로 저출산이 가져올 영향에 대처하기 위하여 장기적 시점에서 안심하고 지낼 수 있는 사회를 실현하고, 아동이 건강하게 태어나 육성될 수 있는 사회를 형성하고자 노력하고 있다. 우리나라의 경우 2005년 5월 「저출산・고령화 사회기본법」이 제정되었으며, 최근 보육시설의 바우처 제도나 아동수당 법처럼 저출산과 관련한 관련 법들의 법조항 개정 작업의 대응책이 준비되어야 할 것이다.

2) 아동복지서비스의 다양화[2)]

(1) 일반아동을 위한 서비스 개발

아동복지에서는 모든 아동의 생활의 질을 향상시킬 수 있는 제도, 분화, 물질적 조건을 갖춤으로써 생활에서 만족감을 누릴 수 있고, 생활의 질이 향상될 수 있으며, 성인 시기를 준비할 수 있는 노력이 필요하다. 아동의 생활의 질을 향상시키기 위한 사회적 노력으로는 아동권리에 관한 국제협약 국가 간 입양에 관한 국제협약 등과 같은 국제적 기준에 합당한 아동복지를 실천하는 것이 중요

2) 도미향 외(2014) 인용.

하다. 그리고 이와 더불어 아동이 성장, 발달하는 데 가장 큰 영향을 미치는 부모에 대한 교육과 학교에서 실천적 사회복지의 지향이 아동의 예방적・지지적 차원에서 해결해야 할 과제이다.

① **부모교육 및 통합적 종합복지 강화**

부모들이 자녀양육 능력이 점차 상실해 가고 있는 상황에서 각종 교육단체나 사회단체를 통한 아동과 가정의 기본 욕구와 정부기관의 서비스를 효과적으로 연결할 수 있는 폭넓고 체계적인 사회교육적 프로그램이 필요하다. 또한, 건전한 아동문화, 가족문화의 형성과 부모가 자녀에 대한 애정을 더욱 강화시킬 수 있고, 아동이 건전하게 놀고 여가를 즐길 수 있는 시설이 많이 제공되어야 한다. 그리고 건강한 가정교육을 위해서는 부모와 성인을 위한 교육이 이루어져야 한다. 즉, 아동복지서비스 실천의 기본철학은 아동과 부모에 대한 서비스가 각각 다를 수 있지만 정책의 수립이나 프로그램의 계획에 있어서는 항상 부모와 자녀를 하나의 서비스 단위로 생각하여야 한다는 것이다.

② **학교사회복지제도의 활성화**

학교는 아동을 위한 가장 기본적인 복지서비스의 장이라 할 수 있다. 학교부적응, 학교폭력, 가정 문제, 또래관계의 문제, 약물 남용, 비행 등 아동과 관련된 전반적인 문제는 학교에서 상당 부분 관찰이 가능하며, 해결 역시 학교에서 이루어질 때 그 효과는 배가될 수 있다. 일부 학교에서는 학교사회복지사나 상담교사가 상주하면서 학생들의 문제를 해결하고 있으나 아직은 부분적으로 실시되고 있다.

아동의 문제는 조기개입이 가장 효과적이라는 측면에서 모든 학교에 학교사회복지사를 배치하여 부모와 가족 지원, 아동상담 및 지료, 교사 및 지역사회자원과의 연계와 같은 서비스를 실시해 나가야 하며, 무엇보다도 교육부, 보건복지부 등 관련 부서가 함께 노력하여 학교사회복지사업이 제도화되도록 노력해야 한다. 그 밖에 지지적 서비스 기능의 강화를 위한 민간상담기관의 설치, 사회적 분위기를 조성하는 세미나, 홍보활동 등 각종 노력이 있어야 한다.

③ 영유아보육서비스의 정비 및 다양화

보육서비스의 충실은 출산율 회복에 중요한 정책으로 작용한다. 그 이유는 출산이 육아와 결부되어 양육부담이 되고, 저출산과 연계되기 때문이다. 그런데 정부정책은 결혼이나 출산 시점에 개입하는 것에서 출산 이후의 양육 시점에 개입하는 것으로 그 방향 전환을 모색해 볼 필요가 있으며, 보육서비스의 다양화와 같은 정책 개발에 무게가 실려야 할 것이다. 보육서비스는 많은 국가가 자녀의 출산·양육의 지원시스템 정책의 하나로 중시하고 있다. 일본은 1994년 엔젤플랜을 시작으로 긴급보육대책 5개년 사업, 지방엔젤플랜, 신엔젤플랜의 총활약플랜 등 일련의 시책하에 저연령 아동의 입소 확대, 다양한 보육 욕구에 따른 서비스 추진, 방과 후 보육의 활성화 등을 추진하고 있다.

우리나라는 보육사업 확충 계획에 따라 보육시설이 증가하여 양적인 측면에서는 어느 정도 충족되고 있지만, 질적인 측면에서는 아직도 열악한 상황이다. 보육시설 환경과 보육교사의 질적 향상은 중요한 정책과제라 할 수 있다. 여기서 중요한 것은 가정 내 자가보육을 받고 있는 아동가정의 양육 지원을 현실화해야 한다는 것이다. 누리과정으로 보육시설을 이용하고 있는 아동에 대한 지원과 가정보육 아동의 지원금액이 달라 보육시설의 비이용자, 비취업모가정인 자가보육 계층이 실감할 수 있는 보육서비스가 존재하지 않으면 출산율은 상승하지 않을 것이다. 이는 보육서비스가 기존의 맞벌이가정의 일과 출산·육아의 양립 지원을 중심으로 전개하던 서비스의 영역에서 비취업모가정까지 포함하는 지역 내 양육 지원을 포함하는 관점으로 방향을 전환해야 한다는 것을 의미한다.

그리고 다양한 형태의 보육료 지원을 통해 보육료 부담을 줄이고 방과 후 장애아동보육 등 특별보육의 지속적인 확충도 필요하다. 또한 보육서비스의 질적 측면의 향상을 위한 시설 종사자의 전문화, 우수 보육 프로그램의 개발과 보급, 보육기준과 내용의 내실화를 기해야 한다.

④ 아동가정상담 지원사업

아동가정상담 지원사업은 아동이 가진 문제 또는 아동의 욕구, 아동이 처해 있는 환경의 상황 등을 정확히 이해하고, 개별 아동이나 가족에게 가장 효과적인 개입을 통하여 아동의 복지를 도모함과 동시에 아동의 권리를 보장하는 것이다. 상담사업은 아동, 가정, 지역사회 상호의 연계에 의해 지역사회 내의 양육 기능을 강화하여, 실제 아동을 양육하는 데 부모들이 겪는 어려움과 갈등을 해소하고 아동양육의 불안이나 스트레스를 감소시켜 원활한 부모 자녀 관계를 확보할 수 있는 체제의 정비를 지원하는 것이다. 또한, 학대나 집단따돌림 등의 사회적 문제에 조기 대응하기 위하여 소아과 의사 등에 의한 상담체제를 정비하여 종합적으로 아동의 심신발달과 모친의 육아에 대한 보람을 느낄 수 있도록 하는 것이다.

일본의 경우 아동복지상담소의 기능은 상담, 일시보호, 송치, 지역주민이나 관계기관으로부터의 통보, 복지사무소나 가정재판소로부터의 송치를 받아 상담 원조를 전개하는 것이며 또한 친권자의 친권 상실선고 청구, 후견인 선임 및 해임의 청구를 가정재판소에 하는 등 아동복지의 중간 기관으로의 기능을 하고 있다. 그리고 이러한 상담, 판정, 지도, 송치, 일시보호 업무의 일환으로 일시가정위탁이나 입양의 알선, 등교 거부 아동의 복지 모형 사업, 아동학대 상담 등의 사업을 전개하고 있다. 종합적으로는 아동의 심신 건강을 보장하고 부모의 자녀양육 기능을 지원함으로써 자녀양육 지원 네트워크를 구축하고, 이로써 사회구성원들이 사회적 양육의 지원시스템을 구축해 나간다는 측면에서 유용한 방법이 고려될 수 있다.

⑤ 아동문화・전용시설의 정비 및 지역복지 강화

민주화와 지방자치화 시대에 알맞은 아동정책의 기본 방향은 아동복지 전달체계의 확충이며, 아동긴급 보호체계를 확립하여 인간으로서 아동의 복지를 보장하도록 실천하는 것이다. 지금까지 우리나라의 아동복지는 대체로 시설 위주의 서비스에만 중점을 두어 왔지만, 사회의 변동 추이에 맞추어 앞으로는 지역을 거점으로 하는 복지서비스가 추진되어야 한다. 그리고 산업화, 도시화 과정에서 많은 자연환경이 파괴되어 아동의 놀이 공간도 축소되고 있으며, 학원이나 특기교육 등으로 아동의 생활과 놀이 시간도 많이 부족하다. 아동의 문화와 전용시설은 이러한 아동의 상황을 극복하여, 아동이 안전한 환경에서 자유롭게 놀며 친구들과 창조적 활동을 할 수 있는 지역사회의 시설이다. 또한 아동의 놀이뿐만 아니라 부모와 지역주민이 협력하고 조직화하여 지역활동을 전개하는 거점으로서의 역할도 한다. 건전한 아동문화, 가족문화의 형성과 부모의 자녀에 대한 애정을 더욱 강화하는 연결고리가 되는 이러한 시설들이 많이 필요하다.

이러한 아동전용시설 규정에는 어린이공원, 어린이놀이터, 아동회관, 체육・연극・영화・과학실험 전시시설, 아동휴게숙박시설, 야영장 등 아동에게 건전한 놀이・오락, 그 밖의 각종 편의를 제공하여 심신의 건강유지와 복지증진에 필요한 서비스를 제공하는 것을 목적으로 하는 시설들이 포함되어 있다. 그러나 이러한 시설의 부족은 물론이고 안전성 문제에 많은 우려를 제기하고 있는 실정이다. 또한, 진행 지도원의 상주 여부도 불확실하고 설치기준은 있으나 운영기준에 대한 법적 기준은 갖추어지지 않은 상황이다.

⑥ 보건소 및 건강보건지원센터 사업

지역 내 보건소는 아동, 임산부의 보건에 관한 지식의 보급, 건강상담, 건강진료, 보건생활지도, 건강진단과 조사, 지역 내 보건 위생 등의 사업을 실시하는 곳이다. 저출산시대의 보건소 역할은 가정의 출산·양육 지원의 분담으로 모자보건 서비스 부분(모자 건강수첩, 건강검진, 건강방문지도 등)을 담당하는 일이라 할 수 있다. 이는 아동, 가정, 지역사회의 상호 연계를 통하여 부모의 자녀 출산·양육의 신체적·정신적 안정의 지지와 육아 불안의 해소를 도모하고, 학대나 왕따 등의 사회적 문제를 조기에 대응할 수 있도록 지원하는 것을 의미한다. 또한 영유아 양육지도를 하거나 모자보건지도 등도 필요하다. 가족 상황에 따라 기본직인 생활능력 향상을 지원할 필요가 있는 경우 개개의 발달단계나 가정의 상황에 적합한 교육훈련을 지도하는 간호사, 작업치료사 등 전문직원 파견사업도 고려할 필요가 있다.

⑦ 육아휴직제도의 정비

육아휴직제도는 어머니가 갖는 모성적 기능(출산·육아) 보호를 통한 출산정책의 하나이다. 출산·육아에 대한 사회적 배려는 다음 세대를 이을 아동을 낳고 기르는 기능을 단순히 노동자 개인의 책임 문제가 아닌, 사적 노동에서 사회적 노동으로, 즉 육아의 사회화(집단적·사회적 보육)를 발전시키는 기본이 된다. 국제적으로는 1965년 ILO 123호 조약이 가족적 책임을 갖는 여성 노동자의 부담을 경감하는 시책으로 출발하였고, 미국의 경우에는 임신·출산에 대한 법적 보호를, 영국의 경우에는 고용보호법에 의한 출산·육아 이후의 직장 복귀의 권리와 사회보장법에 의한 임신·출산 휴가 중의 소득보장에 관한 권리의 규정으로 가족 책임과 노동의 조화를 도모하는 다양한 휴가제도와 조치를 취하고 있다. 스웨덴의 경우 육아휴업제도로 출산율 증가를 달성하였고, 어머니의 일과 육아의 양립도 가능하게 하였다. 일본의 경우 1991년 육아휴직법을 제정하고, 기존의 모성 휴직에 이어 출산 후 최대 1년까지 모 또는 부에게 육아휴직을 제공하고 있다. 또한 프랑스의 경우 1985년도에 제정된 유급 육아휴직제도는 자녀가 최소한 2명 이상인 조건에서 막내 자녀의 연령이 3세 이하인 경우, 직업활동을 완전히 중단했거나 부분적으로 중단한 부모에게 지급하고 있다(황옥경, 2009).

우리나라의 경우 「남녀고용평등법」에 의하여 육아휴직제도를 실시하고 있으나 일부 기업과 관공서를 제외하고는 제대로 정착하지 못하고 있다. 이러한 육아휴직제도는 부모의 자녀양육 지원을 통해 저출산을 극복하는 방법으로 지원되고 있으며, 우리나라도 법률상의 조건 정비를 기반으로 기혼여성의 노동권익 확보와 남녀 차별 철폐의 관점과 함께 일과 출산・육아의 양립을 위한 대책으로 자리매김해야 할 것이다.

(2) 요보호아동을 위한 서비스의 개발

그동안 보호가 필요한 아동, 가정에서 이탈된 아동, 빈곤가정의 아동을 위한 사회적 노력이 집중되어 왔다. 그러나 학대와 방임으로부터 고통받고 있는 아동, 개인적 문제아동 등 새롭게 도움이 필요한 아동들이 증가하는 추세로 보아 아동문제에 대한 관심은 확대되어야 할 것이다. 그리고 현재 보호가 필요한 아동에 대한 아동복지서비스에 대하여 다음과 같은 관점에서 재검토가 이루어져야 한다. 부부갈등과 이혼, 별거로 인해 고통 받고 있는 아동을 도와줄 수 있는 사회적 대책이 마련되어야 한다. 또한, 정서와 행동문제를 가진 아동을 도와줄 사회적 프로그램을 고려해야 한다.

① 입양과 가정위탁제도의 활성화

아동은 가능하면 가정과 같은 환경에서 성장하는 것이 바람직하다. 즉, 가정 우선 아동보호 원칙(원가정보호의 원칙)에 의하여 가정위탁과 입양과 같은 제도를 더욱 활성화할 필요가 있다. 이를 위해서 실천현장에서는 아동복지법에서 명시하였듯이 대리양육을 원하는 연고자에 대하여 그 가정에서 보호, 양육할 수 있도록 조치를 하고, 시설보호에서 가정위탁보호로의 전환을 적극적으로 해나가야 한다. 따라서 국민 의식의 전환과 함께 위탁가정과 입양가정에 대한 국가의 지원을 현실적 수준으로 상향 조정해야 하며, 이를 정책적으로 정착시켜 나가기 위한 노력이 반드시 선행되어야 할 것이다.

② 장애아동을 위한 조기 진단과 치료

아동의 신체, 인지, 정서와 관련한 문제는 조기에 발견하여 개입하는 것이 가장 효과적이다. 이를 위해서 지역사회 내에 주택 서비스와 시설 서비스의 알선, 장애인복지센터나 클럽 운영, 아동진료소 등과 같은 전문시설을 보강하고 사회복지사, 심리치료 전문가, 물리치료사 등 다양한 전문인력과 의사, 사회복지사, 심리학자, 교육자 등의 팀별 접근을 통해서 이들을 재활케 하며 사회로의 통합을 촉진해야 한다. 무엇보다 정보 제공, 물적 지원과 함께 장애아동을 진단하고 지속적으로 치료할 수 있도록 가정을 지원하는 프로그램이 확충되어야 한다.

③ 정서장애아동을 위한 정신건강 서비스

많은 아동이 행동면에서 공격적·자폐적·신경증적 문제를 지니고 있으며, 심한 경우에는 법적 보호 대상이 되어 가정이나 사회환경에 적응하지 못하는 아동이 된다. 이들을 위해 이미 선진국에서는 지역사회 정신건강증진센터나 아동진료소, 정서장애자 단기치료센터를 설치하여 문제를 해결하고 있지만, 우리의 경우는 이들에 대한 예방이나 진단 또는 치료조차 매우 미약한 상태에 있다.

이상과 같이 보호가 필요한 아동을 위한 복지대책으로는 전문적 서비스의 강화가 필요하다. 복지서비스가 아동의 필요에 초점을 맞추어야 하는 것이고, 아동복지가 전통적으로 기아, 고아, 빈곤가정의 아동, 장애아동 등 이른바 '비정상적' 아동에 대한 서비스라는 잔여적 개념의 시각은 아동복지서비스가 감정적 보호나 물질적 대비에 그치는 경향을 낳게 되었다. 그 결과 그들의 결손과 장애의 치료 및 훈련, 교육 서비스의 지원은 소위 일반아동에게 베풀어지는 수준보다 더 낮은 정도였기 때문에 앞으로 과학적이고, 전문적인 서비스로 아동을 지원할 수 있는 아동복지정책을 확립해야 한다.

3) 아동복지행정의 혁신

(1) 아동복지 전달체계 및 재정

아동복지의 과업을 실천하기 위해서는 현재의 아동복지 전달체계가 재정비되어야 한다. 아동복지의 공적 전달체계, 민간 전달체계, 중간체계 성격인 연합회와 협회, 아동복지 관련 학회 등의 조직과 기능이 적절하게 개선되어야 할 것이며 또한 이 조직체들의 일선에서 일하고 있는 아동복지 종사자들의 자질 향상에 대한 노력이 강구되어야 한다. 즉, 우리나라의 아동복지서비스 전달체계는 공적인 아동복지를 담당하는 중앙부서인 보건복지부, 여성가족부, 교육부, 고용노동부, 법무부 등으로 산재되어 있어 부처 간에도 정책의 일관성이 없고, 심각한 경우에는 극심한 부처 이기주의가 발생한 사례가 적지 않은 실정이기 때문이다. 특수한 경우를 제외하고 공적인 전달체계를 일원화하는 방안이 마련되어야 한다.

또한 사적인 전달체계의 연결하에 민·관이 합동하는 전달체계가 수립되면 서비스의 중복성이나 낭비적 요소를 줄일 수 있을 뿐만 아니라, 민간기관의 전문성을 적극 활용하여 보다 효율적인 복지서비스를 제공할 수 있을 것이다. 그리고 복지에 대한 사명의식을 가진 사람이 운영할 수 있도록 법인의 자유로운 인수인계, 항목 구별 없이 통괄 예산으로 지원하는 등 사회복지법인의 시설 운영에 있어서 자율성을 보장하여 시설의 특성화도 촉진할 수 있도록 해야 한다. 또한, 복지사업을 경영하고 있는 각종 민간 법인이나 단체 등의 관심을 자체 수익사업을 개발하는 데 집중시켜 국가나 후원단체의 지원을 최소화하여 재정적으로 자립할 수 있는 활로를 모색하게 해야 한다.

(2) 아동복지시설과 종사자

아동복지시설에 대한 새로운 체제, 개념 및 기능의 적용이 필요한데 이를 위해서는 지금까지의 시설에 대한 수용보호적인 개념에서 정상화, 재활사회통합 등의 시설의 의의를 강조하는 경향으로 나아가야 된다. 또한 전문적인 예방, 치료, 재활, 교육, 상담 등의 기능을 강화하는 방향으로 발전시킴과 동시에 이를 뒷받침할 수 있는 전문 인력의 확보와 활용이 이루어져야 한다. 이용형, 통원한 상담형, 수용형 등 시설의 체계적 분류, 통합 및 세분화 과업이 요청되며, 시설 종별에 따른 위치, 구조, 설비 기구 등을 확보해야 한다. 시설에서도 아동의 보호와 교육을 일반가정 이상으로 보장하여 아동이 건전한 집단생활 환경을 통해 성장할 수 있도록 그 기능을 수행해야 한다. 따라서 앞으로의 아동시설은 아동의 생활공동체로서 그들의 개성을 발전시켜 건전한 성장, 발달을 보장할 수 있는 환경으로 변모시켜야 할 것이다.

2. 아동복지의 전망

아동복지는 보호를 필요로 하는 선별된 아동에게 제공된 서비스에서 전체 아동에게 제공하는 포괄적인 서비스로 발전하고 있다. 따라서 보호를 필요로 하는 아동에게 시설보호 위주의 서비스에서 지역사회를 기반으로 하는 가정중심, 지역사회중심의 복지서비스로의 개발과 추진이 더욱 요청되며, 아동에 대한 새로운 관점에서 아동복지를 정립시켜 나가야 할 것이다.

우리나라의 아동복지정책은 새로운 관점을 통한 아동복지서비스 적용이 시작될 것이다. 그리고 다양한 아동복지 프로그램과 전문성을 활용하는 프로그램이 실시될 것이며, 공적 기관과 민간기관 운영의 조화와 중앙 및 지방정부, 지역사회와의 파트너십의 확대가 진행될 것이다. 또한, 아동복지에 대한 새로운 실천 방법의 접근과 객관적인 욕구개발 및 평가활동이 활성화될 것이다. 그러므로 아동복지를 위한 바람직한 전제 조건은 다음과 같다.

- 아동복지의 보장은 국가가 책임져야 한다.
- 아동복지의 법적 성격은 아동권리로 인정되어야 한다.
- 아동복지의 범위는 모든 생활 영역이 포괄되어야 한다.
- 아동복지의 대상은 모든 아동에게 적용되어야 한다.
- 아동복지의 운영원리는 아동과 보호자의 민주적 참여가 전제되어야 한다.

아동복지에 관한 국가적인 중장기 마스터플랜 수립이 중요하다. 그리고 가족 관점에서 아동복지서비스의 통합화가 필요하며, 아동중심의 「아동복지법」의 확립이 요구된다. 새로운 아동복지서비스의 확대와 효율적인 아동복지서비스전달체계의 확립도 중요하다. 국가체계의 아동복지서비스 전달체계 확립을 전제로 한 민간참여 유도를 활성화하며, 아동복지서비스를 위한 민간 영역의 재원확보도 활성화해야 한다. 아동복지연구 및 평가조사 작업의 활성화도 중요한 이슈가 될 것이다.

3. 아동복지의 발전방향

아동복지정책은 아동의 인권강화, 보편적 서비스의 확대, 사회적 안전망의 내실화, 아동정책 추진기반 조성의 목적을 가져야 한다. 보호가 필요한 아동의 발생예방, 사회적 보호의 환경적 변화에 대한 대응, 전문성 강화, 국가의 의무강화가 요구된다. 현대의 아동복지 개념에 걸맞은 복지서비스를 제공하기 위해 아동권리에 대한 전문적 지식이나 아동복지의 개념을 새롭게 이해할 필요성이 있다. 아동복지 프로그램과 서비스가 아동들의 전인적인 발달을 이끌어낼 수 있도록 방향을 전환하여야 하며, 보편적인 복지서비스를 통해 모든 아동의 건전한 성장과 발달을 지원해야 한다. 아동복지에 대한 국가의 책임은 물론, 사적인 주체와의 조화가 이루어져야 한다. 가정중심의 아동복지는 일차적으로는 가족, 친척, 이웃을 통한 비공식적 지원체계를 활용하고, 이차적으로는 전문적인 인적 자원의 참여를 공식화시키는 것이다.

1) 아동복지에 대한 새로운 패러다임의 적용

최근 아동복지의 개념은 과거의 자선적·인도적 사고와는 달리 좀 더 국가 발전에 호응하는 이념, 즉 목적과 가치를 갖는 것으로 그 사업을 위해 전문적 지식이나 개념을 새롭게 해야 한다. 아동복지의 목적은 국가 발전의 원동력, 국가 부강의 기본 및 국가 안정의 바탕이라고 할 수 있다. 한편 아동복지는 인격완성의 기초를 미련해 주며, 아동의 기본권을 보장해 주는 것이라 할 수 있다. 실천적인 면에서도 "아동복지는 사회복지의 한 분야로서 사회복지사의 적극적 활동 분야이다."라는 확신을 가진 좀 더 정규적인 훈련과 경험을 쌓은 아동복지 전문가들에 의해서 사업이 수행되어야 한다.

무엇보다 중요한 점은 아동복지사업에서 잔여적·보편적 관점의 두 가지 패러다임이 함께 통합되어야 한다는 것이다. 사회복지실천의 발달과정을 살펴볼 때, 잔여적 접근방법인 개별사회복지 이론과 실천의 발달은 사회복지 전문직을 정립하는 계기가 되었으나, 개인의 심리문제나 특정 아동의 보호에 집중함으로써 전제적인 변화를 가져올 수 없었으며, 결과적으로 사회복지 내에 과도한 전문 분화를 야기하였다. 반면 제도적 접근방법은 다양한 요인이 복합적으로 작용하는 실천 영역에 대해서는 효과적으로 대처하지 못한다는 한계를 낳았다. 따라서 이러한 한계를 보완하기 위해서는 아동복지를 개인적인 미시적 혹은 사회환경적인 거시적 차원에서만이 아니라 개인과 집단, 지역에 대한 통합적・시스템적 접근방법(개인 + 집단 + 지역통합적 접근방법)으로 실행되어야 한다.

2) 지역사회 중심의 아동복지

국가가 모든 국민의 요구나 생활을 보장하거나 책임지기 어렵다는 측면에서 일정한 지역사회를 기반으로 자체적으로 지역주민의 생활권 보장과 지방의 균형적 발전에 기여할 수 있는 복지 시스템을 확립시켜 나가야 한다. 그러한 방향에서 커뮤니티 케어의 중요성이 강조된다. 이 개념은 영국, 미국 등 선진국에서 1960년대 이후부터 발전되어 왔는데, 이는 지역사회를 기반으로 공공기관, 민간기관 및 가족이 함께 참여하는 다원주의적 복지서비스를 강화하는 것이다. 즉, 가족 중심의 접근과 민간복지서비스의 강화를 일컫는다. 이러한 커뮤니티 케어는 지역사회의 기초단위인 가족중심적 접근이나 서비스로서 우리나라에서도 재가복지라는 새로운 개념의 서비스가 중요한 정책과제로 등장하고 있으며, 새가복지의 정책이나 제도가 점차 강조되어 개발되고 있다.

즉, 아동복지에서 가족중심의 접근은 지역사회의 가장 최고 단위인 가정을 기반으로 하여 개별적인 아동과 가족의 욕구 충족을 도모하는 프로그램과 서비스가 개발되어야 한다는 것이다. 이는 지지적 서비스(supportive service)의 강화를 통해 아동과 가족의 문제를 사전에 예방하는 효과를 가질 수 있다. 아동의 양육과 보호를 지원하는 프로그램을 개발하고 전문인력이나 자원봉사자를 참여시켜 아동이 원가정 또는 대리가정에서 생활하면서 치료와 서비스를 받을 수 있는 형태가 활성화되어야 하며, 재가아동과 장애아동에 대한 상담, 치료, 교육훈련, 지역사회와의 교류 및 여가활동 등을 지역사회 내에서 총체적으로 지원할 수 있는 방안이 강구되어야 할 것이다.

3) 공공과 민간기관의 협력

아동복지사업이 공적이냐, 사적이냐 하는 문제를 두고 일률적으로 어느 것이 좋다고 규정 짓기는 어려우나 일반적으로 모든 아동이 대상에 포함되는 보편적인 사업의 경우 공공부문에서 추진되는 것이 바람직하며, 그와 반대인 경우는 민간기관에서 주도할 수 있다. 그러나 현재 공적이어야 하는 아동복지 분야가 지나치게 사적 책임으로 전가되고 있거나 반대로 사적이어야 하는 분야가 지나치게 공적인 것에 의하여 좌우되고 있는 것은 문제라고 할 수 있다. 정리하면 일반적으로 국민의 광범위한 대상에 관련되는 사업 내용인 경우와 사적 기관에서 할 수 없는 사업 내용일 경우는 공적 사업으로 추진되는 것이 좋고, 그와 반대되는 경우에는 사적 운영이 좋을 것이라는 이론이 성립되겠다(표갑수, 2000).

가장 기본이 되는 아동양육 프로그램은 국가가 사회보장의 형태로 시행할 수 있어야 한다. 2018년부터 도입된 아동수당은 IMF 이후 늘어났던 아동복지시설 보호아동 수의 감소는 물론 아동의 유기와 방임, 학대 등을 예방하는 적극적인 제도적 장치가 될 수 있을 것이다. 나아가 감소 추세에 있는 아동 인구의 증가에도 적지 않은 긍정적 효과를 기대할 수 있으리라 생각한다. 또한, 민간기관에서 특수 프로그램을 개발하고, 결연 후원과 같은 멘토 연계, 후견인(tutoring)과 같이 지역 내 아동 및 가정을 적극 지원하고 보호하는 사업을 활성해 나갈 수 있도록 민간기관들의 참여를 지원하는 등 민간과 공공 부문이 함께 이루어져야 할 것이다.

4) 새로운 실천방법 및 평가활동의 추진

아동은 생리적 인간으로서의 성장, 발달의 과정보다 사회적 인간으로서의 성장, 발달과정에서 더 많은 문제에 부딪히게 된다. 때문에 아동복지실천가들은 지금까지의 보호가 필요한 아동의 기본적인 생리적 욕구 충족에 대한 활동에서 벗어나 일반아동의 심리적 욕구 충족에까지 복지서비스 영역을 확대하기 위해 노력하고 있다.

이제 생활시설은 문제아동치료센터 또는 직업기술학교로 기능을 확대하고 구조도 가정 단위의 공동생활가정으로 바뀌어 종전의 의식주 중심 사업에서 사회적 적응력을 배양해 주기 위한 방향으로 변화되어야 한다. 또한 일반유아 시설의 기능이나 방법도 새로이 검토되어 요보호아동의 보호와 양육 문제 해결 방안으로 활용하거나 특수보호와 같은 종합적 욕구를 고려하여 위탁보호, 입양, 가정상담, 홈메이커 서비스, 강제보호서비스 등 다양한 프로그램이나 서비스로 개발되어야 한다.

한편 충족되지 않는 욕구 개발과 평가활동의 추진이 필요하다. 우리가 참된 아동복지를 실천하기 위해서는 다양한 욕구의 개발과 현재 프로그램의 정확한 평가 작업을 통해서 올바른 아동복지 활동에 공헌할 수 있어야 한다.

5) 최근 이슈화되는 아동의 문제에 대한 대안의 필요성 대두

지나친 사교육비는 아동 및 가족의 가장 불안한 문제이다. 특목고나 자사고와 같은 고등학교와 소위 일류대학교의 진학을 위한 가정 재정의 투입은 가속의 질을 떨어뜨리거나 힘들게 하는 원인이 되고 있으므로 이를 위한 대책이 필요하다. 유명브랜드 옷이나 가방, 신발 등을 통한 아동들의 서열화 문화, 외모지상주의에 의한 지나친 다이어트나 화장 등도 최근 아동들의 문제로 부상하고 있으며, 연예인 팬덤과 같이 지나친 동일시의 집단문화, 모바일에 의해 손쉽게 접하는 성적 문화 등에 대한 대책도 심도 있게 논의되어야 할 것이다.

참고문헌

강란혜(2016). **아동발달**. 서울: 창지사.

강복정(2002). 시설청소년을 위한 자립준비교육프로그램의 효과에 관한 연구: 사회적응 및 건강가정형성교육을 중심으로. **대한가정학회지, 40**(10), 3348.

강태인(2014). 해외입양인 친생부모의 생애사 연구: 자녀찾기 경험을 중심으로. **가족과 문화. 26**(3), 105-144.

강현아, 정익중(2015). 친가정외 보호아동의 친권 및 후견직무 관련 현황 및 개선방안. 세10회 가정위탁 세미나 자료집.

고용노동부(2020). 고용노동백서.

고인숙, 류현수(2017). **아동권리와 복지**. 서울: 동문사.

고재욱, 전선영, 황선영(2013). **사회복지행정론**. 경기: 정민사.

공계순, 박현선, 오승환, 이상균, 이현주(2016). **아동복지론**. 서울: 학지사.

교육부 공식 블로그, 독일연방주교육부장관회의(이하 KMK). https://if-blog.tistory.com/4298, 교육부 공식 블로그

교육부(2015). 2015년 다문화학생 교육지원계획.

교육부(2016). 2015 교육기본통계.

교육부(2017). 초중고교과(학교)교육과정과 7대 안전교육 표준안의 연계 운영방안.

구인회, 박현선, 정익중(2006). 빈곤과 아동의 사회정서적 발달 간의 관계: 성인역 부담의 역할을 중심으로. **한국사회복지학, 58**(2), 303-330.

구혜영(2012). **인간행동과 사회환경**. 서울: 도서출판 신정.

구혜영(2012). **자원봉사론**. 서울: 도서출판 신정.

구혜영(2013). **청소년복지론**. 서울: 도서출판 신정.

국가인권위원회(2011). 유엔 아동권리협약 제34차 국가보고서 및 권고사항 자료집.

굿네이버스 아동학대문제연구소(2003). 아동학대예방교육(CES, PAPCM). 교육강사 양성과정 워크숍 자료집.

권기성, 강영욱(2006). 영유아 보육정책 및 평가에 관한 연구. **21세기 사회복지연구, 3**(1), 27-53.

권세은(2002). 시설보호아동과 일반아동의 사회적 기술, 정서조망능력과 자기역량 지각의 비교. 서울대학교 대학원 석사학위논문.

권중돈(2014). **인간행동과 사회 환경.** 서울: 학지사.

권지성, 정익중(2013). 가정위탁 당사자들의 경험에 대한 질적 사례연구. **전북대학교 사회과학연구소, 37**(2), 35-77.

권지성, 정익중, 민성혜, 신혜원(2012). 위탁 아동 입양부모의 양육경험에 관한 질적 사례연구. **한국아동복지학, 43**(3), 73-107.

길귀숙, 강희숙, 이재호, 천덕희, 김상곤, 오영훈, 현영렬, 임승희(2012). **사회복지실천론.** 경기: 양서원.

김경희, 강현아, 안소영(2009). 시설아동의 현황 및 쟁점에 관한 연구. **아동학회지, 30**(6), 406-416.

김경희, 문혁준, 김선영, 김신영, 김지은, 김혜금, 서소정, 안선희, 안효진, 이희경, 정선아, 황혜원(2013). **보육학개론(제3판).** 서울: 창지사.

김경희, 이재연(1994). **부모교육.** 경기: 양서원.

김기태, 박병현, 최송식(1999). **사회복지의 이해.** 서울: 박영사.

김기환(2000). 저소득층 아동을 위한 포괄적 보육서비스: 사회복지서비스 모델개발. 2000년 사업보고서. 삼성복지재단.

김도현(2012). 장애인당사자주의의 비판적 이해를 위하여. **진보평론, 2012년 여름호.**

김도현(2014). **당신은 장애를 아는가.** 서울: 승가원.

김동배, 권중돈(2006). **인간행동이론과 사회복지실천.** 서울: 학시사.

김동춘, 홍강의(1995). 유아학대 및 반영실태에 대한 교사의 인식. 제13회 한국아동학대예방협회 세미나.

김명희(2006). **아동복지론.** 경기: 교문사.

김미숙(2005). 한국의 이혼실태와 이혼가족 지원정책 연구. 한국보건사회연구원.

김미숙(2006). 방과 후 아동보육서비스 전달체계 효율성 제고에 관한 연구. **보건사회연구, 26**(2), 3-36.

김미숙, 김정숙(2012). 아동・청소년 학교폭력 실태와 정책과제. 한국보건사회연구원.

김배현(2001). 아동복지시설 내 청소년의 사회성 차이 연구: 대규모시설과 소규모(GH)시설의 비교를 중심으로. 연세대학교 행정대학원 석사학위논문.

김범수(2010). **다문화사회 십계명.** 서울: 리북.

김범수(2010). **지역사회복지론.** 경기: 공동체.

김석준, 김현호, 박주현, 시옥진, 오선영, 이범석, 이화명, 정미현(2018). **아동권리와 복지.**

경기: 양서원.

김성경(2005). **아동복지론**. 경기: 양서원.

김성경, 최현미, 김혜영(2013). **아동복지론**. 경기: 양서원.

김수진(2003). 장애아동의 효과적인 통합교육: 발달장애아동 관련 전문가 교육. 한국어린이육영회 부설 치료 교육연구소,

김수진(2005). 아동복지관련 법제의 개선방안 연구. 한국법제연구원.

김순옥, 박은주, 배은영, 원명순, 주현경, 최종구(2014). **아동복지론**. 서울: 동문사.

김승권(2008). 드림스타트사업을 통한 어린이가 행복한 나라 만들기 2008년 제4회 어린이주간 심포지엄 자료집. 한국방과 후아동지도학회.

김영명(1997). 어머니 및 보육교사에 대한 유아의 애착안정성에 따른 정서적 행동문제. 서울대학교 대학원 석사학위논문.

김영종(2004). **사회복지행정**. 서울: 학지사.

김유심(2008). 빈곤층 여성한부모의 생활사건 스트레스와 우울에 관한 대처자원 연구. 연세대학교 대학원 박사학위논문.

김윤재, 강영숙, 김진환, 박주은(2015). **아동복지론.** 서울: 동문사.

김은정(2014). 사회서비스 재정의 지방화에 따른 지역의 대응방안. **지방정부연구, 18**(1), 19-241.

김이영, 김운삼, 김소윤, 이은희, 최윤희, 현영렬(2017). **아동권리와 복지**. 경기: 양성원.

김익균(2011). **아동복지론**. 경기: 교문사.

김주아, 류헌수, 최용득(2012). **아동복지론**. 서울: 동문사.

김준호, 노성호, 이성식, 곽대경, 박정선(2009). **청소년 비행론**. 서울: 청옥출판사.

김진숙(2009). 조손가족 청소년의 생활세계에 대한 현상학적 연구. **청소년학연구, 16**(9), 223-248.

김춘경(2002). 이혼가정 아동의 정신건강 증진을 위한 독서치료에 관한 이론적 고찰. **초등교육연구, 15**(2).

김춘경(2009). **아동상담 이론과 실제**. 서울: 학지사.

김춘경, 홍종관(2003). 십대자살 예방과 치료를 위한 위기상담적 고찰: 학교상담개입을 중심으로. **대구교육대학교논문집, 181**, 305-328.

김태천(1996). '아동권리협약' 국제인권법. 제1호. 국제인권법학회.

김현용, 윤현숙, 노혜련, 김연옥, 이배근(2001). **현대사회와 아동: 아동복지의 시각에서(개**

정판). 서울: 소화.

김현자(2008). 아동의 안전보호 책무성 강화를 위한 과제 고찰. **아동복지연구, 6**(3).

김형모, 조정아(2003). 한국미아보호체계의 현황과 구축방안. 2003년 한국아동복지학회 춘계학술대회 자료집.

김혜영, 김은지, 최인희, 김영란(2011). 조손가족지원방안연구. 한국여성정책연구원.

김호년(2011). **아동의 권리와 복지**. 경기: 양서원.

김호년, 김성재, 김현정, 박윤, 양진희(2011). **아동복지론**. 경기: 양서원.

노충래(2011). 헤이그입양협약 가입 관련 아동복지의 과제. 헤이그 국제아동입양협약 가입을 위한 토론회 자료집. 중앙입양정보원.

노충래, 김원희(2004). 시설거주 미혼모의 입양 결정요인에 관한 연구. **한국아동복지학, 17**, 49-79.

노충래, 박근혜, 서지원(2009). 위탁아동의 가정위탁만족도에 관한 연구-가정위탁유형의 개인, 위탁부모 및 서비스 요인을 중심으로. **한국아동복지학, 29**, 155-185.

노충래, 홍진주(2006). 이주노동자 자녀의 한국사회 적용실태 연구. **한국아동복지학. 22**, 128-159.

노혁(2002). **청소년복지론**. 서울: 대학출판사.

노혜련, 김미원, 조호연(2016). **예방과 동합의 관점에서 본 아동복지론**. 서울: 학지사.

노혜련, 조소연(2018). 한국 입양 실천의 문제섬과 개선방안, **아동과 권리**, **22**(4), 559-585.

대구대학교 사회복지연구소(1995). **사회복지사전**. 서울: 경진사.

도미향(2014). **아동복지론**. 경기: 공동체.

도미향, 김영희, 이소희(2004). **계부모의 아이들**. 경기: 양서원.

도미향, 남연희, 이무영, 변미희(2014). **아동복지론**. 경기: 공동체.

류연규, 최현수(2003). 우리나라 아동빈곤율 수준과 변화경향: 1982-2002년 도시근로자가구를 중심으로. **한국아동복지학. 16**, 135-165.

류정희, 전진아, 이상정, 이주연, 정익중, 유민상(2018). 생애주기별 학대 경험 연구: 아동기 학대·폭력의 중 복적 경험과 정책적 대응. 한국보건사회 연구원.

모경환, 이미리, 김명정(2014). **청소년문제와 보호**. 경기: 교육과학사.

미래창조부, 한국정보화진흥원(2016). 2015년 스마트폰과 의존 실태 조사.

미래창조부, 한국정보화진흥원(2017). 2016년 스마트폰과 의존 실태 조사.

박경순(2010). 존 보울비(Gohn Bowlby)와 애착이론. **한국심리치료학회지 2**(1), 109-119.

박명윤(1995). 아동학대현황 실태조사. 제14회 한국아동학대 예방협회 세미나.

박아청(2003). **성격심리학**. 서울: 교학사.

박언하, 조미숙, 하경표(2019). **아동권리와 복지**. 서울: 동문사.

박영애, 유가효, 최영희, 박인전, 문현주, 이미경 역(2001). **인지행동놀이치료**. 서울: 나눔의 집. Susan, M. Knell(1993). Cognitive-behavioral play therapy.

박옥임, 서선희, 김경신, 옥경희, 박준섭(2008). **가족복지론**. 서울: 청목출판사.

박은경(1998). 아동학대의 실태와 대책에 관한 연구. 국민대학교 대학원 석사학위논문.

박은미, 정익중(2012). 사례관리의 이해: 영유아 보육과 사회복지의 통합적 접근. 서울: 박영사.

박정란, 서홍란(2010). **아동복지론**. 경기: 양서원.

박정란, 서홍란, 장수한(2016). **청소년복지론**(개정판). 경기: 양서원.

박정호(2001). **사회복지정책론**. 서울: 학지사.

박진아(2017). 영유아 가구의 양육비 지출 현황과 육아물가 체감 추이. 육아정책연구소.

박형원(2004). 가정폭력노출아동의 공격행동 감소를 위한 프로그램 개발 및 평가 연구. 이화여자대학교 대학원 박사학위논문.

박희자(2001). 학교 훈육문제의 실태와 개선방향. 한국교육생산성연구소.

배태순(1998). **현대사회에서의 입양의 이해와 입양의 성공**. 경남대학교 출판부.

백선희, 장하진, 이옥(2017). **한국의 보육정책**. 경기: 공동체.

백은령(2010). 장애아동·청소년의 삶의 질 향상을 위한 지원방안연구 LI: 장애아동 청소년의 가족지원 서비스 개선방안 연구. 한국청소년정책연구원.

백종만, 양난주, 최 균, 장영신(2015). 사회복지시설평가제도 분석과 개선방안 연구. 전북대학교 사회과학연구소. **사회과학연구. 39**(2), 281-314.

법무부(2013). 중앙행정기관 외국인정책 시행 계획.

법무부(2015). 중앙행정기관 외국인정책 시행 계획.

법무연구원(2015). 2014 범죄백서.

변미희, 도미향, 남연희, 이무영(2014). **아동복지론**. 경기: 공동체.

보건복지부(2006). 아동복지사업안내.

보건복지부(2006a). 2005년 전국아동학대현황보고서.

보건복지부(2006b). 한국의 유엔 아동권리협약이행 모니터링.

보건복지부(2013) 보육사업안내.

보건복지부(2013). 제2차 중장기보육 기본계획.

보건복지부(2014). 2014 아동복지사업안내.

보건복지부(2014). 2014 장애인실태조사.

보건복지부(2015). 2015 보건복지백서.

보건복지부(2015). 2015 중독관리통합지원센터 현황.

보건복지부(2015a). 2014년 전국아동학대 현황보고서.

보건복지부(2015b). 보육통계.

보건복지부(2015c). 아동의 삶과 대한민국의 미래를 바꾸는 제1차 아동정책 기본계획 (2015~2019).

보건복지부(2015d). 2015년 드림스타트 사업안내.

보건복지부(2015e). 2015년 정신건강 사업안내.

보건복지부(2017). 2017년 아동복지사업안내.

보건복지부(2017). 도움 필요한 조손가정, 빨리 발견하고 세심하게 배려. 보도자료(2월 28일 자).

보건복지부(2017). 조손가족 제도개선. 보도자료(2월 28일 자).

보건복지부(2019). 2018년 말 기준 전국 지역아동센터 통계조사보고서.

보건복지부(2020a). 가정 복귀한 학내 피해아동의 안전을 확인한다.

보건복지부(2020b). 2020 다함께돌봄 사업안내.

보건복지부(2021). 아동분야사업안내, 서울: 보건복지부.

보건복지부(2022). 2022년 드림스타트사업안내.

보건복지부(2022). 아동학대 연차보고서, 서울: 보건복지부.

보건복지부, 중앙아동보호전문기관(2015). 전국아동학대보고서.

보건복지부, 중앙아동보호전문기관(2018). 2017 전국아동학대현황보고서.

부스러기 아산사회복지사업재단(1997). 아동복지편람.

부스러기사랑나눔회 지역사회복지사(2005). **찾아가는 사례관리 매뉴얼**. 서울: 도서출판 부스러기.

사회복지교육연구센터(2016). **인간행동과 사회환경.** 서울: 나눔의집.

서문희(2013). 보육정책의 성과와 과제. 유아정책연구소.

서보준, 김우호, 박선태, 이정미(2013). **아동복지론**. 경기: 공동체.

서봉연 역(2007). **발달의 이론**. 서울: 중앙적성출판사.

서봉연, 이순형(1986). **발달심리학**. 서울: 중앙적성출판사.

서영숙, 김경혜(2003). **보육학개론**. 경기: 양서원.

서영숙, 서혜전, 김영명, 채혜선, 김진숙(2013). **보육학 개론**. 경기: 양서원.

설동훈(2006). 결혼이민자가족 실태조사 및 중장기 지원정책 방안연구보고서. 여성가족부.

성남시(2016). 2016 아동학대 신고의무자 교육 자료집.

성미영, 이순형, 이강이(2001). 시설아동과 일반아동의 초기학교적응의 비교. **대한가정학회지, 39**(1), 53-64.

성혜영(2001). **영유아 발달의 이론과 실제**. 서울: 동문사.

송근원, 김태성(2004). **사회복지정책론**. 서울: 나남출판.

송명준, 권정혜(2006). 대학생의 인터넷 중독현황 및 인터넷 중독이 대학생활 적용에 미치는 영향. 2006년 하계임상심리학회 발표논문집.

송성자(2004). **가족과 가족 치료(제2판)**. 경기: 법문사.

송정애(2016). **아동복지론**. 경기: 양서원.

송현종(2006). 아동안전사고의 현황 및 정책과정. **보건복지포럼. 116**, 89-98.

신선인, 박영준(2013). **아동복지론**. 서울: 도서출판 신정.

신화식(2007). **개별화 교육을 위한 몬테소리 이론과 실제**. 경기: 양서원.

아동자립지원단(2022). 홈페이지.

아산사회복지사업재단(1997). 아동복지 편람.

아영아, 이명희, 이화명, 김진영, 고영희, 최미숙(2017). **아동복지론**. 경기: 양서원.

안영진(2001). **교육심리학**. 서울: 창지사.

양옥경(2015). **가족과 사회복지**. 서울: 이화여자대학교 출판부.

양원경, 도현심(1999). 또래수용성 및 또래 괴롭힘과 청소년의 자아존중감 간의 관계. **아동학회지, 20**(1), 223-238.

양정하, 임광수, 황인옥, 신현석, 박미정, 윤성호(2008). **사회복지정책론**. 경기: 양서원.

어린이 찾아주기 종합센터(2004). 미아가정실태조사보고서. 한국복지 재단.

엄미연(2004). 집단놀이 치료가 한부모가정 아동의 사회적 능력 증진에 미치는 효과. 서울여자대학교 대학원 석사학위논문.

여성가족부(2013). 2013-2017년 다문화가족정책. 보도자료(4월 15일 자).

여성가족부(2015). 2014 다문화가족 실태조사.

여성가족부(2015). 2015 청소년백서.

여성가족부(2015). 한부모 가족실태조사.

여성가족부(2017). 2017년 한부모가족지원사업안내.

여성가족부(2022). 한부모가족지원사업안내, 서울: 여성가족부.

여성가족부, 한국여성정책연구원(2015). 2015년 한부모가족실태조사.

연진영(1992). 아동학대 실태 및 영향. 서울: 한국형사정책연구원.

오성배, 김현철, 모상현(2015). 다문화 청소년 종단조사 및 정책방안 연구 3(총괄 보고서), 한국청소년정책연구원.

오승환(2000). 소년소녀가장의 심리사회적 특성에 관한 비교 연구: 일반아동과의 비교를 중심으로. **한국아동복지학, 9**, 99-126.

오은순, 이재숙(2015). **보육학개론**. 경기: 양서원.

오정수, 정익중(2013). **아동복지론**. 서울: 학지사.

오주, 이덕희(2012). **아동복지론**. 서울: 동문사.

원성희(1997). 아동학대의 예방과 개입을 위한 학교 사회사업의 적용. 부산대학교 대학원 석사학위논문.

유효순(2006). **아동발달**. 서울: 한국방송대학교출판부.

유희정, 이옥, 서문희, 윤선영, 최영신, 강정희, 주재선, 이미화(2003). 보육사업의 공공화 및 다양화 실행방안 연구. 어성부, 한국여성개발원.

육아정책연구소(2016). 돌봄 취약계층 맞춤형 육아지원방안II: 입양아동을 중심으로.

윤매자, 신혜경, 주정현(2012). **아동복지론**. 경기: 양서원.

윤미현(2000). 10대 미혼모의 임신 및 유아입양 관련 요인들에 관한 연구. 숙명여자대학교 대학원 박사학위논문.

윤미현, 이재연(2001). 10대 미혼모의 임신관련 요인에 관한 연구. **아동학회지, 21**(4), 105-121.

윤선화(2006). 우리나라 어린이 놀이터 안전실태 및 당면과제. 어린이놀이터 안전성 확보를 위한 제1차 국제심포지엄. 140-149.

윤혜미, 김혜래, 신영화(2005). **아동복지론**. 서울: 청목출판사.

윤혜미, 김혜래, 신영화(2013). **아동복지론**. 서울: 청목출판사.

이경림(2016). 이동복지의 정책발전방향. 제6회 한양사이버대학교 사회복지학부 학술제 자료집.

이경상, 박현수(2012). 청소년 폭력피해의 종단적 변화 유형과 영향요인. **한국교육, 39**(1), 119-142.

이덕희, 윤춘모, 조경자, 한현지, 홍인혜(2018). **아동권리와 복지**. 서울: 동문사.

이미선, 강기정, 김연화, 박미급, 송말희(2010). **건강가정론(개정판)**. 경기: 양서원.

이부덕 외 역(1996). **아동치료의 새로운 접근**. 서울: 인간과 복지. S. Speigel(1989).

이상욱, 정희영, 김종명, 김미애(2016). **아동의 행복한 생활을 드높이는 아동권리와 복지**. 경기: 파워북.

이성구(2000). **비행청소년의 이해**. 서울: 제3공간.

이소희 외(2004). **사회복지개론**. 서울: 현학사.

이소희(2003). **아동복지론**. 서울: 양지.

이소희(2005). **아동복지론**. 서울: 학현사.

이소희, 김영희, 최남례, 윤지영, 이송이(2004). **영유아복지론**. 서울: 현학사.

이소희, 유서현, 김일부(2020). **아동먼저! 아동권리와 아동복지**. 경기: 정민사.

이수연 역(2009). **입양아 부모되기**. 서울: 궁리.

이수연, 김춘경(2003). 이혼가정 청소년의 위기적응행동 관련 요인들에 대한 고찰. **청소년행동연구, 8**(1), 1-18.

이순자, 나성식, 김현경, 이효숙(2012). **아동복지론**. 경기: 정민사.

이순형 외(2006). **아동복지: 이론과 실천(3판)**. 서울: 학지사.

이순형(2005). **아동복지이론과 실천**. 서울: 학지사.

이순형(2009). **한국 아동의 일상생활문화**. 서울: 서울대학교출판부.

이순형, 민하영, 이소은, 이완정, 황혜신, 이강이, 이영미, 이혜승, 한유진, 권혜진, 성미영(2006). **아동복지: 이론과 실천(3판)**. 서울: 학지사.

이신영(2016). **아동복지론**. 서울: 청목출판사.

이영석, 조용태, 김경중, 신현기, 임명희, 이경선, 이승은(1999). 어린이집에서의 장애아동 보육에 대한 교사와 부모의 요구분석. **정서·학습장애연구, 15**(1), 23-41.

이영실, 나임순, 정명희, 황희숙, 최정자(2011). **사회복지실천론**. 경기: 양서원.

이옥(2005). 한국의 보육시설과 유아교육기관 실태 비교연구. **아동권리연구, 9**(3), 527-554.

이용주, 조숙영, 김정희(2016). **아동권리와 복지**. 경기: 공동체.

이유미(1999). 아동의 학대경험이 학교 부적응에 미치는 영향. 대구대학교 대학원 석사학위 논문.
이은주, 김진석, 정은주, 박미현, 박수영, 이화진, 한정은(2013). 아동청소년 복지사업 심층 분석. 보건복지부.
이은화, 이정환, 여경우, 이기숙, 홍영희, 박은혜, 김희진(2001). **유아교육개론**. 서울: 이화여자대학교출판부.
이재연, 김정희(1994). **부모교육**. 경기: 양서원.
이정상(2007). 청소년 비행의 발전 형태에 판한 연구. 한국청소년정책연구원.
이정희, 박정논(2010). 복지포괄보조금 제도의 도입에 관한 연구. 한국행정연구원 연구.
이종복, 이배근(1997). **아동학대의 원인과 대책**. 서울: 홍익제.
이준일(2011). 친권포기각서의 위헌성. **헌법논총, 22**. 177-206.
이지애(2008). 다문화가정 아동과 일반가정 아동의 학교적응에 관한 비교연구: 자아존중감을 중심으로. 고려대학교 대학원 석사학위논문.
이진숙, 박은숙, 한유미, 오연주, 이영환(2004). 스웨덴의 아동 안전을 위한 정책. **스칸디나비아연구, 5**, 397-416.
이진영(1993). 한국의 이혼실태와 이혼가정 자녀들의 문제에 관한 연구. **한국아동복지학, 1**(1), 81-108.
이한우, 정정란(2012). **아동복지론**. 경기: 양서원.
이혜경(1993). 경제성장과 아동복시성책의 변용: 한국의 경험, 한국아동복지학.
이혜원(2006). **아동권리와 다중복지**. 서울: 집문당.
이효선, Garz, D.(2012). **인간행동과 사회 환경(인간발달과 사회구조)**. 경기: 정민사.
임선영, 김선우(2010). **청소년문제와 보호(개정판)**. 서울: 구상.
임종호(2016). **장애인복지론**. 서울: 학지사.
장동일(1996). **사회복지법의 이해**. 서울: 학문사.
장영인(1997). 한국 아동복지관련 법제의 가족주의 이데올로기에 관한 연구. **가족학논집, 9**, 81-106.
장영인, 최영신, 백선희, 임유경(2006). **아동복지론**. 서울: 나눔의집.
장옥주(2000). 아동복지법의 주요 개정내용. 사회복지관련 법 설명회 자료집.
장인협, 오정수(2000). **아동 · 청소년복지론(개정 2판)**. 서울: 서울대학교출판부.
장인협, 오정수(2002). **아동, 청소년복지론**. 서울: 서울대학교출판부.
장인협, 이혜경, 오정수(2001). **사회복지학**. 서울: 서울대학교출판부.

장진희, 허청아(2015). 대규모 아동복지 시설의 공동생활가정(그룹홈) 전환비용에 관한 연구. 서울시여성가족재단.

전남련(2011). **아동복지**. 경기: 형설출판사.

전재일, 이경은, 이성국, 이성희(2011). **학교사회복지론**. 경기: 양서원.

정미현(2014). **아동복지론**. 서울: 창지사.

정선욱(2004). 시설보호아동의 애착유형과 심리사회적 적응. **아동과 권리 8**(1), 1-15.

정순둘, 김경미, 박선영, 박형원, 최혜지, 이현아(2007). **사회복지와 임파워먼트**. 서울: 학지사.

정옥분(2006). **발달심리학**. 서울: 학지사.

정은희, 박세경, 류정희, Haijime Takeuch, 정희선(2016). 아동학대 방지를 위한 정보의 효율적 연계방안. 한국보건사회연구원.

정익중(2003). 빈곤아동의 문화생활과 박탈. 빈곤아동과 삶의 질: 기회와 보장. 2003 한국아동복지학회 춘계학술대회 자료집.

정익중(2004). 미국의 복지개혁이 아동발달에 미친 영향. **한국아동복지학, 18**, 181-216.

정익중(2006). 한국의 실종아동・장애인 정책의 현황과 발전방안. 실종아동전문기관 개관 1주년 기념학술세미나.

정익중, 권지성, 민성혜, 신혜원(2010). 연장입양가족의 경험에 관한 질적 연구. **한국가족복지학**, **29**, 55-83.

정익중, 권지성, 민성혜, 신혜원(2011). 연장입양가족의 적응과정에 대한 질적 연구: 주 양육자인 입양모의 입장에서. **사회복지연구**, **42**(1), 399-432.

정익중, 박현선, 구인회(2006). 피학대아동의 비행에 이르는 발달경로. **한국사회복지학, 58**(3), 223-244.

정익중, 박현선, 오승환, 임정기(2009). **아동청소년 방과 후 서비스의 현황과 과제: 지역아동센터를 중심으로**. 경기: 공동체.

정익중, 오정수(2021). **아동복지론.** 서울: 학지사.

정하성(2010). **다문화 청소년개론**. 경기: 이담북스.

정현숙(2011). **가족관계**. 서울: 도서출판 신정.

조미숙(2021). **최신 인간행동과 사회환경**. 서울: 동문사.

조미숙, 강현아, 박은미, 김형모,신혜령, 김미숙, 김진석(2014). 아동복지실천과 사례관리. 한국보건복지인력개발원. 비매품.

조학래(2016). **사회복지실천론**. 서울: 도서출판 신정.

주수길, 김지연(2003). **아동복지강론**. 경기: 양성원.

중앙아동보호전문기관(2019). 2018 아동학대 주요통계. 보건복지부, 중앙아동보호전문기관.

중앙아동보호전문기관(2022). 홈페이지.

지성애, 홍혜경(2001). **영유아생활지도**. 경기: 양서원.

진소현(1997). 편부모 가정내 피학대아를 위한 사회사업적 개입에 관한 사례연구. 숭실대학교 대학원 석사학위논문.

천성문, 송재홍, 윤치현, 윤호열, 이영순, 박천식, 김경일, 하영자, 김원희, 원요한 역(2001). **아동상담의 이론과 실제**. 서울: 시그마프레스. C. L. Thompson & L. B. Rudolph(2000). Counseling children.

최선회(2003). 교육복지투자 우선지역 아동・청소년 실태조사. 강북・노원지역사업담당자 워크숍 자료집, 서울특별시성북교육청・강북지역복지협의회. 노원교육복지협의회.

최성재, 남기민(2016). **사회복지행정론**. 경기: 나남출판.

최옥채(2016). **한국사회복지통론**. 경기: 양서원.

최옥채, 박미은, 서미경, 전석균(2015). **인간행동과 사회 환경**. 경기: 양서원.

최은영(2005). **청소년 비행 및 약물중독 상담**. 서울: 학지사.

최일섭(1989). **사회복지전달체계의 개선: 사회복지전달체계와 사회복지사의 역할. 한국사회복지사업(복지) 대학협의회편**. 한국사회복지정책 연구소 출판부.

최현수, 오미애, 류정희, 전진아, 전지수, 천미경, 이주연, 정익중, 김경희, 김희균, 권솔지(2018). 빅데이터를 활용한 e아동행복지원시스템 구축 및 운영방안. 보건복지부, 한국보건사회 연구원.

충청남도(2015). 충남보육발전 5개년 계획(2016-2020년).

통계청(2010). 경제활동인구조사.

통계청(2015). 경제활동인구조사.

통계청(2020). 2019년 인구주택총조사결과.

통계청(2022). 2021년 인구주택총조사결과.

표갑수(1993). 아동학대의 원인과 대처방안. 한국아동복지학 창간호.

표갑수(1994). **아동청소년복지론**. 충남: 청주대학교출판부.

표갑수(2000). **아동청소년복지론**. 서울: 나남출판.

표갑수(2002). **아동청소년복지론**. 서울: 나남출판.

한국교육개발원(2015). 교육통계분석자료집.

한국보건사회연구원(2010). 국내입양실태의 정책방안 연구. 연구보고서 2010-30-11.

한국보건사회연구원(2016). 2016년 빈곤통계연보.

한국소비자보호원(2006). 학교어린이 안전실태 및 예방대책.

한국이웃사랑회 사업연구집 2호(1999). 아동학대 상담 사례연구.

한국청소년정책연구원(2014). 가출청소년보호지원 실태 및 정책과제 연구.

한미현, 문혁준, 강희경, 공인숙, 김상희 외(2016). **아동복지**. 서울: 창지사.

한미현, 문혁준, 강희경, 공인숙, 김상희, 안선희, 안효진, 양성은, 이경열, 이경옥, 이진숙, 천희영(2016). **아동권리와 복지**. 서울: 창지사.

한성심, 송주미(2014). **아동복지론**. 서울: 창지사.

한승희(1998). 학교안전사고 연구의 동향-한국과 일본을 중심으로. **교육문제연구**. **10**(2), 271-290.

한인영(2014). **가족복지론**. 서울: 학지사.

한인영, 권금주, 김경미, 김수정, 김지혜, 김희성, 석재은, 어윤경, 이홍직, 정익중, 조상미, 최명민, 현진희(2011). **사회복지개론**. 서울: 학지사.

행정안전부(2015). 재한외국인 통계.

허남순, 문선화, 정영순, 김현용, 김미혜, 이배근, 배태순, 조홍식, 황성철, 김재엽(2002). 한국아동복지법 개정과제. 한국의 아동복지법. 한림과학원총서.

허남순, 이혜원(2006). 유엔 아동권리협약의 원칙과 국내 가정위탁보호의 현황분석. **한국아동복지학** **22**, 95-126.

현경순(2008). 국제결혼 부부자녀의 학교생활부적응에 미치는 영향. 성균관대학교 사회복지대학원 석사학위논문.

현외성(2001). **한국사회복지법제론**. 경기: 양서원.

현은민, 최외선, 이기숙, 김득성, 전귀연(2008). **결혼과 가족**. 대구: 정림사.

현정환(2009). **아동상담**. 서울: 창지사.

홍봉선(2010). **청소년복지론**. 경기: 공동체.

홍봉선, 남미애(2011). **학교사회복지론**. 경기: 공동체.

황성하(1996). 부모의 자녀관과 양육태도가 자녀에게 미치는 영향. **사회복지개발연구**, **2**(2), 사회복지개발연구원.

황옥경 외(2014). 아동통합서비스 지원강화를 위한 사업체계 개선방안. 보건복지부.

황옥경(2009). 보육시설 평가인증추진 방안에 대한 토론회 자료집. 서울: 한국보육진흥원.

황옥정(2000). **사회 속의 아동**. 서울: 창지사.

황은숙(2013). 부모와 교사를 위한 한부모가정 아동교육. 한국한부모가정사랑회.

황은숙, 서영숙(2007). 이혼가정 부모교육 프로그램의 개발과 효과연구. 한부모가정연구원.

황해익, 남미경, 서보순, 김병만(2016). **아동권리와 복지**. 경기: 정민사.

Achenbach, T. M., Edelbrock C.(1991). Manual for the Child Behavior Check List 4-18 and 1991 profile. Burlington : University of Vermont.

Aguilera, D.(1990). *Crisis intervention: Theory and methodology* (6th ed.). St. Louis, MO: C. V. Mosby.

Ahnert, L., Gunnar, M. R., Lamb, M, E., & Barthel, M.(2004). Transition to child care: Associations with infant-mother attachment, infant negative emotion and cortisol elevations. *Child Development*, *75*, 639-650.

Alanen, L.(1994). *Gender and generation: Feminism and the children question.* In J. Qvortrup, M. Bardy, G. sgritta & H. Wintersberger(Eds.) Childhood. matters(pp. 27-42). England, Avebury: Aldershot. Andrews, Arelene.

Allan, J. & Anderson, E.(1986). Children and crisis: A classroom guidance approach. *Elementary School Guidance and Counseling*, *21*, 143-149.

Allen, D. M., & Tarnowski, K. J.(1989). Depressive characteristics of physically abused children. *Journal of Abnormal Child Psychology*, *17*, 1-11.

Amato, P. & Keith, B.(1991). Parental divorce and the well-being of children: a meta-analysis. *Psychological Bulletin*, *1101*, 26-46.

An interpersonal approach to child therapy. New York: Columbia University press.

Anderson, R, E. & Carter, E. I.(1997). **인간행동과 사회환경**. 서울: 집문당.

B. & Freeman & Miriam, L.(1997). *The congruence of international children's right and feminest principles as a foundation for therapy with young people*. Woman & Thrapy, 20(2), 7-18. Berk, L, E.(2008). **아동발달(제7판)**. 이종숙, 이옥, 신은수, 안선희 공역. 서울: 시그마프레스.

Baker, R.(1987). *The Social Work Dictionary*. NASW.

Bates, J. E., Maivinney, D., Kelley, T., Dodge, K. A., Bennett, D. S., & Pettit, G.

S.(1994). Child-care history and kindergarten adjustment. *Developmental Psychology*, *50*, 690-700.

Belsky, J.(2001). Developmental risks (still) associated with early child care. *Journal of Child Psychology and Psychiatry*, *42*, 845-859.

Belsky, J., & Eggebeen, D.(1991). Early and extensive maternal employment and young childrens socioemotional development: Children of National Longitudinal Survey of Youth. *Journal of Marriage and the Family*, *53*, 1083-1098.

Bertalanffy, L.(1968). *General System Theoryuan Relations*. New York: Bra-ziller.

Bierman, K. L.(1983). Cognitive development and clinical interviews with children. In Lahey, B. Kazdin, A(Ed.), *Advancers in clinical psychology*(6th ed.). New York: Plenum.

Black, N.(1994). *Monitoring the rights of children: Innocenti Global Seminar: summary report*. Florence, Italy: UNICEF.

Blumenthal, S. & Kupfer, D.(1988). Overview of early detection and treatment strategies for suicidal behavior in young people. *Journal of Youth and Adolescence*, *17*, 1-23.

Bower, B.(1995). Child Sex Abuse Leaves Mark on Brain. *Science News*, *137*(22), 340-341.

Bowlby, J.(1989). *Attachment and loss*(Vol.2). Separation, anxiety and anger. NY: Basic Books.

Briggs, F. & Hawkins, M. M.(1994). Follow-up study of children of 5-8 years using child protection programs in Australia and NewZealand. *Early Child Development and Care*, *100*, 111-117.

Briggs, F.(1991). Child protection programs: Can they protect children? *Early Child Development and Care*, *67*, 61-72.

Bronfenbrenner(1986). Ecology of the Family as a context for Human Development: Research Perspectives. *Developmental Psychology*, *22*(6), 723-742.

Campbell, S.(1990). *Behavior problems in perschool children*. New York: Guilford.

Capuzzi, D.(1986). Adolescent suicide: Prevention and intervention. *Counseling and Human Development*, *19*, 1-9.

Capuzzi, D.(1988). Counseling and intervention strategies for adolescent suicide prevention. *Ann Arbor*, MI: ERIC/CAPS.

Carlson, B. E.(1990). "Adolescent observers of marital Violence". *Journal of Family Violence*, *5*, 285-299.

Cascardi, M., & O'Leary, K. G.(1992). Depressive symtomatology, self-esteem, and self-blame in battered women. *Journal of family Violence*, *7*, 249-259.

Cerezo, M. A., & Frias, D.(1994). Emotional and cognitive adjustment in abuse children. *Child Abuse and Neglect*, *18*, 923-932.

Conger, R. D., Ge, X., Elder, G. H., Lorenz, F. O., & Simons, R. L.(1994). Economic stress, coercive family process, and developmental problems of adolescents. *Child Development*, *65*(2), 541-561.

Conoley, J. C. & Larsen(Eds.) *Ethical decision making in therapy: Feminist*(pp. 202-222). New york: The Guilford press.

Cook, A. & Dworkin, D.(1992). *Helping the bereaved.* New York: Basic Books.

Costin, L. B.(1972). Child Welfare: Policies and Practice. New York: McGraw-Hill.

Costin, L. B., Karger, H. J. & Stoesz, D.(1996). *The Politics of Child Abuse in America.* New York: Oxford University Press.

Crittenden, P. M., & Ainsworth, M. D. S.(1989). In Child maltreatment: Theoiy and research on the causes and consequences of child abuse and neglect. In D. Cicchetti & V. Carlson (Eds.), Child maltreatment and attachment theory, pp. 432-463. New York: Cambridge University Press.

Cunningham, B. & Hare, J.(1989). Essential elements of a teacher in-service program on child bereavement. *Elementary School Guidance and Counseling*, *23*, 175-182.

Daly, M. J., & Burton, R. L. (1983). Self-esteem and irrational beliefs: An exploratory investigation with implications for counseling. *Journal of Counseling Psychology*, *30*(3), 361-366.

Davis, J. & Sandoval, J.(1991). *Suicidal youth.* San Francisco, CA: Jossey-Bass.

Dembo, R., Williams, L., Wothke, W., Schmeidler, J., & Brown, C. H.(1992). Examining a structural model of the role of family factors, physical abuse and sexual victimization experiences in a sample of high risk youths alcohol/other drug use and delinquency/crime overtime. *Violence and Victims*, *7*, 245-266.

Demo, D. H., & Acock, A. C.(1996). Family structure, family process, and adolescent well-being. *Journal of Research on Adolescence*, *6*(4), 457-488.

DeMulder, E, K., Denham, S,, Schmidt, M., & Mitchell, J.(2000). Q-sort assessment of attachment security during the preschool years: Links from home to school. *Developmental Psychology*, *36*, 274-282.

Dickerson, V. & Zimmerman, J.(1992). Families with adolescents: Escaping problem lifestyles. *Family Process*, *31*, 341-353.

Dickerson, V. & Zimmerman, J.(1993). A narrative approach to families with adolescents. In S. Friends(Eds.) *The news language of change*(pp. 226-250). New York: The Guilford Press.

Dodge, K. A., & Feldman, E.(1990). Issues in social cognition and sociometric status. In S. R. Asher & J. D. Coie (Eds.), *Peer rejection in childhood* (pp. 119-155). Cambridge, England: Cambridge University Press.

Downs, S. W., Costin, I. B., & McFadden, E. J.(1995). *Chid Welfare and Family Services: Policies and Practice*. White Plans, N.J: Longman.

Downs, S. W., Moore, E., McFadden, E. J. & Costin, L. B.(2004). *Child Welfare and Family Services: Policies and Practice*. Allyn and Bacon.

Emery. R. & O'Leary. K. D.(1982) Children's perceptions of marital discord and behavior problems of boys and girls. *Journal of Abnomal Child psychology 10*: 11-24.

Fantuzzo, J. W., & Lindquist, C. U.(1989). The Effects of Observing Conjugal Violence on Children : A review and analysis of research methodology, *Journal of Family Violence*, *4*, 77-94.

Fink, D. B.(1986). *Latch-Key Children and School-Age Child Care: A background briefing*. Wellesley, MA: Wellesley College Center for Research on Women.

France, K.(1990). *Crisis intervention: A handbook of immediate person-to person help* (2nd ed.). Springfield, IL: Charles C. Thomas. Francisco, CA: Jossey-Bass.

Fredericksen, H.(1948). *The child and his welfare*. San Francisco: Freeman.

Freeman, M. D.(1992). The limits of childrens rights. In M. Freeman. & P. Veerman (Eds.), The Ideologies of childrens Rights. 9-46. Kluwer Academic Publiches.

Friedlander, W. A. & Apte, R. Z.(1980). *Introduction to social welfare* (5th Ed.), New Jersey: Prentice Hall.

Friedlander, W. A.(1974). *Introduction to Social Welfare, Englewood Cliffs*. N.J.: Prentice-Hall, Inc.

Garbarino, J., Guttman, E., & Seeley, J.(1986). *The psychologically battered child.* San Gil, E.(1991). The healing power of play. New York: Guilford.

Gately, D., & Schwebel, A. I.(1992). Favorable outcomes in children after parental divorce. *Journal of Divorce & Remarriage, 18*(3-4), 57–78.

Gelles, R. J.(1997). Intimate Violence in Families, Sage Publishers Inc.

Gil, D.(1970). *Violence against children.* Carmbridge, MA: Harvard University Press, *2*(2), 23-64.

Gilbert, N. & Terrell, P.(2012). *Dimensions of Social Welfare Policy* (8th Ed.). Pearson.

Glass, J.(1991). Death, loss, and grief among middle school children: Implications for th school counselor. *Elementary School Guidance and Counseling, 26*, 139-148.

Green, A. H.(1985). In Posttraumatic Stress Disorder in Children. In S. Eth & R. S. Pynoos. (Eds.), Children traumatized by physical abuse. Washington, DC: American Psychiatric Press.

Harding, L. F.(1996). *Family, State and Social Policy.* Basingstoke and London.

Hargar, R. L.(1989) Empowerment-based practice with children. *Social Service Review, 63*, 372-383.

Hart, S. N.(1991). From property to person status: Historical perspective on children's rights. *American Psychologist. 46*(1), 53-59.

Havighurst, R. J.(1953). Human Development and Education, New York: Ngmans, Green & co.

Hawton, K.(1986). *Suicide and attempted suicide among children and adolescents.* Beverly Hills, CA: Sage.

Herring. R.(1990). Suicide in the middle school: Who said kids will not? *Elementary School Guidance and Counseling, 25*, 129-137.

Hetherington, E. M.(1985). Long term effects of divorce and remarriage on the adjustment of children. *Journal of the American Academy of Child Psychiatry,*

24(5), 20-32.

Hetherington, E. M.(1985). Long term effects of divorce and remarriage onthe adjustment of children. *Journal of the American Academy of Child Psychiatry, 24*(5), 20-32.

Hipple. J.(1993). *Suicide: The preventable tragedy*. Paper presented at the meeting of the Texas counseling Association, San Antonio, TX.

Horst, E. A.(1995). Reexamining gender issues in Erikson's stages of identity and intimacy. *Journal of Counseling & Development*, *73*, 271-278.

Howes, C.(1988). The peer interactions of young children. *Monographs of the Society for Research in Child Development 53*(1), Serial No. 217.

Howes, C., & Hamilton, C. E.(1992). Childrens relationships with child care teachers: Stability and concordance with parental attachments. *Child Development*, *63*, 867-878.

Hughes, H. M., & Barad, S. J.(1983). Psychological functioning of children in a battered Women's shelter: *preliminary investigation. American Journal of Ortho psychiatry*, *53*, 525-531.

Hussey, D. & Singer, M.(1989). Innovations in the assessment and treatment of sexually abused adolescents: An inpatient model. In S. Sgroi (Ed.), *Vulnerable populations*: Vol. 2 (pp. 43-64). Lexington, MA: D.C. Heath.

Jaffe, P., Wolfe, D., Wilson, S. & Zak, L.(1986 a). Similarities in behavioral and social maladjustment among child victims and witnesses to family Violence. American *Journal of Orthopsychiatry*, *56*, 12-146.

Jaffe, P., Wolfe, D., Wilson, S. K., & Zak. L.(1986 b). Family Violence and Child Adjustment: A Comparative Analysis of Girls' and Boys' behavioral symptoms. *American Journal of Psychiatry*, *143*, 74-77.

James, A. & Prout A.(1990). *Constructing and reconstructing childhood, contemporary issues. In the socialogical study of childhood*. London: Falmer Press.

Kadushin, A. & Martin, J. A.(1988). *Child welfare services*(4th Ed.). NY: Macmillan Publishing Co.

Kadushin, A.(1980). *Child Welfare Services*. N.Y.: Macmillan, pp. 9-13.

Kadushin, A.(1984). Child Welfare Services. New York, NY: Macmillan Publish, p. 67.

Kashani, J. H., & Allan, W. D.(1998). The Impact of Family Violence on Children and Adolescents. Sage publication. 33-84.

Kaufman, J. & Zigler. E.(1997). Do abused children become abusive parents? American *Journal of Orthopsychiatry*, *57*. 186-192.

Kelly, J. B. & Wallenstein, J. S.(1977). Brief interventions with children of devorcing families. *Journal of Orthopsychiatry*, *47*(1), 23-39.

Kempe, R.(1987). A developmental approach to the treatment of the abused child. In R. Helfer & R. Kempe (Eds.), *The battered child* (4th ed., pp. 360-381). Chicago: University of Chicago.

Krupnick, J.(1984). Bereavement during childhood and adolescence. In M. Osterweis, F. L. Parad (Eds.), *Crisis intervention. Book 2: The practitioner's sourcebook for brief therapy* (pp. 3-66). Milwaukee, WI: Family Service America.

Lewis, O.(1968). La Vida. NY: Panther Books.

Mahoney, G., Robinson, C., & Fewell R.R.(2001). The effects of early motor intervention on children with Down Syndrome on Cerebral palsy: A field-based study. *Journal of Development and Behavior at pediatrics*, *22*(3). 153-162.

Maluccio, A. N.(1995). Children: Direct practice. *Encyclopedia of Social Work*(19th ed). NASW.

Markward, M. J.(1997). The impact of Domestic Violence on Children. Family in Society : The Journal of Contemporary Human Services. 66~70.

Martin, H. & Rodeheffer, M.(1980). The psychological impact of abuse on children. In Marvasti, J.(1989). Play therapy with sexually abused children. In S, Sgroi (Ed.), *Vulnerable populations*: Vol. 2 (pp. 1-42). Lexington, MA: D. C. Heath.

McBrien, R.(1983). Are you thinking of killing yourself: Confronting suicidal thoughts. *The School Counselor*, *31*, 75-82.

McKenzie, B.(2004). **캐나다 원주민 지역의 아동 및 가족 서비스에서의 역량강화: 지역사회 구축과정. 사회복지에서의 역량강화실천**(이경아 외 역). 경기: 양서원(원서 1999년 발행).

Melton, G.(1990). Promoting the dignity of the child through mental health services. In

C. P. Cohen & H. A. Davidson(Eds.), *Children's right in America: U.N. convention on the rights of the child compared with United States law.* (pp.239-258). Washington D.C.: American Bar Seen.

Meyer, C.(1985). Institutional Context of Child Welfare. In J. Hartman(Ed), *A Handbook of child welfare,* New York: Free press.

Michael S.(1997). Sharing power: Participatory public health research with California teens. *Social Justice*, *24*(3), 11-22.

Miller, N. B., Cowan, P. A. Cowan, C. P, & Hetherington, E. M.(1993). Externalizing in Preschoolers and Early Adolescents: A Cross-Study Replication of a Family Model. *Developmental Psychology*, *29*(1), 3-18.

Milley, K. K., O' Melia, M. & DuBois, B. L.(1995). *Generalist social work practice: An empowering approach*. Allyne & Bacon.

Misook Cho.(2018). *A Study on The Psycho-Social Disturbance of Children Who Are Exposed to Domestic Violence: Focusing on Hierarchical Analysis Verification, Asia-pacific Society of Convergent Research Interchange (APJCRI)*, ISSN: 2508-9080 Vol. 4, No. 3, September 30 (2018), pp. 31-42.

Mukerjee, M.(1995). Hidden Scars- Sexual and Other Abuse May Alter a Brain Region. *Scientific American*, *273*(4), 14-34.

Muro, J. J. & Kottman. T.(1995). *Guidance and Counseling in the Elementary and Middle Schools*. Brown & Benchmark.

NASW(1995). Encyclopedia of Social Work(19th ed.). Washington, DC: National Association of Social Workers.

Neubauer, P. B.(1996). Current issues in psychoanalytic child development. *Psychoanalytic study of the child, 51*, 35-45.

NICHD Early Child Care Research Network.(1999). Child care and mother-child interaction in the first three years of life. *Developmental Psychology*, *35*, 1399-1413.

NICHD Early Child Care Research Network.(2003). Does amount of time spent in child care predict socioemotional adjustment during the transition to kindergarten? *Child Development*, *74*, 976-1005.

O'Connor, K.(1991). *The play therapy primer*. N.Y.: John Wiley & Sons.

Oates, R. K., Forrest, D., & Peacock, A.(1985). Self-esteem and abused children. *Child Abuse and Neglect*, *9*, 159-163.

OECD(2021). LFS - Sex and Age Indications, OECD.

O'Keefe, M.(1998). Factors Mediating the Link Between Witnessing Inter parental Violence and Dating Violence. *Journal of Family Violence*, *13*(1), 39-57.

Orbach, I.(1988). *Children who don't want to live*. San Francisco, CA: Jossey Bass.

Owens, T. J.(1994). Two dimensions of self-esteem- Reciprocal effects of positive self-worth and self-deprecation on adolescent problems. *American Sociological Review*, *59*, 391-407.

Palusci, V,, Wirtz, S. J., & Covington, T. M.(2010), Using capture-recapture methods to better ascertain the incidence of fatal child maltreatment. *Child Abuse & Neglect* *34*, 396-402.

Parad, H. & Parad, L.(1990). Crisis intervention: An introductory overview In H. Parad & L. Parad (Eds.), *Crisis intervention. Book 2: The practitioner's sourcebook for brief therapy* (pp. 3-66). Milwaukee, WI: Family Service America.

Parsons(1999). Assessing helping process and client outcomes in empowerment W., & Wells, L. M.(1999). *Empowerment practice in social work*. Canadian Scholar's Press Inc.

Pecora, P. J, J. K. Whittaker, A. N. Maluccio, R. P. Barth and R. D. Plotnick.(1992). *The child welfare challenge: policy, practice, and research*. N.Y.: ALDIN DEGRUTER.

Pecora, P.(1995). Assessing the Impact of family-based services. In J. Hudson & B. Galaway(Eds), Child welfare in Canada: Research and policy implications(pp. 139-145). CA: Brooks/Cole Publishing Company.

Pecora, P., Whittaker, J., Barth, R. Borja, S., & Vesneski, W.(2019). The Child Welfare Challenge: Policy, Practice, and Research (4th ed.). New York: Routledge.

Porter, B., & O'Leary, D.(1980). *Marital discord and childhood behavior problems. Journal of Abnomal Child Psychology*, *8*, 287-295.

Porter, F., Blick, L., & Sgroi, S.(1982). Treatment of the sexually abused child In S.

Sgroi (Ed.), *Handbook of clinical intervention in child sexual abuse* (pp. 109-146). Lexington, MA: D. C. Heath.

Prodromidis, M., Lamb, M. E., Sternberg, K., Hwang, C. P., & Broberg, A. G.(1995). Aggression and noncompliance among Swedish children in center-based care, family day care, and home care. *International Journal of Behavioural Development 18*, 43-62.

Pumphrey, R.(1971). Social Welfare: History. Encyclopedia of Social Work, Vol. II, Robert Morris. ed. New york: National Association of social Workers.

Richmond, M.(1917). *Social Diagnasis*. Kessinger Publishing.

Rosenbaum, A., & O'Leary, K. D.(1981). Marital Violence : characteristics of abusive couples. *Journal of Consulting and Clinical Psychology*, *49*, 63-71.

Rosenberg, M. S., & Rossman, B. R.(1990). The child Witness to marital Violence. In R. T. American & M. Hersen (Eds.), Treatment of family Violence : A Source book(pp 183-210). New York : John Wiley.

Saleebey, D.(2002). *The strength perspective in social work practice* (3rd ed.). New York: Longman.

Sandler, I. R. & Ramsay, T.(1980). Dimensional analysis of children's stressful life events. *American Journal of Community Psychology*, *8*, 285-302.

Schaefer, C. E.(2015). 2015 **놀이치료의 기초**. 김은정 역, 서울: 시그마프레스.

Sgroi, S. (Ed.).(1982). *Handbook of clinical intervention in child sexual abuse*. Lexington, MA: D. C. Heath.

Shera, W. & Wells, L. M.(1999). Empowerment practice in social work Canadian Scholar's press Inc.

Shireman, J.(2003). *Critical issues in child welfare*. New York: Columbia University Press.

Smetana, J., Kelly, M., & Twentyman, C.(1984) Abused, neglected, and non-maltreated Children's judgements of moral and Social transgressions. *Child Development*, *55*, 277-287.

Smilansky, S.(1992). *Children of Dovorce: The Roles of Family and School*. **이혼가정 아동**(오은순 역, 2002). 서울: 학지사.

Smith, A, B., Tsylor, N. J. & Gollp, M.(2000). Childrens Voices. Research. *International of Children Rights*, *10*, 73-88.

Solomon, S. & Green, M.(Eds.). *Bereavement: Reactions, consequences, and care*(pp. 99-141). Washington, D. C.: National Academy.

Steele, W. & Raider, M.(1991). *Working with families in crisis: School-based intervention*. New York: Guilford.

Stefanowski-Harding, S.(1990). Child suicide: A review of the literature and implications for school counselors. *The School Counselor*, *37*, 328-336.

Straus, M. A.(1991). Children as witness to marital violence: A risk factors for life long problems among a nationally representative sample of American men and women. Paper presented at the Ross Roundtable, Washington, DC.

Suh, E. K., & Abel, E. M.(1990) "The impact of spausal violence on the children of the abuse", *Journal of Independent Social Work*, *4*, 27-34.

Thorne, B.(1987). Re-visioning women and social change: Where are the children. *Gender & Society*, *1*(1), 85-109.

Tolman, D. L.(1994). Listening for crieses of connection: Some implications of research with adolscent girls for feminist psychotherapy. *Woman & Therapy*, *15*(2), 85-100.

Tremper, C.r. & Kelly, m.p.(1987). The mental health rationale for policies fostering minor's autonomy. *International Journal of Law and psychiatry*, *10*, 11-27.

UN(1989). UN 아동권리에 대한 협약.

UNICEF(1999). The Convention on the Rights of the Child, New York: UNICER.

UNICEF(2006). Child Protection Information Sheets. New York: UNICEF.

UNICEF(2007). Implementation Handbook for the Convention on the Rights of the Child. Fully Revised Third Edition with CD-ROM, Geneva.

UNICET(2006). The State of the World's Children 2007: Executive Summary. New York: UNICEF.

Urquiza, A, J. & Winn, C.(2007). **학대와 방임 피해아동의 치료, 노래, 춤**. 서울: 학지사.

Vandell, D, L., & Corasaniti, M. A.(1990). Variations in early child care: Do they predict subsequent social, emotional, and cognitive differences? Early Childhood Research Quarterly, 5, 555-572,

Veenman, S.(1995). Cognitive and non-cognitive effect of multi-grade and multi-age classes: A best- evidence synthesis. *Review of Educational Research, 65*, 319-381.

Wadsworth, B.(1989). *Piaget's theory of cognitive and affective development*. N.Y.: Longman.

Wagner Report(1988). Residential Care: A Positive Choice: National Institute for Social Work. London: HMSO.

Wallerstein, J. S.(1989). Family process and children's functing during divorce, *Marriage and the Family*, *51*, 431-444.

Wallerstein. J. S. & Blakeslee, S.(1989). *Second chances: Men, women & children a decade after divorce*. NY: Ticknor & Fields.

WHO(1980). International Classification of Impairments, Disabilities, and Handicaps, Geneva.

WHO(1997). ICIDH-2: International Classification of Impairments, activities, and participation. A manual of disablement and functioning, BETA-1 draft for field trial. Geneva: Author.

WHO(2001). ICF: International Classification of Impairments, activities, disablement and health. Geneva: Author.

Wight, D.(1999). Limits to empowerment-based sex education. *Health Education*, *99*(6), 233-244.

Wilson, W. J.(1987). The truly disadvantaged: The inner city, the underclass, and public policy. Chicago: University of Chicago Press.

Wolfe, D. A., & Jaffe, P.(1991). Child abuse and family violence as determinants of child psychopathology. *Canadian Journal of Behavioral Science*, *23*, 282-299.

Zastrow, C. & Kirst-Ashman, K.(2001). *Understanding Human Behavior and the Social Environment*. Thomson Brooks/Cole.

Zastrow, C. & Kirst-Ashman, K.(2011). *Understanding Generalist Practice. in Stock A. Kadushin, child Welfare Services*. Macmillan, N.Y., 1980, pp. 9-13.

Zastrow, C. & Kirst-Ashman, K.(2012). *Understanding Human Betavior and the Social Environment*. Thomson Brooks/Cole.

Zietz, D.(1969). *Child welfare: Services and perspectives*, NewYork: John Wiley & Sons.

Zimmerman, S. L.(1995). *Understanding Family Policy*. SAGE Publications.
Zuckerman, E.(1983). *Child welfare*. N.Y.: The Free Press.

〈인터넷 사이트 및 기사〉

http://www.mopas.go.kr/
http://www.mw.go.kr/front/main.jsp
국가법령정보센터. http://www.law.go.kr/main.html
동아일보(2001.2.6.). 한국 어린이사망률 OECD국 중 최고.
라파음악치료. https://www.rapha.nrnt.com
세이브더칠드런. https://www.sc.or.kr
연합뉴스(2006.4.14.) 학교폭력 중 '왕따' 가장 많아.
위스타트운동본부. https://ko.m.wikipedia.org
위스타트(Wesart). http://westart.joins.com
유니세프한국위원회. http://www.unicef.or.kr
정수정(독일통신원). http://if-blog.tistory.com/4298 [아이디어 팩토리]
주정아(2011.4.11.). 복음화의 구심점, 본당: 서울 명동본당 가톨릭신문
http://www.catholictmes.org
통계청. http://www.kostat.go.kr
프라임경제(2013.4.29.). 외국 보육시설 어떤지 보니. 이보배. http://www.newsprime.co.kr
홍천군장애인복지관. http://www.hcwelfare.org
희망아동가족 상담센터. http://heemam.or.kr/심리 검사
UNICEF(2005). Press Release, http://www.unicef.org/sowco6/press/releacs.php.
UNICEF(2007). What Are Children's Right?, http://www.unicef.org/videoaudio

저자소개

■ 조미숙

서울여자대학교 대학원 사회복지학 박사
미국 University of Washington 교환교수
독일 Friedensau대학 교환교수
독일 VoithSchule & OstSchule 학교사회사업담당관

현 삼육대학교 사회복지학과 교수
한국임상사회사업학회 수석부회장
글로컬사회공헌연구소 소장

최신 아동복지론

초판 1쇄 발행 / 2022년 12월 29일
초판 2쇄 발행 / 2024년 3월 2일
초판 3쇄 발행 / 2025년 8월 5일

●

저 자 / 조 미 숙
발행인 / 이 중 수
발행처 / **동 문 사**

●

서울특별시 서대문구 홍제원 1길 12
(홍제동 137-8)
Tel: 02)736-3718(대), 736-3710, 3720
Fax: 02)736-3719
등록번호: 1974.04.27 제9-17호
가격: 26,000원

●

ISBN: 979-11-6328-487-1 (93330)
E-mail: dong736@naver.com
www.dongmunsa.com